U0897097

正學

南昌大學國學研究院主辦

程水金 主編

第五輯

江西高校出版社
JIANGXI UNIVERSITIES AND COLLEGES PRESS

圖書在版編目(CIP)數據

正學. 第五輯 / 程水金主編. 一南昌: 江西高校出版社, 2017.9

ISBN 978-7-5493-6099-4

Ⅰ. ①正… Ⅱ. ①程… Ⅲ. ①國學—文集 Ⅳ. ①Z126-53

中國版本圖書館 CIP 數據核字(2017)第 232296 號

ZHENGXUE
正學(第五輯)

責任編輯	曾文英
封面設計	張敏琳　祝素華
排版制作	星圖設計
責任印制	姚　平
出版發行	江西高校出版社
社　　址	江西省南昌市洪都北大道 96 號
總編室電話	(0791)88504319
銷售電話	(0791)88517295
網　　址	www.juacp.com
印　　刷	南昌市光華印刷有限責任公司
經　　銷	全國新華書店
開　　本	880 mm×1230 mm　1/16
印　　張	16.5
字　　數	400 千字
版　　次	2017 年 9 月第 1 版
印　　次	2017 年 9 月第 1 次印刷
書　　號	ISBN 978-7-5493-6099-4
定　　價	50.00 圓

贛版權登字-07-2017-1205

目　録

經學探微

《洪範》釋讀

程水金

摘　要：本文在明句讀、通故訓的基礎上釋章指、繹文法，對《尚書·洪範》一文的文意進行了詳盡的闡釋。

關鍵詞：《尚書》《洪範》 釋讀

【解題】

"洪"，大也，《史記·宋微子世家》作"鴻"，古字音同通用。"範"，法也。《漢書·五行志上》曰："所謂天迺錫禹大法九章，常事所次者也。"是則"洪範"者，猶今所謂"憲法"也。

《書序》："武王勝殷，殺受，立武庚，以箕子歸，作《洪範》。"枚《傳》："歸鎬京，箕子作之。"孔穎達《書疏》："此經文旨異於餘篇，非直問答而已，不是史官敘述，必是箕子既對武王之問，退而自撰其事，故《傳》特云'箕子作之'。"孔氏又曰："自'一五行'已下，箕子更條說九疇之義。此條說者，當時亦以對王，更復退而修撰，定其文辭，使成典教耳。"是枚《傳》孔《疏》，以本篇爲箕子自撰也。

《宋微子世家》"武王既克殷，訪問箕子。武王曰：'於乎！維天陰定下民，相和其居，我不知其常倫所序。'箕子對曰"云云而後，乃全録其文。《周本紀》："武王已克殷，後二年，問箕子殷所以亡。箕子不忍言殷之惡，以存亡國宜告，武王亦醜，故問以天道。"則史公不以本篇爲箕子"自撰其事"而"定其文辭"也。

張守節《史記正義》云："箕子殷人，不忍言殷惡，以周國之所宜言告武王，爲《洪範》九類，武王以類問天道。"史言"武王亦醜"者，"醜"，猶"類"也，謂武王亦與箕子有同感也，即以箕子爲殷人而不便言其宗國之惡，是故轉而"問以天道"，而箕子乃以"天道"對之。夫"天道"者，"明休咎，知凶吉，總百官，立極則，治萬民，作威福"之關乎國家治理之大經大法；亦即關乎天、地、人或曰天地宇宙與人類種群之大關係及大秩序之總設計也。經文所謂"彜倫攸叙"者，是本篇之宏綱大旨也。枚《傳》解《洪範》之篇名曰："洪，大；範，法也。言天地之大法。"又說武王"我不知其彜倫攸叙"之意曰："言我不知天所以定民之常道理次，叙問何由。"王肅注亦云："我不知常道倫理所以次叙，是問承天順民何所由。"皆得經義也。

本篇乃中國早期比較系統、亦較完備的政治哲學名著，其所以流傳，當與西周末年厲、宣、幽、平之世的政治動蕩相關。參見拙作《西周末年的鑒古思潮與今文〈尚書〉的流傳背景》([臺]《漢學研究》第十九卷第一期)以及拙著《中國早期文化意識的嬗變——先秦散文發展線索探尋》第一卷相關章節(武漢大學出版社2003年版、2005年版)。不過,本篇之流傳時代,很可能就是它最後改編定型之時代。其以紀數方式表行文之條理,與《逸周書》大部分篇章之文本特征極其相似,而與《尚書》其他篇章之文本大不相類,顯然其最後定型之時代相對較晚。

惟十有三祀,王訪于箕子。①王乃言曰:嗚呼,箕子!惟天陰騭下民,相協厥居,我不知其彝倫攸叙。②箕子乃言曰:我聞在昔,鯀陻洪水,汨陳其五行。③帝乃震怒,不畀洪範九疇,彝倫攸斁。④鯀則殛死,禹乃嗣興。⑤天乃錫禹洪範九疇,彝倫攸叙。⑥

【釋讀】

①**惟十有三祀** 惟,吴昌瑩《經詞衍釋》:"猶'是'也,'時'也('是'與'時'互相爲訓。此義《釋詞》不載)。《書·洪範》篇'惟十有三祀'(《釋詞》訓惟曰發語詞),《召誥》篇'惟二月既望',謂時十有三年也;時二月既望也。凡年月上皆繫以惟字。衹《牧誓》篇發語則曰'時甲子昧爽',可見此'時'字乃'惟'字之變文。惟字即時字義也。凡諸篇發語之'惟',皆仿此。"有,又也。祀,《爾雅·釋天》:"商曰祀,周曰年。"枚《傳》:"箕子稱祀,不忘本。"王夫之《稗疏》:"其改祀爲年,易用天正,定名革制,秩禮作樂,皆周公之事。終武王之世,則但除紂之虐,而不易湯之典,如漢高祖之沿秦以十月爲歲首。則武王于克商之餘,不即易祀稱年亦明矣。此之稱祀,武王時史官記述之文也,而豈箕子之以存商也哉!"行甫按:王氏之説是也。"十有三祀"者,文王受命爲王之十三年,武王克商後二年也。而《左傳》《説文》引本篇皆云"《商書》",《漢書·儒林傳》亦云:"遷書載《堯典》《禹貢》《洪範》《微子》《金縢》諸篇,多古文説。"其序次在《商書·微子》之前。《史記》亦録其文於《宋世家》。是古文家或錯會"惟十有三祀"一語,乃以之爲《商書》耳。漢初今文家則因本篇爲武王訪箕子而箕子陳疇,乃以之爲《周書》。當依王夫之説,以今文家爲是。**王訪于箕子** 王,周武王。訪,《爾雅·釋詁》:"謀也。"邢昺《疏》:"訪者,謀政事也。"《説文》:"汎謀曰訪。"箕子,《宋微子世家》:"箕子者,紂親戚也。……紂爲淫泆,箕子諫,不聽。箕子曰:'爲人臣諫不聽而去,是彰君之惡而自説於民,吾不忍爲也。'乃被髮詳狂而爲奴。……武王既克殷,訪問箕子。"裴駰《集解》:"馬融曰:箕,國名也。子,爵也。"

②**王乃言曰嗚呼箕子** 乃,於是也。言,出言,猶今語所謂"發話"也。嗚呼,嘆詞。《宋世家》作"於乎"。**惟天陰騭下民** 惟,猶"雖"也。陰,《釋文》:"默也。馬云:覆也。"孔穎達《書疏》引王肅注:"深也。"行甫按:"陰"當爲"蔭"字之借,馬融説是也,猶言"蔭覆"、"蔭庇"也。《釋名·釋形體》:"陰,蔭也,言所在蔭翳也。"是也。騭,《宋世家》作"定"。《釋文》:"馬云:升也。升猶舉也,舉猶生也。"孔穎達《書疏》:"《傳》

以騭即質也。質訓爲成，成亦定義，故爲定也。"行甫按：《爾雅·釋詁》："騭，陞也。"邢昺《疏》："騭，謂陞上。"《皋陶謨》"禹曰洪水滔天，浩浩懷山襄陵，下民昏墊。予乘四載，隨山刊木，烝民乃粒，萬邦作乂"，鄭玄注："昏，没也。墊，陷也。"則武王所謂"惟天陰騭下民"者，乃指"上天庇護騭陞下民於昏墊陷溺"而言之也，故下文又言"相協厥居"、"彝倫攸叙"。而箕子亦因"鯀陻洪水"、"彝倫攸斁"及"禹乃嗣興，天乃錫禹洪範九疇，彝倫攸叙"以入説也。先儒不知此義，其説"陰騭"皆非。**相協厥居** 相，助也。相協，《史記》作"相和"。《説文》："協，同衆之和也。"厥，其也，《史記》作"其"。指"下民"也。居，居所也。行甫按："相協厥居"者，謂天助下民使之安其居處而有其生業也。**我不知其彝倫攸叙** 其，此也。行甫按："其"者，指天下而言也。彝，《爾雅·釋詁》："常也。"倫，道也，理也。行甫按："彝"之爲"常"者，猶言"恒久不變"也。"倫"之爲"道"爲"理"者，猶言"關係與秩序"也。顧炎武《日知録》卷二："彝倫者，天地人之常道，不止《孟子》之言'人倫'而已。能盡其性，以至能盡人之性，盡物之性，則可以贊天地之化育，而彝倫叙矣。"攸，猶"所"也，"所"猶"所以"也。説見王引之《經傳釋詞》。叙，次序也。行甫按："彝倫攸叙"者，孔穎達《書疏》引王肅注曰："我不知常道倫理所以次叙，是問承天順民何所由。"亦即承問天地人之大關係與大秩序何以形成也。

③**箕子乃言曰** 乃，於是也。**我聞在昔鯀陻洪水** 鯀，遠古傳説之人物，箕子以爲禹之父也。陻，《説文》："垔，塞也。從土西聲。《商書》曰：鯀垔洪水。陻，或從𨸏。"洪，大也。《史記》作"鴻"，音同通用。**汩陳其五行** 汩，亂也，音骨。陳，布設也，敷張也。《左傳》隱公五年"遂往，陳魚而觀之"，杜預注："陳，設張也。"《國語·周語上》"陳錫載周"，韋昭注："陳，布也。"行，用也。《周禮·司爟》"掌行火之政令"，鄭玄注："行，猶用也。"《周禮·庖人》"凡用禽獻，春行羔豚膳膏"，賈公彦《疏》："言行者，義與用同。"五行，即下文水火木金土五種不同之用。周秉鈞《尚書易解》："汩陳其五行，謂亂安排五種用物，如水性流行而鯀陻塞之，失其本性是也。"

④**帝乃震怒** 帝，天帝也。乃，於是也。震，《爾雅·釋詁》："動也。"**不畀洪範九疇** 畀，《爾雅·釋詁》："予，賜也。"《宋世家》"畀"作"從"。行甫按："從"或讀"縱"。《説文》："縱，緩也。一曰舍也。"王引之《春秋名字解詁·孟舍字施》："舍之爲言予也，施之爲言賜也。"《墨子·耕柱》"曰舍余食"，孫詒讓《閒詁》："舍，予之假字。古賜予字或作舍。"《非攻中》"施舍群萌"，孫氏《閒詁》："舍、予聲近字通。"是"從"、"畀"皆爲"舍予"之義。疇，類也。《戰國策·齊策三》"夫物各有疇"，高誘注："疇，類也。"行甫按："九疇"，《宋世家》作"九等"。《漢書·五行志上》解"洪範九疇"爲"大法九章"。曰"等"曰"章"，皆"疇"之引申義也。**彝倫攸斁** 攸，所以也。斁，《説文》："殬，敗也。從歺，睪聲。《商書》曰：彝倫攸殬。"裴駰《史記集解》引徐廣曰："一作釋。"行甫按："釋"、"殬"、"斁"皆從"睪"得聲，可通假互用也。

⑤**鯀則殛死** 則，即也，乃也。行甫按："則"與下"乃"字相對爲文。殛，流放也。《釋文》："本或作極。"孫星衍《注疏》："裴松之注《魏志》云：'《詩》曰：致天之届。鄭玄云：届，極也。《鴻範》曰：鯀則極死。'段氏玉裁云：'裴據古文《尚書》也。'《釋言》云：

'극,極也。' 案：言極之遠方,至死不反。"行甫按："殛"、"極"音同通用。**禹乃嗣興** 禹，相傳爲鯀之子。乃，則也，即也。嗣,《爾雅·釋詁》："繼也。"興,《爾雅·釋詁》："起也。"《禮記·中庸》"其言足以興"，鄭玄注："興，起也，謂起在位也。"裴駰《史記集解》引鄭玄曰："《春秋傳》曰：'舜之誅也殛鯀，其舉也興禹。'"孫星衍曰："引《春秋傳》者，《左氏》僖三十三年文也。"行甫按：《孟子·滕文公上》："禹疏九河，瀹济、漯而注诸海，决汝、汉，排淮、泗而注之江，然后中国可得而食也。"是其事也。

⑥天乃錫禹洪範九疇彝倫攸叙 乃,猶"於是"也。錫,讀"賜",猶上文之"畀"字也。

行甫按：此乃本經第一節，言武王克商後二年，就如何治理天下訪問殷遺箕子，箕子乃言古昔相傳有上天所賜於禹之大法九章。茲紬繹其文如次：

時在文王受命之第十三年，也就是武王克商之後的第二年，周武王訪問殷之遺賢箕子，向他請教如何治理天下之事。武王於是開口對箕子說：唉，箕子啊！雖然老天爺蔭庇愛護下民，把他們從洪水陷溺的悲慘境地拯救上來，幫助他們安其居處，有其生業；可我還是不知道天地間的大和諧是如何得以實現的，也不知道人世間的總秩序是如何得以建立的。箕子於是回答說：我聽說在遠古時代，洪水滔天，天帝派鯀去治理洪水，拯救下民，鯀採取堵塞的方法，致使天下洪水更加氾濫了。他不知道，水是不能以堵塞的方法治理的。這就顛倒紊亂了水火木金土這五種物事的根本性質及其用途。天帝於是動了大怒，就没有賜給鯀有關治理天下的九章大法，於是天地間的大和諧以及人世間的總秩序不僅無法實現，甚至世道人心大壞，天地人間一片混亂。鯀也因此受到天帝的懲罰，被流放到極爲蠻荒的邊遠不毛之地，至死都没有讓他再回來。後來天帝又命令鯀的兒子大禹繼續治理洪水，禹於是順著水往低處流的特性，疏通九河，引導濟水與漯水使之流向海洋，挖開汝水和漢水，排放淮水與泗水，讓它們奔向大江。這樣，大禹終於獲得了成功，并在朝廷擔任了重要職務，隨後便接替了舜的帝位。天帝因此就將治理天下的九章大法賞賜給了大禹，於是天地間的大和諧與人世間的總秩序也就由此而建立而實現了，所以在大禹的時代，天下太平無事，百姓安居樂業。

初一曰五行，①次二曰敬用五事，②次三曰農用八政，③次四曰協用五紀，④次五曰建用皇極，⑤次六曰乂用三德，⑥次七曰明用稽疑，⑦次八曰念用庶徵，⑧次九曰嚮用五福，威用六極。⑨

【釋讀】

①初一曰五行 初,始也。行甫按："初"與下諸"次"字相關聯爲用。"初一"猶言"首先第一"也。曰，猶"爲"也、"謂之"也。五行，猶"五用"也，水火木金土，各有不同之用，是謂"五用"也。

②次二曰敬用五事 次,次第也。行甫按："次二"猶言"其次第二"也；下"次三"猶言"其次第三"也。"次四"、"次五"云云,依此類推。敬,慎也。用,猶"以"也。事,行也。行甫按：《論語·顏淵》"子曰：非礼勿视,非礼勿听,非礼勿言,非礼勿动。颜渊曰：

回虽不敏，请事斯语矣。”即此“五事：貌言視聽思”之“事”也。《荀子·致仕》“然後士其刑賞而還與之”，楊倞注：“士當爲事，行也。”是“敬用五事”者，即“以五事爲敬”也，猶言“於五種行爲當敬之慎之也”。蔡《傳》：“五事曰敬，所以誠身也。”

③**次三曰農用八政** 農，枚《傳》：“厚也。”孔穎達《書疏》：“鄭玄云：‘農讀爲醲。’則農是醲意，故爲厚也。”《釋文》：“馬云：食爲八政之首，故以農名之。”孔穎達《書疏》：“張晏、王肅皆言：農，食之本也。食爲八政之首，故以農言之。”行甫按：鄭讀“農”爲“醲”，枚解“農”爲“厚”，是也。此與上“敬用五事”之“敬”及下“協用五紀”之“協”詞性從同，皆形況之字，非名詞“飲食”之“食”。王國維據《漢官解詁》引作“勉用八政”，曰《廣雅·釋詁》：“農，勉也。”《左傳》襄公十三年“小人農力以事其上”，即勉力以事其上也。“農”字既引作“勉”，知張晏、王肅之説非是也。用，以也。八政，八種政務也。行甫按：“農用八政”，即“勉以八政”，猶言“以八種政務爲重”也。蔡《傳》曰：“八政曰農，所以厚生也。”

④**次四曰協用五紀** 協，枚《傳》：“和也。”紀，端也。《方言》卷十：“紲、末、紀，緒也。南楚皆曰紲，或曰端，或曰紀，或曰末，皆楚轉語也。”行甫按：“五紀”，猶言“五端”，即“歲、月、日、星辰、曆數”五者之端也。《左傳》文公元年“先王之正時也，履端於始，舉正於中，歸餘於終。履端於始，序則不愆。舉正於中，民則不惑。歸餘於終，事則不悖”，杜預注：“步曆之始，以爲術之端首。朞之日三百六十有六日。日月之行，又有遲速，而必分爲十二月。舉中氣以正月，有餘日則歸之於終，積而爲閏，故言歸餘於終。”則“協用五紀”者，即“以五端爲協”，猶言“以歲月日星及曆數之五種始端相和合相協調”也。蔡《傳》曰：“五紀曰協，所以合天也。”行甫按：《韓非子·説林上》曰：“紂爲長夜之飲，懽(原作懼，據顧廣圻校改)以失日，問其左右，盡不知也。乃使人問箕子。箕子謂其徒曰：‘爲天下主而一國皆失日，天下其危矣。一國皆不知而我獨知之，吾其危矣。’辭以醉而不知。”是箕子明於時日天道曆數之事也。

⑤**次五曰建用皇極** 建，豎也，立也。用，以也。皇，《説文》：“大也。”極，《説文》：“棟也。”徐鍇《繫傳》：“極，屋脊之棟也。”行甫按：“屋脊之棟”，爲屋宇之極高極中之處，引申之乃有“中正”及“準則”之義。蔡《傳》：“極，猶北極之極。至極之義，標準之名，中立而四方之所取正焉者也。”是也。“建用皇極”者，猶言“建以大極”也，亦猶“建立君主之最高標準與法則”也。

⑥**次六曰乂用三德** 乂，或作“艾”，《爾雅·釋詁》：“治也。”三德，下文“正直、剛克、柔克”是也。行甫按：“德”在《尚書》大要是指國家治理之方式方法，亦與君主個人品行有所關聯。蔡《傳》曰：“三德曰乂，所以治民也。”是“乂以三德”者，猶言“以正直與剛、柔三種方式治國臨民”也。

⑦**次七曰明用稽疑** 明，審察也，辨知也。《戰國策·齊策一》“此不叛寡人明矣”，高誘注：“明，審也。”《吕氏春秋·恃君》“不可不明也”，高誘注：“明，知也。”《韓非子·難四》：“知微之謂明。”《周易略例·明象》“明其所由之主者也”，邢璹注：“明，辨也。”稽，《説文》：“卟，卜以問疑也。從口卜，讀與稽同。”行甫按：蔡《傳》云：“稽疑曰明，所以辨惑也。”是“明用稽疑”，即“以問卜决斷嫌疑爲明”，猶“以問卜辨疑惑察吉凶”也。

⑧次八曰念用庶徵 念,《説文》:"常思也。"庶,衆也。徵,徵兆、徵驗也。"庶徵"即下文雨暘燠寒風五種徵驗應時而至也。行甫按:蔡《傳》曰:"庶徵曰念,所以省驗也。"是"念用庶徵"者,即"以庶徵爲念",猶言"以各種吉凶之徵兆爲念,常思檢束其政令及其行爲"也。

⑨次九曰嚮用五福 嚮,通"饗"。章太炎曰:"《谷永傳》引'嚮'作'饗',孫《疏》謂'嚮'俗字,當爲'饗'。按《隸續》録《黄初三年大饗記》古文額'饗'字作'嚮',則'嚮'本古文'饗'字。《微子世家》及《五行志》并如此,不得議改。"行甫按:"嚮"與"饗"字通假互用。"饗",與下"威"字相對,猶今所謂"勉勵"、"奬賞"也。《儀禮·特牲饋食禮》"祝饗",《山海經·中山經》"采之饗之",鄭玄及郭璞注皆曰:"饗,勸强之也。"是其義也。五福,五種福報,下文壽、富、康寧、好德、終命是也。蔡《傳》曰:"五福曰嚮,所以勸也。"行甫按:"嚮用五福"者,猶言"以五種福報勸勉之"也。**威用六極** 威,懲罰也。《宋世家》作"畏",行甫按:"威"、"畏"二字通用。極,困也。《孟子·離婁下》"又極之於其所往",趙岐注:"極者,惡而困之也。"《漢書·匈奴傳上》"罷極苦之",顔師古注:"極,困也。"行甫按:"極"當讀"忌",説見下文第九疇"六極"釋讀。"六極",猶言"六忌",即六種令人忌憚憎惡之事,下文所謂凶短折、疾、憂、貧、惡、弱是也。蔡《傳》:"六極曰威,所以懲也。"是"威用六極"者,謂"以六種畏恐憎惡之事懲罰之"也。然"五福"、"六極",乃天命之事,非關人力,而"嚮"與"饗"通,"威"與"畏"通,是則有"勸勉"之者,必有"嚮往"之者;有"威罰"之者,必有"忌憚"之者,是所謂施受不嫌同辭也。然則"饗"也"嚮"也,"威"也"畏"也,雖是天命之事,亦爲人力所致也。蔡《傳》所謂"人感而天應",是也。

行甫按:此乃本篇第二節,總揭九疇大綱。蔡氏《書傳》:"在天惟五行,在人惟五事,以五事參五行,天人合矣。八政者,人之所以因乎天;五紀者,天之所以示乎人。皇極者,君之所以建極也。三德者,治之所以應變也。稽疑者,以人而聽於天也。庶徵者,推天而徵之人也。福極者,人感而天應也。"是推人事,究天心,以人應天,乃九疇之大旨也。蔡《傳》又曰:"本之以五行,敬之以五事,厚之以八政,協之以五紀,皇極之所以建也。乂之以三德,明之以稽疑,驗之以庶徵,勸懲之以福極,皇極之所以行也。人君治天下之法,是孰有加於此哉!"則參稽禍福,協合天人,立極以治民,乃九疇之大用也。玆紬繹其文如次:

接下來,箕子便向武王介紹九章大法的總要大綱。首先第一條叫作五行,也就是水、火、木、金、土這五種自然天成的基本物質;五種物質,其於民生各有所用。其次第二條叫作五事,也就是與人的體貌、官能以及思維相關的貌、言、視、聽、思之類感官與意識活動所産生的五種人體行爲;這五種人體行爲,各有不同後果,必須謹慎對待。其次第三條叫作八政,也就是食、貨、祀、司空、司徒、司寇、賓與師等八種政治事務。這八種政治事務,關乎國計民生,必須高度重視。其次第四條叫作五紀,即歲、月、日、星辰以及厤數這五種與天文相關的自然現象。五種天象,各有其端,推歲月日星之運行以步厤數,觀天象之推移以授民時,必須協調無間。其次第五條叫作皇極,也就是有關治理天下的最高準則及其行爲規範,由君王統一制定并頒行於天下,用以檢束官民的所有行爲。遵之者，得其福；違之者，罹其禍。其次第六條叫作三德，也就是正直、剛克與柔克三種不同的治理手段。用之得當，則天下大治；用之不當，則天下大亂。其次第七條叫作稽疑，也就是遇有疑難之事，人事不能決，則以卜筮占問於天地神祇，以辨其吉凶。善用此道者，則明察利害，動静皆得吉；不善用此道者，則動輒得咎，内外皆凶。其次第八條叫作庶徵，也就是雨、暘、燠、寒、風等五種不同的事前預兆或事後徵驗之應時而至。政令有善惡，人事有休咎，各有其兆，亦各有其驗。天人相感的前期預兆與事後應驗，常存之於心以深自反省，則行事多利而少害。其次第九條叫作五福和六極，五福是長壽、富足、安寧、好德、壽終這五種福報；六極是死於非命、疾病、憂愁、貧窮、惡德、孱弱等六種禍報。用這五種福報勸人爲善，以此六種禍報戒人爲惡。可以説，這大法九章，涵攝天人，君王用以治理天下，則天心人事盡善盡美，而動植飛潜無不贊化了。

一五行：一曰水，二曰火，三曰木，四曰金，五曰土。①水曰潤下，火曰炎上，木曰曲直，金曰從革，土爰稼穡。②潤下作鹹，炎上作苦，曲直作酸，從革作辛，稼穡作甘。③

【釋讀】

①**一五行** 一，序數，對九疇爲第一也。下“二五事”至“九五福”之“二”至“九”，文法從同，皆九疇之序目。行甫按：《宋世家》所引九疇皆無此序數字，石經殘字“爲天下王三德一曰正直”，以“王”字直接“三德”亦無序數“六”字，或今文《尚書》九疇皆無序數。行，用也。孔穎達《書疏》：“謂之行者，若在天，則五氣流行；在地，世所行用也。”行甫按：“若在天則五氣流行”，乃後世“五德終始”之説，非本經之義也。而“在地世所行用”，差爲得之。**一曰水** 一，亦序數，對五行爲第一也。下文“二曰火”以至“五曰土”諸數目字，用法從同，五行或曰五用之序目也。曰，猶“爲”也、“謂之”也。水，五用其一所稱之名也。下文“火”、“木”、“金”、“土”，亦即其餘四用所稱之諸名也。**二曰火三曰木四曰金五曰土** 孔穎達《書疏》：“此章所演，文有三重。第一言其名次。第二言其體性，第三言其氣味。”行甫按：孔説是也，此言五用各有其名。

②**水曰潤下** 曰，猶“爲”也。行甫按：此“曰”字表示對某事物性質之客觀描述或者主觀評價。《禮記·王制》：“國無九年之蓄，曰不足；無六年之蓄，曰急；無三年之蓄，曰國非其國也。”此諸“曰”之“爲”者，表性質之客觀描述也。《公羊傳》僖公二十一年宋公曰：“吾與之約以乘車之會，自我爲之，自我墮之，曰不可。”此“曰”之“爲”，表主觀之評價也。潤，浸潤也，漸漬也。下，向下也。行甫按：“潤下”二字乃并列結構，謂水有浸潤與就下兩種性質也。王肅曰：“水之性，潤萬物而退下。”是也。**火曰炎上** 炎，燎也。《大雅·雲漢》“如惔如焚”，《釋文》引《説文》：“炎，燎也。”行甫按：“炎”、“惔”二字通，《小雅·節南山》“憂心如惔”，韓《詩》作“如炎”，是其例也。“炎”之義爲“燎”，猶“燃燒”也。上，升上也。行甫按：“炎上”亦爲并列結構，謂火之性有燃燒與騰上兩種性質也。**木曰曲直** 曲，撓之使曲也。直，引之使直也。**金曰從革** 從，因也。俞樾《古

書疑義舉例》:"'木曰曲直,金曰從革','曲直'對文,'從革'亦對文。《漢書·外戚傳》注曰:'從,因也,由也。'蓋'從'之義爲由,故亦爲因。'從革',即因革也。金之性可因可革,謂之'從革',猶木之性可曲可直,謂之'曲直'也。人知因革,莫知'從革',斯失其解矣。"行甫按:金之性,因其固體而煅燒之而捶打之,是謂"從";銷鑠熔化成流體而重新範鑄之,是之謂"革"。而木之"曲直"者,非此性也。**土爰稼穡** 爰,與"曰"音同通用,《宋世家》即作"曰"。稼穡,裴駰《宋世家集解》引王肅曰:"種之曰稼,斂之曰穡。"行甫按:此言五用各有其性也。

③**潤下作鹹** 潤下,即水也。行甫按:此以物性代指其物之例。下即以"炎上"、"曲直"等物性代指"火"、"木"諸物也。作,生也,成也。《周頌·天作》"天作高山",毛《傳》:"作,生也。"《離卦·象傳》"明兩作離",李鼎祚《集解》引虞翻曰:"作,成也。"其例也。鹹,枚《傳》:"水鹵所生。"行甫按:"潤下作鹹"者,百川歸海,而海水爲鹹也。**炎上作苦** 炎上,火也。苦,枚《傳》:"焦氣之味。"行甫按:"炎上作苦",火燃物焦,焦則其味成苦也。**曲直作酸** 曲直,代指木之名也。酸,枚《傳》:"木實之性。"行甫按:木之果實,其味多酸也。**從革作辛** 從革,代金之名也。辛,辣也。行甫按:《説文》"辛,秋時萬物成而孰。金剛味辛,辛痛即泣出",或者金所以殺傷,令人苦痛,故以辛辣之味比況之。《釋名·釋州國》:"楚,辛也。其地蠻多,而人性急;數有戰爭,相爭相害,辛楚之禍也。"其證也。**稼穡作甘** 稼穡,代土之名。甘,甜也。行甫按:百谷皆由土生,甘味則生於百穀。此言五用各生其味。

行甫按:本節乃第一疇,或稱"五行章"。言自然天成的五種物質之名稱、品性及其所生之味。紬繹其文如次:

九章大法的第一條是有關五種天然物的主要用途。第一叫作水,第二叫作火,第三叫作木,第四叫作金,第五叫作土。水性就是流動,可以對相鄰物品産生浸潤和滲透,并總是往卑濕低窪之處流淌。火性就是燃燒,産生光和熱,并總是向上飛騰。木性就是柔軟,直木可煣撓使成彎曲之態,曲木也可拉伸使成挺直之狀。金性就是剛硬,可以因其固態而煅打成器,也可加熱銷鑠熔化使成液態而重新鑄造别的器物。土性就是松散,可種植并收穫各種穀物與果木,供人食用。水性向下浸潤,産生鹹鹵之味。百川匯納大海,而海水味鹹,這就是水味成鹹的道理。火性燃燒,産生苦味。被火燒焦的食物,味道苦澀,這就是火味成苦的證據。木性柔軟,但樹木的果實都有酸味,這就是木性成酸的事實。金性剛硬,觸之則傷,使人産生痛楚之感,如食椒薑之物,舌尖便有辛辣灼燒之意,眼淚也隨之奪眶而出;所以説,金之爲物,産生辛辣之味。土性松散,可種植百穀,而百穀皆有甘甜之味,所以土之爲物,産生甘甜之味。總之,五種天然之物,各有其性,各有其用,亦各生其味,在人之所用而已。

二五事:一曰貌,二曰言,三曰視,四曰聽,五曰思。[①]貌曰恭,言曰從,視曰明,聽曰聰,思曰睿。[②]恭作肅,從作乂,明作哲,聰作謀,睿作聖。[③]

【釋讀】

①**二五事** 事,行也,爲也。《吕氏春秋·諭大》"故務在事",《禮記·樂記》"事蚤濟也"高誘、鄭玄皆曰:"事,猶爲也。"五事,即與人體官能相關之五種行爲。孔穎達《書疏》:"此章所演,亦爲三重:第一言其所名,第二言其所用,第三言其所致。"**一曰貌** 曰,猶"謂之"也,"爲"也。貌,《説文》:"皃,頌儀也。從儿,白象面形。凡皃之屬皆從皃。貌,皃或從頁,豹省聲。貌,籀文皃,從豸。"段玉裁注:"頌者,今之容字。必言儀者,謂頌之儀度可皃象也。"行甫按:既然"容"之"儀"爲"貌",則所謂"貌"者,即"體貌"與"威儀",乃關乎人生後天之修養,在於神情氣度與動静語默之間,非關先天所具之自然狀貌。此所以"貌"爲"五事"之一也。**二曰言** 言,《説文》:"直言曰言,論難曰語。"《禮記·喪服四制》"對而不言",鄭玄注:"言,謂先發口也。"行甫按:"言"者,或爲事實之陳述,或爲價值之判斷。**三曰視** 視,見也。行甫按:《公羊傳》僖公十六年:"六鷁退飛,記見也。視之則六,察之則鷁,徐而察之則退飛。"是"視"即"見"也。《穀梁傳》所謂"目治也"。**四曰聽** 聽,《説文》:"聆也。"孔穎達《書疏》:"聽是耳之所聞。"行甫按:《公羊傳》僖公十六年:"霣石記聞,聞其磌然。"《穀梁傳》曰:"耳治也。"**五曰思** 思,枚《傳》:"心慮所行。"《孟子·告子上》:"心之官則思,思則得之,不思則不得也。"《孝經·聖治章》"言思可道",邢昺《疏》:"思者,心之慮也。"行甫按:此言"五事"之名也。

②**貌曰恭** 貌,容儀。行甫按:此乃對容儀之規範性要求。曰,猶"爲"也。行甫按:此"曰"字訓"作爲"之"爲"。《禮記·投壺》"賓再拜受,主人般還曰辟。主人阼階上拜送,賓盤還曰辟",言般旋爲避之容也。《大雅·大明》"來嫁于周,曰嬪于京",言爲嬪于京也。説見吴昌瑩《經詞衍釋》。下文"言曰從"諸"曰"字,皆訓動詞"作爲"之"爲"。恭,《爾雅·釋詁》:"敬也。"行甫按:"貌曰恭",猶言"行爲舉止必須謹嚴而恭敬"。**言曰從** 從,順也。《論語·子路》:"名不正,則言不順;言不順,則事不成。"行甫按:"言曰從",猶言"發表言論,陳述觀點,必須順乎事理"。**視曰明** 視,觀察也。明,審悉也,清晰也。行甫按:"視曰明",猶言"觀察事物必須清楚明晰"。**聽曰聰** 聽,聽言也。聰,《説文》:"察也。"《春秋繁露·五行五事》:"聽曰聰,聰者,能聞事而審其意也。"行甫按:"聽曰聰",謂"聽言聞事,必須辨其是非察其曲直"。**思曰睿** 睿,當依今文作"容"。段玉裁《撰異》:"《洪範五行傳》'思心曰不容,是謂不聖',鄭玄注:'容當爲睿。睿,通也。'此據孔本以正伏本,其證一也。《春秋繁露·五行五事》'思心曰容,容者,言無不容;容作聖,聖者,設也。王者心寬大無不容,則聖能施設,事各得其宜也。'其證二也。劉向《説苑·君道》篇尹文曰'人君之事無爲而能容下,夫事寡易從,法省易因,故民不以政獲罪也。大道容衆,大德容下,聖人寡爲而天下理矣。《書》曰:容作聖。'此子政引今文《尚書》也。若作'睿'字,則與上文不屬。今本妄改作'睿',非也。其證三也。《五行志》曰:'《經》曰:思心曰容,容作聖。《傳》曰:思心之不容,是謂不聖。思心者,心思慮也;容,寬也。孔子曰:居上不寬,吾何以觀之哉!言上不寬大包容,臣下則不能居聖位。'䆟字,今本皆作容。此䆟字少一畫也。經傳皆作容,而以寬訓之,一氣銜接,儻易以他字,則不相貫串,其證四也。應劭注《漢書》云:'容,古文作睿。'此正與韋昭云'古文台爲嗣'、

'古文隔爲擊'、孟康云'祖古文言阻'、許叔重云'甹枿，古文言由枿'一例，其下文蒙'睿'字云：'睿，通也。'此議古文異字異義，而不若鄭注《大傳》直云'容當爲睿'者，以班氏主寬容之説，非可偭背。小顔《漢書》乃改正文作'睿'，謂睿、睿一字，以傅合古文《尚書》，又改應注'睿，通也'爲'睿，通也'。小顔之誤，實因不解'古文作睿'之'古文'謂古文《尚書》，直訓爲古字，因謂'睿'與'睿'同字，'容'爲'睿'字誤，重怅貤繆。自小顔而前，班書斷無作'睿'者，其證五也。高誘注《戰國策》云'《五行傳》曰：思心之不容，是謂不聖。'其證六也。司馬紹統及《晋書》《隋書》《五行志》皆引《洪範五行傳》曰'思心不容，是謂不聖'，其證七也。"錢大昕《十駕齋養新録》卷一："《洪範》一篇多韻語。'貌曰恭，言曰從，視曰明，聽曰聰，思曰容'，五句皆韻。自鄭康成破容爲睿，晚出古文因之。案《春秋繁露·述五行五事》篇云'思曰容'、《漢書·五行志》引《洪範傳》云'思心之不容'而又爲之説曰：'容，寬也。'然則古本《洪範》皆是容字，今《漢書》刊本作'睿'，蓋淺人所改。幸其説尚存，與董生相印證，可見西京諸儒傳授有自，許叔重《説文》'思，容也'，亦用伏、董説。"段玉裁乾隆辛丑（1781）四月自四川引疾歸，途謁錢大昕於鍾山書院。錢氏謂《洪範》五句皆韻可補入段氏《六書音韻表》，且謂"容字義長，思主於睿，則恐失之刻深"。段氏"時無以應"，後"家居數年乃憭然"，以爲今文《尚書》當作"容"，古文《尚書》當作"睿"，而以古文"睿"字義長，其《説文注》并改各本《説文》"思，容也"爲"思，睿也"，謂"五者之德，非可以恭釋皃，以從釋言，以明、聰釋視、聽也。睿部曰：'睿者，深通川也。'引'睿畎澮距川'。引申之，凡深通皆曰睿，思與睿雙聲，此亦門捫也、户護也、髪拔也之例。謂之思者，以其能深通也。至若《尚書大傳》、劉向、董仲舒、班固皆以寬釋容，與古文《尚書》爲異本。"行甫按：此當以錢氏"五句皆韻"之説定其是非。"容"者，包容也，董氏云"心寬大無不容"，是其義也。"思曰容"者，猶言"思慮必須全面而周到"，即"必須廣納曲容異議，以通盤綜合思慮之"之謂也。段氏據古文《尚書》改《説文》"思，容也"爲"思，睿也"，乃通人之蔽，詒誤後學非淺也。考《顧命》"思夫人自亂于威儀"，其"思"字正用《説文》"容也"之本義，惜乎古今學人未之知也。參見《顧命》"思夫人"句釋讀及該篇【後案】。《秦誓》"昧昧我思之"及"其如有容"之釋讀所引桂馥《説文義證》，亦可與此相參證。

③**恭作肅** 作，亦"生"也，"成"也。行甫按：此與上"潤下作鹹"諸"作"字義同，亦"生成"之義。"恭作肅"者，謂"容貌恭敬必生嚴肅"。**從作乂** 乂，治也。或作"艾"，通假字。蔡《傳》："條理也。"《宋世家》作"治"，訓詁字。行甫按：《皋陶謨》"俊乂在官"，《釋文》引馬融曰："千人曰俊，百人曰乂。"則"乂"亦爲才俊之稱。言詞有條理，在言者是爲才俊，施之於事則事有所成，孔子曰"言不順，則事不成"，是其義也。孔子熟讀《詩》《書》，其話語體系必有《詩》《書》傳統，故其言之如此。"從作乂"者，謂"所出言詞順乎事理，以之治事則事必有成"也。**明作哲** 哲，孔穎達《書疏》："王肅及《漢書·五行志》皆云：'悊，智也。'定本作'哲'，則讀爲'哲'。"《宋世家》作"智"，訓詁字。段玉裁《撰異》："《説文》日部'晳，昭晣明也。從日折聲'，口部'哲，知也（古知智不分）。從口折聲'，心部'悊，敬也。從心折聲'。三字各有所屬本義，而經傳多相假借。

鄭本作'哲',云'君視明則臣照哲','照哲'二字與《説文》'昭晣'同(古昭照通用),與《易》之'明辨,哲也'同解,非讀爲'哲'也。蓋古本《尚書大傳》作'知',古者'哲'訓'知',因以'知'代'哲'。《宋世家》'明作智',以'智'代'哲',蓋今文《尚書》作哲字也。"劉起釪曰:"《説文》'哲,昭晣明也',意義與'明'重復,自不如今文作'哲'爲妥。"行甫按:劉氏之説是也。"明作哲"者,謂"觀察事物清楚明晰,必生智慧"也。**聰作謀** 謀,蔡《傳》:"謀者,度也。"王引之曰:"謀與敏同,謀敏聲相近,故字相通。《中庸》'人道敏政,地道敏樹',鄭注曰:'敏,或爲謀。'是其證也。《晋語》'羊舌職之聰敏肅給也',聰與敏義相近,《小雅·小旻》'或哲或謀',毛《傳》:'有明哲者,有聰謀者',以'聰謀'連文,猶《晋語》以'聰敏'連文。《五行傳》曰'聽之不聰,是謂不謀','不謀'即'不敏'。是毛公之解'或哲或謀',伏生之解'聰作謀',皆以'謀'爲'敏',正與經旨相合。何晏《景福殿賦》曰'克明克哲,克聰克敏',義即本於《洪範》。然則《洪範》舊説固有以'謀'爲'敏'者矣。"行甫按:《説文》:"慮難曰謀。"《周禮·太卜》"四曰謀",鄭玄引鄭司農曰:"謀,謂謀議也。"是"謀"如字讀,亦通。"聰作謀"者,猶言"聽言明察是非曲直,乃成謀議"也,與"從作乂"之"出言順乎事理,則其事必有所成"文法從同。**睿作聖** 睿,亦當從今文作"容",謂思慮全面周到也。聖,枚《傳》:"於事無不通謂之聖。"行甫按:《説文》:"聖,通也。"《左傳》文公十八年"齊聖廣淵",孔穎達《正義》:"聖者,通也,博達衆務,庶事盡通也。"是"容作聖"者,謂"思慮全面周到,必生洞徹通達之明"也。

行甫按:此節爲第二疇,或稱"五事章"。言人體之貌、言、視、聽、思五種官能活動各有其相應之規範;遵其規範,乃産生相應之良好效果。茲紬繹其文如次:

九章大法的第二條是有關人體五種官能活動的基本規範,稱之爲"五事"。第一種官能活動叫作"貌",是指人身整體的神情氣度及其體態與威儀,關乎人生的後天修養,在於尋常的動静語默之間,而與人先天的自然狀貌之美惡無涉。第二種官能活動叫作"言",是指人們在日常公共生活中公開發表的言論和看法,它可能涉及某種事實的陳述,也可能涉及某種現象的評價。第三種官能活動叫作"視",也就是人們對周圍人物與環境以及外在事物的觀察,這當然屬於人體視覺官能的運用。第四種官能活動叫作"聽",屬於人體聽覺官能的功用,也是人們接收各種外部信息以及了解周圍世界的主要認知渠道。第五種官能活動叫作"思",這是人心的基本功能,既是對外部信息的分析與加工,也是對内在知識的概括與綜合。

這五種官能活動,各自皆有其相應的規範。人的體貌儀態及其行爲舉止,無論何時何地,都必須做到端莊與恭敬,不可浮躁與輕佻。陳述觀點,發表言論,既要做到合情合理,不作無根之談;也要做到終始明晰,條理清楚,不可顛三倒四,含混紛亂。觀察事物,必須做到洞若觀火,明察秋毫,透過現象看本質,不爲假象所迷惑。聞事聽言,必須做到曲體其意,直達人心,不被花言巧語所欺騙。思考問題,必須周容全面。要掌握多方情况,考慮各種前提;更要包容衆議,瞻前顧後,通盤考慮,綜合平衡,不可只計一點,不及其餘。

按照五種行爲規範爲人處事,與此相應,也會産生五種不同的良好效果。體貌恭敬,舉止端莊，自然便神情嚴肅而有威儀，當然就會受人尊重，不至招徠輕慢與侮辱。言論合乎情理，條理清楚明晰，便易於爲世人所理解與接受，倘若付諸實施，見諸行事，就會獲得較大的社會成功。觀察事物，洞明通透，必然會産生心靈的智慧。聞事聽言，曲達人心，當然就能産生相應的對策。思考問題，全面周到，綜合平衡，便能够總攬全局，細大不捐，高瞻遠矚，無所不通。

三八政：①一曰食，二曰貨，三曰祀，②四曰司空，五曰司徒，六曰司寇，③七曰賓，八曰師。④

【釋讀】

①**三八政**　政,《説文》:"正也。"《周禮·夏官·序官》"使帥其屬而掌邦政",鄭玄注:"政，正也，政，所以正不正者也。"

②**一曰食**　食,《北堂書鈔》卷一百四十二引《尚書大傳》:"食者，萬物之始，人之所本也。"《淮南子·主術》:"食者，民之本也。"《漢書·食貨志上》:"食，謂農殖嘉穀可食之物。"行甫按:"食"者，猶今之所謂"農、林、牧、副、漁"各業也。**二曰貨**　貨,《説文》:"財也。"《漢書·食貨志上》:"貨，謂布帛可衣，及金刀龜貝所以分財布利通有無者也。"《荀子·富國》"百姓時和、事業得叙者，貨之源也"，楊倞注:"貨、財皆錢穀通名。别而言之，則粟米布帛曰財，錢布龜貝貨也。"行甫按:"貨"者，猶今所謂商業貿易與貨幣流通也。**三曰祀**　祀，祭祀也。《周禮·大宗伯》:"以禋祀祀昊天上帝，以實柴祀日月星辰，以槱燎祀司中、司命、飌師、雨師，以血祭祭社稷五祀、五嶽；以貍沈祭山林川澤，以疈辜祭四方百物，以肆獻祼享先王，以饋食享先王，以祠春享先王，以禴夏享先王，以嘗秋享先王，以烝冬享先王。"行甫按:《左傳》文公十三年曰:"國之大事，在祀與戎。"祭祀乃殷周禮樂文明之重要内容，是政治權力與社會結構的物化象徵。而"八政"以"食"、"貨"、"祀"三者爲先,實涵今之所謂"經濟基礎"與"意識形態"也。

③**四曰司空**　司空,金文作"𤔲工",關乎國家大型土木工程建設以及器物營造之事。**五曰司徒**　早期金文作"𤔲土"、或"冢𤔲土"，後期作"𤔲徒"，關乎國都鄉遂居民之管理與教育以及國家大型徒役之組織與征調之事。**六曰司寇**　司寇，關乎斷訟蔽獄及緝捕盗賊之事。行甫按:"司空"、"司徒"、"司寇"之三"政"者，關乎國家内部管理事務。

④**七曰賓**　賓,接遇賓客。《禮記·鄉飲酒義》:"賓者,接人以義者也。"《國語·周語上》"賓饗贈餞，如公命侯伯之禮"，韋昭注:"賓者，主人所以接賓致餐饔之屬也。"行甫按:"賓"者，猶今所謂"外交事務"也。**八曰師**　師，衆也。《左傳》隱公十年"克之，取三師焉"，杜預注:"師者，軍旅之通稱。"《説文》:"二千五百人爲師。從帀從𠂤,𠂤,四帀，衆意也。"行甫按:"賓"與"師"者，關乎國家對外事務，猶今之所謂"外交"與"軍事"也。

孔穎達《書疏》:"鄭玄云:'此數本諸其職先後之宜也。食謂掌民食之官,若后稷者也。貨掌金帛之官，若《周禮》司貨賄是也。祀掌祭祀之官，若宗伯者也。司空掌居民之官，司徒掌教民之官也。司寇掌詰盜賊之官。賓掌諸侯朝覲之官，《周禮》大行人是也。師掌軍旅之官，若司馬也。’王肅云：‘賓掌賓客之官也。’即如鄭、王之説，自可皆舉官名，何獨三事舉官也？八政主以教民，非謂公家之事。司貨賄掌公家貨賄，大行人掌王之賓客。若其事如《周禮》，皆掌王家之事，非復施民之政，何以謂之政乎？且司馬在上，司空在下；今司空在四，司馬在八，非取職之先後也。”章太炎曰：“食、貨《周禮》無專官，此八目，真所謂不倫不類者。”行甫按：此“八政”者，鄭玄、王肅及近人章太炎皆以《周禮》職官説之。孔穎達以爲《周禮》之官“皆掌王家之事，非復施民之政”，與此“八政”之名不合。其説是也。章氏以爲“八目”所列“不倫不類”，説亦非是。前三“政”乃關乎經濟生活與意識形態；中三“政”乃關乎國家内部事務；後二“政”乃關乎對外事務。“八政”者，從經濟基礎到上層建築，從内部管理到軍事與外交，面面俱到，條理清晰，何可以“不倫不類”目之邪？

行甫按：此節乃第三疇，或稱“八政章”，言國家管理有關乎經濟建設與意識形態、内部行政以及軍事外交等多方面之政治事務。茲紬繹其文如次：

九章大法的第三條是關乎國家管理的八種政治事務。第一種政治事務叫作“食”，總括國家的農業、林業、畜牧業、副食加工業以及漁業等與百姓日常飲食生活直接相關的經濟建設工作。第二種政治事務叫作“貨”，關係到國家的商業貿易與貨幣流通，既要平抑物價，防止欺行霸市；也要貿遷有無，防止屯積居奇。第三種政治事務叫作“祀”，這是管控國家意識形態的重要手段，關乎國家建立的思想基礎與制度文化，也體現著凝聚社會人心的觀念體系。第四種政治事務叫作“司空”，關係到國家大型土木工程的建設以及各種國家重要器物的營造，代表著國家的最高科學技術的發展與進步。第四種政治事務叫作“司徒”，關係到民衆管理與教化以及大型徒役的組織與征調，是實現國家意志的重要政治事務。第六種政治事務叫作“司寇”，負責緝捕盜賊與聽訟斷獄，維護國家内部治安，是社會秩序穩定與法律公正公平的有力保障。第七種政治事務叫作“賓”，處理國家的外交事務。第八種政治事務叫作“師”，包括國家軍隊的組織與訓練，是保障國家安全的軍事打擊力量。

總之，所謂“八政”，涉及到國家的經濟基礎與上層建築，也關係到國家的内部管理以及軍事與外交，面面俱到，缺一不可。

四五紀：①一曰歲，二曰月，三曰日，②四曰星辰，五曰曆數。③

【釋讀】

①四五紀 紀，猶“端”也。行甫按：“歲”、“月”、“日”、“星辰”及“曆數”各有其周期，循環無端，而“五紀”乃言“五端”者，其“端”則由人所設定，故曰“協用五紀”。否則經言“協”字甚無謂也。

②一曰歲 歲，猶“年”也。孔穎達《書疏》：“從冬至以及明年冬至爲一歲，所以紀四時也。”行甫按：地球繞太陽一周爲一年，其運行軌道爲橢圓形，因而地球距太陽有

遠有近，是以有春夏秋冬之四時以及二分（春分、秋分）二至（冬至、夏至）之節令也。一個回歸年有三百六十五日又四分之一日，稱爲“歲實”。**二曰月** 月，猶“一月”也。孔穎達《書疏》：“從朔至晦，大月三十日，小月二十九日，所以紀一月也。”行甫按：月亮繞地球一周爲一個朔望月，約二十九日又九百四十分之四百九十九日，稱爲“朔策”。爲使年月四時相協，制定曆法，必使地球繞太陽所行之天數，與月亮繞地球所行之天數相等。而一個回歸年之實際長度爲 365.25 天；一個朔望月之實際長度爲 29.53085 天。因此，只有積十九年，地球繞太陽行 6939.75 天；月亮繞地球亦行 6939.75 天，二者天數恰爲相等。但十九年月亮繞地球實際運轉了 235 周，亦即 235 個月。而曆法於十九年中實際安排的月數只能是 19×12＝228 月，因此，月亮實際運轉周數與曆法所安排的月數多出 7 個朔望月，於是十九年之中就必須安排七個閏年，每年十三個朔望月，方使回歸年與朔望月的總天數相協調，春夏秋冬四時以及晦朔月相乃不相乖舛，即下文所謂“歲月日時無易”也。**三曰日** 日，一晝夜。孔穎達《書疏》：“從夜半以至明日夜半，周十二辰爲一日，所以紀一日也。”行甫按：所謂“日”，乃地球由西向東自轉的結果。

③四曰星辰 星辰，裴駰《宋世家集解》：“馬融曰：‘星，二十八宿。辰，日月之所會也。’鄭玄曰：‘星，五星也。”孔穎達《書疏》：“星謂二十八宿，昏明迭見。辰謂日月别行會於宿度，從子至於丑，爲十二辰。星以紀節氣早晚，辰以紀日月所會處也。”**五曰曆數** 曆數：枚《傳》：“氣節之度，以爲曆，敬授民時。”孔穎達《書疏》：“算日月行道所歷，計氣朔早晚之數，所以爲一歲之歷。凡此五者，皆所以紀天時，故謂之五紀也。五紀不言時者，以歲月氣節正而四時亦自正，時隨月變，非曆所推，故不言時也。五紀爲此節者，歲統月，月統日，星辰見於天，其曰曆數，總曆四者，故歲爲始，曆爲終也。”行甫按：十九年日月所行之長度爲 6939.75 日，湊足一日仍須補充四分之一日，亦即須有四個十九年方能湊足一日。於是 19×4＝76 年中，共有 235×4＝940 個朔望月；有 6939.75×4＝27759 日。而 76 年月行長度爲 940×29.53085＝27759 日，與 76 年日行長度恰爲相等，於是季節循環回覆到同一的曆日和同一的時刻，十一月朔旦再作冬至，只是日的干支由甲子轉爲癸卯了。一個甲子周期爲六十日，76 年 27759 天共有 462 個甲子，餘 39 日不够一個完整甲子，尚須再加 20 日之後，方能重回下一周期的甲子日。因此，若使下年十一月朔旦冬至再爲甲子日，須歷 20 個 76 年，即 76×20＝1520 年之後的下一年十一月朔旦冬至日的干支再爲甲子。是以 20 個 76 年爲一紀，三紀爲一元共 4560 年。一元復始，歲、月、日、時齊一，氣節和朔日都回復如初。此所謂“曆法”。

行甫按：此節乃第四疇，或稱“五紀章”，言觀察歲月日星制定曆法以授民時也。姑紬繹其文如次：

九章大法的第四條是觀察歲月日星之運行周期以制訂曆法，稱之爲“五紀”，也就是根據歲月日星之運行周期以確定曆法之開端，使年月日與四時相協調。制定曆法的第一個要素就是“歲”，也就是從冬至到明年冬至這段時間，經歷春夏秋冬四時，共有三百六十五天又四分之一天。制定曆法的第二個要素就是“月”，從朔到望再到晦，大月三十天，小月二十九天。制定曆法的第三個要素就是“日”，從太陽出山到第二天太陽出山，也就是一晝夜。制定曆法的第四個要素就是“星辰”，也就是黄昏出現在正南方天際的不同星宿，標誌著一年四季肉眼所能見到的太陽在周天的不同運動位置。將歲月日星不同的運行周期與一年四時之節令進行合理調配，就稱爲“曆法”。這是觀象授時的基本方法，也是人君行政的重要依據，不可有所疏失。

五皇極：皇建其有極，斂時五福，用敷錫厥庶民，惟時厥庶民于汝極，錫汝保極。①凡厥庶民，無有淫朋，人無有比德，惟皇作極。②凡厥庶民，有猷有爲有守，汝則念之。不協于極，不罹于咎，皇則受之。③而康而色，曰予攸好德，汝則錫之福，時人斯其惟皇之極。④無虐煢獨而畏高明。人之有能有爲，使羞其行，而邦其昌。⑤凡厥正人，既富方穀，汝弗能使有好于而家，時人斯其辜。⑥于其無好德，汝雖錫之福，其作汝用咎。⑦無偏無陂，遵王之義，無有作好，遵王之道，無有作惡，遵王之路。⑧無偏無黨，王道蕩蕩。無黨無偏，王道平平。無反無側，王道正直。⑨會其有極，歸其有極。⑩曰：皇，極之敷言，是彝是訓，于帝其訓；凡厥庶民，極之敷言，是訓是行，以近天子之光。⑪曰：天子作民父母，以爲天下王。⑫

【釋讀】

①**五皇極** 皇，《说文》：“大也。”極，則也，法也。**皇建其有極** 皇，《爾雅·釋詁》：“君也。”建，立也。行甫按：下文“曰天子作民父母，以爲天下王”，則“皇建”者，猶言“君主建立”也。其，猶“則”也，“則”，猶“當”也。說見吴昌瑩《經詞衍釋》。有，猶“以”也。說見吴昌瑩《經詞衍釋》。行甫按：“皇建其有極”，猶言“君主權威之建立，當因其法則”也。**斂時五福** 斂，《爾雅·釋詁》：“聚也。”時，是也，彼也。行甫按：“時”乃近指，亦可爲遠指，宋人不知此義，乃以爲自此“斂時五福”以至“其作汝用咎”爲第九疇“五福”之错簡。實則九疇之義，互有關聯，错簡之説，非也。五福，即下文“次九嚮用五福”也。行甫按：此二句既是并列，亦爲因果，謂“君權之建立，當依法則，由是亦可聚彼五福”也。**用敷錫厥庶民** 用，以也。敷，佈也。錫，讀“賜”，予也。行甫按：“敷錫”乃近義複詞，猶今所謂“頒佈”也。厥，其也。行甫按：“厥”與“其”皆爲指示代詞，猶言“此”也，與下“庶民”構成同位語。《左傳》襄公八年“孤也與其二三臣，不能禁止”，三十一年“君欲楚也夫，故作其宫”，昭公七年“元尚享衛國，主其社稷”，諸“其”字皆與下“二三臣”、“宫”、“社稷”構成同位語。此“厥庶民”亦是其例也。“厥庶民”，猶言“這些衆人”。**惟時厥庶民于汝極** 惟時，惟，以也。時，此也。行甫按：“惟時”，猶言“因此”、“於是”也。于，行也。屈萬里《集釋》：“于，猶爲也。《經傳釋詞》有説。于汝極，謂依汝之法則而行。”行甫按：屈説是也。《魯頌·泮水》“從公于邁”，鄭《箋》：“于，行也。”《王風·君子于役》“君子于役，不知其期”，朱熹《集傳》：“君子行役，不知其還返之期。”柳宗元《平淮夷雅》“于皇之訓”，蔣之翹《輯注》：

"于，謂遵行也。"皆是其例也。汝，汝君王，即周武王。**錫汝保極** 錫，與也。吴汝綸《尚書故》："錫汝之錫，爲相與之與。"保，守也，安也，信也。《國語·周語上》"保任戒懼"，韋昭注："保，守也。"《史記·季布欒布列傳》"爲酒人保"，裴駰《集解》引《漢書音義》："可保信，故謂之保。"是也。行甫按：此三句意謂："以此法頒佈於此庶民，於是此庶民皆依汝之法而行，且與汝安保信守而不失"也。

行甫按：此本節第一層也，言建立君王治理準則之目標。謂建立君王之最高法則者，君王由之以聚福，庶民乃由之而遵行也。

②**凡厥庶民無有淫朋** 凡，所有也，一切也。劉淇《助字辨略》卷二："《詩·小雅》'凡今之人，莫如兄弟'，《孟子》'故凡同類者，舉相似也'，此凡字，一切之辭也。"行甫按："凡"字與"無"字相關聯，謂"所有這些衆庶之人皆莫能外"也。無，《宋世家》作"毋"，通假字。有，或也。行甫按："無有"，猶"無或"也。下文"無有作好"、"無有作惡"，《韓非子·有度》并作"毋或"，是其證也。淫，濫也。《周禮·宫正》"去其淫怠與其奇衺之民"，鄭玄注："淫，放濫也。"朋，群輩也，黨類也。《豳風·七月》"朋酒斯饗"，孔穎達《毛詩正義》："朋者，輩類之言。"《國語·吴語》"請王厲士以奮其朋勢"，韋昭注："朋，群也。"《太玄·守》"閉朋牖"，范望注："朋，黨類也。"**人無有比德** 人，猶"民"也。江聲《集注音疏》曰："既言'庶民'，又别言'人'，則'人'非謂'民'，自是謂臣矣。《假樂詩》云'宜民宜人'，毛《傳》云：'宜安民，宜官人。'是亦以人爲臣。"楊筠如《覈詁》亦曰："'庶民'與'人'對文，則'人'與'庶民'有别。《皋陶謨》'在知人，在安民'，《詩》'宜民宜人'，毛《傳》亦本《尚書》爲説。蓋'人'謂在位之正長也。"行甫按：江、楊之説非也。此"人"與上文"庶民"之"民"以及下文"正人"之"人"，皆指方趾圓顱之人類言，無所謂"人臣"與"庶民"之别。江、楊二氏所以説之如此者，乃由誤解"凡厥正人"之"正"字義也。比，私相親附也，親近狎暱也。《禮記·緇衣》"大臣不治，而邇臣比矣"，鄭玄注："比，私相親也。"《論語·爲政》"君子周而不比"，皇侃《疏》："比是親狎之法。"德，行爲，品性也。**惟皇作極** 惟，以也。作，爲也。《大雅·下武》"世德作求"，鄭《箋》："作，爲也。"行甫按："惟皇作極"，猶言"以皇爲極"也。

行甫按：此本節第二層也，言庶民遵行王極之作法也。謂庶民無朋黨，無比周，乃惟皇極是遵也。

③**凡厥庶民有猷有爲有守** 猷，《爾雅·釋詁》："謀也。"邢昺《疏》："猷者，以道而謀也。"《方言》卷三："猷，道也。東齊或曰猷。"行甫按："有猷"者，謂"有合於道義之謀"也。爲，作爲也，成就也。行甫按："有爲"，謂"有所作爲、有所成就"也。守，持也。行甫按："有守"，謂"有所操守、有所堅持"也。**汝則念之** 汝，與下文"皇則受之"之"皇"同指君王。則，猶"當"也。念，《説文》："常思也。"之，代"有猷有爲有守"之"庶民"。**不協于極** 協，合也。行甫按：此句承前省"凡厥庶民"四字。**不罹于咎** 罹，《宋世家》作"離"，《尚書大傳》作"麗"，皆通假字。行甫按："離"、"麗"、"罹"，三字可通用。此"罹"讀如《邶風·新臺》"魚網之設，鴻則離之"之"離"，猶言"落入"也。咎，罪也，過也。《小雅·北山》"或慘慘畏咎"，鄭《箋》："咎，猶罪過也。"**皇則受之** 皇，君王也。則，猶"當"也。受，《玉篇·受部》："容納也。"行甫按：此"受"

猶“包容”、“容受”也。

④**而康而色** 而，爾也，汝也；第二人稱主格。康，和也。《史記·樂書》“而民康樂”，張守節《正義》：“康，和也。”是其例也。而，爾也，汝也；第二人稱領格。色，顔面之色也。行甫按：俞樾《平議》：“下‘而’字訓‘女’，上‘而’字不訓‘女’，乃語詞也。此句承上文‘皇則受之’而言，‘皇則受之而康而色’，言‘不但受之而又當和女之顔色以受之’也。‘康’之義爲‘安’，故亦爲‘和’。枚《傳》因‘皇則受之’與上文‘女則念之’相對，‘念之’下更無他文，則‘受之’下亦不得著此四字。乃以此四字屬下爲義，其所見殊泥矣。”行甫按：俞氏之説，似是而實非也。“而康而色”當依枚氏屬下爲義，且“而康”之“而”亦非語詞。此承上“汝則念之”及“皇則受之”兩層文意而言之，謂“汝當和汝之顔色”以待遇上文所“念之”、所“受之”之“民”而“賜之福”，於是其“民”乃“惟皇之極”也。劉起釪從俞氏説讀之，失於抉擇也。**曰予攸好德** 曰，言也。予，我也。攸，所也。行甫按：“攸”訓“所”，“所”亦訓“所以”，説見吴昌瑩《經詞衍釋》。好，喜愛也。德，人品及其行爲也。行甫按：“德”即上文“有猷有爲有守”及“不罹于咎”之“德”也。其“德”既爲“予”所“好”，則“予”所用以表示“予”之“好德”者，有心識、有容色；亦有言語、有行動。心識者，上文“念之”、“受之”是也。容色者，“而康而色”是也；言語者，“曰予攸好德”是也；行動者，下文“錫之福”是也。則“曰予攸好德”者，既遠承“念之”“受之”之義，又挽結上下二句文意，亦即“康而色”與“錫之福”及其“曰”之本身，皆爲“所以好德”之内在思想與外在行爲之多重表現也。經文微旨深衷，學者當不可等閒讀之。**汝則錫之福** 則，即也。錫，賜予也。之，代上“念之”及“受之”之“民”也。福，賞也，與“威”之言“罰”相對。行甫按：此三句猶言：“你應當和悦你的面色，對你所常繫念之人以及所容受之人説：‘此乃我所以好德也’，汝即賞賜他們相應的福祉”。**時人斯其惟皇之極** 時，猶“是”也；“是”猶“是以”、“是故”也。人，衆辭也。斯，猶“則”也，“即”也。其，將也。行甫按：“斯其”乃虚詞連用，猶今所謂“即將”也。惟，猶“以”也。之，是也，爲也。行甫按：“惟皇之極”者，即“惟皇是極”也，與上“惟皇作極”異文同義，猶言“以皇爲極”也。行甫又按：此句乃“凡庶民有猷有爲有守”至“汝則錫之福”之小結，猶言：“職是之故，衆人即將以君王爲準則”也。

⑤**無虐煢獨而畏高明** 虐，殘害也，欺侮也。行甫按：“無虐”，《宋世家》作“毋侮”，《釋文》：“馬本作亡侮。”“無”、“毋”、“亡”三字通用，“虐”者，猶“侮”也。煢，枚《傳》：“單，無兄弟也。無子曰獨，單獨者不侵虐之。”《説文》：“煢，回疾也。”段玉裁注：“回轉之疾飛也。引申爲煢獨，取裵回無所依之意。”行甫按：“煢獨”，近義複詞，指無所依靠之人，猶今所謂“弱勢群體”也。畏，害怕。高明，枚《傳》：“寵貴者。”裴駰《宋世家集解》引馬融曰：“寵顯者，不枉法畏之。”行甫按：“高明”與“煢獨”相對，言其地位顯赫，黨羽衆多也，猶今所謂“權貴利益集團”也。**人之有能有爲** 之，猶“若”也。能，能力也。爲，作爲也。**使羞其行** 羞，《爾雅·釋詁》：“進也。”行，《爾雅·釋詁》：“言也。”郭璞注：“今江東通謂語爲行。”俞樾《平議·爾雅一》：“《釋宫》曰‘行，道也’，是行與道義通。《周官·訓方氏》‘掌道四方之政事’，《撢人》‘道國之政事’，鄭注并曰：

'道猶言也。'行之訓言，猶道之訓言矣。襄二十五年《穀梁傳》'莊公失言，淫于崔氏'，'失言'即失道也。然則'行，言也'，猶曰'行，道也'。與《釋宫》之文其義本通。郭引時諺爲證，尚非古義。"行甫按：俞氏之説是也。《小雅·巧言》"往來行言"，馬瑞辰《毛詩傳箋通釋》："行、言二字平列而同義，猶云語言耳。"皆"行"訓"言"之證也。"使羞其行"者，猶"使進其言"也。**而邦其昌** 而，爾也，汝也。邦，邦國也。其，將也，乃也。昌，光大美盛也。《説文》："昌，美言也。從日從曰。一曰日光也。《詩》曰：東方昌矣。"《齊風·猗嗟》"猗嗟昌兮"，毛《傳》："昌，盛也。"《楚辭·大招》"人阜昌只"，王逸注："昌，熾也。"行甫按：自"無虐煢獨而畏高明"至此句，謂：人之有才幹有能力者，無論其爲煢獨抑或爲高明，皆可使進其言，則其邦國昌盛也。

⑥**凡厥正人** 厥，其也。正，正直也，善良也。《小雅·小明》"正直是與"，毛《傳》："正直爲正。"《新書·道術》："方正不曲謂之正。"《儀禮·士喪禮》"決用正"，鄭玄注："正，善也。"行甫按："凡厥正人"，枚《傳》曰："凡其正直之人。"是也。自孫星衍以"正人"爲"在位之正長"，説者皆訓"正人"爲"官長"，大背經旨。上文"人之有能有爲"之"人"，指有能力有才幹之"人"，此所謂"正人"，即德行正直善良之"人"，一言其才，一言其德。**既富方穀** 既，猶"其"也。吴昌瑩《經詞衍釋·補遺》："《詩》'王猶允塞，徐方既來'，《荀子·議兵篇》作'徐方其來'。蓋'既'與'其'，聲相近，故用亦相通。《詩》'其虚其邪，既亟只且'，言其急行也。'既往既來，使我心疚'，言其往其來也。《禹貢》'淮沂其乂，蒙羽其藝，大野既豬'，其與既，相互成文，此'其'之訓'既'也。"富，《説文》："備也。一曰厚也。"《國語·楚語上》"使富都那竪贊焉，而使長鬣之士相焉，臣不知其美也"，韋昭注："富，富於容貌也。都，閒也。那，美也。竪，未冠者也。"徐元誥《集解》："陳瑑曰：'都，亦美也。《鄭風》"洵美且都"。那竪，猶都竪也。'汪遠孫曰：'富、都、那三字義相近。'"《漢書·高五王傳》"皇帝春秋富"，顔師古注："言年幼也，比之於財，方未匱竭，故謂之富。"行甫按："富"訓"備"、訓"厚"、訓"美"，與"穀"字并列爲用，乃德性或才能之形況字，爲"正人"之補充描述，與財富及爵祿之多寡高下無關，前賢之説皆誤，今一皆不取。方，併也。《説文》："方，併船也。"《儀禮·鄉射禮》"左足履物不方"，鄭玄注："方，猶併也。"行甫按："方"訓"併"，猶"兼"也。穀，《爾雅·釋詁》："善也。"《大雅·桑柔》"不胥以穀"，毛《傳》："穀，善也。"行甫按："既富方穀"，猶言"既美且善"也。連上句，意謂：凡其正直之人，既有美好之才能，亦有善良之品性也。**汝弗能使有好于而家** 有，猶"爲"也。好，善也，睦也。行甫按：黄生《字詁》："好，從女從子，蓋和合二姓以成配偶，所謂好也。借爲凡相睦之稱。《孟子》'言歸於好'，《左傳》'修舊好'，言和好如婚姻也。好爲美德，故借爲惡之對。《吕子》引《周書》云：'民善之則畜之，不善則讎也。'注：'畜，好也。'《孟子》'畜君者，好君也。'亦此義。"《小雅·鹿鳴》"人之好我"，鄭《箋》："好，猶善也。"皆是其例也。而，爾也，汝也。家，家族也。行甫按：此"家"與上文"邦"相對，亦與"邦"爲互文也。**時人斯其辜** 時，亦猶"是以"、"是故"也。斯，亦猶"則"也、"即"也。其，亦"將"也。辜，枚《傳》："不能使正直之人有好於國家，則是人斯其詐取罪而去。"章太炎曰："辜，盬也。《詩·四牡》傳：'盬，不堅固也。'苦、沽、楛皆有苟且不堅固義。《僞孔》云'詐取罪'，甚非。"

行甫按:《説文》:"辜,辠也。從辛,古聲。"注家多以"罪"訓此"辜"字。枚氏亦訓"罪",又不自安,故曰"詐取罪而去",猶言"以有罪爲借口弃官而去"也。實則"辜"從"古"得聲,與"姑"、"苦"、"沽"、"盬"諸從"古"之字相通,皆有"粗糙"、"惡濫"、"陋劣"、"苟且"之義,則章氏之説可從。"時人斯其辜"者,連上句意謂:"不能使正直之人爲善於汝之國家,於是正直之人則將守義不堅而苟且劣濫"也。

⑦**于其無好德** 于,猶"如"也。《淮南子·覽冥》"食人肉,菹人肝,飲人血,甘之于芻豢",言"甘之如芻豢"也。説見吴昌瑩《經詞衍釋》。其,猶"厥正人"之"厥"也。無好德,《宋世家》作"于其毋好",無"德"字。王引之《經義述聞》:"'好'下本無'德'字,且'好'字讀上聲,不讀去聲。蓋'無好'二字即承上'弗能使有好'而言,非有二義也。自某氏《傳》曰'于其無好德之人',始加'德'字解之。然其時經文尚無'德'字,且'好'字尚讀上聲。考《釋文》'于其無好'之下無音,至'無有作好'之下,始音'呼報反'。又於上文'予攸好德'之下但云'呼報反',而不云'下同'。又《正義》曰'無好對有好,有好,謂有善也。'然則'無好'之'好',孔、陸俱讀上聲,而所見本俱無'德'字明矣。自唐石經始作'于其無好德',此不過因《傳》有'德'字而妄加之。而蔡《傳》遂讀'好'爲'攸好德'之'好',不知'咎'訓爲惡,'好'與'咎'義正相對。'無好'與'有好'亦相對。若讀爲'攸好德'之'好',則與上下文義不相屬矣。且'好'與'咎'古音正協。'皇極'一篇皆用韻之文,不應此三句獨無韻也。"行甫按:古本當無"德"字。"于其無好"者,猶言"如果其人無善於國家"。**汝雖錫之福** 雖,即使也。錫,賜也。之,代"無好"之人。福,賞也,爵祿也。**其作汝用咎** 其,將也,且也。作,讀若"詛",詛祝之使其沮敗也。《大雅·蕩》"侯作侯祝",毛《傳》:"作,祝詛也。"《釋文》:"作,本作詛。"孔穎達《正義》:"作即古詛字。"《管子·輕重己》"下作之地,上作之天",俞樾《諸子平議》:"兩'作'字皆讀爲'詛',古字通用。"是"作"、"詛"相通之例也。《周禮·春官·序官》"詛祝,下士二人",鄭玄注:"詛,謂祝之使沮敗也。"《周禮·司盟》"盟萬民之犯命者,詛其不信者",鄭玄注:"盟、詛者,欲相與共惡之也。"是此"作(詛)"之義也。用,以也。咎,災禍也。《説文》:"咎,災也。從人從各,各者,相違也。"《吕氏春秋·侈樂》"弃寶者必離其咎",高誘注:"咎,殃也。"行甫按:古今説者皆讀"作"如字。裴駰《宋世家集解》引鄭玄曰:"其動作爲女用惡。謂爲天子結怨于民。"劉起釪曰:"作汝,爲汝服役,替你做事。這句是説:他們以罪惡來爲你服務。或:他們替你做事用的是罪惡行爲。"以"作汝"爲"動作爲女"或"替你作事",大悖文法,增字爲訓,釋義可哂。此三句意謂:"若無善於國家之人,你即使賜之以爵祿,他們也會以災殃詛咒你。"

行甫按:此本節第三層也,以正反兩面之事理告誡王者遵行王極之做法也。不欺煢獨、不畏貴寵以進用賢能正直之人,賜之以福;倘不進用賜福於賢能正直之人,反進用賜福於無能邪曲之人,則賢能正直之人變行易節,無能邪曲之人亦無感恩之情,反以惡語相詛咒也。

⑧**無偏無陂** 偏,不正也。陂,《釋文》:"音祕。舊本作頗,音普多反。"《新唐書·藝文志》載唐開元十四年,玄宗以"無頗"與下"之義"音韻不協,詔改"頗"爲"陂"。《説文》:"頗,頭偏也。"段玉裁注:"引伸爲凡偏之稱。《洪範》曰:'無偏無頗,遵王之義。'人部曰:

‘偏者，頗也。’以‘頗’引伸之義釋‘偏’也。古借‘陂’爲‘頗’，如《洪範》古本作‘無偏無陂’，顔師古《匡謬正俗》、李善《文選注》所引皆作‘陂’可證。迨乎天寶，乃據其時所用本作‘頗’而詔改爲‘陂’。一若古無作‘陂’者，不學而作聰之過也。‘陂’、‘義’古皆在歌戈部，則又不知古音之過耳。”行甫按：據段氏此説，則古本當作“陂”，乃借“陂”爲“頗”也。唐時流行本作“頗”，乃用本字。是則唐玄宗詔改“頗”爲“陂”，由不知古音，而非復古本也。然段氏《説文注》古本作“陂”之説，與其《古文尚書撰異》相左。《撰異》與《説文解字讀》雖爲段氏同時之作（見段氏《撰異·序》），但《讀》之“簡練成《注》”，則在《撰異》刻行之後三十餘年（見陳奐《説文解字注·跋》），是此説當以《説文解字注》爲段氏之定論。然段氏謂“古借‘陂’爲‘頗’”，其説則未必是也。《説文》：“陂，阪也。阪，坡者曰阪。”段玉裁注曰：“陂與坡音義皆同。”則“陂”者，不平之謂也。《周易·泰》九三“无平不陂，无往不復”，與本經相同，正用“陂”之本義也。而枚《傳》云：“偏，不平；陂，不正。”説二字之義恰爲相反也。“無偏”，猶“公正”也。“無陂”，猶“公平”也。**遵王之義** 遵，循也。王，猶言“王者”。義，《吕氏春秋·貴公篇》引作“誼”，與顔師古《匡謬正俗》及唐玄宗改字詔書所引唐初本同。段玉裁《説文》“誼”字注：“‘誼’、‘義’古今字，周時作‘誼’，漢時作‘義’。皆今之‘仁義’字也。其‘威儀’字，則周時作‘義’，漢時作‘儀’。”顧炎武《唐韻正》卷二“支”韻“儀”字條：“《周禮·肆師》‘治其禮儀，以佐宗伯’，注：‘故書儀爲義。鄭司農云：義讀爲儀。古者書儀但爲義，今時所謂義爲誼。’《韻補》：‘儀，牛何反。《周禮注》：儀作義。古皆音俄。’宋洪邁《隸釋》曰：‘《周禮注》云‘儀義’二字古皆音俄。’按‘儀’字自漢中山王焉《文木賦》‘載重雪而稍勁風，將等歲于二儀’，始與枝、雌、知、斯爲韻。”行甫按：“誼”、“義”與“陂”、“頗”，上古韻讀皆在歌戈部。是“誼”與“義”，“陂”與“頗”皆音同義通。**無有作好** 無有，《宋世家》作“毋有”，《吕氏春秋·貴公》引作“無或”。行甫按：“有”與“或”通，猶今所謂“有人”也。作，爲也，行也。《爾雅·釋言》：“作，爲也。”《大雅·常武》“王舒保作”，鄭《箋》：“作，行也。”是其義也。好，《宋世家集解》引馬融曰：“私好也。”行甫按：“好”，偏好也，讀去聲“呼到切”，字或作“㚟”。《説文》：“㚟，人姓也。從女，丑聲。《商書》曰；無有作㚟。”段注：“按古音在三部，讀如狃。好之古音讀如朽。是以《尚書》假㚟爲好也。”行甫按：“作好”，猶言濫賞無功私好之人也。**遵王之道** 道，《説文》：“所行道也，從辵首。一達謂之道。”行甫按：“道”，人之所行；人之處事，亦猶由其“道”而有所“達”也。引申之，則爲道理、途徑、方法也。**無有作惡** 惡，《吕氏春秋·貴公》“無或作惡”，高誘注：“惡，擅作威也。”行甫按：“作惡”，與上“作好”相對爲文，謂隨意處罰無辜之人也。**遵王之路** 路，亦“道”也。

⑨**無偏無黨** 黨，私相親比也。裴駰《宋世家集解》引鄭玄曰：“朋黨也。”《國語·晋語五》：“事君者，比而不黨。夫周以舉義，比也。舉以其私，黨也。”韋昭注：“阿私爲黨。”《淮南子·泛論》：“私門成黨。”**王道蕩蕩** 王道，猶言“王者之道”。蕩，平坦也。《齊風·南山》“魯道有蕩”，毛《傳》：“蕩，平易也。”《左傳》襄公三年引《書》曰“無偏無黨，王道蕩蕩”，杜預注：“蕩蕩，平正無私。”《漢書·東方朔傳》“王道蕩蕩”，顔師古注：“蕩蕩，平坦之貌。”《漢書·王莽傳上》“王道蕩蕩”，顔師古注：“蕩蕩，廣平

之貌。”行甫按：毛公、小顔乃言其本義，杜預説其引申義。《説苑·至公》：“《書》曰‘不偏不黨，王道蕩蕩’，言至公也。”乃杜説之所本。**無黨無偏王道平平** 平平，猶“蕩蕩”，亦平坦、平易之意也。《史記·張釋之馮唐列傳贊》引作“不黨不偏，王道便便”，裴駰《集解》引徐廣曰：“便，一作辨。”段玉裁《撰異》：“‘平’作‘便’、作‘辨’，如《堯典》‘平章’、‘平秩’，《五帝本紀》作‘便章’、‘便程’，鄒誕生本作‘辨章’，《尚書大傳》作‘便程’。”行甫按：“平”、“便”、“辨”，聲近義通。此二句與上二句義同，重復言之者，以爲强調也。**無反無側** 反，變更也，違逆也。《吕氏春秋·知度》“其患又將反以自多”，高誘注：“反，更也。”《齊風·猗嗟》“四矢反兮”，《釋文》：“反，《韓詩》作變，變易。”《國語·越語下》“上帝不考，時反是守”，《經義述聞》引王念孫曰：“反，猶變也。言上帝不尚機巧，惟當守時變也。”《國語·周語下》“言爽日反其信”，韋昭注：“反，違也。”《荀子·法行》“身不善而怨人，不亦反乎”，楊倞注：“反，謂乖悖。”側，猶偏斜也。《説文》：“側，旁也。”是其義也。**王道正直** 王道，亦“王者之道”也。正，與“反”相對，謂不變更、不悖逆也。直，與“側”相對，謂不旁側、不偏斜也。

行甫按：此本節第四層也，乃王者遵行王極之總結。謂王者無所偏私，無所阿黨，乃是遵王者之道而行也。惟王者公正無私，無所偏黨阿好，不變更、不偏離王者之道，則王者之道方能平易正直，是以國家乃平康安定而無險危動蕩也。

⑩會其有極 會，聚合也。《説文》：“合也。”《禮記·月令》“以會天地之藏”，鄭玄注：“會，猶聚也。”行甫按：“會”指君王而言，謂“聚合其民”也。其，猶“而”也，“則”也，“乃”也。連詞，連接動詞與補語。有，猶“以”也。行甫按：“其”、“有”之用，俱見吴昌瑩《經詞衍釋》。極，法則，準則也。行甫按：句意謂：“君王聚合其民當以其法則”也。**歸其有極** 歸，《廣雅·釋詁一》：“往也。”《釋詁三》：“就也。”《曹風·蜉蝣》“心之憂矣，於我歸處”，鄭《箋》：“歸，依歸。”行甫按：“歸”指庶民而言，謂“往就其君”也。其，猶“乃”也。有，猶“以”也。行甫按：句意謂：“庶民往歸其君當依其法則”也。行甫又按：此二句分君與民而總概言之，下則以“皇極之敷言”與“庶民極之敷言”以分説之也。枚氏以此二句屬前讀之，注家多有從之者，非也。

⑪曰皇極之敷言 曰，猶“爲”也，“謂之”也。行甫按：此“曰”字乃對上文“會其有極，歸其有極”之解釋與説明，猶今語所謂“這就是説”也。皇，君王也。行甫按：此“皇”字與下文“凡厥庶民”相對爲文，猶今語所謂“對於君王而言”也。極，法則。之，猶“所”也。説見吴昌瑩《經詞衍釋》。敷，陳也。《宋世家》作“傅”，通用。**是彝是訓** 是，爲也。彝，《爾雅·釋詁》：“常也。”郭璞注：“彝，謂常法也。”《宋世家》作“夷”，通用。訓，《説文》：“説教也。”《大雅·抑》“四方其訓之”，毛《傳》：“訓，教也。”**于帝其訓** 于，猶“爲”也，“遵行”也，與上文“惟時厥庶民于汝極”之“于”義同。行甫按：此“于”字與上“會其有極”之“會”字相關聯；亦與下文“以近天子之光”之“近”字義亦相貫。帝，天帝也。其，猶“之”也。訓，教也，導也。《法言·序》“訓諸理”，李軌注：“訓，導也。”是其義也。《宋世家》作“順”，史公與下“是訓是行”同讀，非是也。行甫按：此解説“會其有極”也。謂：對於君王而言，法則所陳之言，是不變之常法，是永久之教言，遵而行之，也就是奉行上帝之教導。**凡厥庶民** 厥，猶“其”也。庶民，與上文“皇”

字相對，猶言“就此庶民而言”。**極之敷言** 極，法則也。之，所也。敷，陳也。**是訓是行** 是，爲也。訓，順也。《宋世家》作“順”，訓詁字也。行甫按：“訓”，猶言“遵循”也。行，奉行也，履行也。《吕氏春秋·恃君》“而立其行君道者”，高誘注：“行，奉也。”《左傳》昭公二十五年“民之行也”，杜預注：“行，人所履行。”是其義也。**以近天子之光** 以，由也，因也。近，《説文》：“附也。”行甫按：此“近”字與上文“歸其有極”之“歸”字相照應也。光，光明也。

⑫曰天子作民父母 曰，猶“爲”也，“謂之”也。行甫按：此“曰”字乃第五疇或曰“皇極章”之總結，猶今所謂“總而言之”。天子，天之子也。作，爲也。**以爲天下王** 以，猶“因而”也。行甫按：“天子作民父母，以爲天下王”乃條件複句，意即：“惟天子之所爲如同民之父母之所爲，天下之民乃擁戴天子爲天下之君王”也。

行甫按：此爲本節第五層，君主之法則亦即上帝之法則，君王與庶民皆當奉而行之。

行甫又按：此節乃九疇之第五疇，或稱“皇極章”，言君王統御萬民之法。茲紬繹其文如次：

九章大法的第五條關乎君王治民的最高法則。君王之權威所以能建立，當有賴於最高原則與法規的制定。君主以此法則聚斂五種福澤，以此法則頒佈於所治下的民衆，於是治下的民衆就會遵行你作爲君王的最高法則，也就會與你君王一起堅定地遵守這個最高法則。你治下的所有民衆，没有人可以胡亂交朋結友，任何人都不能有私相親附的行爲，必須以你君王作爲他們的最高準則，必須以你君王爲核心，緊密地團結在你君王的周圍。你治下的所有民衆，凡是有主見有作爲有操守的，你都應當常常想到他們，你在制定政策的時候，要盡量考慮到他們的需求，照顧到他們的利益；有些人對於王法可能心有抵觸，但在行爲上并没有犯罪事實，作爲君王，你也要包容他們。無論是有主見有作爲有操守的人，還是其言論雖然與法規不太協調，但又不至於犯罪的人，你都要和顔悦色對他們説，“我所以喜歡你們，或者是因爲你們有主見有作爲有操守，或者是因爲你們雖然心裡對法規有所不滿，但并没有發生觸犯國家法令的實際行爲”。你不僅要和顔悦色地對他們説出這些話來，更要拿出實際的行動，用來表示你心裡常常想到他們的利益。所以，你要賞賜給他們相應的福祉，也就是在制定國家政策時，要考慮到他們的利益和需求。這樣，這些人就會把你君王作爲他們的最高準則了。在用人行政的問題上，你不要歧視那些出身孤門細族而無依無靠的弱勢群體，也不要害怕那些勢位顯赫而鼻息沖天的權貴利益集團。任何人如果他有能力有才幹有作爲，你就要讓他們發表意見，他們的意見如能採納實施，你的國家就會繁榮昌盛。凡是你所治下的那些正人君子，他們既有美好的才能，又有善良的德性，如果你不能重用他們，讓他們對你的國家做出有益的貢獻，那麼這些人就會感到生不逢時，懷才不遇。因此當他們覺得前程無望，報國無門的時候，他們就會消極苟且，不思上進，得過且過，做一天和尚撞一天鐘。那些對於國家毫無益處的人，如果你對他們格外開恩，雖然你已給予他們很多好處，讓他們得了許多利益，可他們仍然不以爲足，還是會在背地裡用惡言惡語詛咒你，巴不得你早點遭殃倒大霉！因此，你要公正無私，對任何人都要一視同仁；你還要公平合理，對任何事都不能顧此失彼，這就是遵循王者所應當遵循的大道理。你不能僅憑個人喜愛與一己之好便濫賞無功；你應當遵循王者之道，有功必賞，無功不祿。你也不能爲泄私忿呈威風便濫殺無辜；你應當遵循王者之路，有過必罰，無過則免。你應當永遠保持中立，不能拉幫結派，王者的道路才能寬闊平坦；只有不搞團團夥夥，拉幫結派，只有永遠保持公平中正，王者的事業才能一往無前。你的大政方針要有長期性與規劃性，不要朝令夕改，翻雲覆雨，變化無常；你也不能爲達目的而不擇手段，更不能急功近利而走捷徑，出險招，只有這樣，王者的道路才是康莊大道，王者的事業才能一帆風順。君王團結民衆，凝聚人心，應當以王法爲依據；民衆心系君王，擁戴官長，也必須以王法爲準則。這就是説，對於君王而言，王法所陳述的言論，就是不可刊改的常經大法，就是恒久不變的最高教義；依王法而團結民衆，凝聚人心，就是履行上帝的教義與訓導。對於你治下的民衆而言，王法所陳述的言詞，他們必須嚴格地遵守，堅決地奉行；遵守王法，奉行教導，就是奔向天子的光明。總而言之，只有天子像父母愛護子女一樣愛護天下民衆，天下民衆才會擁戴天子，把他當作天下的君王。

六三德：一曰正直，二曰剛克，三曰柔克。①平康正直，彊弗友剛克，燮友柔克，沈潛剛克，高明柔克。②惟辟作福，惟辟作威，惟辟玉食。③臣無有作福作威玉食，臣之有作福作威玉食，其害于而家，凶于而國，人用側頗，僻民用僭忒。④

【釋讀】

①**六三德** 德，正確得當的治理方法，亦與君主個人品德修養相關。《新書·道術》："施行得理謂之德。"是其義也。**一曰正直** 正，不偏不倚也。直，不俯不就也。**二曰剛克** 剛，强硬也。克，《釋文》引馬融曰："勝也。"徐鍇《説文繫傳》："能勝此物謂之克。"行甫按："克"兼"能"與"勝"二義焉。名詞，能力也。動詞，勝伏也。《淮南子·繆稱訓》"蓋力優而克不能及也。"高誘注："克，猶能也。"是名詞之義也。《管子·七臣七主》"而不克其罪"，尹知章注："克，謂勝伏。"是動詞之義也。此"剛克"、"柔克"之"克"，名詞也。下文"剛克"、"柔克"之"克"，動詞也。此"剛克"者，猶言"以强硬剛猛之力以剛之猛之"也。**三曰柔克** 柔，《説文》："木曲直也。"《公羊傳》昭公二十五年"而柔焉"，何休注："柔，順也。"行甫按：《後漢書·梁統傳》載統上疏曰："文帝寬惠柔克。"《後漢紀》引鄭興上疏曰："願陛下留神寬恕，以崇柔克之德。"是"柔克"者，猶言"以寬惠和順之力以矯之抑之"也。

②**平康正直** 平，平易也。康，安和也。行甫按："平康"，指安分守己之平民百姓也。正直，猶言"以正直之法治之"也。行甫按："正直"對治"平康"，既不强硬，亦不放縱也。**彊弗友剛克** 彊，《説文》："弓有力也。"段玉裁注："引申爲凡有力之稱。"《國語·晋語一》"聞申生甚好仁而彊"，韋昭注；"彊，彊禦也。"是其義也。弗，《説文》："矯也。從丿乀，從韋省。"段玉裁注："矯者，揉箭鉗也，引申爲矯拂之用。今人不能辨者久矣。弗之訓矯也，今人矯弗皆作拂，而用弗爲不。其誤蓋久矣。丿乀皆有矯意；韋者，相背也；故取以會意。

謂或左或右，皆背而矯之也。”行甫按：此“弗”字正用其本義。則“彊弗”者，猶“彊拂”也，近義複詞，“彊狠乖戾”之謂也。《宋世家》作“不”者，史公誤讀也。友，讀“有”，猶“以”也。行甫按：《牧誓》“我友邦冢君”，《周本紀》作“有邦”。《韓詩外傳七》“昔吾有周舍有言”，《新序·雜事一》作“吾友”。《大雅·雲漢》“散無友紀”，馬瑞辰《毛詩傳箋通釋》：“友，即有之假借。”《禮記·内則》“不友無禮於介婦”，俞樾《群經平議》：“友，當讀爲有。不友即不有。”皆“友”讀“有”之證。克，猶“勝伏”也。句意謂：“彊梁狠戾不服者，當以强硬剛猛之法對治之”。**燮友柔克** 燮，《説文》：“和也。從言又，炎聲。讀若溼。”《宋世家》作“内”。裴駰《集解》：“内，當爲燮。燮，和也。”段玉裁《撰異》：“古内、入通用，入、燮同部，此今文《尚書》作内也。”行甫按：上文“平康”、“彊弗”，下文“沉潛”、“高明”皆爲複詞，而“燮友柔克”之“燮”獨爲單詞，則“燮”非“彊弗”之對文也。此二句皆以“友”字作排比，其句法亦與上下文不相類。史公“燮”作“内”，必是以訓詁代本字，則“燮”不當訓“和”而必訓“内”也。“内”者，對外之稱，“内外”猶言“表裏”、“隱顯”也。許君謂“燮讀若溼”，左氏《春秋》襄公八年“獲蔡公子燮”，穀梁《春秋》作“公子濕”，“濕”與“溼”同。是“溼”、“燮”音同通用之證。《説文》：“溼，幽溼也。從一，覆也。覆土而有水，故溼也。從㬎省聲。”段玉裁注：“凡溼之所從生，多生於上有覆而氣不泄，故從一土水會意。今字作濕。”然則“幽”猶“隱也”，“覆”猶“内”也。此之所以史公以“内”訓“燮”之理路也。《大雅·大明》“燮伐大商”，“燮”亦當訓“内”訓“隱”，意即“密謀伐商”也。毛《傳》：“燮，和也。”鄭《箋》：“使協和伐殷之事。”皆非確詁矣。是“彊弗友剛克，燮友柔克”者，謂“彊圉狠戾者，外以强硬剛猛之法以治之，又内以寬恵和順之法以濟之”也。是剛柔相濟，寬猛兼用以治“彊弗”也。許君以“燮”爲“和”，亦剛柔相濟，寬猛兼施之意也。是知許君“燮”字説，雖取義於《洪範》，要非“燮”字本義也。**沈潛剛克** 沈潛，《左傳》文公五年甯嬴引《商書》作“沈漸”，《宋世家》亦作“沈漸”，《漢書·谷永傳》“忘湛漸之義”，段玉裁《撰異》：“湛漸”即“沈潛”也。“蓋今文《尚書》作‘漸’，與左氏合。”行甫按：“沈潛”既是某種社會身份之描述，亦是某種性格秉賦之代稱。所以知者，此“沈潛”既與上文“平康”、“彊弗”相對爲文，亦與下文“高明”相對爲稱。上文“皇極章”以“煢獨”與“高明”對舉，乃兩種不同社會身份之人。此“沈潛”既與“高明”對舉，當有社會身份之義；又與“平康”、“彊弗”對舉，當爲性格秉賦之稱。是“沈潛”也，“高明”也，皆兼身份與秉賦之二義焉。或者其人之身份地位決定其人之性格秉賦；“沈潛”者，其人地位卑微，沉鬱内向，落落寡合，必以剛猛强硬之法以起之、以興之也。**高明柔克** 高明，其人位高權重，富貴顯赫，必趾高氣揚，鼻息虹蜺，當以矯揉裁抑之法以柔之、以和之也。曾運乾《正讀》：“沈潛者，柔克之微，宜以剛治之。高明者，剛克之微，宜以柔治之。”是其義也。

③**惟辟作福惟辟作威** 惟，獨也。辟，君主也。裴駰《宋世家集解》引馬融曰：“辟，君也。不言王者，關諸侯也。”作，爲也，行也。福，爵禄慶賞也。威，殺戮刑罰也。《宋世家集解》引鄭玄曰：“‘作福’，專爵賞也。‘作威’，專刑罰也。”**惟辟玉食** 玉食，《釋文》：“張晏注《漢書》云：‘玉食，珍食也。’韋昭云：‘諸侯備珍異之食。’”裴駰《宋世家集解》引鄭玄曰：“玉食，備珍美也。”孫星衍曰：“《史記·封禪書索隱》引《三輔决録》云‘杜

陵有玉氏，音肅。'《説文》以爲從玉，音畜牧之畜。按玉讀爲畜。畜、好聲之緩急。《孟子·梁惠王篇》云'畜君者，好君也'，高誘注《吕覽》云'畜，好'，凡經言'玉女'、'玉色'，義皆爲好。後人忽之，并刪《説文》音讀。"行甫按："惟辟玉食"者，非言獨君可美食也，省"作"字耳，謂"惟辟作玉食"也，猶言"獨君主方可施人美食"也。行甫按："作福作威玉食"者，乃對應上文"三德"之治法也。"作福"爲慶賞爵禄，"柔克"之法也；"作威"乃刑戮殺伐，"剛克"之法也。"玉食"者，施捨美好生活，"正直"之法也。

④**臣無有作福作威玉食**　無有，無或也。**臣之有作福作威玉食**　之，猶"若"也。有，或也。**其害于而家**　其，乃也，則也。害，《墨子·經説上》："得是而惡，則是害也。"《戰國策·秦策一》"而無伐楚之害"，高誘注："害，危也。"**凶于而國**　凶，《説文》："惡也。象地穿，交陷其中也。"行甫按："害于而家，凶于而國"，互文也，謂"若如此，必將於汝國家有所危害"也。**人用側頗**　人，凡人也。行甫按：此"人"字既與上文"臣"字相對，顯非"人臣"之義；又與下文"僻民"之"民"字爲互文，其泛指一切人衆，明矣。用，以也。因也。側，《説文》："旁也。"段玉裁注："不中曰側。"頗，偏也。行甫按："側頗"，近義複詞，猶言"旁門左道"也，今語所謂"歪門邪道"者，是也。**僻民用僭忒**　僻，慧琳《一切經音義》卷四十七引顧野王曰："僻者，謂邪枉不中理也。"《大雅·板》"民之多僻"，《釋文》："僻，邪也。"行甫按："僻民"，謂邪枉之民也，與上文凡人之"人"對舉。僭，《説文》："假也。"段玉裁注："以下儗上，僭之本義也。"《漢書·韓安國傳》"僭於天子"，顔師古注："僭，擬也。"《大雅·抑》"覆謂我僭"，鄭《箋》："僭，不信也。"忒，《釋文》引馬融曰："惡也。"《易·豫·彖傳》"故日月不過而四時不忒"，《釋文》引鄭玄曰："忒，差也。"是"僭忒"亦近義複詞，猶言"以下擬上，逾限侈制"也。行甫按：注者多以"僻"字屬上，以"側頗僻"三字連文，其讀非也。此以"僻民"與凡"人"相對舉，而"僭忒"之惡，又較"側頗"爲甚。世道邪曲，民風澆薄，人心不正，是"人用側頗"也；盗取名器，以下擬上，犯罪作惡，是"僻民用僭忒"也。

行甫按：此節爲第六疇，或稱"三德章"，言不同人群有相應不同之對治之法。安分守己之平民百姓，則以正直之法對治之；强梁狠戾之人外以剛猛，内以和順，以剛柔相濟之法對治之。沉鬱懦弱之人，以剛强之法振起之；飛揚跋扈之人，以曲揉之法矯抑之。三種治理方法，其總要在君權獨斷，人臣不可染指。否則便壞人當道，民風澆薄，人心險惡。玆紬繹其文如次：

九章大法的第六條，稱爲"三德"，是君主分别針對不同秉性之臣民的三種治理方法。第一種叫作"正直"，就是不偏不倚，不温不火，既不强迫，也不遷就。第二種叫作"剛克"，就是剛猛强硬，嚴刑峻法，勵行管制。第三種叫作"柔克"，就是和風細雨，循循善誘，變换氣質。平民百姓，安分守己，自食其力，就用不偏不倚，不温不火的方法治理他們。既不强行改變他們的生活方式，也不曲從遷就他們的不良習性。這就是以"正直"之法對治"平康"之民。横蠻粗暴，桀驁狠戾，玩命好鬥，這類無賴刁民，就要採取强硬措施，嚴厲打擊，迫使他們遵紀守法，循規蹈矩。當然，也應輔之以教化，動其心性，讓他們弃惡遷善，改過自新。地位卑微，膽小懦弱，胸無大志，這類沉鬱庸碌之輩，就要用劇疾剛猛的强硬方法刺激他們，讓他們不甘沉淪自廢，息心鄙賤，而亟思立志振起，奮發向上，有所作爲。這就是以“剛克”之法對治“沈潛”之民。腰纏萬貫，富貴顯赫，氣焰囂張，這類飛揚跋扈之人，就要採取冷水煮青蛙的温和方式，如同矯正曲木那樣，煴煬漸炙，不聲不響地剥奪其財富，有節有序地翦滅其勢力。讓他們知道爲富不仁，仗勢凌人，盛世有所不容；只有樂善好施，低調做人，才能長享富貴平安。這就是以“柔克”之法對治“高明”之徒。不過，三種治理方法，歸根結蒂，乃在於君主的乾綱獨斷。也就是説，只有君主才能行慶賞、班爵禄；這也是細雨潤物的“柔克”之法。只有君主才能施刑戮，專殺伐；這也是雷霆霹靂的“剛克”之法。當然，也只有君主才能給臣民謀求美好的生活，這也屬於正常平穩的“正直”治法範圍。而作爲人臣，既没有慶賞爵禄的資格，也没有刑戮殺伐的權力，更不能爲籠絡人心博取聲譽擅自施人美好的生活。作爲臣子，如果也能像君主那樣行慶賞、班爵禄，施刑戮、專殺伐；也能像君主那樣擅自施人美好的生活，這就勢必危害國家綱紀，敗壞世道人心。那麼，你的這個國家，你的這個族群，也就一定走上了邪路，以致人心險惡，民風澆薄，道德淪喪，見利忘義。那些生性邪惡，慣於爲非作歹的不法刁民，就會趁火打劫，越名犯份，無法無天；就會横行霸道，魚肉鄉民，無惡不作。

七稽疑：擇建立卜筮人，乃命卜筮。①曰雨曰霽，曰蒙曰驛，曰克曰貞曰悔。②凡七，卜五，占用二，衍忒。立時人作卜筮，三人占，則從二人之言。③汝則有大疑，謀及乃心，謀及卿士，謀及庶人，謀及卜筮。④汝則從，龜從，筮從，卿士從，庶民從，是之謂大同。身其康彊，子孫其逢，吉。⑤汝則從，龜從，筮從，卿士逆，庶民逆，吉。⑥卿士從，龜從，筮從，汝則逆，庶民逆，吉。⑦庶民從，龜從，筮從，汝則逆，卿士逆，吉。⑧汝則從，龜從，筮逆，卿士逆，庶民逆，作内吉，作外凶。⑨龜筮共違于人，用静吉，用作凶。⑩

【釋讀】

①**七稽疑**　稽，《説文》：“卟，卜以問疑也。”疑，惑也。**擇建立卜筮人**　擇，選擇也。建立，同義複詞，猶今語“設置”也。卜筮人，卜人與筮人也。《禮記·曲禮上》：“龜爲卜，蓍爲筮。”**乃命卜筮**　乃，猶“以”也。説見吴昌瑩《經詞衍釋》。命，使也。《大雅·卷阿》“維君之命”，鄭《箋》：“命，猶使也。”卜，以龜甲卜問吉凶。筮，以蓍草筮占斷吉凶。枚《傳》：“建立其人，命以其職。”王引之《經義述聞》則以此句屬下爲讀，謂“命卜筮”猶《士喪禮》“命龜命筮”，“曰雨”以下五事即承“乃命卜筮”言之，五者皆所以命龜之事也。行甫按：王氏之説非也。陳夢家《殷虚卜辭綜述》分“命龜之事”爲六類：一祭祀，二天時，三年成，四征伐，五王事，六旬夕。六類中又細分若干事，如“王事”即有“田獵、游止、疾病、生子等”。可知占卜“命龜之事”甚爲繁夥，非此“五事”可盡包之也。下文“卜五，占用二”，則筮占命筮，又豈僅“貞”、“悔”二事哉！此當以枚説爲是也，謂：

"選擇適當人員，設置卜筮之官，以使擔任卜筮之事"。是乃第六疇"稽疑"之題解也。

②**曰雨曰霽**　曰，猶"爲"也，"爲"猶"有"也。說見吴昌瑩《經詞衍釋》。雨，枚《傳》："龜兆形有似雨者。"《宋世家集解》引鄭玄曰："雨者，兆之體，氣如雨然。"行甫按：枚氏亦訓"曰"爲"有"。霽，《說文》："雨止也。"枚《傳》："有似雨止者。"《宋世家》作"濟"。裴駰引鄭玄曰："濟者，如雨止之雲氣在上者也。"孔穎達《書疏》引鄭玄曰："霽如雨止者，雲在上也。"行甫按：《爾雅·釋天》"濟謂之霽。"是"霽"與"濟"通用也。**曰蒙曰驛**　蒙，或作"雺"或作"霧"或作"被"。驛，或作"涕"或作"圛"或作"洟"。段玉裁《撰異》："各本《尚書》'曰驛'在'曰蒙'之下，今移'曰圛'在'曰雺'之上，依《周官·太卜》注、《史記集解》引《尚書》鄭注、《尚書正義》引王鄭注，皆先'圛'後'雺'也。《宋世家》'曰涕'在'曰霧'之上，則今文《尚書》次第正同。天寶以前作'圛'，衛包改爲'驛'。《經典釋文》大書'圛'字，開寶中改作'驛'。今更正。"裴駰《宋世家集解》："《尚書》作'圛'。"《索隱》："涕音亦，《尚書》作'圛'，孔安國云'氣駱驛亦連續'，今此文作'涕'，是涕泣亦相連之狀也。"《集解》引徐廣曰："一曰洟曰被。"司馬貞《索隱》："霧音蒙，然'蒙'與'霧'亦通。徐廣所見本'涕'作'洟'，'蒙'作'被'，義通而字變。"行甫按：此當依古文作"**曰圛曰雺**"，《宋世家》作"曰涕曰霧"，徐廣所見本作"曰洟曰被"，衛包所改之"曰驛曰蒙"，以及《詩》《禮》傳箋注疏所引，或作"弟"作"悌"，或作"霚"作"蟊"，不一而足，皆通假字，茲不備引。圛，《說文》："回行也。从口睪聲。《商書》曰：曰圛。圛者，升雲半有半無。讀若驛。"衛包改"圛"爲"驛"，當因《說文》"讀若驛"也。《宋世家集解》引鄭玄曰："圛者，色澤而光明也。"枚《傳》："驛，氣落驛不連屬。"孔穎達《書疏》引王肅曰："圛，霍驛消減如云陰。"段氏《說文注》："如許說，則《商書》'圛'字正'繹'之假借。"行甫按："圛"者，當爲卜兆之裂紋若明若暗、若有若無而斷續絡繹相連之狀也。雺，枚《傳》："蒙，陰闇。"孔穎達《書疏》："'雺'聲近'蒙'。《詩》曰'零雨其蒙'，則'蒙'是闇之義。故以'雺'爲兆，'蒙'是陰闇也。王肅云：'圛，霍驛消減如雲陰。雺，天氣下，地不應，闇冥也。'其意如孔言。鄭玄以'圛'爲明，言色澤光明也。雺者，氣澤鬱鬱冥冥也。自以明闇相對，異於孔也。"《宋世家》引鄭玄曰："霧者，氣不釋，鬱冥冥也。"行甫按：《說文》："霚，地氣發，天不應曰霚。從雨敄聲。雺，籀文霚省。"段注："霚，今之霧字。《釋天》曰：'地氣發，天不應曰霧。'《釋名》曰：'霧，冒也。氣蒙冒覆地之物也。'《開元占經》引《元命包》：'陰陽亂爲霧。'"是則"雺"者，蒙暗不明如有物覆冒之也。龜兆之裂紋有似此之象者也。**曰克曰貞曰悔**　克，枚《傳》："兆相交錯。"孔穎達《書疏》："王肅云：'兆相侵入。蓋兆爲二拆，其拆相交也。'鄭玄云：'克者，如雨氣色相侵入。'"《宋世家集解》引鄭玄曰："克者，如祲氣之色相犯也。"行甫按："克"者，當爲兆紋相交錯也。貞，正也，卦之下體也。悔，《說文》："𠧪，易卦之上體也。《商書》曰：曰貞曰𠧪。從卜每聲。"《宋世家集解》引鄭玄曰："內卦曰貞。貞，正也。外卦曰悔，悔之言晦也，晦猶終也。"《左傳》僖公十五年秦伯伐晋，卜徒父筮之，吉，其卦遇蠱䷑。蠱之貞，風也。其悔，山也。蠱卦巽☴下艮☶上。杜預注："內卦爲貞，外卦爲悔。巽爲風，秦象。艮爲山，晋象。"其例也。行甫按："曰貞曰悔"者，乃筮占所得之數在下體抑或在上體也。《左傳》昭公七年衛孔成子以《周易》筮之曰："元

尚亨衛國，主其社稷？”遇屯䷂。又曰：“余尚立縶，尚克嘉之？”遇屯䷂之比䷇。以示史朝，史朝曰：“元亨。又何疑焉？”成子曰：“非長之謂乎？”史朝對曰：“孟，非人也，將不列於宗，不可謂長。且其繇曰：‘利建侯。’嗣吉，何建？建，非嗣也？二卦皆云，子其建之。”衛襄公夫人姜氏無子，其嬖人婤姶生公子孟縶及公子元。孟縶爲長，但其足不良，非健全之人。孔成子先筮公子元可否“亨衛國”，得“《屯》卦䷂”，其卦辭曰：“元亨利貞。勿用有攸往。利建侯。”又筮公子孟縶，得“屯䷂之比䷇”，即《屯》之初九，其爻辭曰：“磐桓。利居貞。利建侯。”初九在下體，則此當爲“曰貞”也。《左傳》僖公十五年晉獻公筮嫁伯姬於秦，遇歸妹䷵之睽䷥。史蘇占之曰：“不吉。其繇曰：‘士刲羊，亦無衁也；女承筐，亦無貺也。’西鄰責言，不可償也，歸妹之睽，猶無相也。”此“歸妹之睽”意即《歸妹》之上六，其爻辭即“士刲羊”云云也。上六即在上體，則此當爲“曰悔”也。

③**凡七**　凡，總也。七，上文七“曰”字所指也。**卜五**　謂“雨、霽、圛、雺、克”也。枚《傳》：“五者，卜兆之常法。”孔穎達《書疏》：“此上五者，灼龜爲兆，其璺拆形狀有五種。是卜兆之常法也。”**占用二**　《宋世家》作“占之用二”。“之”猶“乃”也。二，謂“貞、悔”也。裴駰《宋世家集解》引鄭玄曰：“兆卦之名凡七，龜用五，《易》用二。”是也。**衍忒**　衍，《說文》：“水朝宗于海也。從水，從行。”段玉裁注：“海淖之來，旁推曲暢，兩厓渚涘之間不辨牛馬，故曰衍。引伸爲凡有餘之義，假羨字爲之。”《素問·五常政大論》“水曰流衍”，王冰注：“衍，泮衍也，溢也。”忒，變也，差也。《魯頌·閟宫》“享祀不忒”，鄭《箋》：“忒，變也。”《大雅·抑》“昊天不忒”，《釋文》：“忒，差也。”《爾雅·釋言》“爽，忒也。”邢昺引孫炎曰：“忒，變雜不一。”皆是其義也。行甫按：“衍”者，羨溢之貌，謂五種龜兆，有所流衍浸漫，難以定爲何兆也。“忒”者，錯雜變化，謂筮占之數，有所差互多變，難定其占也。猶孔成子筮立公子元與孟縶而皆爲“利建侯”也。是龜卜之兆有“衍”，筮占之數有“忒”，故曰：“三人占則從二人之言”也。注者多昧於文勢，孤立作解，而經義全晦矣。**立時人作卜筮**　時，是也。作，爲也。裴駰《宋世家集解》引鄭玄曰：“立是能分別兆卦之名者，以爲卜筮人。”行甫按：謂“當立此能識別兆占者爲卜筮之人”也。**三人占則從二人之言**　占，《說文》：“視兆問也。從卜從口。”《爾雅·釋言》：“隱，占也。”邢昺《疏》：“占者，視兆以知吉凶也。”郝懿行《義疏》：“占者，億度之詞。”行甫按：“占”者，本義當爲“隱度”，猶今語所謂“暗中揣度”也，即視卜筮之象數而暗中揣其吉凶也。則，即也。從，《說文》：“隨行也。”《禮記·緇衣》“言從而行之”，鄭玄注：“從，猶隨也。”言，占辭，即卜筮之結果也。裴駰《宋世家集解》引鄭玄曰：“從其多者，蓍龜之道幽微能明，慎之深。”行甫按：謂“三人占則從二人之言”者，因龜兆有“衍”，筮數有“忒”，故少數隨於多數以定其吉凶也。

④**汝則有大疑**　則，猶“若”也。**謀及乃心**　謀，《說文》：“慮難曰謀。”《周禮·太卜》“四曰謀”，鄭司農曰：“謀，謂謀議也。”及，猶“於”也。說見吴昌瑩《經詞衍釋》。乃，汝也，爾也，指君王。**謀及卿士**　卿士，孔穎達《書疏》引鄭玄曰：“六卿掌事者。”孔氏曰：“謀及卿士，以卿爲首耳，其大夫及士亦在焉。”行甫按：“卿士”，猶言“朝臣”也。**謀及庶人**　庶人，段玉裁《撰異》：“下文四言‘庶民’，此作‘庶人’，誤也。漢石經《尚

書》殘碑‘乃心謀及卿（闕）謀及庶民（下闕）’，此今文《尚書》作‘民’之證也。”《周禮·小司寇》：“掌外朝之政，以致萬民而詢焉。一曰詢國危，二曰詢國遷，三曰詢立君。”是有大疑而詢衆也。**謀及卜筮** 枚《傳》：“將舉事，而汝則有大疑，先盡汝心以謀慮之，次及卿士衆民，然後卜筮以決之。”顧炎武《日知録》卷一《卜筮》：“舜曰‘官占，惟先蔽志，昆命于元龜’，《詩》曰‘爰始爰謀，爰契我龜’，《洪範》曰‘謀及乃心，謀及卿士，謀及庶人，謀及卜筮’，孔子之贊《易》也，亦曰‘人謀鬼謀’（祖伊告紂言‘格人元龜’，亦先人後龜）。夫庶人，至賤也，而猶在蓍龜之前，故盡人之明而不能決，然後謀之鬼焉。”行甫按：枚氏、顧氏之説皆是也。《左傳》桓公十一年“卜以決疑，不疑何卜”，是謀之不決乃卜，亦先盡人謀而後聽於鬼神也。

⑤**汝則從** 則，猶“若”也。從，隨也，順也。行甫按：“汝則從”者，與上文“謀及乃心”相關聯，猶言：“你若想通順了，説服了你自己”。**龜從筮從** 從，吉也。《儀禮·士喪禮》“占之曰從”，鄭玄注：“從，猶吉也。”《少牢饋食禮》“占曰從”，鄭玄注：“從者，求吉得吉之言。”行甫按：“龜從筮從”者，謂龜卜與筮占皆得吉也。**卿士從** 從，順也，聽也。《國語·吴語》“以從逸王志”，韋昭注：“從，順隨也。”《唐風·采苓》“苟亦無從”，朱熹《集傳》：“從，聽也。”**庶民從** 從，服從也。《公羊傳》宣公十二年“告從”，何休注：“從，服從。”《禮記·郊特牲》“婦人從人者也”，鄭玄注：“從者，從其教令也。”**是之謂大同** 是，此也。之，猶“則”也，“即”也。大，猶今語“完全”也。同，一致也，齊同也。《國語·周語上》“其惠足以同其民人”，韋昭注：“同，猶一也。”《墨子·經上》：“同，異而俱於之一也。”是其義也。**身其康彊** 身，己也，自身也，與下“子孫”相對。其，猶“乃”也。康，《爾雅·釋詁》：“安也。”《大雅·生民》“不康禋祀”，鄭《箋》：“康、寧，皆安也。”彊，《爾雅·釋詁》：“敵，應，丁，當也。”郭璞注：“彊者，好與物相當值。”郝懿行《義疏》：“彊有姜音，《詩釋文》引《韓詩》云：‘奔奔彊彊，乘匹之貌。’然則匹耦亦相當之義。《禮·表記》作‘姜姜賁賁’，鄭注：‘爭鬬惡貌也。’爭鬬又相敵之義。故《廣雅》云：‘姜，强也。’强即彊，姜亦彊矣。”行甫按：“彊”之訓“敵”訓“當”者，猶今語所謂“若心有所想，則事有所成”也。是“身其康彊”者，意即：“就你本人而言，則平安吉祥，心想事成也”。**子孫其逢** 子孫，猶“後嗣”也，與上文“身”字相對舉。其，猶“乃”也。逢，《釋文》：“馬融云：大也。”清儒李惇《群經識小》卷二：“先儒‘逢吉’二字連讀。謹案：此節通體用韻。當讀至‘逢’字句絶，與上文五‘從’字一‘同’字音韻正叶。‘吉’字另作一句，與下文五‘吉’字二‘凶’字體例更合。‘逢’訓爲‘大’，《釋文》引馬融云‘大也’，猶言‘其後必大’耳。《禮記·儒行》‘衣逢掖之衣’，鄭注：‘逢，猶大也。’又訓爲‘豐’，‘豐’亦‘大’也。《禮記·玉藻》‘縫齊倍要’，鄭注云：‘縫，或爲逢，或爲豐。’是古‘逢’、‘豐’聲義皆同也。體例訓詁聲音三者皆合，理無可疑。”《經義述聞》引王念孫曰：“《淮南·天文篇》‘五穀豐昌’，《史記·天官書》‘豐’作‘逢’。是古‘逢’、‘豐’聲義皆同也。”行甫按：“子孫其逢”，猶言“其後世必長大”也。《楚辭·天問》“眩弟并淫，危害厥兄。何變化以作詐，後嗣而逢長”，王逸注：“舜爲天子，封象於有庳，而後嗣子孫，長爲諸侯也。”則“逢”、“大”之辭，指後嗣子孫而言也。《天問》又云：“何馮弓挾矢，殊能將之？既驚帝切激，何逢長之？伯昌號衰，秉鞭作牧，

何令徹彼岐社，命有殷國？”此言武王伐紂，驚動天帝，又不念其囚父之舊惡，仍封其子武庚祿父於殷之故國，以致其後與周構亂，故怪而問之曰“何逢長之”也？亦是其證。李惇氏讀“子孫其逢”爲句，并謂“猶言其後必大”，説極精審。**吉** 《説文》：“善也。”《釋名·釋言語》：“吉，實也，有善實也。”《易·繫辭上》“辭之吉者，是得之象。”孔穎達《易疏》：“吉凶者，失得之象也。”行甫按：“吉”者，猶言“終得善果”也。

⑥**汝則從** 則，猶“若”也。從，順也。**龜從筮從** 從，求吉得吉也。**卿士逆** 逆，反也，拒也。《國語·晋語八》“未退而逆之”，韋昭注：“逆，反也。”《爾雅·釋言》“逆，迎也。”郝懿行《義疏》：“逆對順言，故有拒意。”是“逆”即“拒絶”、“反對”也。**庶民逆** 逆，不服從也。慧琳《一切經音義》卷七“拒逆”注引《蒼頡篇》：“逆，不從也。”**吉** 亦猶“終得善果”也。枚《傳》：“三從二逆，中吉。亦可舉事。”

⑦**卿士從龜從筮從汝則逆庶民逆吉** 枚《傳》：“君臣不同，决之卜筮，亦中吉。”孔穎達《書疏》：“除龜筮以外，有汝與卿士、庶民，分爲三者，各爲一從二逆，嫌其貴賤有異，從逆或殊，故三者各以有一從爲主，見其爲吉同也。”行甫按：《洪範》“稽疑”之意，若“人謀”與“鬼謀”相合，雖有“逆”之者，亦有可爲也。

⑧**庶民從龜從筮從汝則逆卿士逆吉** 枚《傳》：“民與上異心，亦卜筮以决之。”《宋世家集解》引鄭玄曰：“此三者皆從多，故爲吉。”行甫按：此亦同上意也，謂“人謀”與“鬼謀”相合，乃有可爲也。聖人神道以設教，欲人敬鬼神而有所畏也。

⑨**汝則從龜從筮逆卿士逆庶民逆作内吉** 作，爲也，行也。内，内事也。**作外凶** 外，外事也。枚《傳》：“二從三逆，龜筮相違。故可以祭祀冠婚，不可以出師征伐。”《宋世家集解》引鄭玄曰：“此逆者多，故舉事於境内則吉，境外則凶。”

⑩**龜筮共違于人** 共，俱也。違，背也。人，謂“汝”也，“卿士”也，“庶民”也。行甫按：“龜筮共違于人”，謂或“龜筮”皆“從”，而君主、卿士、庶民皆“逆”；或“龜筮”皆“逆”，而君主、卿士、庶民皆“從”也。是人謀與鬼謀不協也。**用静吉** 用，以也。静，無所動作也。**用作凶** 枚《傳》：“安以守常則吉；動則凶。”行甫按：《左傳》僖公四年晋獻公欲以驪姬爲夫人，卜之不吉，筮之吉，公曰“從筮”。卜人曰：“筮短龜長，不如從長。”是本經所以先言龜而後言筮也。

行甫按：本節爲第七疇，或稱“稽疑章”，言卜筮取舍之法。少數服從多數，“三人占則從二人之言”，此乃卜筮稽疑之先驗原則。先盡人謀之明而後决之於鬼謀，人鬼相合不違，方爲心安理得。是則於人謀明信而定功，於鬼謀敬畏而不瀆也。玆紬繹其文如次：

九章大法的第七條是問卜决疑之法。以龜甲貞問吉凶，稱爲卜；用蓍草占斷禍福，叫作筮。龜卜之法，就是鑽灼龜甲，使之出現裂紋，依其裂紋的形狀，判斷吉凶；這些裂紋，叫作“兆象”。筮占之法，就是利用蓍草，通過某種程序獲得一些數目，根據這些數目的排列與組合，判斷禍福。這些數目，也稱爲“筮數”。設置卜筮之官，就是要選擇能够識别這些龜兆和善於利用這些筮數的人，讓他們擔任卜筮之官，掌管卜筮之事。

大致説來，龜殼的“兆象”及蓍草的“筮數”有下列幾種：有“雨”、有“霽”、有“圛”、有“雺”、有“克”、有“貞”、有“悔”。所謂“雨”兆，就是鑽灼之後龜版上的裂紋像雨點一樣密密麻麻；所謂“霽”，就是龜版上的裂紋與色澤，像雨過天晴之後既有濕潤又有光澤的樣子。所謂“圛”，就是龜上的裂紋若明若暗、若有若無，而又斷斷續續，絡繹相連的樣子。所謂“雺”,就是卜後裂紋比較灰暗,如同霧氣朦朧的樣子。所謂“克”，就是卜後裂紋縱橫交錯，相互紐結的樣子。所謂“貞”，就是所得之筮數指向《易》之卦象的下半部分,也叫作“内卦”；所謂“悔”,就是所得筮數指向《易》之卦象的上半部分，也稱爲“外卦”。這些龜兆與筮數總共有七種,前五種是龜卜的兆象,後二種是蓍占的筮數。這些龜兆與筮數，説起來是很明白清楚的。但它們出現在龜甲上的時候，却并不是那樣涇渭分明，它們可能是你中有我，我中有你，因此實際判斷起來并不容易。至於蓍占之時所得到的筮數，就更是變化多端了；你或者不能確定它們究竟屬於六十四卦的哪個卦象，也不能立即知道它們具體是屬於“内卦”還是“外卦”。所以在設置這些卜筮之官使之掌管卜筮事務,就要事先設定一個基本原則,這就是：如果三個人同時卜筮同一個事件，所得之結論不能完全一致，那就要遵守這個少數服從多數的原則了。

如果你要開展某項工作，你又不能决定此事的成敗利鈍，心中産生了很大的困惑。這時候，你首先就要在心裡好好盤算一下，考慮其利害得失。然後再找朝中大臣們認真商量討論，然後再廣泛徵求國民群衆的意見，最後才考慮用卜筮的方法詢問鬼神與老天爺的意旨。這也是先盡人事之明後請教神靈的正確程序和步驟。如果你自己想通了，自己説服了自己了，龜卜的結果是吉，筮占的結果也是吉，朝中大臣們也贊同，廣大民衆也支持，也就是“完全一致”了，這就叫作“大同”。如果你去完成了這樣的工作，不僅你自己平安無事，心想事成，你的後輩子孫也會興旺發達。没有比這更是大吉大利的大好事了。如果你自己想通順了，龜卜也得吉，筮占也得吉，可是朝中大臣不贊成，廣大民衆也不支持，這就是上帝鬼神在支持你，這類事情也是能够得到好的結果的，你可以大膽而爲之。如果朝中大臣們都很贊成，龜卜也得吉，筮占也得吉，但你自己却想不通，廣大民衆也不支持，這説明上天與神明是站在朝中大臣一邊的，因此，這類事情也是可以獲得成功的，不妨一試。如果廣大民衆是贊同的，龜卜也得吉，筮占也得吉，你自己却想不通，不同意，朝中大臣也不熱心，不支持，這説明上帝鬼神保佑廣大民衆，這類事情對廣大民衆有好處，也就一定能够取得好的結果。如果你自己决定了，龜卜也得吉，但筮占却不吉，朝中大臣反對，廣大民衆也反對，這時候就要小心謹慎了，你只能做有關國家内部的事務，如祭祀、婚嫁、過生日、行成人禮之類，這不會有什麼妨礙；但你要做境外國際之間的外交事務，或者出兵打仗，就可能出現喪權辱國或損兵折將的敗局。如果龜卜與筮占都與人願相違背，那就一動不如一静，什麼事情也不要幹，就萬事大吉；如果輕舉妄動，後果就非常危險。因爲神靈不能隨意褻瀆，天意也不可輕易違背。

八庶徵：曰雨曰暘，曰燠曰寒曰風。[①]曰時五者來備，各以其敘，庶草蕃廡。一極備凶，一極無凶。[②]

曰休徵，曰肅時雨若，曰乂時暘若，曰哲時燠若，曰謀時寒若，曰聖時風若。[③]曰咎徵，曰狂恒雨若，曰僭恒暘若，曰豫恒燠若，曰急恒寒若，曰蒙恒風若。[④]

曰王省惟歲，卿士惟月，師尹惟日，歲月日時無易，百穀用成，乂用明。俊民用章，家用平康。⑤日月歲時既易，百穀用不成，乂用昏不明，俊民用微，家用不寧。⑥庶民惟星，星有好風，星有好雨。⑦日月之行，則有冬有夏；月之從星，則以風雨。⑧

【釋讀】

①**八庶徵** 庶，衆也。徵，應也，驗也。《禮記・中庸》"久則徵"，鄭玄注："徵，猶效驗也。"《素問・天元紀大論》"陰陽之徵兆也"，王冰注："徵，信也，驗也。"《淮南子・精神訓》"見其徵"，高誘注："徵，應也。"皆是其義也。**曰雨曰暘** 曰，猶"爲"也，"謂之"也。暘，《説文》："日出也。從日，易聲。《虞書》曰：曰暘。"《論衡・寒温》："暘者，陽也。"**曰燠曰寒曰風** 燠，《説文》："熱在中也。"《爾雅・釋言》："燠，煖也。"《宋世家》作"奥"，通假字。

②**曰時五者來備** 曰，通"粵"，於也，"於"猶"如"也。時，是也，此也。五者，上文"雨"、"暘"、"燠"、"寒"、"風"也。來，《爾雅・釋詁》："至也。"《小雅・采薇》"我行不來"，毛《傳》："來，至也。"備，具也。《説文》："葡，具。"王筠《句讀》："葡爲全備，備爲戒備，經典通用。《易・繫辭》'廣大悉備'。"段玉裁《撰異》：《後漢書・李雲傳》"五氏來備"，章懷注引《史記》："五是來備，各以其序。"《荀爽傳》"五韙咸備，各以其敘"，章懷注："韙，是也。《史記》曰'五是來備，各以其序也'。"以"曰時五者來備"爲古文《尚書》，"五是來備"爲今文《尚書》。"氏"乃"是"之假借；"韙"乃"是"之轉注也。行甫按："來備"猶言"備來"，謂"俱來"也。**各以其叙** 叙，次序也。**庶草蕃廡** 蕃廡，《宋世家》作"繁廡"，《説文》引作"緐無"。《説文》："𣞤，豐也，從林𡘍，𡘍，或説規模字，從大卌，卌，數之積也。林者，木之多也。𣞤與庶同意，《商書》曰：庶艸緐𣞤。"《國語・晋語四》"黍不爲黍，不能蕃廡"，韋昭注："蕃，滋也。廡，豐也。"行甫按：《説文》："蕃，艸茂也。"與"緐"、"繁"通假。"廡"本爲"廊廡"字，與《説文》之"無"通。三句謂："若此五者各依其次序全部具足而來，則百草豐茂也。"**一極備凶** 一，猶"其一"也。極，至也。劉淇《助字辨略》卷五："極，至極也。《禮記・禮運》：'夫子之極。'《史記・高帝紀》：'極不忘爾。'"備，多也。《文選・袁宏〈三國名臣序贊〉》"喪亂備矣"，張銑注："備，多。"是其義也。凶，灾也，咎也。**一極無凶** 行甫按：二句意謂："上述五者，其中之一太多則爲灾害，其中之一没有亦爲灾害。"

③**曰休徵** 曰：通"粵"，於也，猶"如"也。行甫按：此"曰"之猶"如"，乃列舉之詞，與上文"曰時五者來備"之"曰"之猶"如"者爲假設之詞有所不同。休，美也，善也。**曰肅時雨若** 曰，猶"爲"也。肅，即"五事章"之"貌曰恭"、"恭作肅"之"肅"，謂君主體貌恭敬而嚴肅也。時，猶"以時"也，即《論語・學而》"學而時習之"之"時"也，時間副詞。若，猶"然"也。**曰乂時暘若** 乂，即"言曰從"、"從作乂"之"乂"也，謂君主言詞通順而治事有成也。《宋世家》"乂"作"治"，訓詁字。**曰哲時燠若** 哲，即"視曰明"、"明作哲"之"哲"也。謂君主觀察明晰而處事智慧也。《宋世家》"哲"作"知"、

“燠”作“奥”。“知”，訓詁字；“奥”，通假字。**曰謀時寒若** 謀，即“聽曰聰”、“聰作謀”之“謀”也，謂君主聞言審實而謀議得當也。**曰聖時風若** 聖，即“思曰容”、“容作聖”之“聖”也，謂君主思慮周全而洞然通達也。

④**曰咎徵** 曰，亦猶“比如”之“如”也，列舉之詞。咎，凶也，灾也。**曰狂恒雨若** 曰，猶“爲”也。狂，與“肅”相反，猶言“輕狂”、“狂妄”也。孔穎達《書疏》：“人君行不敬，則狂妄。故‘狂’對‘肅’也。鄭玄以‘狂’爲倨慢，以對‘不敬’，故爲慢也。”《南齊書·五行志》引《洪範五行傳》曰：“失威儀之制，怠慢驕恣謂之狂。”是也。恒，《説文》：“常也。”《易·序卦》：“恒者，久也。”**曰僭恒暘若** 僭，與“乂”相反，猶“亂”也，“差”也。《小雅·鼓鍾》“以籥不僭”，朱熹《集傳》：“僭，亂也。”《漢書·五行志中之上》“僭恒陽若”，顔師古引應劭曰：“僭，僭差。”是其義也。孔穎達《書疏》：“政不治，則僭差；故‘僭’對‘乂’也。”**曰豫恒燠若** 豫，與“哲”相反，猶“猶豫”、“遲疑”也。《楚辭·惜誦》“壹心而不豫兮”，王逸注：“豫，猶豫也。”《宋世家》作“舒”，孔穎達《書疏》：“鄭、王本‘豫’作‘舒’，鄭云：‘舉遲也。’王肅云：‘舒，惰也。’以對照哲，故爲遲惰。”行甫按：《金縢》“王有疾弗豫”，《釋文》：“豫，本又作忬。”《説文》：“悆，從心余聲，《周書》曰：有疾不悆。悆，喜也。”而“豫”、“忬”皆從“予”聲，“余”、“予”聲同通假。《説文》：“舒，伸也。從予，舍聲。一曰舒緩也。”是“舒”從“予”，則“舒”與“悆”、“豫”、“忬”皆可通假互用也。燠，《宋世家》亦作“奥”，通假字。**曰急恒寒若** 急，與“謀”相反，猶“褊急”也，促迫不從容之謂也。蔡《傳》：“迫也。”玄應《一切經音義》卷十八“褊吝”注引《爾雅》：“褊也。”《爾雅·釋言》“悈，急也”，郭璞注：“急，急狹。”孔穎達《疏》：“鄭云：‘急促，自用也。’以‘謀’者用人之言，故‘急’爲‘自用己’也。”行甫按：“急”與“謀”相反對，無謀議韜略必爲褊狹促迫也。**曰蒙恒風若** 蒙，與“聖”相反，猶今所謂“蒙昧”也。枚《傳》：“君行蒙闇。”孔穎達《書疏》：“鄭云：‘蒙，見冒亂也。’王肅云：‘蒙，瞽蒙。’以‘聖’是通曉事，與‘聖’反也。”《宋世家》作“霧”，亦猶“雺”也、“霿”也，與“蒙”相通互用。

⑤**曰王省惟歲** 曰，與“粤”、“越”通用，猶“於是”也、“因而”也。行甫按：此“曰”字承上“休徵”、“咎徵”而言，乃表條件或順接之連詞也。省，察也，視也。章太炎《尚書説》：“惟歲惟月惟日，恐非喻語，即日省、月試之義也。”行甫按：章説是也。《論語·學而》“吾日三省吾身”，《釋文》引鄭云：“省，思察己之所行也。”是其義也，猶今語“反省”、“自省”之謂也。《宋世家》作“眚”，通假字也。王鳴盛《後案》：《公羊》莊公二十二年“肆大省”，《左傳》《穀梁》并作“眚”；《康誥》“人有小罪非眚”、“乃惟眚灾”，《潛夫論》引之并作“省”。是“省”、“眚”相通之證。惟，猶“以”也。歲，年也。行甫按：下文“歲月日時”，則“王省惟歲”者，當兼包四時在焉。否則王以一歲爲省，其時日毋乃過於久長邪？**卿士惟月** 卿士，王朝執政大臣。行甫按：此當承前省略“省”字，下文“師尹惟日”亦然。**師尹惟日** 師，衆也。尹，正也，長也。猶“百官正長”也。劉起釪引《小雅·節南山》“赫赫師尹，民具爾瞻”及“尹氏大師，維周之氐”，以爲“師尹”乃“師氏”與“尹氏”之“連稱”。行甫按：《小雅·十月之交》：“皇父卿士，番維司徒，家伯爲宰，仲允膳夫，棸子内史，蹶爲趣馬，楀維師氏，豔妻煽方處”，所列皆爲重臣，

以與内寵褒氏相并，而《節南山》既言“民具爾瞻”，又言“維周之氐”，亦當爲卿士之流，何當以“日”爲“省”？劉説非是。**歲月日時無易** 易，輕忽也，變改也。《國語·晋語七》“貴貨而易士”，韋昭注：“易，輕也。”《漢書·賈誼傳》“亡以易此”，顔師古注；“易，改也。”行甫按：此“易”字乃關上“惟歲惟月惟日”而言，謂王與卿士及百官須按規定之時間段，各自反省其言行，不可輕忽而變改也，如此方得“休徵”，故下文曰“百穀用成”云云也。**百穀用成** 用，以也。成，熟稔也，收成也。《吕氏春秋·明理》“五穀萎敗不成”，高誘注：“成，熟也。”**乂用明** 乂，治也。明，清明也。**俊民用章** 俊，《説文》：“材過千人也。”《宋世家》作“畯”，皮錫瑞曰：“《樊毅修華嶽廟碑》云：‘穡民用章。’崔駰《司徒箴》云：‘嗇人用章。’蔡邕《陳留太守行考城縣頌》曰：‘勸玆穡民。’疑三家《尚書》異文有作‘穡民用章’者。《周禮·籥章》：‘以樂田畯’，鄭司農注：‘田畯，司嗇，今之嗇夫也。’是畯與嗇義近，或今文《尚書》本作‘畯’而訓爲穡民，漢人以故訓字代經，亦未可知。‘畯民用章’蓋即‘烝我髦士’之義。”劉起釪曰：“《詩·甫田》毛《傳》：‘烝，進；髦，俊也。治田得穀，俊士以進。’是‘畯民’、‘穡民’、‘髦士’即是‘俊民’。”行甫按：“俊”與“畯”通，《小雅·甫田》“田畯至喜”，《釋文》：“畯，本又作俊。”蓋漢三家經文有如《史記》作“畯民用章”者，經師遂以如字讀“畯”爲“田畯”之“畯”，乃訓爲“穡民”、“嗇人”耳。此乃漢代經師誤讀經文，不可爲典要。皮氏、劉氏則不免郢書燕説也。用，以也。章，與“彰”同，彰顯也。**家用平康** 家，猶言“王家”、“邦家”也。《大誥》“不弔天降割于我家”，亦以“家”代“邦國”也。康，安也，寧也。

⑥**日月歲時既易** 既，猶“其”也，“其”，猶“若”也。説見吴昌瑩《經詞衍釋》。易，亦“輕忽”、“變改”也。行甫按：此句亦承前省“之省”二字耳，猶言“日月歲時之省既易”也。意謂：王與卿士及百官正長各依歲時月日以自省，若此有所輕忽而變改者，則必有下文“百穀用不成”云云之“咎徵”也。**百穀用不成** 成，成熟也。**乂用昏不明** 昏，暗也，亂也。《國語·晋語四》“童昏不可使謀”，韋昭注：“昏，闇亂。”《國語·楚語上》“而爲之昭明德而廢幽昏”，韋昭注：“昏，亂也。”行甫按：“昏”與“明”相對，謂國家政治幽暗昏亂而不清明也。**俊民用微** 微，隱也，匿也。《説文》：“隱行也。”《左傳》哀公十六年“其徒微之”，杜預注：“微，匿也。”《左傳》襄公十九年“崔杼微逆光”，洪亮吉《春秋左傳詁》引服虔云：“微，隱匿也。”行甫按：“微”與“章”相對，謂賢俊隱匿不彰也。家用不寧 不寧，與上“平康”相反，謂動蕩不安也。

⑦**庶民惟星** 惟，猶“若”也，喻詞也。章太炎曰：“惟星，喻語也。”**星有好風** 有，或也。好，善也，喜也。《小雅·鹿鳴》“人之好我”，鄭《箋》：“好，猶善也。”《吕氏春秋·壅塞》“齊宣王好射”，高誘注：“好，喜也。”枚《傳》：“箕星好風。”**星有好雨** 有，或也。孔穎達《書疏》：“星有好風，星有好雨，以喻民有好善，亦有好惡。”行甫按：此二句猶“水能載舟，亦能覆舟”之喻也，謂庶民如星，能風亦能雨，善政以待之，則風調雨順；惡政以虐之，則淒風苦雨。

⑧**日月之行** 之，猶“所”也。行，猶“運動”也。《易·乾》“天行健”，孔穎達《正義》：“行者，運動之稱。”**則有冬有夏** 則，即也。有，或也。枚《傳》：“日月之行，冬夏各有常度；君臣政治，小大各有常法。”孔穎達《書疏》：“日月之行，冬夏各有常道。喻君臣爲政，

小大各有常法。若日月失其常道，則天氣從而改焉。”**月之從星** 之，亦猶“所”也。從，經也，歷也。**則以風雨** 則，即也。以，猶“使”也。枚《傳》：“月經於箕則多風，離於畢則多雨。”孔穎達《書疏》：“《詩》(《小雅·漸漸之石》）云：‘月離于畢，俾滂沱矣。’是離畢則多雨，其文見於經。經箕則多風，傳記無其事。鄭玄引《春秋緯》云：‘月離於箕，則風揚沙。’”行甫按：此亦以日月之行，比喻君臣臨民行政也。以戒爲君爲臣者行政治民，當以善政致“休徵”，無以惡政致“咎徵”，是亦如“水能載舟亦能覆舟”之喻意也。

行甫按：此節爲第八疇，或稱“庶徵章”，言人君之貌、言、視、聽、思五種官能行爲，皆與政治之得失休戚相關。措置得當，即致“休徵”，措置不當，即得“咎徵”，是以君臣百官執政臨民，其舉措是否得當，皆須按時自行反省。否則，庶民如星，能風能雨，猶水能載舟，亦能覆舟也。兹紬繹其文如次：

九章大法的第八條是關於人君行政的各種不同徵驗。這些不同的徵驗，有所謂“雨水”，有所謂“晴陽”，有所謂“暖熱”，有所謂“寒冷”，有所謂“風暴”。如果這五種征驗各各按其自然規律與次序交替出現，那麼就萬物繁榮，百草豐茂。如果其中一項持續過久了，那就是災難；當然如果有一項極度缺失了，那也是災難。

比如説“休徵”，也就是好兆頭。如果人君臨朝聽政，體貌嚴肅而恭敬，那麼老天爺就會自然而然地該降雨時便普降甘霖，如果人君發號施令，言詞通順因而治事有成，那麼老天爺就會自然而然地該出太陽時就艷陽高照。如果人君巡視民情，觀察明晰而處事智慧，那麼老天爺就會自然而然地該出現温暖時便暖氣融融。如果群臣上奏議事，人君能聞言知實而謀劃得當，那麼老天爺就會自然而然地在該寒冷時就滴水成冰。如果人君制定大政方針，思慮周全而總攬大局，那麼老天爺就會自然而然地該颳風時就惠風和暢。與此相反，就叫作“咎徵”，也就是不好的兆頭。比如説人君臨朝聽政，舉止輕狂，態度倨傲，當然就會出現那種長期暴雨傾盆，江河漫溢的雨災天氣。如果人君發號出令，邏輯混亂，語句不通，當然就會出現那種長期暴陽亢旱，赤日炎炎，禾稼焦枯的暘灾氣候。如果人君觀察不敏，處事猶豫遲疑，不能當機立斷，當然就會出現那種長期酷熱難當，人畜大量中暑夭亡的熱灾氣候。如果人君聽聞不審，倉促應對，以致謀畫失據，當然就會出現那種長期冰天雪地，苦寒陰冷，老弱啼饑號寒乃至凍餒斃命的寒灾氣候。如果人君思慮不周，顧此失彼，頭痛醫頭，腳痛醫腳，不能全局遠圖，愚蒙顓昧，當然就會出現那種長期風暴，飛沙走石，拔木掀頂，房屋垮塌，以致人畜失蹤暴斃的風灾氣候。

正因爲有這些善驗與惡徵，王者一年四季都要認真地反省自己的所作所爲，朝中重臣也要每月按時反省自己的言行舉止，各部衙門的百官衆長更要每天省察自己的一舉一動、一言一行。王者歲時反省，朝臣月月反省，百官日日反省，只有這樣按照不同身份的不同時間節律，王者、朝臣、百官都能嚴格檢束各自的言行舉止，那麼就會有萬物繁榮五穀豐登的好年成。這樣，也必然乾坤朗朗，政治清明；賢能在位，俊士在官；國家也太平無事，編户也家給人足。如果王者不能歲時反省，朝臣不能月月自察，百官衆長也不能日日檢束自己的言行，致使百物不熟，五穀不登，饑饉薦臻；政治昏亂，官員貪腐，社會暗無天日；惡人當道横行，賢俊隱匿不出；當然也就國無寧日，民生凋敝。因此，朝廷行政治民，自君主以及朝臣乃至各級官長，上上下下，都要明白一個淺顯的道理：廣大民衆就像天上的星星一樣，人多勢衆；也像天上的星星一樣各有所好，有些星星喜歡興風，有些星星喜歡令雨。太陽和月亮在運行的過程中，自然就會産生冬天與夏天，月亮經過不同的星星，也會出現風雨不同的氣候。這就像人君與朝廷官長行政治民，其政治舉措之得失可否，無不關係到民衆的切身利益。政治清明，治理得當，就會風調雨順，社會繁榮，百業興旺，廣大民衆就能安居樂業，共享太平；政治昏暗，治理失措，就會凄風苦雨，萬物凋敝，民不聊生，無以卒歲，最終必生滋擾與動亂，乃至揭竿而起，嘯聚山林。這也是“水能載舟，亦能覆舟”的硬道理。

九五福：一曰壽，二曰富，三曰康寧，四曰攸好德，五曰考終命。① 六極：一曰凶短折，二曰疾，三曰憂，四曰貧，五曰惡，六曰弱。②

【釋讀】

①**九五福** 福，備也，慶也，順也。《韓非子·解老》：“全壽富貴之謂福。”《禮記·禮運》“是謂承天之祜”，鄭玄注：“祜，福也，福之言備也。”《小雅·瞻彼洛矣》“福祿如茨”，孔穎達《正義》：“凡言福者，大慶之辭。”《爾雅·釋詁》“祿，福也”，郝懿行《義疏》：“福，無所不順之謂也。”**一曰壽** 壽，長壽也。**二曰富** 富，富足也。**三曰康寧** 康寧，同義複詞，猶“平安”也，無災無難之謂。**四曰攸好德** 攸，讀若“修”。俞樾曰：“《史記·秦始皇本紀》‘德惠修長’，《索隱》曰：‘王劭按張徽所録會稽南山《秦始皇碑文》，修作攸。’是其證也。‘攸好德’即‘修好德’，人能修飾其美德，如孟子所謂飽乎仁義，不願人之膏粱，令聞廣譽施於身，不願人之文繡，是亦福也。《張表碑》曰：‘令德攸兮。’‘攸’亦‘修’之假字。‘令德’即‘好德’也。疑今文家固以‘攸’爲‘修’矣。”行甫按：俞説是也。《隸釋》卷九《婁壽碑》：“曾祖父攸《春秋》”，“不攸廉隅”，洪适釋兩“脩”字皆作“攸”。今本《史記》作“脩長”，《索隱》：“脩亦長也，重文耳。”乃“脩”、“修”皆從“攸”聲，通用。《禹貢》“既修太原”，《史記·夏本紀》《漢書·地理志》皆作“脩”，《周禮·宫人》“掌王之六寢之脩”，《釋文》：“脩，本亦作修。”皆其證也。是“攸好德”者，猶言“修養美好之德行”也。**五曰考終命** 考，《説文》：“老也。”章太炎曰：“既曰壽，復曰考終命者，憂爲人所戮也。《左傳》常有‘獲保首領以没’之語，蓋封建時代常有戰爭，故以考終命爲福。”行甫按：章説差爲得之。“考終命”，猶言“壽終正寢”也。《禮記·檀弓上》“死而不弔者三，畏、厭、溺”，因三者皆死於非命，《論語·先進》及《憲問》所謂“不得其死然”，皆非“考終命”也。

②**六極** 極，讀如“忌”。《史記·楚世家》“使費無忌如秦”，《索隱》：“無忌，古《傳》作無極。極、忌聲相近。”《左傳》昭公二十年“無極曰：奢之子材”，《史記·伍子胥列傳》作“無忌”，《吴越春秋·王僚傳》亦同。《左傳》昭公二十七年“夫無極，楚之讒人也”，《吴越春秋·闔閭内傳四》作“無忌”。是“極”與“忌”音近相通之證也。《説文》：“忌，憎惡也。”《國語·越語下》“不忌其不祥乎”，韋昭注：“忌，惡也。”《禮記·中庸》“小人而無忌憚也”，《釋文》：“忌，畏也。”玄應《一切經音義》卷九“忌憚”注引《廣雅》：“忌，

恐畏也。”皆是其義。行甫按：歷來經師於“六極”之“極”不得其解。“極”與“忌”通，則“六極”猶言“六忌”也，乃六種爲人所憎惡、所忌憚、所畏恐之事。上文總言九疇而云“威用六極”，“威”者，“畏”也，正是“畏恐”、“忌憚”之義，與“嚮用五福”之“嚮”乃五種爲人所希冀、所祈求、所嚮往之事正相反。**一曰凶短折**　凶短折，孔穎達《書疏》引鄭玄云：“皆是夭枉之名。未齔曰凶，未冠曰短，未婚曰折。”行甫按：“凶短折”者，非“考終命”也。**二曰疾**　疾，廢疾也，惡疾也。行甫按：“疾”謂肢體不健全，若《左傳》昭公七年衛公子孟縶，其足不良而能行者，是其例也。“疾”則非“康寧”之謂。**三曰憂**　憂，憂愁也。行甫按：“憂”者，百事可哀也，正與“平康”相反。**四曰貧**　貧，貧困也。行甫按：“貧”則非“富”也。**五曰惡**　惡，章太炎曰：“善惡之惡也。《僞孔》謂爲醜惡，非。”行甫按：此“惡”即“惡人”之“惡”，謂“惡德”也，與“修好德”相反。若“惡德”之人，則常有牢獄之災。**六曰弱**　枚《傳》：“尪劣。”行甫按：“弱”者，孱弱不壯也，非長壽之人，是“弱”與“壽”相反。《宋世家集解》引鄭玄曰“愚懦不壯毅曰弱”，非也。

行甫按：此爲第九疇，或稱“五福六極章”，言人當祈嚮此五種福報而畏忌此六種災禍，亦即以五種祈嚮的福報勸人爲善，以六種忌畏的災禍戒人爲惡。茲紬繹其文如次：

九章大法的最後一條就是五種祈嚮的福報與六種忌畏的災禍。五種祈向的福報：第一種就是百事順心，健康長壽。第二種就是家境富裕，豐衣足食。第三種就是平安無事，無災無難。第四種就是修德爲善，左右逢源。第五種就是正命終老，不死非命。六種忌畏的災禍：第一種是凶折夭亡，死於非命。第二種是身患殘疾，六根不全。第三種是憂苦愁煩，多災多難。第四種是貧困凄涼，缺衣少食。第五種是品行惡劣，動輒得咎。第六種是體能孱弱，先天不壽。五種福報，六種禍殃，雖是有命在天，亦爲人力所致。積德行善，諸惡不作，即是祈福；小善不爲，作惡多端，就是招災。

【後案】

《洪範》是中國思想史上最早、也最爲完整的關乎“天人合一”或“天人感應”説的哲學文獻，在中國思想史、哲學史上影響極爲深遠。

九章大法，始自水、火、木、金、土五種天然之物所具之不同性質及其用途，繼之以貌、言、視、聽、思之五種人事行爲所當遵循之規律及其規範。五物爲人所用，五事爲人所行，因五物而行五事，則有八政與五紀。八政者，人事之因天而爲；五紀者，天象之因人而用。於是以君王最高法則之“皇極”以統馭之，其要則賢能在職，俊乂在官，公平與公正，是治政臨民之坦途，彌綸天人之大道。爲人事者，要在治政臨民，然而，爲政不難，唯在善用正直、剛克、柔克之不同治政手段及其臨民方法而已。爲天事者，要在叩問天意，定猶豫，明吉凶而已矣。然吉凶難明，天意難知，必先以盡人事之明，而後請示於鬼神，决之於卜筮，“三人占則從二人之言”，求其心安而已。鬼神之意與人心之所願時有相違與相背，是則不可輕舉而妄動，乃處静以待之而已。此之謂敬畏於天而謹慎於行，亦求其人心之安也。人事因天而行八政，天象因人而用五紀，則人事有可否，天象有善惡。治政臨民，其效應或隱或顯，其後果或利或害，無不如影之隨形，如響之應聲，而效應與後果，要在民心之向背。民心即是天意，天意即是民心，於是有休、咎庶徵者，無非民心之宣揭而已。而人君行政臨民，朝廷發號施令，不外乎其人之貌言視聽思之所決也。然則其言其行可不反省自察邪？而水能載舟，亦能覆舟，亦在人之所爲也。是以禍福雖在天命，又豈非人之所爲所招乎？

由此可見，本篇所謂“休徵”、“咎徵”云云，取決於人君行政治民之政治舉措是否正確得當，而人君所以行政治民之政治舉措所產生之根本，又在於其人之貌、言、視、聽、思、之五種官能活動，是否行用正確得當而已。因此，九疇宏綱大法，可謂體系周密，道理平實，并無絲毫神秘荒謬之處；不過君與民休戚相關，天與人相感互動而已。正是沿著這個思路與方向，西漢初年的董仲舒才提出了旨在限制王權，警示人君的“天人感應”學説，實質是一套披著神秘外衣的合情合理的政治哲學。

然而，東漢民間思想家王充并不明白這個道理，其所著《論衡》之《寒温》《譴告》《招致》諸文，對《洪範》的思想理論與董仲舒的政治學説大加撻伐。是僅知天人形氣之内，而不知天人形氣之外也。尤其是君主權力尚無制度安排加以有效限制的帝制時代，過早地剥除這套政治哲學所憑借的神秘外衣，將有百害而無一利。君主施政臨民，而無敬畏之心，必將導民於死地。而百姓之爲人處事，若無敬畏之心，必將胡作非爲，貪生苟活而已。因此，古聖先賢爲民立極，於形氣之外建立精神信仰，不過防微杜漸導民於善罷了。是今之學者臨文讀經之際，所當先有所知者也。決不可自作聰明，以嘲笑古聖先賢爲高。亦不可以避免宣揚封建迷信爲由，而枉顧文本事實，甚至曲解經文原意！

本經文本上一大特點，是通篇皆用韻語。錢大昕曾據“恭、從、明、聰、容”等韻腳字以及董仲舒《春秋繁露》所引，校正第二疇“五事”章“思曰睿”、“睿作聖”，當爲“思曰容”、“容作聖”。而《説文》“思，容也”，正用《洪範》之義。自鄭康成破“容”爲“睿”，晚出古文因之。而段玉裁又據鄭氏之所破，以爲《説文》“思，容也”之“容”爲“睿”字之譌，竟私改許君《説文》“思，容也”爲“思，睿也”，以致“思”之本義爲“容”，或將淹没而不彰。幸有《顧命》“思夫人自亂于威儀”一語，尚存古人“思”義爲“容”之實際語用。而《秦誓》“昧昧我思之”及“其如有容”、“是能容之”、“是不能容”諸文，亦能佐證“思”與“容”字之意義關聯。是知段氏擅改“容”爲“睿”，乃通人之蔽也。

本篇另一顯著特點，是九疇以紀數爲序，且九疇中除“皇極”、“稽疑”、“庶徵”三章之外，其餘“五行”、“五事”、“八政”、“五紀”、“三德”、“五福六極”諸章亦皆以數爲紀。這種文本形式，與《逸周書》中諸如《大武》《大明武》《酆保》《柔武》《大開武》《小開武》《寶典》《武穆》《文政》《五權》《成開》《官人》之類篇章從同。《逸周書》這類篇目的著作時代當在東遷前後，因此，《洪範》的著作時代，與《逸周書》中這類篇目的時代相先後。

（作者簡介：程水金，北京大學文學博士，南昌大學國學研究院教授、院長）

The Interpretations of *Hong Fan*

Cheng Shuijin

Abstract: Based on explicating the sentences and phrases and discriminating the explanaions of words, this paper has reinterpreted the contextual meaning of *Hong fan in Shang Shu*.

Keywords: *Hong Fan*; *Book of Documents* （*Shang Shu*）; interpretations

（本文责任编校：周　斌）

《尚書·堯典》"四宅觀日"節之經解述評

黄啓書

摘　要：五經文句向爲儒生奉爲圭臬，既要能溯源尋繹聖賢之本義；又要切合當時之政治。尤其"通經致用"更是儒生讀經、解經之内在理路。只是當今經學研究偏重於學術史的考證，或許徵得經句的原始背景，但對於日常生活却日漸疏遠。《尚書·堯典》自以堯舜禪讓故事爲核心。但在禪讓之前却有"四宅觀日"一段内容，其中詳言申命羲和觀測曆數之事，文辭與後世時則、月令近之。學者考察《堯典》一篇當非寫於唐虞之時，極可能爲戰國儒家托古之作。因此對於"四宅觀日"文字，自不宜誤判而將天文曆法托古至唐堯；但亦不可因此以爲觀曆法天之思想，遲至戰國時方有。因篇幅所限，本文先就此節相關之經説詮釋，略依時代先後，分爲四類，并加以評述。期望藉此檢討，作爲未來省察"四宅觀日"法天精神對於後世天學之影響。

關鍵詞：《尚書》《堯典》 天文 經學 天文志

一、前言

五經文句向爲儒生奉爲圭臬，既要溯源尋繹聖賢本義，又要切合當時政治。其實自孔子嘉許子夏解釋"素以爲絢"詩句起，"通經致用"一直是儒生讀經、解經之内在理路。惟當今經學研究偏重學術考證，或許徵實經句的原始面貌，却易離日常生活愈遠，恐失傳經致用旨趣。《尚書·堯典》固以堯舜禪讓故事爲核心。但在稱頌帝堯"允恭克讓，光被四表"後，詢問衆臣孰能承志用事的禪讓主題之前，却有以下文字：

> 乃命羲和，欽若昊天；歷象日月星辰，敬授人時。分命羲仲，宅嵎夷，曰暘谷。寅賓出日，平秩東作。日中、星鳥，以殷仲春。厥民析；鳥獸孳尾。申命羲叔，宅南交。平秩南訛。敬致。日永、星火，以正仲夏。厥民因；鳥獸希革。分命和仲，宅西，曰昧谷。寅餞納日，平秩西成。宵中、星虚，以殷仲秋。厥民夷；鳥獸毛毨。申命和叔，宅朔方，曰幽都。平在朔易。日短、星昴，以正仲冬。厥民隩；鳥獸氄毛。帝曰："咨！汝羲暨和，期三百有六旬有六日，以閏月定四時成歲。"允釐百工，庶績咸熙。①

① 屈萬里：《尚書集釋》，臺北，聯經出版事業公司1983年版，第8—9頁。

此節於屈萬里先生《尚書集釋》序論中稱之爲“四宅觀日”。其中詳言申命羲和觀測曆數之事，文辭頗與後世時則、月令相近。《堯典》又述堯試舜三載後，舜攝帝位事云：

> 正月上日，受終于文祖。在璿璣玉衡，以齊七政。

學者多比爲虞舜之四宅觀日。《尚書》各篇著成時代不一，學者考察《堯典》并非寫定於唐虞之時，當屬戰國儒家托古之作。[①]因此自不宜將該段天文曆法誤提前至唐堯；但吾人亦不必以爲觀象法天之思想，乃戰國時方有。蓋文化禮俗在著録於文字之前，極可能有一悠久的流傳。這是看待此段文字的基本態度。衆所周知：先秦諸子對於“天”之定義，分歧甚大。即便就此節所述“歷象日月星辰”的“天”，《論語》顔淵問爲邦，孔子答“行夏之時”；《堯曰》篇更有“咨！爾舜！天之曆數在爾躬”之語。[②]《中庸》盛讚仲尼“祖述堯舜，憲章文武；上律天時，下襲水土”。雖又云“辟如四時之錯行，如日月之代明”，實與律曆無涉。但强調孔子“上律天時”，乃與《論語》所稱“惟天爲大，惟堯則之”相當。[③]不過，同屬儒家，對漢代經學影響深遠的荀子，在《天論》篇却提出：

> 不爲而成，不求而得，夫是之謂天職。如是者，雖深、其人不加慮焉；雖大、不加能焉；雖精、不加察焉，夫是之謂不與天争職。天有其時，地有其財，人有其治，夫是之謂能參。舍其所以參，而願其所參，則惑矣。列星隨旋，日月遞炤，四時代御，陰陽大化，風雨博施，萬物各得其和以生，各得其養以成，不見其事，而見其功，夫是之謂神。皆知其所以成，莫知其無形，夫是之謂天功。唯聖人爲不求知天。
>
> 治亂，天邪？曰：日月、星辰、瑞曆，是禹桀之所同也，禹以治，桀以亂；治亂非天也。時邪？曰：繁啓蕃長於春夏，畜積收臧於秋冬，是禹桀之所同也，禹以治，桀以亂；治亂非時也。[④]

荀子彰顯“天行有常，不爲堯存，不爲桀亡”的道理，認爲上天所不爲而成的神聖功蹟，并不需要人君去費心思慮考察，因爲天道自有其運行的職能，這與人道的治亂全然無關，

---

① 孔穎達：《尚書正義》卷二（臺北，新文豐出版社 1978 年影印版，阮刻《十三經注疏》本，第 2 頁）云：“《堯典》雖曰唐事，本以虞史所録。末言舜登庸由堯，故追堯作典。非唐史所録，故謂之虞書也。鄭玄云‘舜之美事，在於堯時是也’。”乃推到虞舜朝所作。朱廷獻：《〈堯典〉篇著成之時代考》（《尚書研究》，臺北，臺灣商務印書館 1987 年版，第 323—334 頁）則認爲出於西周初期，不晚於穆王之世，亦不早於文王武王之時，蓋周公攝政之七年，當時史官據先世文獻重編潤色者。屈萬里《尚書集釋》，第 3—6 頁及《〈尚書〉中不可盡信的材料》（《屈萬里先生文存（一）》，臺北，聯經出版事業公司 1985 年版，《屈萬里先生全集》本，第 126—127 頁）皆考訂爲戰國時儒家述古之作。陳夢家：《尚書通論（外二種）》（石家莊，河北教育出版社 2000 年版，第 152—163 頁）《堯典爲秦官本尚書考》以爲出於秦代。顧頡剛：《尚書研究講義》（臺中，文听閣圖書公司 2008 年版，《民國時期經學叢書（第 1 輯）》本，第 321 頁）更認爲《堯典》爲武帝時書。筆者以爲：傳説流傳多半古遠，但寫定時間則未必皆出當時，其間更可能經過層累增益。若由《堯典》主要傳説内容結構推之，則著成下限當如屈萬里先生所云在戰國中期以前。

② 朱熹：《四書章句集注》，北京，中華書局 1983 年版，第 163、193 頁。

③ 朱熹：《四書章句集注》，北京，中華書局 1983 年版，第 37 頁。“惟堯則之”一語，原出《論語·泰伯》，《孟子·滕文公》乃引述之。惟孟子雖“言必稱堯舜”，但并不著眼於天時一項。

④ 王先謙：《荀子集解》，北京，中華書局 1988 年版，第 308—309、311 頁。

人主只要能明於天人之分，專注自身好惡喜怒哀樂的“天情”、耳目鼻口的“天官”與“天君”之心，清天君、正天官、備天養、順天政、養天情、以全天功，如此才是真正的知天。荀子這樣的觀點，固然符合今人對於自然的理解，但顯然與《論語》《中庸》以及《堯典》所述有一定的差距。因此，吾人如能切實理解《堯典》“四宅觀日”一節旨趣，除可闡明《堯典》之經學價值，更可探究漢代天學的經典根據及其發展脈絡。

然因篇幅所限，本文擬先就此節相關之經説詮釋，加以述評。至於“四宅觀日”對比漢代天學發展，如戰國至兩漢間的天學探討、“四宅觀日”節之當代意義等，則另留後文詳析。歷代注家對於此節詮解，扣除單純的天文現象之描述或推度外，[①]其所偏重，適足以反映其經學風氣與變遷。誠然，今人奠基在長久以來對天文星象的研究，或參佐人類學、神話學的觀點以探索傳説的根源，都可能較漢唐宋清諸儒的詮釋，來得真實或原始。但因傳統經説屢見對前人之檢討甚至批判，故以下猶依時代順序，歸納討論。

二、省察受禪是否符合天心

伏生《尚書大傳》雖已散佚，但經後人輯佚，可察其遺説云：

> 主春者張，昏中可以種穀。主夏者火，昏中可以種黍菽。主秋者虚，昏中可以種麥。主冬者昴，昏中可以收斂蓋藏。
>
> 主冬者昴，昏中可以收斂田獵斷伐。當上告之天子，而下賦之民。故天子南面而視四星之中，知民之緩急。急，則不賦籍，不舉力役。故曰敬授人時。此之謂也。[②]

即“四宅觀日”一節，確以時則言之。至於“在璿璣玉衡，以齊七政”一句，《傳》稱：

> 七政，謂春、秋、冬、夏、天文、地理、人道，所以爲政也。道正而萬物順成，故天道，政之大也。旋機者何也？《傳》曰：旋者，還也。機者，幾也，微也。其變幾微，而所動者大，謂之旋機。是故旋機謂之北極。[③]

大抵不脱《堯典》“敬授人時”之訓。司馬遷《史記》一書，摘録了《尚書》重要的篇章。尤其當時經書雖已有今古文本之歧出，但經説尚未因祿利之争，而分化出諸多師法家法，黨同伐異。再則，更未沾染哀平以降的讖緯諸説，相較東漢馬融、鄭玄等，自是純净。可視作伏生《尚書大傳》外，最接近《尚書》文本極重要的“譯注”。如司馬遷

① 如劉起釪：《尚書研究要論》（濟南，齊魯書社2004年版，第186—224頁）《〈堯典·羲和〉章研究》留意到該段由七種不同材料組織在一起，凡：遠古太陽女神的神話及其轉化後的傳説、遠古關於太陽出入和居住地的神話及其轉化爲地名後的傳説、古代對太陽的禮敬祭祀、古代四方方位神與風神的宗教祭祀、古代對星辰祭祀與觀象授時、往古不同時代的曆法、往古不同時代的地名等。但研究重心仍放在該節天文曆法之可信與否，以及與原古神話之關連上。

② 皮錫瑞著：《尚書大傳考證》卷一，清光緒丙申年師伏堂刊本，第1頁上一第2頁上。

③《尚書大傳考證》卷一，清光緒丙申年師伏堂刊本，第8頁下。

撰作《五帝本紀》時，即大量參考《堯典》文字，并結合《五帝德》《帝繫》以及先秦經子文獻而成。其於該節，除改易爲漢初通行文字以便釋讀外，章旨并無二異。①然司馬遷亦未直接説明書寫此一段關涉天文文字之緣由。但述虞舜攝位時事，即云：

> 於是帝堯老，命舜攝行天子之政，以觀天命。舜乃在璿璣玉衡，以齊七政。②

“以觀天命”四字，不見於《尚書》原文。或許是由“受終于文祖”一語衍申出來。孔穎達《尚書正義》於《在璿璣玉衡，以齊七政》一句引僞孔傳即云：

> 在，察也。璿，美玉。璣、衡，王者正天文之器，可運轉者。七政，日月五星各異政。舜察天文，齊七政，以審己當天心與否。

孔疏更申其意云：

> 日月星宿運行於天，是爲天之文也。璣衡者，璣爲轉運，衡爲横簫，運璣使動，於下以衡望之，是“王者正天文之器”。漢世以來，謂之渾天儀者是也。馬融云：“渾天儀可旋轉，故曰璣。衡，其横簫，所以視星宿也。以璿爲璣，以玉爲衡，蓋貴天象也。”蔡邕云：“玉衡長八尺，孔徑一寸，下端望之以視星辰。蓋懸璣以象天而衡望之，轉璣窺衡以知星宿”，是其説也。“七政”，其政有七，於璣衡察之，必在天者，知“七政”謂日月與五星也。木曰歲星，火曰熒惑星，土曰鎮星，金曰太白星，水曰辰星。《易·繫辭》云：“天垂象，見吉凶，聖人象之。”此日月五星有吉凶之象，因其變動爲占，七者各自異政，故爲七政。得失由政，故稱政也。舜既受終，乃察璣衡，是“舜察天文，齊七政，以審己之受禪當天心與否”也。馬融云：“日月星皆以璿璣玉衡度知其盈縮、進退、失政所在。聖人謙讓，猶不自安，視璿璣玉衡以驗齊日月五星行度，知其政是與否，重審己之事也。”
>
> 傳以既受終事，又察璣衡，方始祭於群神，是舜察天文，考齊七政，知己攝位而當於天心，故行其天子之事也。③

孔疏有兩個重點：其一是詮釋璿機玉衡及七政之所指，其二是説明這類觀測天象的用意。姑不論所言璿璣玉衡與七政之説是否允當；但將舜觀天文之事，以爲是確認禪讓

---

① 司馬遷：《史記》（臺北，洪氏出版社 1974 年影印版，第 22 頁）云：“乃命羲、和，敬順昊天，數法日月星辰，敬授民時。分命羲仲，居郁夷，曰暘谷。敬道日出，便程東作。日中，星鳥，以殷中春。其民析，鳥獸字微。申命羲叔，居南交。便程南爲，敬致。日永，星火，以正中夏。其民因，鳥獸希革。申命和仲，居西土，曰昧谷。敬道日入，便程西成。夜中，星虚，以正中秋。其民夷易，鳥獸毛毨。申命和叔；居北方，曰幽都。便在伏物。日短，星昴，以正中冬。其民燠，鳥獸氄毛。歲三百六十六日，以閏月正四時。信飭百官，衆功皆興。”

② 《史記》，臺北，洪氏出版社 1974 年影印版，第 1555—1557 頁。

③ 《尚書正義》卷三，臺北，新文豐出版社 1978 年影印版，阮刻《十三經注疏》本，第 4—6 頁。

是否符合天命。僞孔傳當本諸馬融之説。再考後人所輯佚之鄭玄注：

璿機玉衡，渾天儀也。轉運者爲機；持正者爲衡，皆以玉爲之。七政，日月、五星也。以機衡視其行度，觀受禪是非也。（按末句出《宋書·天文志》《隋書·天文志》所引）[①]

則馬融、鄭玄皆將察天觀日之事，歸諸承天明命的政治意涵上。這種觀點，倘以遠古神話乃至後世君權神授説衡量，并不爲過。宋儒程頤亦接受馬、鄭以來省察天意與否的説法，而云：

在，察也。既受終則察七政之度，不愆忒否，以觀大意。蓋聖人欽若昊天之道也。天意既順，於是遂類上帝、禋六宗、望山川、遍羣神，告其受命攝治也。……或曰："舜既受終，始占天意何也？如七政有愆，則如之何？"曰："未受終，則天意何緣而有順逆理？必受而後有察也。如其有變，則天時不順，遜避而已，何疑焉？人苟誠焉，則感於天地通於神明，豈有二聖授受之際，而有天意不順者乎！注云：或以爲既受終，則欽若昊天，乃所當先，故考齊七政，非謂察己之意合天否也。此則不然！自堯之欽若命官，乃舜納於大麓，其見之政久矣。既受命而君，固宜察天意也。"[②]

程子面對時人對於孔疏的質疑，爲之迴護。這類質疑，稍晚於程子的林之奇，主張最烈，《尚書全解》即駁云：

孔氏云："舜察天文、齊七政，以審己當天心與否。"此説不然。夫舜既受堯之終于文祖之廟矣。乃始在璿璣玉衡，以齊七政，以審己之當天心與否。使其七政有失度，則將奈何？古之人授受之義，自不然也。使其不當天心、不符人望，則不授之而已。既已授之，而方且察天心之當否，進退無所據矣。孔氏於"烈風雷雨弗迷"下注云"明舜德之合於天心。"則是舜未受終以前，已當天心矣。至此又曰"審己當天心與否"，其説亦自相違戾。[③]

林氏以爲：禪讓必是先有歷試才有授受，因此虞舜攝政後再言觀天象之順逆，於理便説不通。何况僞孔傳反復書寫舜德"合於天心"，豈非前後矛盾。[④]程子則認爲：欽若

---

① 鄭玄注，清·袁鈞輯：《尚書注》卷一，北京，國家圖書館出版社 2010 年據清光緒四年浙江書局刻本影印，《經學輯佚文獻彙編》本，第 7—8 頁。

② 程顥、程頤著，王孝魚點校：《二程集》，北京，中華書局 2004 年版，第 1041—1042 頁。

③ 林之奇：《尚書全解》卷二，臺北，漢京文化圖書公司 1985 年版，《通志堂經解》本，第 8 頁。

④ 近人章太炎亦承這樣的批評，如章太炎講，諸祖耿整理：《太炎先生尚書説》（北京，中華書局 2013 年版，第 61—62 頁）云："天心與否，乃後世占驗之説，舜時安有此？案七政者，二十八宿分四方耳。此段即堯'欽若昊天'意，與步曆及辨正方位均有關係，自來解者均不得其實也。"

命官與受命爲君，其時已久，固不妨再察天意。設使天意於禪位有逆徵，自宜避之，無庸置疑。但又肯定堯舜二聖之誠，天意自無不順者。吕祖謙亦襲此説：

> 堯既歷象日月星辰矣，舜復何所在、何所齊哉？蓋觀天象運行，足以卜一身之得失。舜攝位之後，未有以驗此身之當天意與否。故求之歷象之間，以見天心之逆順。苟天象有一之不順，則是己之不足當帝位也。雖然，舜之事天，亦有自矣。如納麓之時，風雨弗迷，天已享舜矣，而又何疑耶？蓋昔者堯之試舜，今也舜亦欲自試以驗其身之何如也。故察璣衡，以齊七政。[①]

平心而論，歷試三載而攝帝位，實不可謂久。納諸大麓既已試之于天，受終之日如再占天象順逆，則前之試便無實質意義。至於説“天時不順，遜避而已，何疑焉”，又肯定二聖授受天意必順，則更是强爲之辭。至於吕説，則更加緊密結合禪位與觀天象的相互關係。由於後世禪讓者，除燕王噲貪賢名而禪位其相子之反遭大亂外，[②]多數的異姓禪讓皆出於篡奪，豈會再託天象來檢視自己？因此，如朱熹便從林之奇説，《朱子語類》云：

> “在璿璣玉衡，以齊七政”，注謂“察天文，審己當天心否”，未必然。只是重新整理起，此是最當先理會者，故從此理會去。[③]

既反對了僞孔傳的主張，也揚弃了程子的説辭。問題回到司馬遷“以觀天命”一語，兩漢儒生固然大倡灾異之説，自不乏以天文星象如日食、星孛等占斷政治興衰者；即《史記·天官書》中更歷數各類星占、候歲、望氣諸法，但亦不曾將其與禪讓結合，成爲一種檢證的依據。鄭玄雖嘗注《尚書大傳》，但今《大傳》遺文并未有“觀受禪是非”的見解，而一以《堯典》正文爲本。馬、鄭乃至僞孔傳這種“以審己之受禪當天心與否”的説法是否由司馬遷所云“以觀天命”所發？但觀《史記·律書》所云：

> 《書》曰七正，二十八舍。律歷，天所以通五行八正之氣，天所以成孰萬物也。舍者，日月所舍。舍者，舒氣也。[④]

該篇論贊更云：“[在]旋璣玉衡以齊七政，即天地二十八宿。十母，十二子，鐘律調自上古。建律運歷造日度，可據而度也。合符節，通道德，即從斯之謂也。”是以律則曆度而論，其間并不雜廁占候之事。《曆書》又云：

① 吕祖謙：《書説》卷二，臺北，漢京文化圖書公司1985年版，《通志堂經解》本，第5頁。
② 《史記》，臺北，洪氏出版社1974年影印版，第1555—1557頁。
③ 朱熹著，黎靖德編，王星賢點校：《朱子語類》，北京，中華書局1994年版，第1997頁。
④ 《史記》，臺北，洪氏出版社1974年影印版，第1243頁。

少皞氏之衰也，九黎亂德，民神雜擾，不可放物，禍菑薦至，莫盡其氣。顓頊受之，乃命南正重司天以屬神，命火正黎司地以屬民，使復舊常，無相侵瀆。其後三苗服九黎之德，故二官咸廢所職，而閏餘乖次，孟陬殄滅，攝提無紀，曆數失序。堯復遂重黎之後，不忘舊者，使復典之，而立羲和之官。明時正度，則陰陽調，風雨節，茂氣至，民無夭疫。年耆禪舜，申戒文祖，云“天之曆數在爾躬”。舜亦以命禹。由是觀之，王者所重也。[①]

更詳細補充了《堯典》所述四宅觀日前的曆度官守。所以在司馬遷眼中的“四宅觀日”，律曆意義是遠大過“以觀天命”。尤值得重視的是，《曆書》引《論語・堯曰》“天之曆數在爾躬”一語，來闡述《五帝本紀》的“以觀天命”。“天之曆數在爾躬”一語中的“曆數”，後代何晏釋爲“列次”，意指天位（帝位）之列次當在舜，故堯以授之。[②]朱熹解釋《論語》所言曆數，猶然依此。[③]但這未必就是《曆書》乃至於《論語》的正解，蓋從“攝提無紀，曆數失”一語觀之，“曆數”指的顯然即是天文曆法，而非王位更替序列。其後如《漢書・律曆志》言“曆數之起上矣”，也是用這個解釋。[④]至於《天官書》所載五宮星象、五星占候，又記占星分野、日月之食、諸星占、望雲氣諸法，司馬遷已“皋、唐、甘、石因時務論其書傳，故其占驗淩雜米鹽。”《太史公自序》叙録更稱：

星氣之書，多雜禨祥，不經；推其文，考其應，不殊。比集論其行事，驗于軌度以次，作《天官書》第五。[⑤]

司馬遷之所以能兼善律曆、星象與占候者，蓋先秦史官職掌與近乎卜祝，乃以卜筮、祭祀、天文星曆等天道神事爲職司，又兼記事、册命等政務與人事。[⑥]但司馬遷本諸太史公專業而創制《律》《曆》《天官》等書，《律》《曆》言推步之綱領；《天官》載占候之雜説，兩不相淆。因此若依吕祖謙所云“舜亦欲自試以驗其身之何如也。故察璣衡，以齊七政”，那《堯典》首件政務便成了星官占候而已。因此馬、鄭、僞孔傳這類詮解，因當與司馬遷無關。[⑦]是以相較《尚書大傳》《史記》，“以審己之受禪當天心與否”既非最早的看法，亦非最合乎經義、事理的解釋。

---

① 《史記》，臺北，洪氏出版社 1974 年影印版，頁 1257—1258。

② 邢昺：《論語注疏》卷二〇，臺北，新文豐出版社 1978 年影印版，阮刻《十三經注疏》本，第 1 頁。

③ 朱熹《四書章句集注》（北京，中華書局 1983 年版，第 193 頁）云：“此堯命舜，而禪以帝位之辭。咨，嗟歎聲。曆數，帝王相繼之次第，猶歲時氣節之先後也。”

④ 班固：《漢書》，臺北，鼎文書局 1991 年影印版，第 973 頁。

⑤ 《史記》，臺北，洪氏出版社 1974 年影印版，第 3306 頁。

⑥ 徐復觀：《原史：由宗教通向人文的史學之成立》，《兩漢思想史》卷三，臺北，學生書局 1989 年版，第 217—304 頁。

⑦ 孫星衍撰，陳抗、盛冬鈴點校：《尚書今古文注疏》（北京，中華書局 1986 年版，第 36—39 頁）便以爲鄭玄説“視其行度，觀受禪是非也”，乃本諸司馬相如所作《封禪頌》“舜在假典，顧省厥遺”。

三、分職創制爲治法之先

宋儒注經，向多勇於摧破漢唐藩籬。但如前引程頤、吕祖謙亦有步趨前人者。但再細玩味程氏之説，便可發現程子所述的重心，并不在於虞舜需由此見禪讓于己是否得當，而在於"人苟誠焉，則感於天地通於神明……而有天意不順者乎""既受命而君，固宜察天意"二語上。《書解》云：

> 前言堯之治始於"明俊德"，而後由"睦九族"以至"和萬邦，變時雍"。此復言其立政綱紀，分正百官之職，以成庶績。而事之最大最先，在推測天道，明歷象，欽若時令以授人也。天下萬事無不本於此，故最先詳載其事。聖人治天下之道，惟此二端而已。治身齊家以至平天下者，治之道也；建立治綱，分正百職，順天時以制事。至於創制立度，盡天下之事者，治之法也。作《典》者述堯之治盡於此矣。[①]

極力强調了四宅觀日在政事上的重要性。故後文再重申：

> 自乃命羲和以下，言堯設官分職立正綱紀，以成天下之務。首舉其大者，是察天道、正四時，順時行政，使人遂其生養之道，此大本也。萬事無不本於此。天下之事無不順天時法陰陽者，律度量衡皆出於此。故首舉而詳載之，其他庶事無不備言。

是以合前節"克明俊德"觀之，"自放勳至格于上下，堯之德也。自克明俊德至於變時雍，堯治天下之道也。自乃命羲和至庶績咸熙，堯立治之法也"。程子甚至進一步以爲四宅觀日并不只是單純爲了推步制曆而已，故云：

> 以閏月定四時成歲，其法至堯而精密詳具，故舉其法以勑羲和使職之。古之時分職主察天運以正四時，遂居其方之官主其時之政，在堯謂之四岳，於周乃卿之任統天下之治者也。後世學其法者不知其道，故以星歷爲工技之事，而與政分矣。

易言之，"乃命羲和"是分命諸侯治守天下之意。據孔穎達所引馬融、鄭玄説，即有以"命羲和"者，爲命爲天地之官。下云"分命"，申命爲四時之職。天地之與四時於周則冢宰、司徒之屬，六卿是也。程子以爲"天下之事無不順天時、法陰陽"，因此反覆强調"四宅觀日"乃爲創制立度、治天下之法，不宜單純視之爲星曆工技之事。程子這段疏解，頗得後人稱頌，屢見轉引。[②]至於觀天敬日是否爲"事之最大最先"者？正由於《堯

① 《二程集》，北京，中華書局2004年版，第1036—1038頁。

② 《尚書全解》卷一（臺北，漢京文化圖書公司1985年版，《通志堂經解》本，第9—10頁）即大段引述程説，并贊曰："此説甚善。"

典》在禪讓之前，所載政務衹此一事而已。[1]儒者也只能在有限材料上，寄寓無窮的詮釋可能。吕祖謙因程頤之説，進而發揮：

> 以命羲和一節觀之，《堯典》舍此他無所爲。堯果無爲獨此一命而已乎，蓋職在羲和，乃命者在堯。雖羲和爲之，而實堯爲之，則知堯盡君道無爲之中而有有爲者存焉。羲和當時大臣也，故史官舉其事大體重者，以見其餘。於未作歷之先，欽若昊天，是先天而天弗違也；於既作歷之後，敬授人時，是後天而奉天時也。此書惟羲和四子之事，最詳歷象，不特治天而已。光宅天下，光被四表，黎民於變時雍，悉不外此。蓋陶唐之時，天人未離，帝道之大，非治天之外，别有治人之理。如平秩之政、行析因之民宜，鳥獸各遂，纖洪小大，無不得宜。堯之功與天爲一。歷象之法所以與天爲徒也。人謂唐堯不建天地之功，觀乃命羲和等事，非建功乎。[2]

《論語·泰伯》所言“惟天爲大，惟堯則之”，宋儒必要將觀天之事牽連到人事治道上，吕氏即云：

> 《堯典》一篇綱目，在欽之一字。
>
> 伊川曰：言欽則聰在其中。去聰説明，見聰明不可分。如温良恭儉讓形容孔子，亦難分。欽之一字，乃堯作聖之工夫也。聖聖相傳，入道門户，莫要切於此。加欽於上，意極精微，非去聰也。伊川又曰：明包聰，百聖相傳，只一欽字。如湯慄慄危懼，文王不暇食是也。使堯不欽，何自而有其聰明。

所以吕氏在此處掌握的是程頤所揭櫫的“欽”字要旨，故云：

> 若《堯典》民自以時而動，鳥獸自以時而應，皞皞如也。蕩蕩乎民無能名焉，不知帝力何有。帝王氣象其不同如此。雖然欽若、敬授，深有意義。分命、申命，人專一局，其命若散而無統，故於初必總命之令，人人皆體此意，皆知欽若、皆知敬授。蓋定歷之法，欽敬之心，一失則乖錯舛謬，其害大矣。故雖分命申命，所掌不同，而乃命之辭、欽敬之意，本無先後異同之别。一歸於不敢慢忽，乃可以共成歷法，是堯之意也。

如此歷象觀天不過是一種欽敬的道德表現而已。類以這種德性化的看法，如其後的陳經《尚書詳解》亦云：

---

① 吴闓生：《定本尚書大義》（臺北，中華書局1970年版，第3頁）云：“分遣羲和之官，測量四方風氣以定歲時，此堯在位之一大事，故詳書之。《堯典》所載只此一事，以下則專注其禪舜矣。此古史之所以峻也。”

② 《書説》卷一，臺北，漢京文化圖書公司1985年版，《通志堂經解》本，第4—8頁。

雖然占步之法在於羲和，而所以行占步之法，不在羲和，而在帝堯之敬心也。羲和之職，特有司事爾。非有帝堯終始一敬心，則占步之法徒爲虛文。惟其敬心，與天無間，欽若于未有歷象之前，而敬授于已有歷象之後。精神運于象數之所不及，誠意孚于告令之所不盡。則堯之先天而天弗違，後天而奉天時者，皆此一敬也。①

黄度《尚書説》亦云：

日月五星之行度，璣衡可以察之，而可以齊之。《洪範》五紀：歲日月星辰，歷數，堯傳舜、舜傳禹，皆曰“天之歷數在爾躬”。是故聖人在上，日不食、星不孛。占候雖有器，齊平必以德也。此治歷本論。②

這種“聖人在上，日不食、星不孛”的看法，無論就漢儒灾異説或今人的科學觀都是無法成立。儘管宋儒喜談心性之學，但類似吕祖謙、陳經、黄度這種將實際的治歷授時之事德性化，在宋儒中并不常見。正如程子心中，堯之欽敬爲《尚書》之關鍵。但見諸政事，亦不純然只是道德的體現而已，更具有迹可循的創制分職的治法存在。誠然，程子所稱其實本諸馬融、鄭玄説，等於在舊材料中開出新説法。只是馬鄭以羲和天地、四仲四時等於周代六卿之説，孔穎達便依僞孔傳以爲：“羲和非是卿官，别掌天地，但天地行於四時，四時位在四方，平秩四時之人因主方岳之事，猶自别有卿官分掌諸職。”程子爲强調治法而重提任分職之説，治絲益棼，朱熹即云：

羲和即是那四子。或云有羲伯和伯，共六人，未必是。

羲和主曆象。授時而已，非是各行其方之事。③

明顯否定了程子認爲乃命羲和是唐堯設官分職的看法。只接受“曆是古時一件大事”，“歲月日時既定，則百工之事可考其成”，并以爲“程氏、王氏兩説相兼，其義始備。”考諸今人輯存之王安石《三經新義》，多出於林之奇《尚書全解》批評所引：

散義氣以爲羲，斂仁氣以爲和。日出之氣爲羲，羲者陽也；利物之謂和，和者陰也。

曆者，步其數；象者，占其象。

---

① 陳經：《尚書詳解》卷一，臺北，臺灣商務印書館 1983 年版，《文淵閣四庫全書》本，第 7 頁。

② 黄度：《尚書説》卷一，臺北，漢京文化圖書公司 1985 年版，《通志堂經解》本，第 2、5 頁。

③ 《朱子語類》，北京，中華書局 1994 年版，第 1991 頁。吴澄：《書纂言》卷一（臺北，漢京文化圖書公司 1985 年版，《通志堂經解》本，第 4 頁）亦只引程子“事之大者”之説，惟不從其六卿之論。俞樾：《達齋書説》（上海，上海古籍出版社 1995 年版，《續修四庫全書》本，第 1—2 頁）云：“竊謂羲和共爲一職，下文羲仲羲叔和仲和叔各爲一職，此即所謂堯之五吏也。《管子·輕重甲》篇云：‘昔堯之五吏五官，無所食君，請立五厲之祭，祭堯之五吏。’然則堯有五吏，古書有徵，蓋取法於五行。”乃牽合《管子》五行，獨創五吏之説。今從之者少。

《堯典》言歷象；《舜典》言璣衡，璣衡者，器也。《堯典》言日月星辰，此言七政，七政者，事也。《堯典》所言者，皆道也；於此所言，皆器也、事也。[①]

從《朱子語類》言“曆是書，象是器。無曆，則無以知三辰之所在；無璣衡，則無以見三辰之所在”，則知其取王安石之説，主要就是回歸到天文曆法的推步占象上。故除清人王鳴盛《尚書後案》、近人曹元弼《古文尚書鄭氏注箋釋》堅持馬、鄭爲命六卿之事，義據通深，不可誣也外，其餘多從朱子之説而少改。[②]

四、强調觀象授時的文獻價值

重視曆數，不惟《尚書·堯典》可徵。《大戴禮·五帝德》亦云黄帝時“時播百穀草木，故教化淳鳥獸昆蟲，歷離日月星辰；極畋土石金玉，勞心力耳目，節用水火材物”。帝嚳亦“歷日月而迎送之，明鬼神而敬事之”[③]。這與唐堯命羲和掌曆，是同一用心。至於《曾子天圓》篇鋪陳陰陽五行之説而云：

聖人慎守日月之數，以察星辰之行，以序四時之順逆，謂之厤，截十二管，以索八音之上下清濁，謂之律也。律居陰而治陽，厤居陽而治陰，律厤迭相治也，其間不容髮。[④]

按《太史公自序》敘録亦有“律居陰而治陽，歷居陽而治陰，律歷更相治，閒不容翲忽”之語。是《大戴禮》此慎律曆、尚時則的思想，内可徵《夏小正》篇，外與《禮記·月令》相通，甚而可比類《逸周書·時訓》《管子·四時》《吕氏春秋》十二紀紀首及《淮南子·時則》諸文獻。前述朱熹在“四宅觀日”節的意見，寧取王安石之説，而摒除程頤所發揮，源自漢儒的省察天心、創制分職等説。即是回歸到《堯典》文本的基礎意涵上。朱熹的意見，主要由蔡沈繼承。其《書集傳》稱：

羲氏、和氏主歷象授時之官。若，順也。昊，廣大之意。歷所以紀數之書，象所以觀天之器，如下篇璣衡之屬是也。[⑤]

① 程元敏：《三經新義輯考彙評一：尚書》，臺北，國立編譯館1986年版，第7、9、18頁。

② 王鳴盛：《尚書後案》（臺北，藝文印書館1986年版，《皇清經解尚書類彙編》本，第529—530頁）云：“鄭馬皆以比命羲和爲天地之官，下分命、申命爲四時之職。天地四時即周之六卿。傳則以此命羲和即是下文四子，此總舉而下別序之耳，説與鄭馬異，而鄭馬是也。……後人併六人以爲四，又執泥治歷，謂羲和等不過星歷專家，遂覺與《周禮》六卿不合，而堯命官大事因以湮没不見。不知欽若、敬授、平秩、析因等，已該括《周禮》六卿職掌在内。非專司占候，故知鄭、馬説是也。”曹元弼：《古文尚書鄭氏注箋釋》卷一，上海，上海古籍出版社1995年版，《續修四庫全書》本，第23—25頁。

③ 王聘珍：《大戴禮記解詁》，北京，中華書局1983年版，第119、121頁。

④ 《大戴禮記解詁》，北京，中華書局1983年版，第100—101頁。

⑤ 蔡沈著，董鼎輯：《書集傳》卷一，臺北，臺灣商務印書館1975年，《四部叢刊三編》本，第3—12頁。

相較於王安石“象者，占其象”之説，蔡沈本朱子之説，以爲是觀天之器。按：孔穎達對於“歷象”釋爲歷象四方中星與日月所會之分節，即程頤亦云“歷以象日月星辰之行次”，皆未用後文之璿璣玉衡之器來解釋象。此或出於《東坡書傳》，蘇氏云：

昊，廣大也。歷者其書也；象者其器也，璿璣玉衡之類，是也。[①]

東坡牽合二段文義，以爲四宅觀日一段其旨趣爲“天子與公卿大夫共飭國典，論時令以待來歲之宜”，爲正曆授時之事。林之奇亦云：

欲欽若昊天者，必有其法。歷象日月星辰，此其法也。歷，數也。周天三百六十五度四分度之一，而以日月星辰之久近，紀歲月之先後也。象者，璣衡也。所以參考日月星辰之行度也。[②]

并稱自分命羲和以下所謂歷象日月星辰，敬授人時者，乃觀象作曆之法。林之奇釋寅賓出日、寅餞納日一段，朱子以爲推測“璿璣玉衡”處，説天體極好。因此朱子後學，既不取馬、鄭之説；亦不襲程子創制分職之法，直以天文曆數解之。蔡沈《書集傳》便云：

故三年而不置閏，則春之一月入於夏而時漸不定矣，子之一月入於丑，而歲漸不成矣。積之之久，至於三失閏，則春皆入夏而時全不定矣。十二失閏，子皆入丑，歲全不成矣。其名實乖戾，寒暑反易，農桑庶務，皆失其時。故必以此餘日置閏月於其間，然後四時不差，而歲功得成。以此信治百官，而衆功皆廣也。

明代郝敬雖亦沿程子之言云：“堯欽若昊天，舜攝堯事，亦首天時，政莫大乎此。”但猶取法蔡傳云：

堯，首治之君；天時首治之事。……歷者，紀時之書，象者，觀天之器。……日月星辰者，四時節候所由生。曆以歷之，象以像之。敬記其時以授民，萬事所以興也。故首命之。[③]

至此程子的解釋，只餘首重天時的治道闡發，其餘多回到程子認爲過於局限的正曆授時説上。即清人朱駿聲《尚書古注便讀》善於天文，但亦援用蔡傳，强調置閏之要。[④]

---

① 蘇軾：《東坡書傳》，北京，中華書局 1991 年版，《叢書集成初編》本，第 25—27 頁。

② 《尚書全解》卷一，臺北，漢京文化圖書公司 1985 年版，《通志堂經解》本，第 9—10 頁。

③ 郝敬：《尚書辨解》卷一，臺北，新文豐出版社 1984 年版，《尚書類聚初集》本，第 7、1—2 頁。王心敬：《豐川今古文尚書質疑》卷一（臺北，新文豐出版社 1984 年版，《尚書類聚初集》本，第 14—21 頁）承郝敬説而推衍。但其强調憲天爲治，不獨治曆授時而已。則又是程子之説。

④ 朱駿聲：《尚書古注便讀》卷一，臺北，新文豐出版社 1984 年版，《尚書類聚初集》本，第 1、3 頁。

以下依傳統訓詁解《尚書》者，大抵不過於此。[①]

宋代以來，隨著天文曆算的長足進步。[②]學者對於四宅觀日節中四中星的討論，日益豐富深刻，同時亦對於璿璣玉衡一詞加以檢討。如林之奇便云：

> 渾儀，自漢以來，相承用之，以至於今，實唐虞之遺法也。沈存中云："天文象有渾儀，測天之器。置於崇德（按：德字疑爲臺字之誤），以候垂象。蓋古之璣衡也。熙寧中予受詔典歷官，考察星歷，以璣衡求極星。初夜在窺管中，少時復出。窺管候之，凡歷三月。極星方常循窺管之中，夜夜不差。"窺管即玉衡也。[③]

林之奇引述沈括《夢溪筆談》的實務經驗來説明玉衡之制。蔡沈則指出：《堯典》所言璿璣玉衡，猶今之渾天儀。但古渾天儀之法，遭秦而滅。至漢武帝時，洛下閎始經營之，鮮于妄人又量度之。至宣帝時，耿壽昌始鑄銅而爲之象。宋錢樂又鑄銅作渾天儀。但又并存"北斗魁四星爲璣；杓三星爲衡"之歷家異説。降至清代，因西方測度學傳入，星象測繪益發精密。清儒對於此節之興趣則更著重在四中星與物候描述之準確與否，并藉由《尚書》所載鉤勒出上古歷象之學的大要。如《皇清經解》中所收録秦蕙田《觀象授時》，即引《堯典》爲例論述上古觀象事證。盛百二《尚書釋天》一書同此，并將《堯典》四宅觀日，逐分小節一一論其天文歷算，兼釋《舜典》璿璣玉衡一節。[④]其中尤以戴震《尚書義考》一書凡兩卷，卷一即用力於天文學，詳辨推步曆算之術與其次度。卷二則駁前人據漢以後之渾天儀釋"璿璣玉衡"之失，其文云：

> 案璇璣玉衡，先儒徒據漢以後之渾天儀爲説，皆失之。揚雄《法言》："或人問渾天於雄，雄曰洛下閎營之，鮮于妄人度之，耿中丞象之，幾幾乎莫之違也。"渾天之器創於此。三人遂以其轉旋名之曰璇璣，以其中之窺管名之曰玉衡。雖襲取古名，非唐虞時所謂機衡也。

---

① 如牟庭：《同文尚書》（濟南，齊魯書社 1981 年版，第 16 頁）云："人治既脩，乃上律天時，使羲氏和氏掌天官職司。元氣廣大之昊天而敬如之，測日月星辰之行而歷數以算之，象器以法之。敬記天時以授於民。"又如陳榮昌鑑定，張鴻範講述：《書經講義》卷九（濟南，廣文書局 1977 年版，第 4 頁）云："帝王之政莫大於勤民，勤民莫先於時。《舜典》之齊政，亦即《堯典》之授時也。而置閏月以定四時，尤爲萬世曆法之規範。"甚至如高本漢（Bernhard Karlgren）著，陳舜政譯：《高本漢書經注釋》（臺北，中華叢書編審委員會 1970 年版，第 87—88 頁）亦以爲：《堯典》本文中舜既没有用觀測天體的方法去考究他自己在政事方面的德行（馬融説），又無權來"觀受禪是非"（鄭玄説）。……《堯典》的前半部在述説堯的時候，曾有幾段是讚美堯的性格與德行的話。在此之後，他就開始他做帝王的第一件并且也是最重要的一件工作。就是他命羲和去觀測太陽，并且訂定太陽的軌道與四季。現在在此處，舜既接受了帝位的繼承，所以他也一樣地開始辦理相同的業務：（用儀器）驗核日、月、星體以及它們的運行。基本上皆是朱子的觀點。

② 如原置於蘇州文廟，今存江蘇省蘇州市博物館的南宋淳祐七年（1247）石刻天文圖，乃依據的素材主要是北宋元豐年間的觀測結果。共記録恒星約 1400 餘顆。參杜升云：《蘇州石刻天文圖恒星位置的研究》，《北京師範大學學報（自然科學版）》，1982 年第 2 期，第 81—93 頁。

③ 《尚書全解》卷二，臺北，漢京文化圖書公司 1985 年版，第 8 頁。并參沈括：《夢溪筆談》卷七，臺北，臺灣商務印書館 1983 年版，《文淵閣四庫全書》本，第 9—10 頁。

④ 秦蕙田：《觀象授時》，臺北，藝文印書館 1986 年版，《皇清經解續經解春秋類彙編》本，第 1797—1800 頁。盛百二：《尚書釋天》，臺北，藝文印書館 1986 年版，《皇清經解續經解春秋類彙編》本，第 1999—2051 頁。

惜乎漢以來爲渾天儀,未能深考機衡本象,使古者測天之器不傳。釋《堯典》者,因漢製附會,故似同而異,似是而非。[①]

孫星衍説同此。[②]戴氏又比對司馬遷、馬融與鄭玄之“七政”説,以爲三説參差非有明證。因而提出新説云:

如日月食、五星掩犯,古人皆不豫推。惟日月運行、寒暑物候、因之變遷,準是出政,乃敬天時、重民事也。然則政之爲言,實人有政非天有政甚明。以人之有政,論其一爲歲之政,分至啓閉,如祭祀典禮登臺書雲物之屬是也;其一爲月之政,如聽朔朝廟之屬是也。既謹因歲月以明,其節之大于是,遂順時序而舉夫木火土金水五者之政,如法制禁令,協天時而布其事是也。《皋陶謨》曰“撫于五辰,庶績其凝”,《堯典》曰“庶績咸熙”,庶績之熙也凝也,由政之得宜。而政之得宜,由順天在璇璣玉衡者,審驗天行也。以齊七政者,齊人事合天也。庶績熙凝之本也。

則以歲、月、五辰之政爲七。而魏源《書古微》特撰《在璇機玉衡以齊七政古義》反駁戴震之説:

問璇機玉衡齊七政之義,《書大傳》及《星經》皆謂璇機,北極星;玉衡,斗六星。七政,則天文、地理、人事、四時,《史記》《周髀算經》《淮南子·天文訓》皆同之,從無儀器之説。至馬、鄭始創釋爲渾天儀,以璇飾機、以玉作衡,而七政爲日月五行。東漢以前初無此説者何?北斗有歲差,不能常應月建,而《尚書》以玉衡爲北斗者何?[③]

此一提問,其實即是魏源的基本立場。以下魏氏即申言其理云:

北極璇璣如王,中心無爲,以守至正,天之體也。斗極玉衡,周旋建指,猶帝王經緯萬端,宰制群動,天之用也。

此與中星定月,皆唐堯羲和數十載,講求測量,立此簡易之法,使民皆仰觀而得之。憑天象不憑儀器,天文以此正、地理以此分、人事以此齊、四時以此定,故曰以齊七政。自唐虞三代西漢歷法皆如此,自《周髀算經》《甘石星經》《淮南子·天文訓》《史記·天官書》《律書》《説苑》《書大傳》皆如此。及東漢馬鄭沿哀平緯書羲和立渾儀之説,遂以漢武時洛下閎所創銅儀解唐虞之機衡,易天象之自然爲人事

---

① 戴震:《尚書義考》卷一、卷二,臺北,新文豐出版社1984年版,《尚書類聚初集》本,第22—41頁;第11—13頁。

② 《尚書今古文注疏》,北京,中華書局1986年版,第36—39頁。王先謙撰,何晋點校:《尚書孔傳參正》(北京,中華書局2011年版)雖多承孫星衍説,但第78—81頁則不同意孫説,以爲緯書多同今文。既有造立渾儀之文,不得謂唐虞時無測天儀器,特經馬、鄭推衍而其説始大顯耳。

③ 魏源:《書古微》卷二,上海,上海古籍出版社1995年版,《續修四庫全書》本,第1—4頁。皮錫瑞著,盛冬鈴、陳抗點校:《今文尚書考證》(北京,中華書局1989年版,第48頁)即承此説,以爲是今文家言。

之機巧。以統貫三才之七政爲日星七緯之七政，無與民時何關？

> 戴氏震本周髀書之北極璇璣，謂是黄道極，可謂卓出諸家矣。而亦不曾指出斗極循宫十二建之實象。但謂理自當然，空談無證。是以仍不得不歸諸儀器，謂唐虞時爲儀器以擬夫黄道極，仍墮馬鄭緯書之窠臼。

魏源力排後人率以渾天儀釋璇璣玉衡之誤，亦不主儀器之説。統以北極星與北斗七星之象，徵諸西漢經説，尤其云“立此簡易之法，使民皆仰觀而得之。憑天象不憑儀器”，極有創意。清人致力於歷算之學，其旨趣正如曾釗《虞書命羲和章解》所云：

> 羲和一章，實歷學之祖。……顧治經者或於歷學未詳，而術士又不通經，遂以諸術爲西士創獲耳。近世戴東原氏，最精此學。其著補傳猶以五星爲唐虞所未及測，餘子又何論焉。[①]

即從經傳找出與西方曆術相通者，以證中土淵源自早。發展至現代，學者則多利用《堯典》所描述星象，試圖推證該篇著成時代。參考屈萬里先生所整理：日本學者飯島忠夫謂本篇當著成於西元前300年前後，橋本增吉以爲當在戰國之世。[②]劉朝陽《從天文曆法推測〈堯典〉之編成年代》，引西人J.B.Boit、L.de Sausure以爲在西元前2300餘年；W.H.Medhurst以爲在西元前2200餘年；劉氏本人則以爲本篇編成時限，最大範圍爲殷代至春秋中葉，最小範圍爲自西元前776年至西元前600年。[③]董作賓與日人新城新藏咸以爲本篇中星爲距今4000餘年前之現象。[④]陳夢家、竺可楨則以爲本篇時代當在殷末周初。[⑤]竺可楨以爲：諸説所以如此紛歧，蓋因觀測之日期，如相差15日，則推定年代可相差千餘年。觀測之時間，如相差一小時，則推定年代亦差至千餘年。觀測之緯度不同，則推算之結果，差異亦大。《堯典》所稱星宿，除虚宿、昴宿較爲確切外；其餘二者，解釋之人，各執一辭。觀測之星宿，既難確定，自不易得正確之論斷。屈萬里引此説以爲：《堯典》所記中星，自身即有問題。故以中星推證本篇之著成時代，似若可據，而實難得定論也。[⑥]因此，當宋儒逐漸回到文獻本身，探討其原始面貌時，或許更可切中文獻寫定時的歷史背景。但今人如忽略了文獻書寫傳抄時的模糊與歧義，反而又可能陷入另一種論證的困境。

---

① 曾釗：《虞書命羲和章解》，上海，上海古籍出版社1995年版，《續修四庫全書》本，第1頁。

② 飯島忠夫：《支那曆法起源考》，東京，岡書院1930年版。橋本增吉：《支那古代曆法史研究》，東京，東洋文庫1943年版。

③ 劉朝陽：《從天文曆法推測〈堯典〉之編成年代》，《燕京學報》第7期，1930年，第1155—1187頁。

④ 董作賓：《〈堯典〉天文曆法新證》，《清華學報》新1卷2期，1957年，第17—38頁。新城新藏：《支那上代之曆法》，《藝文》第4年第5—9期，1913年。

⑤ 陳夢家：《上古天文材料》，《學原》1卷6期，1947年，第88—99頁。竺可楨：《論以歲差定〈尚書·堯典〉之四仲中星之年代》，《中國古代的傳説時代》，北京，文物出版社1985年版，第279—290頁。

⑥ 《尚書集釋》，臺北，聯經出版事業公司1983年版，第12—13頁。

五、著眼羲和之神話淵源

今人除了利用《堯典》中所載星象試圖找到文獻的著成定位。另一個方向則是聚焦在羲和的神話淵源上。前者或承宋代以來的天文科學發展而來，但後者却是受到西方學者的新觀點而重新省視固有材料。

在《堯典》中，或如馬融以爲羲、和與其四子羲仲、羲叔、和仲、和叔共六人；或如朱熹以爲羲、和即羲仲、羲叔、和仲、和叔等四人。但在其他文獻中則有不同描述，如《楚辭·離騷》“欲少留此靈瑣兮，日忽忽其將暮。吾令羲和弭節兮，望崦嵫而勿迫”及《天問》中“羲和之未揚，若華何光”，[①]羲和是御日的神靈，[②]與望舒、飛廉、鸞皇、雷師相當。而《國語·楚語下》楚昭王問《尚書·吕刑》“乃命重、黎，絶地天通”事，觀射父答：古者民神不雜，民有精爽不攜貳而又能齊肅者，使制神之處位以爲之祝，在男曰覡，在女曰巫。後少皞之衰也，九黎亂德，民神雜糅，人人作享，家爲巫史。顓頊之時：

> 乃命南正重司天以屬神，命火正黎司地以屬民，使復舊常，無相侵瀆，是謂絶地天通。其後，三苗復九黎之德，堯復育重、黎之後，不忘舊者，使復典之。以至於夏、商，故重、黎氏世叙天地，而別其分主者也。其在周，程伯休父其後也，當宣王時，失其官守，而爲司馬氏。[③]

這段記載司馬遷不僅在《曆書》中沿用，并寫在《太史公自序》之世家源流中。這樣的傳説，適足以證明上古官守或本諸巫覡的文化共象。但如《山海經·大荒南經》却言：

> 東南海之外，甘水之間，有羲和之國。有女子名曰羲和，方浴日于甘淵。羲和者，帝俊之妻，生十日。[④]

《大荒西經》則稱：

> 顓頊生老童，老童生重及黎，帝令重獻上天，令黎邛下地，下地是生噎，處于西極，以行日月星辰之行次。有人反臂，名曰天虞。有女子方浴月。帝俊妻常羲，生月十有二，此始浴之。

則視羲和爲十日之母。後又分化帝俊妻娥皇、常羲二女神，娥皇後又演化爲舜妻；常羲爲月母，後又演化爲羿妻嫦娥。這些文獻的異同，尤其吸引西方學者之研究興趣。

---

① 洪興祖著，白化文等點校：《楚辭補注》，北京，中華書局1983年版，第26—27、93頁。

② 劉文典著，馮逸、喬華點校：《淮南鴻烈集解》（北京，中華書局1989年版，第109頁）《天文》篇云：“至于悲泉，爰止其女，爰息其馬，是謂縣車。”劉注指出《初學記》引正文作：“爰止羲和，爰息六螭，是謂懸車。”高誘注：“日乘車，駕以六龍，羲和御之。”

③ 舊題（周）左丘明著，韋昭注，上海師範大學古籍整理組點校：《國語》，上海，上海古籍出版社1978年版，第562—563頁。

④ 袁珂：《山海經校注》，成都，巴蜀書社1992年版，第438、460—463頁。

如法國學者馬伯樂於《尚書與古代神話》認爲《書經》中充滿著神話却誤認作歷史的傳説，他結合前述材料，專門討論羲與和、洪水、重黎絶地天通等三事。論述羲和是司日的神。至於《堯典》中的羲仲、和仲并不是受命去科學地觀察日出與日落的天文學家，而是受命去阻止太陽，當太陽於夏至時到了他的向北行程的極端，於冬至時到了他的向南行程的極端時，使之倒退；在東西兩方的二兄弟只是受命去使太陽於春分秋分時繼續其行程。[①]胡厚宣《甲骨文四方風名考證》《釋殷代求年于四方和四方風的祭祀》二文，更發現《山海經·大荒經》諸篇對於四方風和四方神的記載，竟與卜辭和《堯典》中的四方風和四方神的記載不謀而合，三種文獻中的四方神名大同小異或是字形訛變所至，總之，三種文獻中的四方神和四方風是一脈相承的。[②]其後如楊樹達、陳夢家、丁山、李學勤等人皆從不同的角度，運用甲骨卜辭重新思考《堯典》所載文獻的意涵。劉宗迪《〈山海經·大荒經〉與〈尚書·堯典〉》的對比研究則承胡厚宣之説，對比二者曆法制度并結合彝族觀測日出日落以定季節和農時的例證，證明兩者所反映的曆法制度如出一轍，這兩篇古老文獻在文化淵源上一脈相承。[③]不過，如劉起釪《尚書研究要論》則指出《堯典》“羲和”章由七種不同材料組織在一起，凡：遠古太陽女神的神話及其轉化後的傳説、遠古關於太陽出入和居住地的神話及其轉化爲地名後的傳説、古代對太陽的禮敬祭祀、古代四方方位神與風神的宗教祭祀、古代對星辰祭祀與觀象授時、往古不同時代的曆法、往古不同時代的地名。劉起釪并批評：《堯典》作者把這些材料生吞活剥地净化爲歷史材料，按四方和四季整齊地配置成一組體制粲然大備的記載古代敬天理民，最早由觀象授時、指導農作以至制定曆法的形式嚴整的文獻。《堯典》作者憑自己的錯誤理解寫定，今人講該篇仍得依其妄語講其文義，該其文義已然如此，成爲客觀的存在。但在清楚其資料真相時，須知其錯誤即是。[④]筆者以爲：劉氏所揭櫫的觀念十分正確。然無論所謂《堯典》作者所寫定的是否屬於“妄語”，所有原始神話、歷史傳説在被這些（個）作者消化吸收後所産出的作品，無寧才是後世經學家所真正關切，甚至依託其上，申述己見。因此，從經學的角度省察《尚書·堯典》，歷代學者雖各有所偏重，但諸儒所詮解出的經説，究竟爲經書、經學，乃至於治道，承繼了哪些傳統，又提供了哪些建見與創發，才是問題的核心價值。

六、結語

綜前述討論，歷代儒者因應其實際需求而詮解經文字句，更因其知識領域之發現，對經文所及之各個層面有不同的展延：如漢唐舊注重視政權遭替的天人理據；宋儒或强調堯舜德化與治法的關連、或考度觀象授時之信而有徵；清代以來益發補正天文星象之

① 馬伯樂（Maspero, Henri）著，馮沅君譯：《書經中的神話》，臺中，文听閣圖書公司2008年版，《民國時期經學叢書（第1輯）》，第1—20頁。

② 胡厚宣：《甲骨文四方風名考證》，《甲骨文商史論叢初集》，濟南，齊魯大學國學研究所1944年版，第369—381頁。

③ 劉宗迪：《〈山海經·大荒經〉與〈尚書·堯典〉的對比研究》，《民族藝術》，2002年第3期，第58—75頁。

④《尚書研究要論》，濟南，齊魯書社2004年版，《〈堯典·羲和〉章研究》，第186—224頁。

歷算基礎；近代或驗諸西法以考定時代、或以卜辭所見究其神話淵源。凡此，適足以體現出經學的時代性與實用性。尤其漢儒特重視通經致用，因此經書倘能適切回應、解答其當世的疑難，其價值已然在詮釋的當下完成。不過，因經説家法各執所見，就不免要對各説加以裁斷，方能致於世用。這即是石渠閣、白虎觀等經學會議在學術發展上的必然性。然而當時的經説優劣，除了皇帝臨制稱決的政治判斷外，多半仍是要扣緊在致用的目標上。這與後代單純議論證據篤實、體系圓融，是不同層次的思考。

回到《堯典》四宅觀日一節觀之，如依今人對於《堯典》之内容來源與著成時代的考證，則戰國諸儒之説自不宜規模堯舜制度；神話傳説亦無以驗徵天文曆法。如此一來，經文及其詮釋的價值便逐一被今人摧破，只成爲來源駁雜的歷史材料而已。除甲骨卜辭之外，諸如《國語》《楚辭》《山海經》乃至於散見先秦兩漢典籍的神話素材，前人皆悉見。皮錫瑞歷引漢魏所見典籍，稽考羲和爲日御之名，即云：“黄帝取其名立是官以司日，堯命羲、和，蓋亦因於古耳。王仲任引作曦和，則三家今文必有别本從日作曦者，亦因其本以日御得名也。”①因此神話中的日御之神，可以轉化爲司天之官；主張復古的王莽，則亦將主掌穀貨的大司農更名曰羲和。②因此，過分追求羲和之神話源頭，未必有助於了解編纂《堯典》者的著作旨趣。這如同今人好用考古學的調查研究去證成堯舜遺址所在，看似將中國歷史推前；但另一方面却是揚弃了先秦儒者曾經塑造的禪讓政治理想。③所以資取考古與神話學等新方法，固可爲古史另闢天地，突破前人膠柱鼓瑟的困境。但疑古太過，各騁奇説，反而更易以偏蓋全，復陷入另一個新的窠臼。④正如堯舜禪讓的傳説，極可能與部落聯盟推選，或母系社會的家族繼承有關。但當東周儒者“美化”了原始的禪讓故事時，就不再只是傳達遠古史實的叙事，而寓有了儒者的治世理念。這與孔子修《魯春秋》而寓撥亂反正之大義時，吾人就不當視《春秋》爲斷爛朝報的道理一般。戰國時《堯典》的編者，即便深受遠古以來的神話傳説影響，錯糅了不同來源的材料，甚至可能扭曲原有傳説意義，以成爲一個貌似圓融的天文體系時，其所陳述的重心便不再是單純表述神話的事實（史實）。但就如同吾人研究歷代經學流變一樣，除了考察經文的原貌外，更可留心經學家如何重新詮釋或合理化遠古傳説，其所欲呈現之意圖與思想理路何在？準此，諸家説解并不宜用是非論斷，只是詮釋省察允當與否耳。無論是藉用古書天文紀録，結合今世的知識來考訂著成時代；或利用神話與民族學的理論來深索文獻背後更爲原始的痕跡，求的是史實之真。而或云省察天心、或言治法之要，或只是正曆授時之事，則都是爲了解釋經句的用。無論是較早的《尚書大傳》《史記》，或是朱熹以降的經説，大抵以律曆時則爲本。《論語》盛稱“惟天爲大，惟堯則之”。設使《堯典》在禪讓前惟一

---

① 《今文尚書考證》，北京，中華書局 1989 年版，第 16 頁。

② 《漢書》，臺北，鼎文書局 1991 年影印版，第 731 頁。

③ 黄啓書：《〈尚書·堯典〉“納于大麓”試詮》，《臺大中文學報》第 47 期，臺北，臺灣大學中國文學系，2014 年 12 月，第 22 頁。

④ 王國維：《古史新證：王國維最後的講義》（北京，清華大學出版社 1984 年版，第 2 頁）云：“疑古之過，乃并堯、舜、禹之人物而亦疑之，其於懷疑之態度及批評之精神不無可取，然惜于古史材料未嘗爲充分之處理也。”楊希枚：《先秦文化史論集》（北京，中國社會科學 1995 年版，第 784—853 頁）《再論堯舜禪讓傳説》亦批評近代中外學者對禪讓傳説之紛歧解釋，其治學方法，或失之疏忽；或未考史料，以偏概全；或套用其他學科理論，任意比附，而致主觀臆測多於本位史料之證明。

的政務并非文獻不足徵，而是作者刻意爲之。那麼解答的線索，就宜順著兩漢經史與諸子對於天學的討論，才能够找到既近古、又致用的解釋。

（作者簡介：黄啓書，臺灣大學中國文學系副教授）

A Study on the interpretations of the section about "Observing the sun moving in four directions" in the "Canon of Yao", *Book of Documents*

Huang, Chi-shu

Abstract: The story about the Demise of Yao and Shun was written in the "Canon of Yao", Book of Documents.But there is the section about "Observing the sun moving in four directions" before the story.This content was similar to the monthly regulations in the literatures of the pre - Qin and Han dynasties. "Canon of Yao" is a recount of ancient history, not recording at the time but the Warring States period of the Eastern Zhou dynasties.We should not think of these astronomical records as Yao's period. On the other hand, we should not think that these ideas must appear until the Warring States. This article mainly discusses the various interpretations of this section from many scholars at different period.This paper discuss various interpretations of this section and seeks to provide a more appropriate explanation.Hoping to use this result as the basis for the future study of the thought in Han Dynasty.

Keywords: *Book of Documents* (*Shang Shu*) ; Canon of Yao (Yao Dian) ; Astronomy; Confucian classics; Treatises on Astronomy

（本文責任編校：程水金 閆 寧）

王弼與朱熹對於傳統解《易》條例的運用特色及其歧異

——以"承"、"乘"、"比"、"應" 爲觀察核心

林保全

摘　要:"承"、"乘"、"比"、"應" 是解《易》的重要條例，但是由於這種傳統的解《易》條例，早已出現在《易》傳之中，對於後世注解《周易》的學者而言，并非其獨創的原則與方法，甚至多半只是拿來作爲注釋《周易》的既有條例而已，導致現代的研究者也很少注意到這些解《易》條例。其實在個别的注《易》學者之中，也會有不同的運用原則與特色。如果以注釋《易》學兩大家的王弼與朱熹作爲對照，就會更加明顯。因此，本論文嘗試以傳統解《易》條例的"承"、"乘"、"比"、"應" 作爲觀察核心，藉由王弼《周易注》與朱熹《周易本義》的對比分析，試圖尋繹出兩人在傳統解《易》條例中，如何開出自己所獨具的特色，并深入分析兩人在運用的過程中有何歧異之處。

關鍵詞:王弼　朱熹　周易注　周易本義　承乘比應

一、前言

"承"、"乘"、"比"、"應" 是解《易》的重要條例，四者共通的原理是以陰爻、陽爻兩者，藉由其異質或同質的關係，用來詮釋卦、爻辭的解《易》條例。大致而言，"承"、"乘"、"比" 三例，是以鄰近的爻位關係作爲原則，故六爻之中除了初爻唯有 "承" 例、上爻唯有 "乘" 例可言之外，餘四爻之於上下兩爻之間，皆各有 "承"、"乘"、"比" 的關係。因此即使有下卦或上卦之分，但却可不爲所限，而應例則是以下卦、上卦作爲區分，而有 "初爻 / 四爻"、"二爻 / 五爻"、"三爻 / 上爻" 的對應關係。

"承"、"乘"、"比"、"應" 作爲解《易》條例，在《易傳》中就已經出現了，同時也是歷來學者解《易》時常見的運用條例，然而由於研究的角度不同，或者重視的焦點往往集中在解《易》學者本身的經學或義理詮釋，反而很少有機會可以單一聚焦在這四種傳統解《易》條例之上。然而，這四種解《易》條例，雖然具有一定的原則與限制，可是在具體的運用過程中，往往會隨著解《易》者本人潛在思維的不同或偏好的歧異，導致運用承、乘、比、應條例的情況會有顯著的差異，只是這四種解《易》條例并没有

單獨作爲一種觀察的對象，以至於這種潛在的思維與偏好的傾向無法具體的呈現出來。

有鑒於此，本論文嘗試藉由《易》學的兩大重要代表，也就是以王弼（226—249）《周易注》以及朱熹（1130—1200）《周易本義》爲例，觀察兩人對於承、乘、比、應條例的運用情況，進而説明兩人在運用四種傳統解《易》條例時，究竟有何特色，而其歧異之處又爲何。

二、《周易注》《周易本義》承、乘、比、應的運用情況

（一）承例

王弼的《周易注》與朱熹的《周易本義》都運用到了這四種條例，但彼此的運用情況却有顯著的差異。以下分別就兩書中的四種條例，依序進行統計與分析。

1.《周易注》承例運用情況

首先就王弼運用承例的情況，先逐條進行整理如下：

〔表 2-1-1〕王弼《周易注》“承”例運用分布情况一覽表

爻位＼上經		上經						爻位＼下經		下經					
NO.	卦名	初	二	三	四	五	上	NO.	卦名	初	二	三	四	五	上
10	履				★			35	晋				★		
12	否			★				40	解			★			★
14	大有				★			41	損			★			★
15	謙			★	★			44	姤	★					
16	豫			★				45	革	★					
18	蠱	★				★		51	震		★				
21	噬嗑			★				54	歸妹	★					★
27	頤		★					56	旅		★			★	
29	坎				★			57	巽				★		
								60	節				★		
								61	中孚			★	★		
								63	既濟		★				
小計 11		1	1	4	4	1	0	小計 17		3	3	3	4	1	3

上表爲王弼各卦各爻中運用承例的分布統計，以下再根據上述分布情況重新製成下表的比例數據：

〔表 2-1-2〕王弼《周易注》“承”例運用情况統計表

	各爻承例	占 384 爻全爻比例	各卦承例／次	卦次	占 64 卦總比例
初爻	4	1.04%	1 次	14	21.87%
二爻	4	1.04%	2 次	7	10.93%
三爻	7	1.82%	3 次	0	0
四爻	8	2.08%	4 次	0	0
五爻	2	0.52%	5 次	0	0
上爻	3	0.78%	6 次	0	0
			0 次	43	67.18%
總計	28	7.29%		21	32.81%

最後再根據上面相關資料製成分析圖：

〔表 2-1-3〕王弼《周易注》“承”例運用情況分布圖

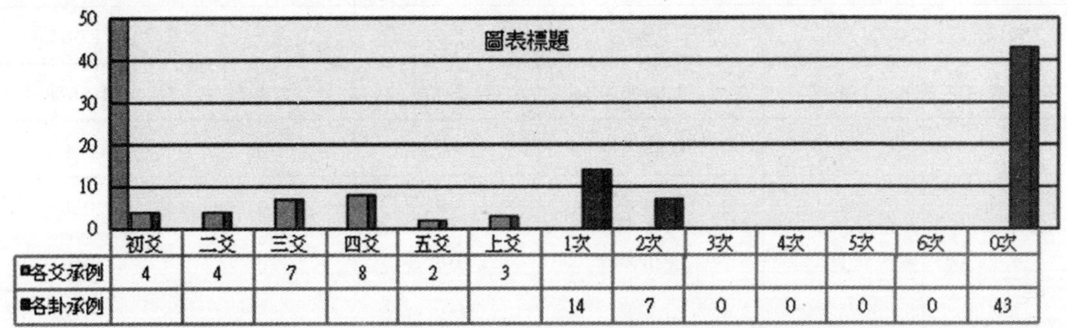

從上面的相關圖表分析，王弼運用承例次數最多的爻位分別爲四爻的 8 次，占 384 爻的 2.08%；其次則爲三爻的 7 次，占 1.82%；而初爻、二爻居次，皆爲 4 次，占 1.04%。至於上爻、五爻居末，分别爲 3 次、2 次，占 0.78%、0.52%。

其次，若從各卦運用次數來看，使用 1 次承例的次數最高，共有 14 卦，占 64 卦的 21.87%；其次則是 2 次的有 7 卦，占 10.93%；而使用 3 次以上的都是 0 卦。至於 1 次皆未使用承例的有 43 卦，占全卦的 67.18%，而至少使用 1 次的共有 21 卦，占全卦的 32.81%。

藉由上述的數據與圖表進行初步的分析，可以知道王弼在運用承例時，是習慣在四爻與三爻兩者之間使用，至於五爻及上爻則是最少使用。再者，至少使用 1 次乘例的較多，約占 21 卦次，而使用 0 次承例的共占 43 卦次，兩者比例大約是 32.81% 比 67.18%，也就是 3∶7 左右。

2.《周易本義》承例運用情況

再以同樣的方式先將朱熹《周易本義》的承例運用，逐條整理如下：

〔表 2-1-4〕朱熹《周易本義》“承”例運用分布情況一覽表

上經 / 爻位		上經						下經 / 爻位		下經					
NO.	卦名	初	二	三	四	五	上	NO.	卦名	初	二	三	四	五	上
8	比			★				50	鼎			★			
9	小畜		★					54	歸妹		★				
12	否		★					57	巽				★		
18	蠱		★			★		58	兑				★		
								59	渙				★		
								60	節				★		
小計 5		0	3	1	0	1	0	小計 6		0	1	1	4	0	0

上表爲朱熹各卦各爻中運用承例的分布統計，以下再根據上述分布情況重新製成下表的比例數據：

〔表 2-1-5〕朱熹《周易本義》"承"例運用情況統計表

	各爻承例 /	占 384 爻全爻比例	各卦承例 / 次	卦次	占 64 卦總比例
初爻	0	0%	1 次	9	14.06%
二爻	4	1.04%	2 次	1	1.56%
三爻	2	0.52%	3 次	0	0%
四爻	4	1.04%	4 次	0	0%
五爻	1	0.26%	5 次	0	0%
上爻	0	0%	6 次	0	0%
			0 次	54	84.37%
總計	11	2.86%		10	15.62%

最後再根據上面相關資料製成分析圖：

〔表 2-1-6〕朱熹《周易本義》"承"例運用情況分布圖

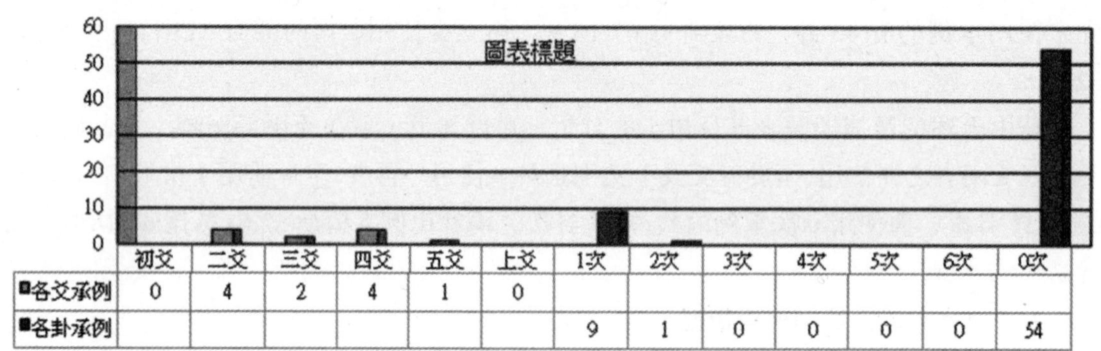

從上面的相關圖表分析，朱熹運用承例次數最多的爻位分別是二、四爻的 4 次，占 384 爻的 1.04%；其次則爲三爻的 2 次，占 0.52%；五爻的 1 次，占 0.26%。至於初爻、上爻皆爲 0 次。

其次，若從各卦的運用次數來看，使用 1 次承例的次數最高，共有 9 卦，占 64 卦的 14.06%；其次則是 2 次的有 1 卦，占 1.56%；而使用 3 次以上的都是 0 卦。至於 1 次皆未使用承例的有 54 卦，占全卦的 84.37%，而至少使用 1 次的共有 10 卦，占全卦的 15.62%。

藉由上述的數據與圖表進行初步的分析，可以知道朱熹在運用承例時，是習慣在二爻與四爻兩者之間使用，至於初爻及上爻則是完全没有使用。再者，至少使用 1 次承例的較多，占 10 卦次，而使用 0 次承例的共占 54 卦次，兩者比例大約是 15.62% 比 84.37%，約略就是 2 : 8。

（二）乘例

1.《周易注》乘例運用情況

首先就王弼運用乘例的情況，先逐條進行整理如下：

〔表 2-2-1〕王弼《周易注》“乘”例運用分布情況一覽表

爻位 上經		上經						爻位 下經		下經					
NO.	卦名	初	二	三	四	五	上	NO.	卦名	初	二	三	四	五	上
7	師			★				31	咸		★				
9	小畜				★			34	大壯					★	
10	履			★				35	晉				★		
14	大有			★			★	38	睽			★			
15	謙						★	39	蹇				★		
16	豫					★		40	解			★			★
17	隨		★	★				41	損						★
21	噬嗑		★	★		★		44	姤	★		★			
25	无妄				★			45	萃				★	★	★
30	離					★		47	困			★			★
								50	鼎		★				
								51	震		★	★		★	
								53	漸				★		
								56	旅					★	
								57	巽			★	★		
								60	節			★			
小計 14		0	2	5	2	3	2	小計 24		1	3	7	5	4	4

上表爲王弼各卦各爻中運用乘例的分布統計，以下再根據上述分布情況重新製成下表的比例數據：

〔表 2-2-2〕王弼《周易注》“乘”例運用情況統計表

	各爻乘例 /	占 384 爻全爻比例	各卦乘例 / 次	卦次	占 64 卦總比例
初爻	1	0.26%	1 次	17	26.56%
二爻	5	1.30%	2 次	6	9.37%
三爻	12	3.12%	3 次	3	4.68%
四爻	7	1.82%	4 次	0	0
五爻	7	1.82%	5 次	0	0
上爻	6	1.56%	6 次	0	0
			0 次	38	59.37%
總計	38	9.85%		26	40.62%

最後再根據上面相關資料製成分析圖：

〔表 2-2-3〕王弼《周易注》“乘”例運用情況分布圖

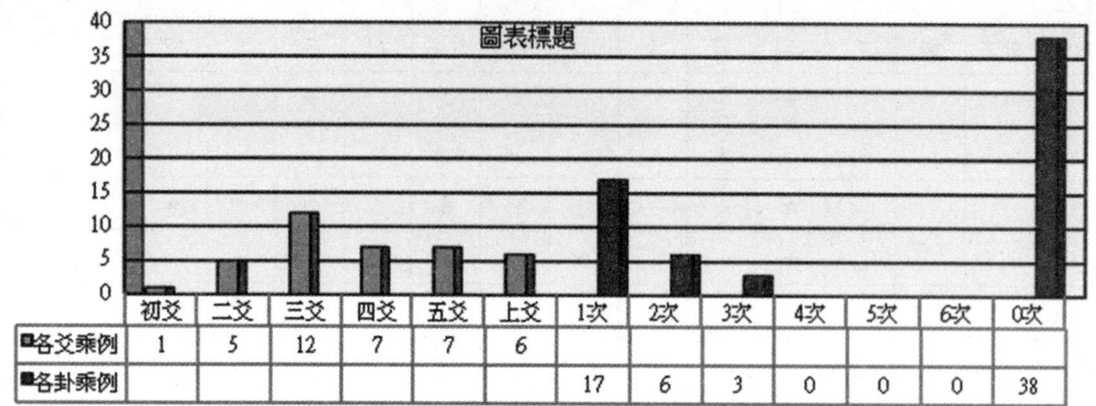

從上面各表及數據分析，王弼運用乘例次數最高的爻位是三爻的 12 次，約占 384 爻的 3.12%；其次則是四爻、五爻，都是 7 次，占 1.82%；再其次則分别是上爻、二爻的 6 次與 5 次，分别占 1.56%、1.30%；而初爻則是居末，只有 1 次，占 0.26%。

再從各卦運用次數來看，使用 1 次的比例最高，將近有 17 卦，占 64 卦的 26.56%；而使用 2 次的則有 6 卦，占 9.37%；3 次的有 3 卦，占 4.68%；至少運用 1 次的合計 26 卦，占 40.62%；1 次皆未曾運用的共 38 卦，占 59.37%。

由上述的數據分析，王弼最習慣運用乘例的爻位是第三爻，而四、五爻則是其次，初爻則是運用最少。至少使用 1 次乘例的占 26 卦，與 1 次皆未使用的 38 卦，大約 40.62% 比 59.37%，約略是 4：6。

2.《周易本義》乘例運用情況

首先就朱熹《周易本義》運用乘例的情況，先逐條進行整理如下：

〔表 2-2-4〕朱熹《周易本義》“乘”例運用分布情況一覽表

上經 / 爻位		上經						下經 / 爻位		下經					
NO.	卦名	初	二	三	四	五	上	NO.	卦名	初	二	三	四	五	上
3	屯		★					43	夬						★
8	比			★				47	困					★	
16	豫					★		51	震		★				
21	噬嗑		★					53	漸				★		
								54	歸妹			★		★	
								57	巽				★		
								64	未濟			★			
小計 4		0	2	1	0	1	0	小計 8		0	1	2	2	2	1

上表爲各卦各爻中運用乘例的分布統計，以下再根據上述分布情況重新製成下表的比例數據：

〔表 2-2-5〕朱熹《周易本義》"乘"例運用情況統計表

	各爻承例 /	占 384 爻全爻比例	各卦承例 / 次	卦次	占 64 卦總比例
初爻	0	0%	1 次	10	15.62%
二爻	3	0.78%	2 次	1	1.56%
三爻	3	0.78%	3 次	0	0%
四爻	2	0.52%	4 次	0	0%
五爻	3	0.78%	5 次	0	0%
上爻	1	0.26%	6 次	0	0%
			0 次	53	82.81%
總計	12	3.12%		11	17.18%

最後再根據上面相關資料製成分析圖：

〔表 2-2-6〕朱熹《周易本義》"乘"例運用情況分布圖

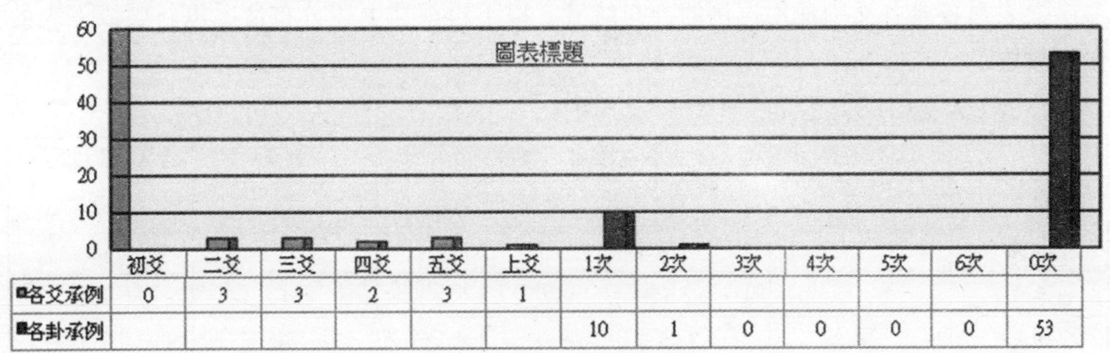

從上面各表及數據分析，朱熹運用乘例次數最高的爻位是二、三、五爻的 3 次，占 384 爻的 0.78%；其次則是四爻的 2 次，占 0.52%；再其次則是上爻的 1 次，占 0.26%；最後則是初爻的 0 次。

再從各卦運用次數來看，使用 1 次的比例最高，將近有 10 卦，占 64 卦的 15.62%；而使用 2 次的則有 1 卦，占 1.56%；3 次以上的 0 卦；而 1 次皆未曾運用的共 53 卦，占 82.81%。

由上述的數據分析，朱熹最習慣運用乘例的爻位是二、三、五爻，其次則是四、上爻，初爻則完全沒有使用。至少使用 1 次乘例的占 11 卦，與 1 次皆未使用的 53 卦，大約 17.18% 比 82.81%，約略 2∶8。

（三）比例

1.《周易注》比例運用情况

首先就王弼《周易注》運用比例的情況，先逐條進行整理如下：

〔表 2-3-1〕王弼《周易注》"比"例運用分布情況一覽表

爻位 \ 上經		上經						爻位 \ 下經		下經					
NO.	卦名	初	二	三	四	五	上	NO.	卦名	初	二	三	四	五	上
3	屯				★		★	38	睽			★	★	★	
7	師			★				40	解				★		
8	比			★	★			45	萃			★			
9	小畜				★			47	困			★			
13	同人			★				58	兑					★	
14	大有				★			61	中孚			★			
20	觀			★				63	既濟		★				
22	賁		★	★				64	未濟			★			
24	復		★												
25	无妄				★										
27	頤					★									
29	坎				★										
小計 15		0	2	5	6	1	1	小計 10		0	1	5	2	2	0

上表爲各卦各爻中運用比例的分布統計，以下再根據上述分布情況重新製成下表的比例數據：

〔表 2-3-2〕王弼《周易注》"比"例運用情况統計表

	各爻比例 /	占 384 爻全爻比例	各卦比例 / 次	卦次	占 64 卦總比例
初爻	0	0%	1 次	16	25%
二爻	3	0.78%	2 次	3	4.68%
三爻	10	2.6%	3 次	1	1.56%
四爻	8	2.08%	4 次	0	0
五爻	3	0.78%	5 次	0	0
上爻	1	0.26%	6 次	0	0
			0 次	44	68.75%
總計	25	6.51%		20	31.25%

以下再根據上表製成分析表：

〔表 2-3-3〕王弼《周易注》"比"例運用情况分布圖

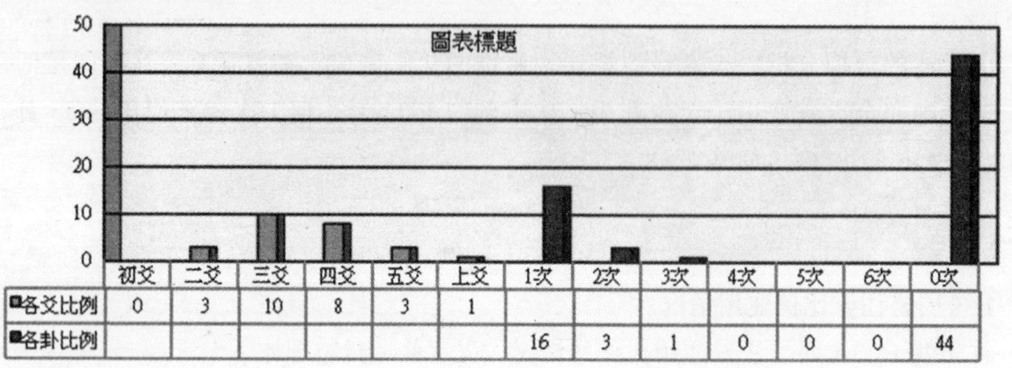

從上面各表及其所呈現的數據來看，王弼運用比例次數最多的是三爻，計有 10 次，約占 384 爻的 2.6%；其次則是四爻的 8 次，占 2.08%；再其次則爲二、五爻的 3 次，占 0.78%；上爻、初爻最少，分别爲 1 次與 0 次，前者占 0.26%。

再從各卦運用次數來看，使用 1 次的比例最高，將近有 16 卦，約占 64 卦的 25%；使用 2 次的有 3 卦，占 4.68%；使用 3 次的有 1 卦，占 1.56%；1 次皆未運用的有 44 卦，占 68.75%。

由上述的數據分析，王弼運用比例最高的是在第三爻，其次則是第四爻，最少使用的是上爻與初爻。至少運用比例 1 次的有 20 卦，與 1 次皆未使用的 44 卦，兩者大約是 31.25%比 68.75%，大約是 3∶7。

2.《周易本義》比例運用情況

首先就朱熹《周易本義》運用比例的情況，先逐條進行整理如下：

〔表 2-3-4〕朱熹《周易本義》“比”例運用分布情况一覽表

上經 / 爻位		上經						下經 / 爻位		下經					
NO.	卦名	初	二	三	四	五	上	NO.	卦名	初	二	三	四	五	上
8	比		★		★	★	★	33	遯			★			
28	大過		★			★		43	夬					★	
								45	萃				★		
								48	井		★				
								58	兑				★		
小計 6		0	2	0	1	2	1	小計 5		0	1	1	2	1	0

上表爲各卦各爻中運用比例的分布統計，以下再根據上述分布情况重新製成下表的比例數據：

〔表 2-3-5〕朱熹《周易本義》“比”例運用情况統計表

	各爻承例 /	占 384 爻全爻比例	各卦承例 / 次	卦次	占 64 卦總比例
初爻	0	0%	1 次	5	7.81%
二爻	3	0.78%	2 次	1	1.56%
三爻	1	0.26%	3 次	0	0%
四爻	3	0.78%	4 次	1	1.56%
五爻	3	0.78%	5 次	0	0%
上爻	1	0.26%	6 次	0	0%
			0 次	57	89.06%
總計	11	2.86%		7	10.93%

最後再根據上面相關資料製成分析圖：

〔表 2-3-6〕朱熹《周易本義》“比”例運用情况分布圖

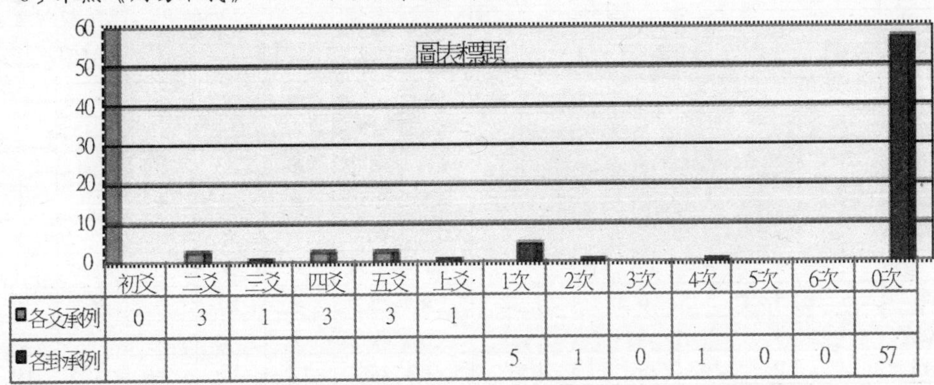

從上面各表及其所呈現的數據來看，朱熹運用比例次數最多的是二、四、五爻的 3 次，占 384 爻的 0.78%；其次則是三、上爻的 1 次，占 0.26%；初爻則爲 0 次。

再從各卦運用次數來看，使用 1 次的比例最高，將近有 5 卦，約占 64 卦的 7.81%；使用 2 次及 4 次的都各有 1 卦，占 1.56%；1 次皆未運用的有 57 卦，占 89.06%。

藉由上述的數據分析，朱熹運用比例最高的是在二、四、五爻，其次則是三、上爻，初爻則完没有使用。至少運用比例 1 次的有 7 卦，與 1 次皆未使用的 57 卦，兩者大約是 10.93%比 89.06%，約略就是 1 : 9。

（四）應例

1.《周易注》應例運用情況

首先就王弼《周易注》運用應例的情况，先逐條進行整理如下：

〔表 2-4-1〕王弼《周易注》“應”例運用分布情况一覽表

上經 爻位		上經						下經 爻位		下經					
NO.	卦名	初	二	三	四	五	上	NO.	卦名	初	二	三	四	五	上
3	屯		★	★		★		31	咸				★		
5	需						★	32	恒					★	
6	訟	★		★				33	遯				★	★	☆
7	師		★	☆	☆			34	大壯						★
8	比	☆	★	☆		★		35	晉	★	☆				
9	小畜	★						37	家人		★			★	
10	履						★	38	睽	☆	★	★	☆	★	★
11	泰	★		★		★		39	蹇		★		☆		★
12	否				★			40	解		★		☆	★	☆
13	同人	☆	★	☆				41	損			★			
14	大有					★		42	益		★		★	★	
15	謙						☆	43	夬			★			
16	豫	★						44	姤	★		☆		☆	
17	隨	☆		☆				45	萃	★		☆			☆
18	蠱			☆	☆			46	升	☆	★			★	
19	臨	★			★			47	困	★	☆	☆	★		☆
20	觀		★					48	井	☆	☆	★	☆		
22	賁		☆		★			49	革		★		☆		
23	剥			★				50	鼎			☆	★		☆
24	復				★			51	震		☆			☆	
27	頤		☆		★	☆		53	漸	☆	★			★	
28	大過		☆	★	★			54	歸妹				☆		☆
29	坎	☆	☆					55	豐			★			
30	離				☆			58	兑	☆					
								59	渙		☆				
								61	中孚	★			★		
								62	小過	★		★			
								63	既濟		★				
								64	未濟	★	★				
★正應		5	5	5	6	4	2	★正應		7	10	6	6	8	3
☆失應		4	4	5	3	1	1	☆失應		5	5	4	6	2	6
小計 45		9	9	10	9	5	3	小計 68		12	15	10	12	10	9

以下再根據各爻正應、失應情況進行統計後製成圖表：

〔表 2-4-2〕王弼《周易注》各爻“正應”、“失應”運用情況統計表

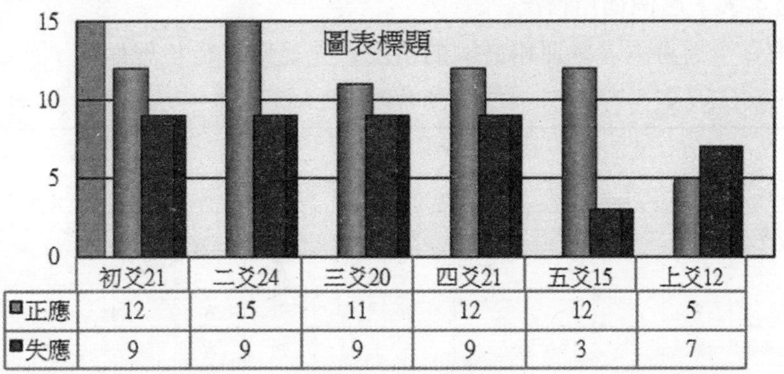

上表爲各卦各爻中運用應例的正應、失應分布統計，以下再根據上述兩種資料的分布情況重新製成下表的比例數據：

〔表 2-4-3〕王弼《周易注》各爻“應”例運用比例一覽表

	各爻應例／	占 384 爻全爻比例	上下應例次數合計比例		正應	失應	各卦應例／次	卦次	占 64 卦總比例
初爻	21	5.46%	初／四次	42%	12	9	1 次	20	31.25%
二爻	24	6.25%			15	9	2 次	14	21.87%
三爻	20	5.20%	二／五次	39%	11	9	3 次	14	21.87%
四爻	21	5.46%			12	9	4 次	3	4.68%
五爻	15	3.90%	三／上次	32%	12	3	5 次	1	1.56%
上爻	12	3.12%			5	7	6 次	1	1.56%
							0 次	11	17.18%
總計	113	29.42%			67	46		53	82.81%

最後再根據上表製成分析表：

〔表 2-4-4〕王弼《周易注》“應”例運用情況分布圖

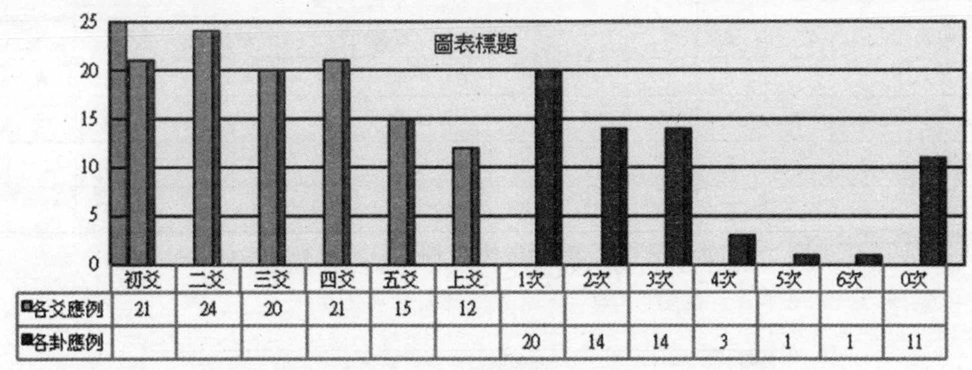

從上面各表及其所呈現的數據來看，王弼運用應例次數最多的是二爻共 24 次，占 384 爻的 6.25%；其次則是初爻、四爻，皆爲 21 次，占 5.46%；再其次爲三爻的 20 次，占 5.20%；最少的則是五爻、上爻，分別爲 15 次及 12 次，占 3.90%、3.12%。

再從各卦運用次數來看，運用 1 次的有 20 卦，占 64 卦的 31.25%；使用 2、3 次的都是 14 卦，占 21.87%；使用 4 次的有 3 卦，占 4.68%；使用 5、6 次的各有 1 次，占 1.56%；1 次都没運用的有 11 卦，占 17.18%。

藉由上述的數據分析，王弼運用應例比例最高的爻位是二爻，其次則是初、四、三爻，

最少的是五爻及上爻。至少使用 1 次應例的有 53 卦，與 1 次皆未使用的 11 卦，兩者比例是 82.81% 比 17.18%，大約是 8∶2。

2.《周易本義》應例運用情況

首先就朱熹《周易本義》運用應例的情況，先逐條進行整理如下：

〔表 2-4-5〕朱熹《周易本義》"應"例運用分布情況一覽表

經 / 爻								經 / 爻							
卦序	卦名	初	二	三	四	五	上	卦序	卦名	初	二	三	四	五	上
3	屯	★	★	☆	★	★	☆	38	睽	☆	★	★	☆	★	
4	蒙				☆	★		39	蹇		★				
7	師		★					40	解	★			★		
8	比		★	☆				41	損	★					
9	小畜		★	☆				43	夬			★			
10	履		☆			★		44	姤			☆	★		
11	泰		★			★		45	萃	★	★	☆			
13	同人	☆	★	☆	☆	★	☆	47	困				★		
14	大有	☆	★			★		48	井		☆				
17	隨		★	☆		★		49	革		★				
18	蠱		★					50	鼎	★		★	★	★	
19	臨				★	★		53	漸	☆	★			★	
22	賁		☆					54	歸妹		★		☆	★	☆
24	復				★			55	豐		★	★			
25	无妄				☆	★		56	旅				★		
27	頤	★			★			57	巽				☆		
28	大過				★			58	兑	☆					
32	恒	★				★		59	渙				☆		
33	遯				★	★	☆	61	中孚			★	★		
35	晉	★	☆					62	小過	★					
36	明夷			★				63	既濟		★				
37	家人					★		64	未濟		★			★	
★正應		4	9	1	6	12	0	★正應		5	9	5	6	5	0
☆失應		2	3	5	3	0	3	☆失應		3	1	2	4	0	1
小計 48		6	12	6	9	12	3	小計 41		8	10	7	10	5	1

以下再根據各爻正應、失應情況進行統計後製成圖表：

〔表 2-4-6〕朱熹《周易本義》各爻"正應"、"失應"運用情況統計表

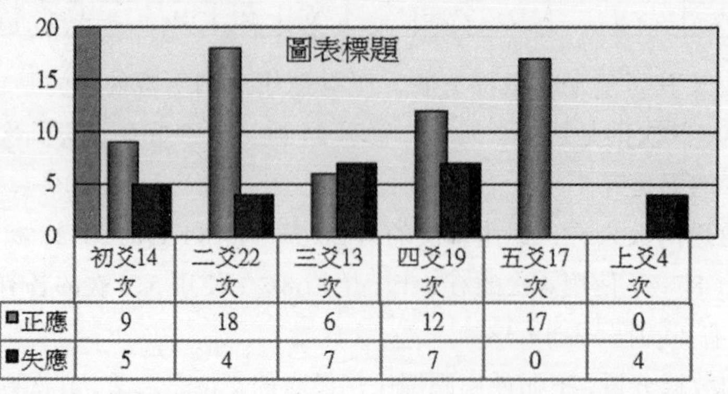

	初爻14次	二爻22次	三爻13次	四爻19次	五爻17次	上爻4次
正應	9	18	6	12	17	0
失應	5	4	7	7	0	4

上表爲各卦各爻中運用應例的正應、失應分布統計，以下再根據上述兩種資料的分布情況重新製成下表的比例數據：

〔表 2-4-7〕、朱熹《周易本義》各爻"應"例運用比例一覽表

	各爻應例 /	占 384 爻全爻比例	上下應例次數合計比例		正應	失應	各卦應例 / 次	卦次	占 64 卦總比例
初爻	14	3.64%	初 / 四	8.59%	9	5	1 次	19	29.68%
二爻	22	5.72%	33 次		18	4	2 次	15	23.43%
三爻	13	3.38%	二 / 五	10.15%	6	7	3 次	5	7.81%
四爻	19	4.94%	39 次		12	7	4 次	2	3.12%
五爻	17	4.42%	三 / 上	4.42%	17	0	5 次	1	1.56%
上爻	4	1.04%	17 次		0	4	6 次	2	3.12%
							0 次	20	31.25%
總計	89	23.17%	89		62	27		44	68.75%

最後再根據上表製成分析表：

〔表 2-4-8〕朱熹《周易本義》"應"例運用情況分布圖

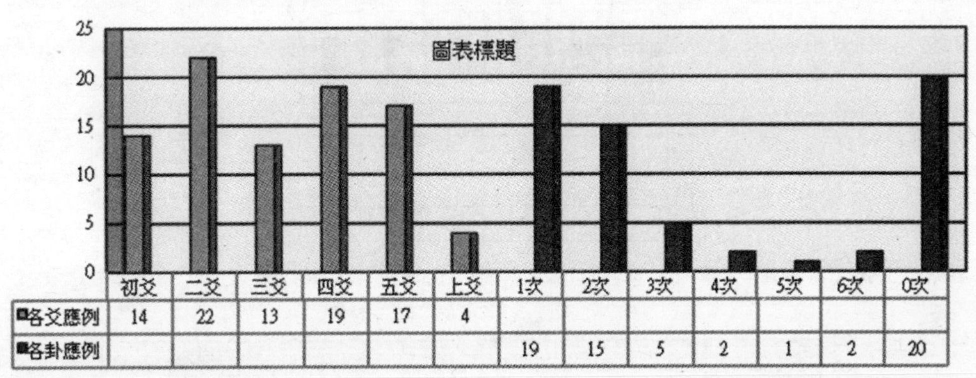

從上面各表及其所呈現的數據來看，朱熹運用應例次數最多的是二爻共 22 次，占 384 爻的 5.72%；其次則是四、五、三爻，分别 19、17、13 次，占 4.94%、4.42%、3.38%；最少的則是上爻的 4 次，占 1.04%。

再從各卦運用次數來看，運用 1 次的有 19 卦，占 64 卦的 29.68%；使用 2 次的有 15 卦，占 23.43%；使用 3 次的有 5 卦，占 7.81%；使用 4 次與 6 次的各有 2 卦，占 3.12%；使用 5 次的有 1 卦，占 1.56%；1 次皆未運用的有 20 卦，占 31.25%。

藉由上述的數據分析，朱熹運用應例比例最高的爻位是二爻，其次則是四、五、初、三爻，最少的是上爻。至少使用 1 次應例的有 44 卦，與 1 次皆未使用的 20 卦，兩者比例是 68.75% 比 31.25%，大約是 7∶3。

三、王弼、朱熹運用"承"、"乘"、"比"、"應"的特色與歧異

初步處理完王弼《周易注》與朱熹《周易本義》兩書中，對於"承"、"乘"、"比"、"應"四種傳統條例的統計之後，接下來就要進行綜合的比較分析。

（一）“承”、“乘”、“比”、“應”條例運用的偏好與傾向分析

首先要分析的是王弼與朱熹兩人，對於四種條例運用的偏好與傾向，以下先將王弼所使用的四種條例，按照六爻的順序依序整理如下：

〔表 3-1-1〕王弼《周易注》“承”、“乘”、“比”、“應”例運用情況統計表

	各爻承例	各爻乘例	各爻比例	各爻應例
初爻	4 / 1.04%	1 / 0.26%	0 / 0%	21 / 5.46%
二爻	4 / 1.04%	5 / 1.30%	3 / 0.78%	24 / 6.25%
三爻	7 / 1.82%	12 / 3.12%	10 / 2.6%	20 / 5.2%
四爻	8 / 2.08%	7 / 1.82%	8 / 2.08%	21 / 5.46%
五爻	2 / 0.52%	7 / 1.82%	3 / 0.78%	15 / 3.9%
上爻	3 / 0.78%	6 / 1.56%	1 / 0.26%	12 / 3.12%
總計	28 / 7.29%	38 / 9.85%	25 / 6.51%	113 / 29.42%

〔表 3-1-2〕王弼《周易注》“承”、“乘”、“比”、“應”例運用情況分布圖

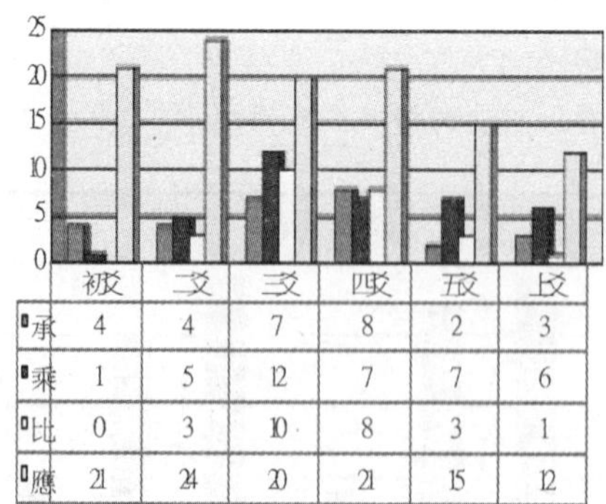

〔表 3-1-3〕王弼《周易注》“承”、“乘”、“比”、“應”例運用總次數分析表

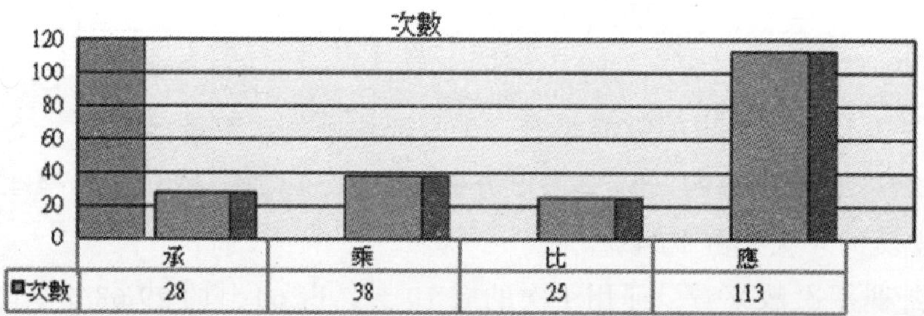

接下來再將朱熹所使用的四種條例，按照六爻的順序依序整理如下：

〔表 3-1-4〕朱熹《周易本義》“承”、“乘”、“比”、“應”例運用情況統計表

	承例	各爻乘例	各爻比例	各爻應例
初爻	0 / 0%	0 / 0%	0 / 0%	14 / 3.64%
二爻	4 / 1.04%	3 / 0.78%	3 / 0.78%	22 / 5.72%
三爻	2 / 0.52%	3 / 0.78%	1 / 0.26%	13 / 3.38%
四爻	4 / 1.04%	2 / 0.52%	3 / 0.78%	19 / 4.94%
五爻	1 / 0.26%	3 / 0.78%	3 / 0.78%	17 / 4.42%
上爻	0 / 0%	1 / 0.26%	1 / 0.26%	4 / 1.04%
總計	11 / 2.86%	12 / 3.12%	11 / 2.86%	89 / 23.17%

〔表 3-1-5〕朱熹《周易本義》“承”、“乘”、“比”、“應”例運用情況分布圖

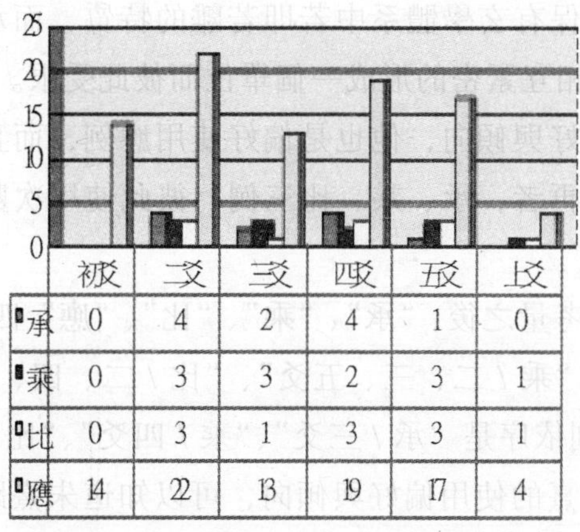

	初爻	二爻	三爻	四爻	五爻	上爻
承	0	4	2	4	1	0
乘	0	3	3	2	3	1
比	0	3	1	3	3	0
應	14	22	13	19	17	4

〔表 3-1-6〕朱熹《周易本義》“承”、“乘”、“比”、“應”例運用總次數分析表

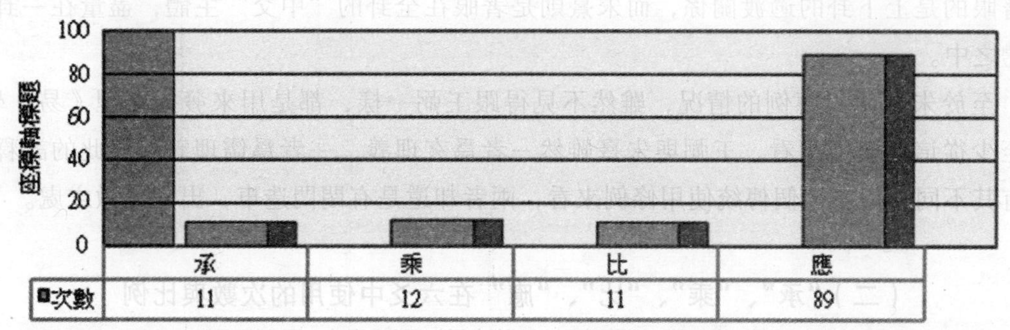

	承	乘	比	應
次數	11	12	11	89

根據上面的數據與圖表，先就王弼使用四種條例的偏好與傾向進行觀察與分析，首先在“承”、“乘”、“比”、“應”四種傳統解《易》條例中，他最偏好使用的是應例，而且遠遠超越承、乘、比三例，四者的偏好依序爲“應 ＞ 乘 ＞ 承 ＞ 比”。再者，這三例相對來説使用的總次數相當平均，而且是較爲相對的少數。

接下來再將爻位納入考量之後，“承”、“乘”、“比”、“應”四者使用次數最多的爻位，依序是“承 / 四爻”、“乘 / 三爻”、“比 / 三爻”、“應 / 二爻”；如果再考量第二順位的話，則依序是“承 / 三爻”、“乘 / 四、五爻”、“比 / 四爻”、“應 / 四爻、初爻”。

從上述的叙述來看王弼的使用偏好與傾向，可以知道王弼最喜歡使用的是應例。如果排除掉特殊的應例之後，觀察王弼使用傳統解《易》條例的主體爻位，大致上就是座落在三爻、四爻，這或許是因爲三、四爻正好是上下卦交際的邊界，同時也是從下卦之上過渡到上卦之下的過程，因此在這階段中彼此間的承、乘、比關係較爲複雜而且重要。因此在注釋的過程之中，也經常在三爻、四爻時常運用承、乘、比的解《易》條例。

這或許是因爲承、乘、比在運用之際，都必須藉由鄰近爻的關係來判定，因此反而容易受限，尤其是“承”、“乘”與“比”兩者之間的關係，又往往不容易有很明顯的區别，以致於運用時往往不容易得心應手，但是應例可以橫跨内外兩卦、上下兩體，完全不受彼此鄰近爻位的影響，運用起來顯然較承、乘、比三者所受到的限制相對來説較少。再者，

承、乘、比皆是以鄰近的爻位關係來作爲運用原則，而相對於應例是以横跨上下兩卦的特色而言，應例是比較能保有玄學體系中若即若離的特質，而承、乘、比反而由於彼此鄰近的關係，就容易彼此相互緊密的形成一個單位而彼此受限。

其次，觀察朱熹的偏好與傾向，他也是偏好使用應例，而且相對於其他三例，應例的使用也是相對來的多。再者，承、乘、比三例，彼此使用次數相近，而四者使用的偏好依序“應＞乘＞承＝比”。

接下來再將爻位納入考量之後，“承”、“乘”、“比”、“應”四者使用次數最多的爻位，依序是“承 / 二、四爻”、“乘 / 二、三、五爻”、“比 / 二、四、五爻”、“應 / 二爻”；如果再考量第二順位的話，則依序是“承 / 三爻”、“乘 / 四爻”、“比 / 三、上爻”、“應 / 四爻”。

從上述的叙述來看朱熹的使用偏好與傾向，可以知道朱熹跟王弼一樣，都是最喜歡使用應例。如果排除特殊的應例而不納入觀察，朱熹在使用傳統解《易》條例的主體爻位，是平均落在二、三、四、五爻之上，也就是扣除掉初爻、上爻之外的“中爻”，這跟王弼只落在三、四爻的現象有所不同。换言之，王弼運用承、乘、比三例時的潛在考量，所著眼的是上下卦的過渡關係，而朱熹則是著眼在全卦的“中爻”主體，盡量在一卦的主體之中。

至於朱熹使用應例的情況，雖然不見得跟王弼一樣，都是用來發揮玄理《易》學，但至少從這個角度來看，王弼與朱熹雖然一者爲玄理義，一者爲儒理義，彼此的詮釋方式有其不同，但在這個傳統使用條例來看，兩者却還是有閉門造車，出則合轍之處。

（二）“承”、“乘”、“比”、“應”在六爻中使用的次數與比例

接下來再以各爻爲單位，逐爻觀察四種條例的運用分布：

〔表 3-2-1〕王弼、朱熹各爻四種條例比較表（上卦）

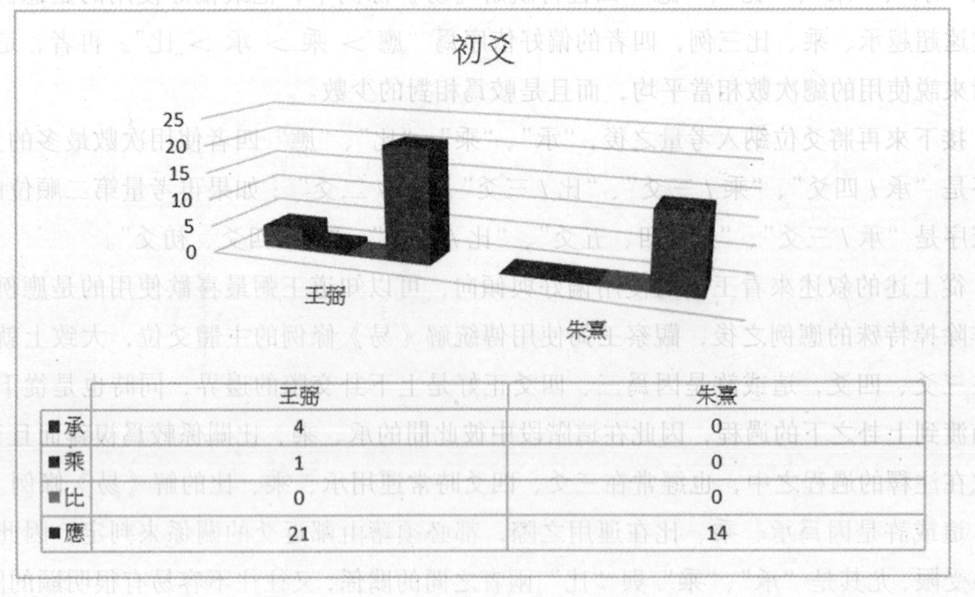

	王弼	朱熹
■承	4	0
■乘	1	0
■比	0	0
■應	21	14

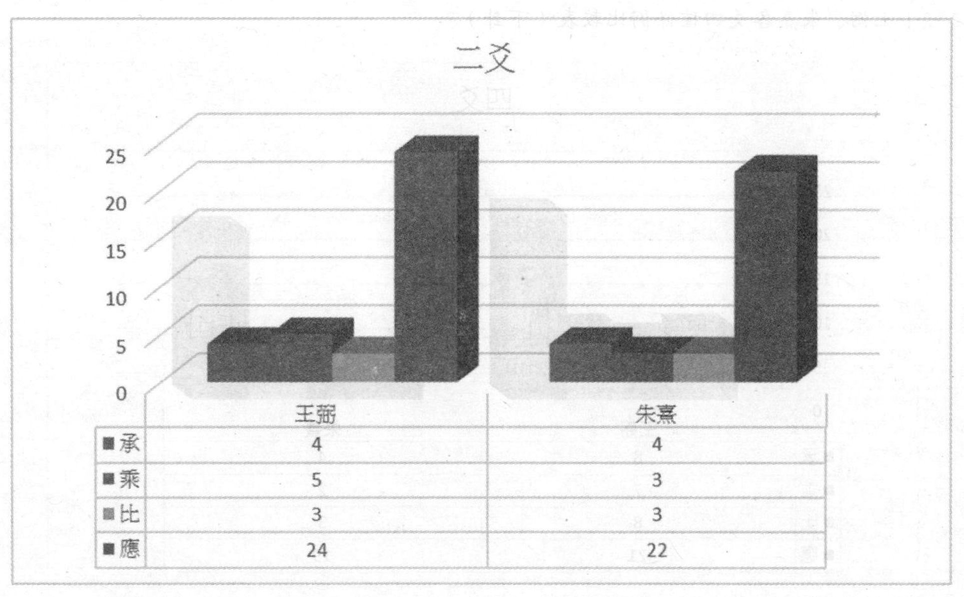

	王弼	朱熹
承	4	4
乘	5	3
比	3	3
應	24	22

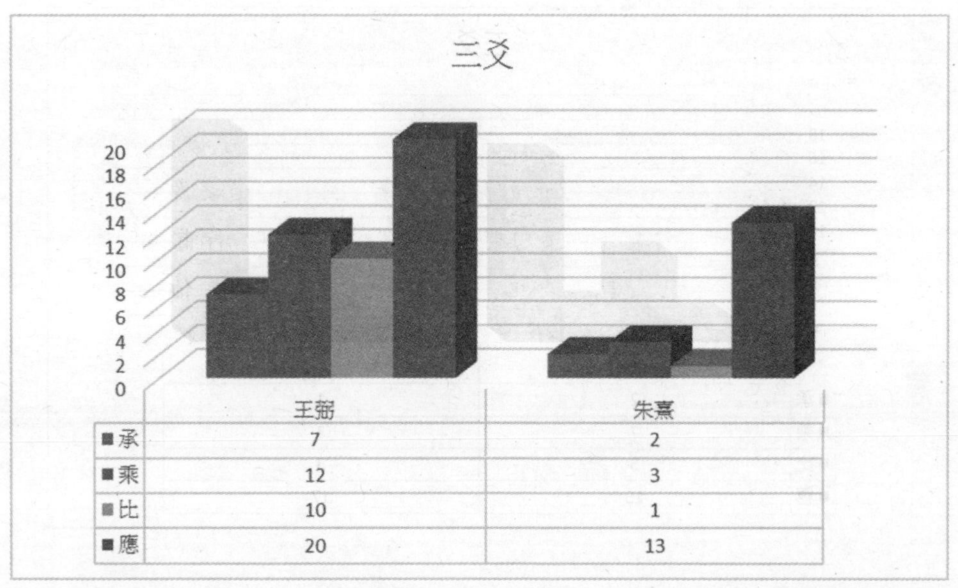

	王弼	朱熹
承	7	2
乘	12	3
比	10	1
應	20	13

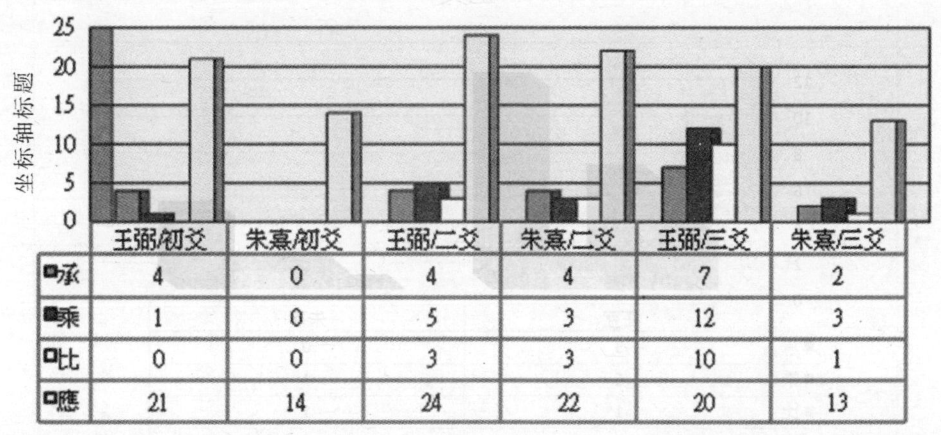

	王弼/初爻	朱熹/初爻	王弼/二爻	朱熹/二爻	王弼/三爻	朱熹/三爻
承	4	0	4	4	7	2
乘	1	0	5	3	12	3
比	0	0	3	3	10	1
應	21	14	24	22	20	13

〔表 3-2-2〕王弼、朱熹各爻四種條例比較表（下卦）

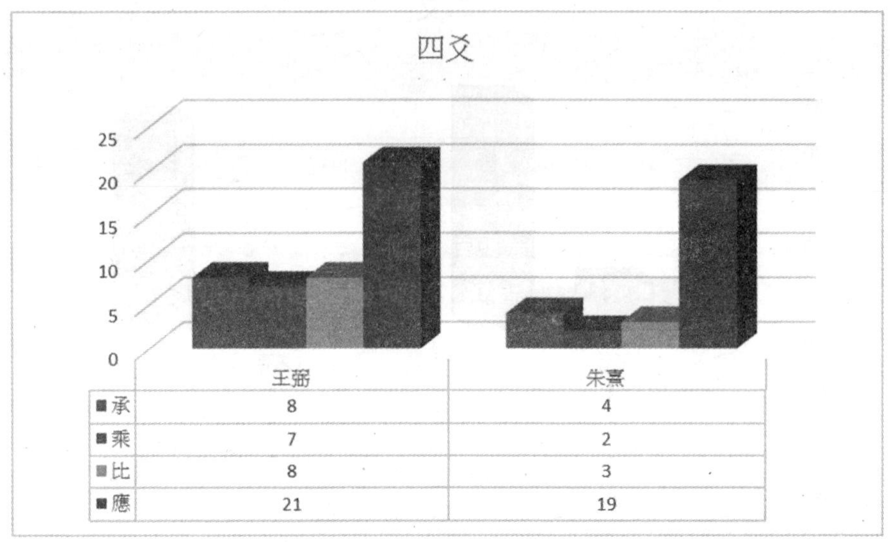

	王弼	朱熹
承	8	4
乘	7	2
比	8	3
應	21	19

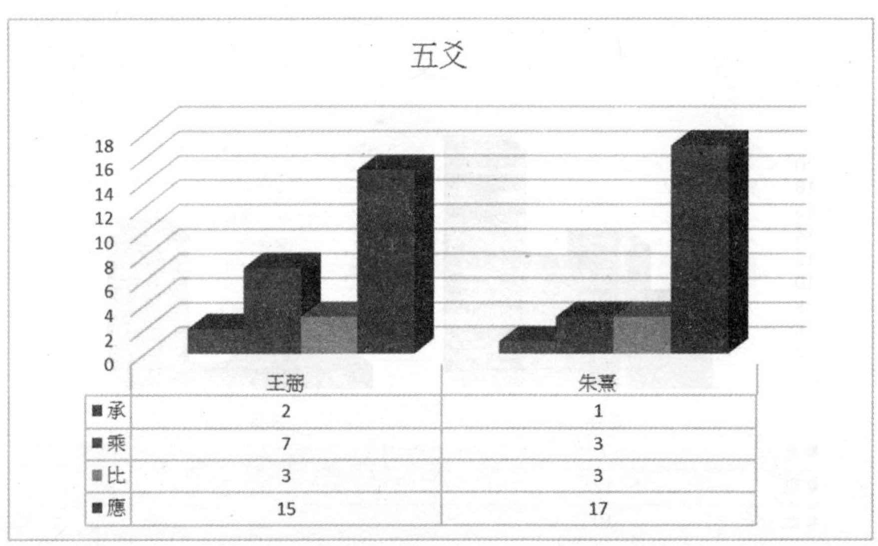

	王弼	朱熹
承	2	1
乘	7	3
比	3	3
應	15	17

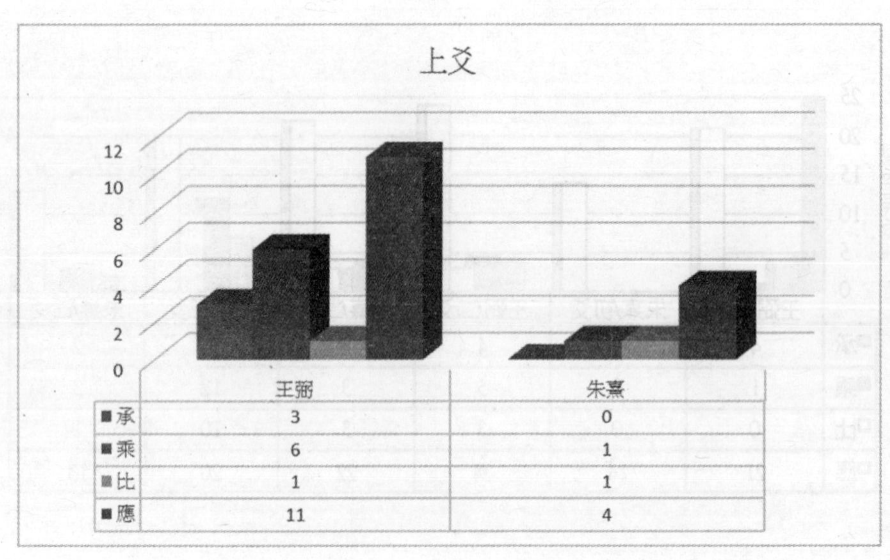

	王弼	朱熹
承	3	0
乘	6	1
比	1	1
應	11	4

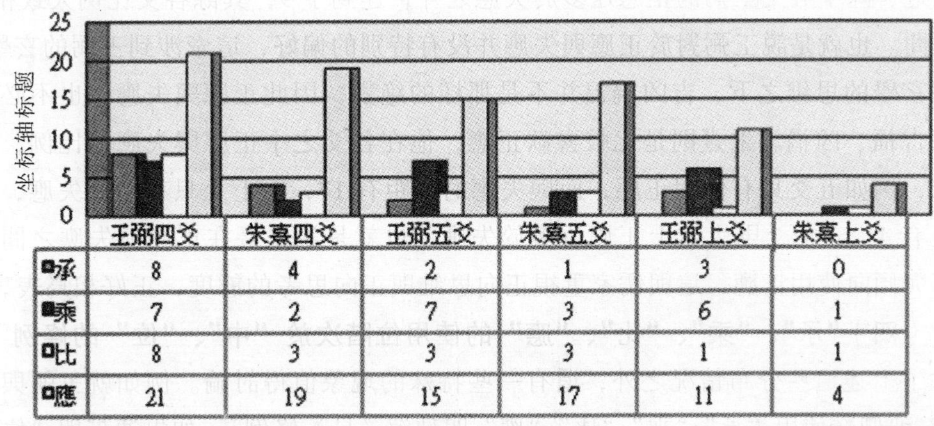

	王弼四爻	朱熹四爻	王弼五爻	朱熹五爻	王弼上爻	朱熹上爻
承	8	4	2	1	3	0
乘	7	2	7	3	6	1
比	8	3	3	3	1	1
應	21	19	15	17	11	4

首先，就初爻觀察，同樣的在排除應例不去討論之後，可以發現王弼與朱熹在初爻一爻，最少運用到承、乘、比三例。雖然兩人在這一點上是相同的，可是相對來説，朱熹在初爻使用承、乘、比三例幾乎是0。若從這現象來觀察兩人對於初爻看法的話，朱熹可能更加認爲承、乘、比三例較難有所作爲，因此必須藉由應例的幫助。

其次，再來觀察二爻，比較特別的是在二爻當中，王弼與朱熹兩人“承”、“乘”、“比”、“應”四例的使用次數與比例大致相同，可見兩人對於二爻具有一定程度的重視，或者可以説兩人在二爻時運用四例解《易》較無重大的歧異。至於五爻也有類似的情況，除了王弼在五爻時所使用的乘例，約略較朱熹多一些之外，大致而言其他三例的使用次數與比例，兩人是很相近的。

至於使用次數與比例差異最大的爻位，則是三、四、上爻，這三爻之中，王弼使用的次數與比例，遠遠超過朱熹，可見這三爻之中才是兩人最關鍵的歧異之處。

（三）王弼與朱熹使用應例的偏好分析

應例是王弼與朱熹最爲重視的解《易》條例，兩人使用次數與比例都遠遠超過其他三例。然而，即使兩人都認爲應例很重要，但在運用過程中還是有同有異。

首先，就應例的使用爻位來看，如果依據次數與比例的高低順序，王弼與朱熹的使用情況如下：

順序	1	2	3	4	5	6
王弼：	二爻、	初爻、	四爻、	三爻、	五爻、	上爻
朱熹：	二爻、	四爻、	五爻、	初爻、	三爻、	上爻

如果就使用最高與最低的兩爻來看，王弼與朱熹都是一樣，最高的是二爻、最低的是上爻，這種相同情況頗爲特别。至於初爻，王弼是第2順位，但朱熹是第4順位，而五爻的話，王弼是第5順位，但是朱熹却是第3順位，顯見兩者對於初爻與五爻使用應例的偏好與傾向有極大的不同。

其次，觀察正應與失應的情況。大致來説，王弼運用正應與失應的情況，各爻比例大致接近，除了五爻王弼的正應遠多於失應之外，達到了9，其餘各爻比例大致相差在2至6之間。也就是説王弼對於正應與失應并没有特别的偏好，這牽涉到王弼的玄學思維，因爲在玄學的思維之下，吉凶禍福并不是那樣的絶對，因此正應與失應，也不必然絶對的對應吉福、凶禍。朱熹則是比較喜歡正應，他在各爻之中正應與失應的比例，差距較爲懸殊，例如五爻只有使用正應，而與失應的差距有17，而上爻只有使用失應，與正應的差距有4，其他爻則大致上正應遠多於失應。也就是説朱熹在正應與失應之間，他比較偏好與傾向使用正應，這與儒家重視正向思維與正向思考的態度，正好相爲表裏。

（四）“承”、“乘”、“比”、“應”的使用位階次於“中”、“位”的條例

除了上述這些分布情況之外，還有一些特殊的現象值得討論。例如就王弼與朱熹兩人而言，他們在使用“承”、“乘”、“比”、“應”四種解《易》條例時，如果連帶與“位”、“中”一起使用時，則“承”、“乘”、“比”、“應”的使用位階是屬於次一級的，也就是説兩人如果一起使用“位”、“中”與“承”、“乘”、“比”、“應”四例時，會先將位、中做爲優先考量之後，再運用“承”、“乘”、“比”、“應”。例如王弼在《師》卦六四爻的注文：

> 得位而无應。无應不可以行，得位則可以處，故“左次”之而“无咎”也。行師之法，欲右背高，故左次之。(《周易注》，臺北，大安出版社1999年版，頁28。)

就這段注文的整體觀察，王弼運用了“位”與“應”兩例，而在《師》卦的六四爻是當位失應的情况，但在提的順序是先運用當位的條例之後，才運用了應例，并且以“得位可以處”來做爲“失應不可行”的補救原則，於是在失應的情況，仍然可以有自處的局面。再以《否》卦六三爻注文爲例：

> 俱用小道以承其上，而位不當，所以“包羞”也。(《周易注》，頁42。)

在這段注文中王弼運用了承例與位例，而《否》卦六三爻承於九四爻，在這種情況應該是柔承於剛，换個角度而言就是剛乘於柔的情況，像這種情況應該是屬於較爲正面的傾向，可是王弼認爲由於六三的不當位，因此反而形成了以“小道”承於九四爻的局面，由此可見他是將當位與否的條例位階，置於承例之上。又例如《豫》卦六三爻注文：

> 居下體之極，處兩卦之際，履非其位，承動豫之主。若其睢盱而豫，悔亦生焉。遲而不從，豫之所疾。位非所據，而以從豫，進退離悔，宜其然矣。(《周易注》，頁53。)

注文中同時運用了位、承兩例，但是王弼却先將“履非其位”的不當位，做爲先決考量，而後才運用六三爻承於九四爻的承例，并且從“位非所據”的不當位來解釋“進退離悔”，由此可見仍然是將位的位階置於承例之上。又例如《臨》卦初九爻注文：

有應於四，感以臨者也。四履正位而己應焉，“志行正”者也。以剛感順，志行其正，以斯臨物，正而獲吉也。(《周易注》，頁61。)

雖然注文是先提及了應例，可是在應例與位例連提時，還是先位後應，這也是將位例的位階置於應例之上的表現。又例如《賁》卦六二爻注文：

得其位而无應，三亦无應，俱无應而比焉，近而相得者也。須之爲物，上附者也。修其所履以附於上，故曰“賁其須”也。(《周易注》，頁70。)

注文一樣先提及當位而後再運用應例、比例，可見位例的位階是高於比、應二例。然而，不僅位例，即使是“中”例也是如此，例如《噬嗑》卦六五爻注文：

乾肉，堅也。黄，中也。金，剛也。以陰處陽，以柔乘剛，以噬於物，物亦不服，故曰“噬乾肉”也。然處得尊位，以柔乘剛而居於中，能行其戮者也。履不正而能行其戮，剛勝者也。噬雖不服，得中而勝，故曰“噬乾肉，得黄金”也。己雖不正，而刑戮“得當”，故雖“貞厲”而“无咎”也。(《周易注》，頁68。)

由此可見，王弼運用中的概念與位階，不僅高於位，而且也高於乘例。誠然，王弼在運用“承”、“乘”、“比”、“應”時，其位階是次於中、位兩例，但在一些“承”、“乘”、“比”、“應”以及中、位兩例都是處於比較正向的情況下，也會出現先運用“承”、“乘”、“比”、“應”之後，再運用中、位之例，例如《比》卦六四爻注文：

“外比”於五，履得其位，比不失賢，處不失位，故“貞吉”也。(《周易注》，頁31。)

由於六四陰爻比於九五陽爻，既以陰比陽而又當位，因此既能外比賢君，又能内不失位，所以“貞吉”，但這種情況并不意味著比例的位階就是高於位例，因爲從注文的叙述來看，這是一種較爲對等的叙述（内 / 外；自處 / 比賢）。再以《大有》卦九三爻注文爲例：

處大有之時，居下體之極，乘剛健之上，而履得其位，與五同功，威權之盛，莫此過焉。公用斯位，乃得通乎“天子”之道也。“小人”不克，害可待也。(《周易注》，頁48。)

王弼在這裏就是先提及了九三爻乘於九二爻（乘剛健之上），然後再指出九三爻當位的情况。但像這樣先提乘例後提位例，并非意味乘例的位階高於位例，因爲王弼運用位例的“履得其位，與五同功”以及“公用斯位，乃得通乎天子之道”，來化解以剛乘剛的過盛危局，可見位例的位階還是高於乘例之上。

不僅王弼如此，即使朱熹也是將中、位條例的位階，置於“承”、“乘”、“比”、“應”

之上，例如《屯》卦六二爻注文：

> 六二，陰柔中正，有應於上，而乘初剛，故爲所難而邅迴不進。然初非爲寇也，乃求與己爲婚媾耳。但己守正，故不之許，至於十年，數窮理極，則妄求者去，正應者合，而可許矣。爻有此象，故因以戒占者。(《本義》，頁 48。)

朱熹在這段注文中，運用了位例、中例、應例、乘例，因爲當位中正，所以能够"守正"，但也因爲乘初九陽爻，所以"爲所難而邅迴不進"，但由於跟九五有正應關係，所以最終能够"可許"。由此看來，朱熹先運用了中例、位例，而後再使用乘例、應例，這樣的思維跟王弼一樣。再以《比》卦六三爻注文爲例：

> 陰柔不中正，承、乘、應皆陰，所比皆非其人之象。其占大凶，不言可知。(《本義》，頁 64。)

注文一樣先提及中例、位例之後，再運用"承"、"乘"、"比"、"應"四例。再以《蠱》卦九二爻注文爲例：

> 九二剛中，上應六五，子幹母蠱而得中之象。以剛承柔而治其壞，故又戒以不可堅貞。言當巽以入之也。(《本義》，頁 94。)

一樣先提及中例，而後再運用應例、承例。又舉《噬嗑》卦六二爻爲例：

> 六二中正，故其所治如噬膚之易。然以柔乘剛，故雖甚易，亦不免於傷滅其鼻，占者雖傷而終无咎也。(《本義》，頁 102。)

以及《蠱》卦九二爻爲例：

> 九二剛中，上應六五，子幹母蠱而得中之象。以剛承柔而治其壞，故又戒以不可堅貞，言當巽以入之也。(《本義》，頁 94。)

也是都先提及中例或位例之後，再各自運用應、承例。

（五）應例的使用位階高於承、乘、比三例

接下來如果單純只考慮"承"、"乘"、"比"、"應"四例的使用位階，而不納入其他條例的話，則應例的使用位階是高於承、乘、比三例，這種現象王弼與朱熹都是相同的。這一方面表現在兩人使用四種條例時，應例的使用次數最多，而另一方面則表現在如果同時運用應例與承、乘、比三例時，通常兩人會先運用應例之後再使用其他三例。例如王弼在《屯》卦六二爻的注文：

志在乎五，不從於初。屯難之時，正道未行，與初相近而不相得，困於侵害，故屯邅也。(《周易注》，頁15。)

所謂“志在乎五”指的就是六二爻應於九五爻,“不從於初”就是指六二爻與初爻“相近而不相得”(比)的意思。再以同卦上六爻注文爲例：

處險難之極,下无應援,進无所適,雖比於五,五“屯其膏”,不與相得,居不獲安,行无所適，窮困闉厄，无所委仰，故“泣血漣如”。(《周易注》，頁17。)

注文中先運用了應例(應援)之後，再運用比例。再以《賁》卦六二爻注文爲例：

得其位而无應,三亦无應,俱无應而比焉,近而相得者也。須之爲物,上附者也。修其所履以附於上，故曰“賁其須”也。(《周易注》，頁70。)

如果排除位例之後，王弼注文中先運用應例，然後再使用比例(近而相得)。因此，從上述這些例子來看，應例的位階在王弼注《易》時，是高於承、乘、比三例的。

不僅王弼如此，朱熹運用四種條例解《易》時，也同樣有這樣的現象，例如《訟》卦卦辭注文：

九二中實，上无應與，又爲加憂。且於卦變自《遯》而來，爲剛來居二，而當下卦之中，有“有孚”而見“窒”，能懼而得中之象。上九過剛，居《訟》之極，有終極其訟之象。九五剛健中正,以居尊位,有“大人”之象。以剛乘險,以實履陷,有“不利涉大川”之象。故戒占者必有爭辯之事，而隨其所處爲吉凶也。(《本義》，頁56。)

如果排除中例，首先是運用了應例，其次再用及了乘例。另外，再以《蠱》卦九二爻爲例：

九二剛中，上應六五，子幹母蠱而得中之象。以剛承柔而治其壞，故又戒以不可堅貞，言當巽以入之也。(《本義》，頁94。)

以及《井》卦九二爻爲例：

九二剛中,有泉之象。然上无正應,下比初六,功不上行,故其象如此。(《本義》，頁182。)

兩者都先運用應例之後，才各自運用承例、比例。此外，又如《巽》卦六四爻注文：

陰柔无應，承、乘皆剛，宜有悔也。而以陰居陰，處上之下，故得悔亡，而又爲卜田之吉占也。三品者：一爲乾豆，一爲賓客，一以充庖。(《本義》，頁210。)

這段注文之中，提到了承、乘、應三例，但是朱熹没有按照“承”、“乘”、“比”、“應”的順序，而是先提及了應例後，再依照原來的順序提及承、乘兩例，由此更可清楚的看出，朱熹與王弼一樣都是非常重視應例，與其他承、乘、比三例有所不同。

（六）以陽爻主導陰爻的思維作爲“承”、“乘”、“比”、“應”的核心精神

如果再以爻的陰陽體質來觀察“承”、“乘”、“比”、“應”的運用特色，則王弼與朱熹的運用原則仍然是以陽爻作爲陰爻的主導，例如王弼在《隨》卦六二爻注文：

陰之爲物，以處隨世，不能獨立，必有係也。居隨之時，體於柔弱，而以乘夫剛動，豈能秉志？違於所近，隨此失彼，弗能“兼與”。五處己上，初處己下，故曰“係小子，失丈夫”也。(《周易注》，頁56。)

在這段注文中就已經指出陰爻不能居於主導獨立的位階，同時也説明了《隨》卦六二陰爻乘於初爻剛爻，於是六二爻就形成了不能“秉志”、“違於所近”的局面。又以《噬嗑》卦六二爻爲例：

處中得位，所刑者當，故曰“噬膚”也。“乘剛”而刑，未盡順道，噬過其分，故“滅鼻”也。刑得所疾，故雖滅鼻而“无咎”也。膚者，柔脆之物也。(《周易注》，頁67。)

六二爻乘於初爻，因此王弼稱爲“乘剛而刑”，但由於以陰乘陽，因此造成了“未盡順道”的局面。再以《大壯》卦六五爻注文爲例：

居於大壯，以陽處陽，猶不免咎，而況以陰處陽，以柔乘剛者乎？羊，壯也。必喪其羊，失其所居也。能喪壯于易，不于險難，故得“无悔”。二履貞吉，能幹其任而己委焉，則得无悔。委之則難不至，居之則敵寇來，故曰“喪羊于易”。(《周易注》，頁108。)

王弼很明顯的指出，在《大壯》之時以陽爻居陽位猶且不能免咎，更何況是以陰爻居於陽位，以陰柔之爻乘於陽剛之爻。從這段話看來，王弼也間接的表示陰爻不能居於主導地位，因此“以柔乘剛”并非是較佳的局面。再看《比》卦六四爻注文：

“外比”於五，履得其位，比不失賢，處不失位，故“貞吉”也。(《周易注》，頁31。)

由於六四陰爻比於九五陽爻，六四爻又當位，因此王弼以“比不失賢”與“處不失位”來解釋六四爻辭，由此看來，陽爻仍然是居於主導地位。這種情況的例證很多，以下就不一一羅列。

至於朱熹也是有這樣的思維，例如《歸妹》卦辭注文：

> 而卦之諸爻，自二至五，皆不得正，三、五又皆以柔乘剛，故其占"征凶"，而无所利也。(《本義》，頁200。)

注文指出三五兩爻都是以柔乘剛，再加上各自都不當位，因此有"其占征凶"的格局。這裡所謂的"以柔乘剛"與"其占征凶"，就是明顯以陽爻主導陰爻思維底下所産生的詮釋方式。因爲不是陽爻主導陰爻，而是陰爻凌駕陽爻之上，再加上其他原因，於是就成爲了"征凶"的格局了。再以《豫》卦六五爻注文爲例：

> 當豫之時，以柔居尊，沈溺於豫，又乘九四之剛，衆不附而處勢危，故爲"貞疾"之象。然以其得中，故又爲"恒不死"之象。即象而觀，占在其中矣。(《本義》，頁89。)

一樣是六五陰爻乘於九四陽爻之上，不是陽爻主導陰爻的情况，再加上不當位，於是有"貞疾"之象。最後，再舉兩個典型的例子，一則是《比》卦的六三爻注文：

> 陰柔不中正，承、乘、應皆陰，所比皆非其人之象。其占大凶，不言可知。(《本義》，頁64。)

六三爻的"承"、"乘"、"比"、"應"皆是陰，也就是六三的上、下是六二、六四，其承、乘、比都是陰爻與陰爻的關係，而應例也是如此，都没有陽爻來做爲主導，於是朱熹認爲這是造成"大凶"格局的原因了。另一則是《巽》卦六四爻注文：

> 陰柔无應，承、乘皆剛，宜有悔也。而以陰居陰，處上之下，故得悔亡，而又爲卜田之吉占也。三品者：一爲乾豆，一爲賓客，一以充庖。(《本義》，頁210。)

六四爻既然失應，同時承、乘的狀態也都是剛爻，因此朱熹認爲是"宜有悔"。從上述這些注文來看，顯然朱熹在運用"承"、"乘"、"比"、"應"條例之下，也跟王弼一樣是運用以陽爻主導陰爻的思維來做爲"承"、"乘"、"比"、"應"的核心精神。

當然，這樣的現象也并不是没有少數的例外存在，例如在王弼《漸》卦的六四爻注文：

> 鳥而之木，得其宜也。"或得其桷"，遇安棲也。雖乘于剛，志相得也。(《周易注》，頁168。)

以及《否》卦六三爻注文：

> 俱用小道以承其上，而位不當，所以"包羞"也。(《周易注》，頁42。)

以及朱熹在《蠱》卦的九二爻注文：

> 九二剛中，上應六五，子幹母蠱而得中之象。以剛承柔而治其壞，故又戒以不可堅貞。(《本義》，頁 94。)

第一則是柔乘剛，第二則是柔承剛，第三則是剛承柔，而第一、三兩則與上述所謂的以剛爻主導陰爻的思維不同，但在這裡王弼與朱熹也沒有完全導向負面的解釋，這算是比較特殊的例子。第二則是以柔承剛，實際上也符合以陽爻主導陰爻，但由於不當位，因此所獲得的格局只能是“包羞”了。由此看來，如果加入其他條例，即使在以陽爻主導陰爻的格局，仍然不見得就是完全屬於較佳的局面。

四、餘論

除了上述的現象之外，有些特殊的情況也必須要説明一下。例如以王弼的應例運用情況而言，他對於應例賦予了極爲豐富的玄學思維，按照原來傳統的應例，一陽爻一陰爻的情況之下是正應，反之如果同爲陽爻或同爲陰爻則是失應，而正應通常會往正面的詮釋前進，反之亦然。可是王弼却往往不走傳統的思考途徑，反而導入了玄學思維，將正應視爲一種心有所繫而不能同於大通的格局，而將失應視爲一種心無系吝可以恢弘大通的境界，而這方面的研究可以參考戴璉璋《王弼易學中的玄思》。像這樣的情況，在朱熹應例的運用之中是很難看到的，因爲他的應例還是堅守著儒家傳統的格局。

再者，就王弼來説，他在運用“承”、“乘”、“比”、“應”時，會較有意識的與人事緊密連結起來。例如在運用應例時，就會大量的增字來擴充應例的内涵，例如與應援概念相關：《屯》卦上六爻“下无應援，進无所適”、《需》卦上六爻“與三爲應，三來之己，乃爲己援”、《坎》卦初六爻“上无應援可以自濟”、九二爻“上无應援”、九五爻“无應輔可以自佐”、《萃》卦上六爻“内无應援，處上獨立”；與无應獨立概念相關：《睽》卦初九爻“居下體之下，无應獨立”；與應而不能濟概念相關：《困》卦九四爻“有應而不能濟之”；與召而後應概念相關：《訟》卦初六爻“四召而應，見犯乃訟”；與犯而後應概念相關：《師》卦六五爻“柔不犯物，犯而後應”；與順而後應概念相關：《泰》卦初九爻“上順而應，不爲違距”、《家人》卦六二爻“以陰應陽，盡婦人之正義”；與繫於正應概念相關：《姤》卦初六爻“必繫于正應，乃得貞吉”；與繫應概念相關：《訟》卦六三爻“柔體不争，繫應在上”、《恒》卦六五爻“係應在二，用心專貞”；與感應概念相關：《臨》卦初九爻“有應於四，感以臨者也”、九二爻“有應在五，感以臨者也”；與應合概念相關：《漸》卦九五爻“不得與其應合”；與无應不行或行無其應概念相關：《師》卦六四爻“得位而无應，无應不可以行”、《蠱》卦六四爻“然无其應，往必不合”、《姤》卦九五爻“不遇其應，得地而不食”、《困》卦上六爻“下无其應，行則愈繞者也”、《震》卦六二爻“无應而行，行无所舍”、六五爻“往則无應，來則乘剛，恐而往來”、《漸》卦初六爻“又无其應，若履于干，危不可以安也”、《歸妹》卦九四爻“以不正无應而適人”；與動不失應、失應而動概念相關：《泰》卦九三爻“居不失其正，動不失其應”、《姤》

卦九四爻“无民而動,失應而作”;與應係不一、心无係吝概念相關:《比》卦初六爻“應不在一，心无私吝”、《同人》卦初九爻“无應於上，心无係吝”、《隨》卦初九爻“上无其應,无所偏係”、《大過》卦九二爻“上无其應，心无特吝”、《遯》卦上九爻“最處外極,无應於内，超然絶志，心无疑顧”、《鼎》卦上九爻“應不在一，則靡所不舉”、《兑》卦初九爻“應不在一，无所黨係”;與繫心於一概念相關:《中孚》卦初九爻“應在四，得乎專吉者也。志未能變，繫心於一”;與用心不弘概念相關:《大過》卦九三爻“又應於上,係心在一”、九四爻“應在初,用心不弘”;與應於小人概念相關:《否》卦九四爻“以所應者小人也”、《遯》卦九五爻“小人應命”、《夬》卦九三爻“三獨應上六，助於小人”;與應非其正概念相關:《隨》卦六三爻“應非其正，以係於人”;與獨應概念相關:《剥》卦六三爻“與上爲應,群陰剥陽,我獨協焉”;與應而後復概念相關:《復》卦六四爻“履得其位而應於初，獨得所復”;與應而後養概念相關:《頤》卦六四爻“體屬上體，居得其位而應於初，以上養下”。

像這樣的情况，在朱熹的《周易本義》中是很少見到的，他比較傾向將應例當成是一種條例而直接使用，不像王弼那樣强烈的與人事關連起來。另外，例如王弼《大有》卦九四爻注文提到:

> 既失其位，而上近至尊之威，下比分權之臣，其爲懼也，可謂危矣。(《周易注》，頁49。)

就是藉由比例來描述“上近至尊之威”、“下比分權之臣”的人事關係,或者像是《謙》卦六四爻注文提到:

> 處三之上而用謙焉，則是自上下下之義也。承五而用謙順，則是上行之道也。盡乎奉上下下之道，故“无不利”。(《周易注》，頁51。)

同樣也是藉由承、乘兩例的“自上下下”、“奉上下下”的人事關係來描述。諸如此類都是王弼將“承”、“乘”、“比”、“應”緊叩人事的重要例證。誠然，朱熹也不是没有這樣的情况，例如他在《夬》卦〈彖傳〉注文中提到了:

> “柔乘五剛”，以卦體言，謂以一小人加於衆君子之上，是其罪也。“剛長乃終”，謂一變則爲純《乾》也。(《本義》，頁167。)

用“一小人加於衆君子之上”來描述“柔乘五剛”的乘例，在某種程度上而言也是一種緊扣人事的表現。但整體而言，王弼將“承”、“乘”、“比”、“應”與人事緊密結合的頻率與次數，較起朱熹而言是極爲明顯而繁多的。

(作者簡介:林保全，臺灣清華大學中國語文學系[南大校區]助理教授)

A Comparative Analysis of the Specific Ways Wang Bi and Zhu Xi Applied the Rules of "Cheng," "Sheng," "Bi" and "Ying"

Bao-Quan Lin

Abstract: "Cheng," "Sheng," "Bi" and "Ying" were the basic rules to be followed when annotating *Yi Zhuan*. However, they were not the ingenious invention of any single scholar, so as to prompt modern researchers to ignore the fact that different scholars who annotated *Yi Zhuan* applied these rules in different ways. In the light of the deficiency, this article conducts a comparative analysis of the specific ways Wang Bi and Zhu Xi applied these rules respectively in *Annotation of Zhou Yi and Zhou Yi Benyi*, seeking to offer alternative viewpoints to the academic community.

Keywords: Wang Bi, Zhu Xi, *Annotation of Zhou Yi, Zhou Yi Benyi*, "Cheng," "Sheng," "Bi" and "Ying"

（本文责任编校：王 丁 祁 麟）

校讎廣義

《太上玉華洞章拔亡度世昇仙妙經》與六十一卷本《度人經》

——作爲一個金朝皇統年間山西地區的事例

山田俊

摘　要:《道藏》所録《太上玉華洞章拔亡度世昇仙妙經》卷末附有《叙傳授經事》,講到相關本經的皇統二、三年山西汾州之故事。從此得知本經流傳於金朝皇統初期的山西地區。能確認流傳於金朝的道教文獻較少的情況之下,作爲金朝汾州的一個具體例子,本經具有重要意義。本論對於《昇仙妙經》以及其與《度人經》的關係進行簡單的考察。

關鍵詞:《太上玉華洞章拔亡度世昇仙妙經》　金朝　山西汾州　《度人經》

緒　言

《道藏》所録《太上玉華洞章拔亡度世昇仙妙經》(下面簡稱爲"《昇仙妙經》")之卷末附有《叙傳授經事》,講到相關本經的皇統二、三年(1142—1143)的山西汾州之故事。從此,《昇仙妙經》撰寫時期暫時不提,我們得知本經流傳於皇統初期的山西地區。能確認流傳於金朝的道教文獻較少的情況之下,作爲金朝汾州的一個具體例子,本經具有重要意義。本論對於《昇仙妙經》進行簡單的考察。

一、《叙傳授經事》

首先將《叙傳授經事》分爲幾段而對於其内容加以檢討。

> 汾州天寧萬壽觀,本唐之開元觀,乃閻錬師所居之地也。錬師發揮至德,演暢玄風,真得道之奇士也。迄今四百餘年,有唐宋批詔閻公歌詠,刊之於石,可考而知。緣兵火之後,羽衣蕭疏。[①]

---

① 《昇仙妙經》,《道藏》第2册,第1438頁上段。本論引用的《道藏》所録文獻均依據藝文印書館本《正統道藏》,臺北,藝文印書館1977年版。

曾經稱爲晋的汾州即現在的山西省汾陽市；汾州天寧萬壽觀即唐代開元觀，是閻鍊師活動之據點，即唐玄宗皇帝吩咐建設於各州的道觀開元觀之一。按吕惠卿：《太原故城惠明寺舍利塔碑銘》，晋陽城宋初蒙受損失之時，開元觀也受損失，宋咸平年間真宗皇帝重修惠明寺於其遺地，使得開元觀化爲灰燼了[①]。“緣兵火之後，羽衣蕭疏”即提到此段之顛末。唐宋刊其“歌詠”的“閻鍊師”不得而知。

> 皇統二年冬。道衆相顧而歎曰：寧无愧於先公鍊師乎。近聞孝義西郭有杜長春者，蓋未冠童子。牧羊得遇仙真，一夕豁然頓悟，若夢者覺，醉者醒。談説以幽微，教諭以詩詞，書翰若龍蛇。至於書符咒水，以愈疾病，遠近聞其風而悦之。欲請本觀住庵行化，以光先師，使教門復振，不亦可乎。道衆咸喜，及同慕道之士，於觀後創建一庵，延以廊廡，植以松竹，就孝義邀請長春住庵行化。[②]

金朝皇統二年（1142），“道衆”慢傷天寧萬壽觀荒凉得舊影全無，想要邀請以“書符咒水，以愈疾病”來聞名的童子杜長春，恢復“先公（閻）鍊師”之威望而復興其“教門”；爲了杜長春修建一所庵於觀後。值得注意的是他們盼望“教門復振”，從此得之，當時還有一“教門”敬慕唐“閻鍊師”之教法。另，杜長春擅長於用“書符咒水”治病，亦得知如此道術受世俗歡迎的同時，如此道術并不相符於“閻鍊師”的“鍊師”之稱謂。“道衆”也許是恢復道觀優先於一切的。

> 次年上元設醮，趨赴者僅千人。惟杜長春暇日因語道衆曰：余有太上真經一卷，未行於世，今欲傳授爾等。其經讀之，上消天灾，中證一身，下禳鬼禍，救苦拔罪，長生久視，乃修真得道之旨也。道衆皆悉忻抃，願聞其詳。於二月真元節設醮請經，以爲信受。至三月上巳節，設醮傳授經一卷。名曰：太上玉華洞章拔亡度世昇仙妙經。書于縑帛，約三千餘言，叙以九章，又次真人靈符神咒，付之卷末。[③]

當明年上元設醮近乎有一千人聚集之時，杜長春曰：讀誦他所密藏的“太上真經一卷”，即能上解除天灾、中修養其身、下拂死者之禍，從冥界的苦惱拯救死者，使生者達到長生久視，即“修真得道之旨”。“上消天灾，中證一身，下禳鬼禍……長生久視”之句見於現有《昇仙妙經》，因此能知“太上真經”即“太上玉華洞章拔亡度世昇仙妙經”而《叙傳授經事》即依據《昇仙妙經》之内容。“九章”也與現有本的結構一致，但如“又次真人靈符神咒，付之卷末”的卷末應該附有的“真人靈符神咒”不見於現有本[④]。最後：

① 據吕惠卿：《太原故城惠明寺舍利塔碑銘》（胡聘之：《山右石刻叢編》卷十四，引自《石刻史料新編》第一輯 20 册。臺北，新文豐出版公司 1977 年版。第 15269—15270 頁），太平興國四年春，太宗皇帝攻擊北漢劉繼元於河東之地；夏五月繼元投降之際，詔敕壞滅“故城”；其後，經過咸平二年三月自然灾害，六年修建惠明寺於此遺地。

② 《昇仙妙經》，第 1438 頁上段。

③ 《昇仙妙經》，第 1438 頁上段。

④ 任繼愈主編：《道藏提要（修訂版）》推爲後人删除“靈符神咒”。北京，中國社會科學出版社 1991 年版，第 58 頁。

> 是日香華畢集，迎詣太霄殿三清聖位前傳讀，合衆跪聽頂戴，莫不願爲終身誦之者。遂命工鏤板，印造作帙，遍呈奉道之士，以廣其傳爾。[①]

本經印刷而廣泛分發。

從以上得知，金朝十二世紀中葉的山西地區，有敬慕唐以來之道教的衆生比較歡迎本經，而他們較重視讀誦本經會帶來的神祕力量。

二、《昇仙妙經》以及《度人經》

《昇仙妙經》與《道藏》收録六十一卷本《靈寶無量度人上品妙經》(下面簡稱爲“《度人經》”)密切相關。

首先，《昇仙妙經》各洞章的章題與《度人經》的品題一致。

《昇仙妙經》	《度人經》
解釋幽牢救苦拔罪洞章第一	
有无動静陰陽化生洞章第二	
三華始分保胎護命洞章第三	
天地生成二儀離合洞章第四	
五行備足生靈壽域洞章第五	
神變炁化无極无窮洞章第六	
存亡混合錬炁變仙洞章第七	
水火騰臨長生久視洞章第八	
超死脱生證凡成聖洞章第九	解釋幽牢品（卷五十七）
陰陽化生品（卷十二）	
保胎護命品（卷四十三）	
陰陽離合五行化體品（卷十六）	
五行備足生靈壽域品（卷四十一）	
神變氣化品（卷二十四）	
錬氣變仙品（卷六十）	
長生久視品（卷三十一）	

惟《昇仙妙經 · 洞章第九》章題不與《度人經》品題一致；《洞章第九》章題似乎將其正文的：“就仙胎，證凡朝聖”[②]之句爲章題的。只有《昇仙妙經》與《度人經》之中一塊見如此名稱，得知兩件文獻之間有密切關係。

---

① 《昇仙妙經》，第 1438 頁下段。

② 《昇仙妙經》，第 1437 頁下段。

其次，就其内容，《昇仙妙經》的有些内容是與《度人經》一致的。

《昇仙妙經》	《度人經》
中有魔王，六洞神君，十二小洞，三官九府，百二十曹，一十八獄，二十四獄，三十六獄，八十一獄，百二十獄，如此大獄，山高三十六萬里，山根入水三十六萬里（《解釋幽牢救苦拔罪洞章第一》，第 1433 頁下段）	於是元始，宣示十方天人曰：北都羅酆中，有大帝六洞山城，十二小洞，三官九府，百二十曹，一十六獄，二十四獄，三十六獄，八十一獄，百二十獄，如是大獄……山高三十六萬里，山根入水三十女萬里（《北都除殃品》,《道藏》第 1 册—第 399 頁下段）
飛戈飄戟，火翳千重，鐵圍萬仞，金槌鐵杖，冰鋒霜刃，銅柱鐵輪，毒蛇猛獸，刀山劍樹，冰池火車，鑊湯碓擣（《解釋幽牢救苦拔罪洞章第一》，第 1433 頁下段）	六天治獄，萬鬼之營，冰池沸鑊，銅柱火山，飛戈飄戟，巨石刀輪，三塗長役，五苦夜河（《解釋幽牢品》，第 576 頁下段）
有无動静，化生根源，陰陽混合，恍惚爲門，神爲化本，氣是生因。剛柔順逆，内外浮沉。含英搆精，故乃化生。混沌自然，浩劫圓靈。含胥灌氣，火象開明，動極成炎，静極成泉。陽嘘陰吹，有无合元，四時長育，二氣斡旋。春木孕火，爲夏紅炎，秋金育水，爲冬清泉（《有无動静陰陽化生洞章第二》，第 1434 頁下段）	此天文大字，乃陰陽元根，恍惚爲門，神爲化本，炁是生因。陰陽二物，元本无名，以其相求，變化所通，一浮一沈，一順一逆，一剛一柔，一内一外，一陰一陽，一龍一虎。含孕構精，故乃化生太虚，太虚生太无，太无生太洞，太洞生太空，太空生太漠……天元隱韵，混洞自然，浩劫難名。陰陽結精，含胥貫炁，大象開明。動極成炎，静極成泉，陽嘘陰吹，感化兆元。龍呼於虎，虎投於淵，龍出於火，反復化生（《陰陽化生品》，第 115 頁下段） 春木孕火，爲夏之炎，秋金育水，爲冬之寒（《陰陽離合五行化體品》，第 159 頁下段）
萬神寂靈，真氣彌盈，千原成一，共守玉瑛，陰魄洪化，陽魂秉生，九變十合，金閼暈聯，水爲太一，形若含蓮，化生大神，玉好精延，太空九氣，中有玉淵，湛境納象，星斗内躔，赤明開圖，用週自然，箕迴斗歷，真氣上元，八景冥合，沓入玄泉，玄爲神母，陰使陽官，有无長育，動静洪纖，以否調泰，以地合天，左付于右，後極于先，至道之機，太空无關，真一等空，化生之鮮，化極而變，變極而玄，玄中真皇，同一太和，萬氣齊焉，白雲之門，有氣如泉，養育混源，大量玄玄（《有无動静陰陽化生洞章第二》，第 1434 頁下段）	萬神帝元，真炁彌盈，百千原於一，成支爲王嬰，陰道洪化，陽魂秉權，九變十合，金閼暈聯，綠寥吐日，靈綱命仙，水爲太乙，形若含蓮，化生大神，玉號精延，錦衣瓊幘，坐鎮萬天，亦自陰陽化生，所傳五符，瓊笈上道之元，化生天地，日月循環，太空九炁，中有玉淵，湛鏡内象，星斗外躔……赤明開度，運周自然……旋斗歷箕……八景冥合，炁入玄玄，玄爲神母，陰使陽官，消息長養，動静洪纖，以不易泰，以地合天，左入於右，後極於先，至道之機，太空无關，真一等空，化生之元，化極而變，變極而玄，玄中太皇……中以大和，萬炁齊鮮。冥通妙應，黄房發煙。白雲之門，有炁如泉（《陰陽化生品》，第 120 頁下段）

天地未生，元氣肇始。九十億劫，三氣混淪，九十大劫，三華始分。五老補胎，三元育魂，道用神化，自然成真。太溟分分，大道隱存，倏忽應化，是生精神。神爲物靈，混沌斯成，内外相合，二象淳停。以白付赤，陰陽合併，以赤付黑，胞胎乃凝。中有太虚，耀明三清，神空峩峩，元氣照明。内有靈童，出玄入青，紫胞解带，瑩然真形，仙玄脱胎，產育神英。威儀同化，杳杳冥冥，冥中之精，至真之神，有神能光，有神能明，有神能立，有神能生，有神能榮，有神能清。建于人物，三華妙庭，紫閣朱官，胎光爽靈，潛伏瓊根，細微泰寧。中有保胎叔火之君，中有變嬰和莬之神，中有司男伯華之君，中有雲房在庭之真，男呼孟非，女呼子宜，元胎鍊就，百福來綏，保粹成真，无念无爲（《三華始分保胎護命洞章第三》，第 1435 頁上段）	天地未生，元氣肇始，神精吸粹，陰陽定胎。九十億劫，三氣混淪，九十大劫，三華始分。五老保胎，三元育魂，七竅洞張……離合自然，太漠未分大道隱存，倏忽變化，是生精神。神爲物靈，混沌斯成，上下相錯，二象氤氳。以白入赤，陰陽齊并，以赤入黑，胞胎乃凝。中含太虚，明燿三清，神室峩峩，无始未名。有玉嬰兒，出玄入青，上无復祖，惟道爲身，紫胞解蔕，瑩然真形，混元脱胎，產育神靈。二儀同化，恍惚杳冥，冥中之精，至真之神，无神不光，无神不明，无神不立，无神不成，无神不度，无神不生，是爲大梵，胎中之胎。億劫玉山，七寶崚嶒，九宫十闕，億千萬門，皆自道胎，化運精神，逮於人物，三華妙庭，紫閣朱宫，胎光爽靈，細微幽精，潛伏胎根，神風轉靡，周回十方。中有保胎叔火之君，中有變嬰和莬之神，中有司男伯華之君，中有太玄監生之神，中有衛房在庭之真，男呼孟非，女呼子宜，玄胞未開，二神同依，胎血之鬼，聞名斬摧，不敢干試，生道永歸天壽之福，護命玄師，龍文虎裳，五斗攝衣，速召三官，太極主非，握鈴嘯咤，謦欬風雷，挾衛胎宫，素煙霏微，五帝大魔，金火八威，保胎成真，貴務光煇，除難度厄，无念无爲（《保胎護命品》，第 428 頁下段）
元老持符，三界開明，天清地寧，純陽以生，威神以靈，萬物以成，範氣左騫，彌光右盈，天垂彩耀，地踴玉瑛，乾坤静黙，洞慧洞清，景耀現明，赤甲陽旌，參尾警前，育魂利真，飛吸張奏，樂道爲儔，九天八極，大劫交周，建植元命，分布九丘，太初極于陽九，太素極于陰六，爲變志真，布化无憂，左嘯黄童，右迎地神，陽健陰輝，元精化一，二儀昇降，和合自然，四時順德，造育忘愆，百靈恊化，萬物咸昌，風俗淳厚，尊崇洞章，五行運泰，其體真常，能冥能光，能存能亡，知而行此，驅陰用陽，外榮恢範，内守天玄，内外忘機，符合真詮，元皇太極，妙道微玄，帝熙持鑰，啓闢天門，金真朗郁，流響雲鸞，玉音攝氣，靈風聚煙，紫芝育秀，結化胎仙（《天地生成二儀離合洞章第四》，第 1435 頁下段）	五老吐符，皇人寫靈，造化以成，三界開明，天以之清，地以之寧，人以之生，神以之靈，物以之成，梵氣左騰……天垂彩耀，地湧玉英，冥慧洞清，大量玄玄也（《解釋幽牢品》，第 575 頁下段） 參尾警前，赤甲揚旌……大劫交周，九天八極……飛騰翕張，與道爲儔，建植大器，分布九丘（《陰陽離合五行化體品》，第 160 頁上段） 左嘯紫童，右扶帝宸，陽健陰闢，元精化身，千和萬合，自然成人（《解釋幽牢品》，第 578 頁下段） 説經五遍，二儀升降，和合自然。説經六遍，四時順德，造育化愆。説經七遍，百靈恊化，萬寶咸熙。説經八遍，率土之内，安裕豐康，欣樂太平，保世榮昌。説經九遍，風俗淳厚，尊崇道真……真王持鑰，啓闢天門……金真朗郁，流響雲營，玉音攝炁，靈風聚煙，紫虚鬱秀（《陰陽離合五行化體品》，第 155 頁上段）

天地始分，大道要妙，三才運用，五行靈蘊。周天氣者，六期爲之大成。終地紀者，五歲爲之小成。五行滋茂，瑞氣平正，人无夭傷，得全天年。所爲吉昌，正宫正徵爲太一，少宫少徵爲太素。五行平正，則陰陽无尅，陽法順施，則長生不死，元化馥郁，則生死出入，羽化成仙，黙合道體，五星之晶，感降真形，運氣備足，至道騰昇，五氣之運，補缺平騰，續紀延年，運極化源，知生之機，得道之本（《五行備足生靈壽域洞章第五》，第 1435 頁下段）	五行者，三才之神用，至真之靈藴。風熱燥濕寒爲天之五行，木火土金水爲地之五行，喜怒思憂恐爲人之五行，生長化收藏爲四時之五行。周天氣者，六期爲一備。終地紀者，五歲爲一足。五行備足，則氣運平正，氣運平正，人無夭傷，各得全其天年……所謂備足，正宫正徵爲備足，少宫少徵即非備足。五行平正，則陰陽無剋賊之患，陽法順施，長生不死，變化返覆，出生入死，入死出生，羽化神仙，與道合體……五氣之用，補缺平勝，續絶延生，運極化源，知生之幾，得道之本（《五行備足生靈壽域品》，第 410 頁上段）
内景調泰，金池玉霐（《神變炁化无極无窮洞章第六》，第 1436 頁下段）	内景調衍，金池玉霐（《神變氣化品》，第 235 頁上段）
陽神爲天，陰氣爲泉，太極无色，太始藏詮，杳杳冥冥，天地湛然，无形无名，萬象生成，獨立太空，混合萬靈，布化无窮，生育萬有，把握溟濛，坦蕩仙宫，始見春風，朗然自應，名曰至神，三界仙人，諸天雲峰，神化週流，皆由道存，此道祕奥，得之乃真（《神變炁化无極无窮洞章第六》，第 1436 頁下段）	陽神爲天，陰氣爲泉……無形無名，獨立太空，合混萬神，變化莫窮，萬物咸賴，神運圓通，生天生地，把握洪濛，廓散無邊，視之無蹤，泛然自應，名曰至神，三界仙真，諸天雲宫，神變周流，皆由道身，此道幽祕，得之乃真（《神變氣化品》，第 239 頁上段）
鍊炁變仙，最上妙道，識道亡言，太清太明。炁柔炁剛，炁方炁圓，炁沖炁達，炁鮮炁榮。言无華綺，口无惡聲，以氣合道，以道合真，百神會聚，瑞氣綿綿，五臟六腑，出有入无，玄之又玄，凄凄永永，氣化爲神，五老侍衛，三元斡旋，滌蕩九醜，炁極通元，太真妙範。我炁非物，能生衆物，我炁无情，能化有情，炁爲道母，炁爲大神，動而爲有，静而爲玄，萬物造化，智蠢賢愚，上宰下官，背從道育，應時胎仙，洪造胚腪，隨炁所感，炁妙相傳，若亡若存，虹京瑶池，日澤藥淵，養育贊化，瑞色高懸，神游静境，樂道仙源（《存亡混合鍊炁變仙洞章第七》，第 1436 頁下段）	鍊炁變仙，最上妙道，先現斯瑞，諸天真仙，一切天人，遇值經法，普得濟度，全其天年，無有中傷，傾土歸仰，識道忘心……至學之士，誦之十過，則精血化炁，炁達百川，五臟六腑，不逆無偏，自有入無，炁鍊綿綿，綿綿永存，變神爲仙，則五帝列侍，三元發煙，魔精喪膽，鬼官揚鞭，滌蕩九醜，炁極通玄，濟病度死，絶命更生……我炁非物，能生衆物，我炁無情，能化有情，炁爲道母，炁爲大神，動而爲有，静而爲空……萬物榮繁，智蠢賢愚，上宰下官，皆從炁生……隨感而應，炁妙相傳，若亡若存，眇眇三便，虹京瓊池，日澤藥淵（《鍊氣變仙品》，第 604 頁下段）

只有《解釋幽牢救苦拔罪洞章第一》之開頭部分、《水火騰臨長生久視洞章第八》以及《超死脱生證凡成聖洞章第九》不能確認與《度人經》一致的記叙。因此，《洞章第八》就其章題與《度人經》相關，《洞章第九》的章題、内容都是《昇仙妙經》獨自的記叙。

從以上的對照來看，有不少表現、專詞、固有名詞等有不一致之處，還有不一致的《洞章》章題與品題之間内容却一致，雖然如此，兩經之間能確認明確的對應關係。總體來看，《昇仙妙經》更簡化，很有可能現有《昇仙妙經》是依據《度人經》的品題來做出其章的順次，而依據《度人經》來撰寫其部分内容。即爲了修正作爲一部道經的體裁，加寫獨自文句於其開頭、末尾，但其主要部分主要是由於《度人經》的内容來構成的，即本經實質上可以説是“小型《度人經》”。

現有《度人經》的撰寫時期推爲宋政和二年（1112）之後①。《昇仙妙經·叙傳授經事》提到“皇統二年（1141）”，因此《昇仙妙經》撰寫時期的下限應該是1141年；而其依據《度人經》來看，《昇仙妙經》撰寫時期的上限應該是1112年。反過來説，《度人經》撰寫時期的下限亦應該是1141年。

從以上的分析來看，現有《昇仙妙經》可以説是繼承《度人經》内容來撰寫的，因此亦得知北宋末期至金朝初之間，據《度人經》來編纂一部新道經而在山西地區較受歡迎的。

三、《昇仙妙經》的思想

《昇仙妙經》全九洞章的結構，從其章題來看，《洞章第一》講到救濟衆生即是本經主題，《洞章第二》講到有无、動静、陰陽未分的根源存在，《洞章第三》講到從根源來展開的其次階段，《洞章第四》講到陰陽動作起來而産生天地的階段，《洞章第五》講到五行作用充實的階段。然後，《洞章》第六、七講到“神變炁化”“鍊炁變仙”等修道項目，《洞章第八》講到長生久視的成就，《洞章第九》講到如“超死脱生，證凡成聖”般的究竟竟界。如此從其章題得知，本經由於九種階段來構成。

（一）《洞章第一》以及《洞章第九》

《昇仙妙經·解釋幽牢救苦拔罪洞章第一》之前半以及《超死脱生證凡成聖洞章第九》不見於《度人經》之中，可以説是《昇仙妙經》的獨自記述。

《解釋幽牢救苦拔罪洞章第一》如此開始：在“玉清境上玄都山”上招集不少真人而開法會的元始天尊之前，稱爲通玄的真人走上前去。他對於天尊陳述：“下世欲界衆生”不能了解“正教”却生“邪心”而犯過“十惡五逆”。因此，死後會下於“陰關”，經過萬劫也不能脱出。還有些人在世之時怕死，實踐“吞霞絶粒，吐故納新，屈伸導引”等來追求長生不老，但死後還會於“地府”。之所以他們執迷的原因在何處？天尊如此答應：此類衆生只顧“己身眷屬”不敢救濟“物、衆人”而犯過如“不敬天地忠于國主”等“十事”②。因此不能得到“長生之路，脱死之門”，造成死後會下於“幽關”。天尊接下來介

---

① 福井康順：《靈寶經の研究》，津田左右吉編輯：《東洋思想研究》第四號初出，1949年。後來録於《福井康順著作集》第二卷，第341—447頁。京都，法藏館1987年版）、Michel Strickman,The Longest Taoist Scripture, History of religions, an international journal for comparative historical studies,The University of Chicago,1978、任繼愈主編：《道藏提要》（第3頁）、Kristofer Schipper & Franciscus Verellen：道藏通考 The Taoist Canon：A Historical Companion to the Daozang . The University of Chicago Press , 2004（以下簡作〈《道藏通考》〉（第1083頁）均依據《高上神霄宗師受經式》的“宋政和壬辰（1112）”以及《度人經》經目，推爲六十一卷本《度人經》撰寫於北宋末期，而林靈素參與其撰寫。加以，福井論文認爲現有本是後人修改的（第387頁以下）;《道藏提要》還據《宋史·藝文志》著録《度人經》一卷、《度人經》六十卷，認爲六十一卷本撰寫於兩宋之間（第3頁）。

② “十事”即“一曰：不敬天地忠于國主。二曰：不孝父母祭祀先祖。三曰：心懷諂曲，妄起憎妬。四曰：婬亂敗亡，終身不固。五曰：塵情不絶，妄思榮辱。六曰：損人安己，虐貧趨富。七曰：殺害生命，屠割痛苦。八曰：吞啗葷腥，飲食酒肉。九曰：輕師慢法，心生嫉毒。十曰：誑惑至真，指投迷路”（《昇仙妙經》，第433頁下段），其都包括俗世的道德與修道者的戒律，并不是有特色的。

紹據《度人經·北都除殃品》(卷四十)、〈解釋幽牢品〉(卷五十七)的地獄世界而曰：死後受冥界之苦，即咎由自取。通玄真人爲了救濟此類受地獄之苦的衆生，又爲了受“運劫消磨，水旱灾荒，兵戈盜賊，疫毒流行”[①]等世上苦惱的衆生，請求元始天尊的慈悲。

> 天尊曰：吾有玉闕金文，祕于玄都上館，下凡不聞。可以上消天灾，中證一身，下禳鬼禍，斷絶統牽，長生久視，脱離長夜，超騰陽天。吾當爲汝開釋明通道矣。[②]

天尊曰：密藏於“玄都上館”的“玉闕金文”即《昇仙妙經》能解除天灾、世上衆生的苦惱、冥界死者的苦惱，而能使衆生達到長生久視，昇於“陽天”。接下來將要披露本經的教法。

在末尾《超死脱生證凡成聖洞章第九》之中，聽完天尊的一切説法的通玄真人如此曰：

> 通玄真人啓白衆聖……若有得遇玉華靈文轉念者，先當清心静意，齋沐焚香，禮拜十方，各令三過，然後面東平座，集神定志，誦經一遍，凶禍不生，誦經十遍，萬邪歸正，誦經百遍，神鬼欽承，誦經千遍，得保長生，誦經萬遍，上超九祖，下廕七玄，終證一身，永爲天官，在世不忘，信受奉行。[③]

通玄真人謳歌：“清心静意”“齋沐焚香”，向於“十方”禮拜之後，專心讀誦本經，適應其讀誦次數之多寡得到相當的效果，達到“萬遍”能救濟“九祖”以前的祖先、苦於“七玄”的死者而自身能達到“天官”。即本經强調：如“吞霞絶粒，吐故納新，屈伸導引”等道術不能救濟衆生，只要讀誦本經才能“度”衆生。

(二)《洞章第二》至《洞章第八》

《有无動静陰陽化生洞章第二》依據《度人經·陰陽化生品》(卷十二)講到“有无、動静”未分之階段即是“化生根源”，即産生萬物的“陰陽混合”之“門”；其“神(即不可捉摸的作用)”即産生萬物的“本”，“氣”即其“因(即根本)”[④]。如此根源分開爲陰陽而産生多種多樣的現象；接下來插入不見於《度人經》之句，講到陰陽分開而産生具體現象之後的情況：

> 上下相應，復化生源。五運肇闢，離合根元，陽胞陰胎，守固以神，神爲化本，氣是生因，神爲心本，心以意從，萬神寂靈，真氣彌盈，千原成一，共守玉瑛。[⑤]

---

① 《昇仙妙經》，第1434頁上段。
② 《昇仙妙經》，第1434頁上段。
③ 《昇仙妙經》，第1437頁下段。
④ 下面至《洞章第七》的原始資料，參閲上面的對照表。
⑤ 《昇仙妙經》，第1434頁下段。

在此重復既出之句而强調回歸於"生源"的重要性。展開爲萬物即意味著離開"根元"，亦意味著分開爲"陽、陰"。因此，在如此階段，須要再確認其"神（不可捉摸的作用）"即"心本"，而控制"心、意"來將"萬神"收斂起來，使得"真氣"充實，再回歸於根源的"一"。即講"有无、動静、陰陽"未分的根源即産生萬物的根源，又講到再回歸於其根源的重要性；如此將"萬神"收斂於根源，即相當於六朝以來的"混合百神"之法[①]。

《三華始分保胎護命洞章第三》之全文依據《度人經・保胎護命品》（卷四十三）。元始天尊將《度人保胎護命妙品》念誦一次，正好在座的衆生將遥遠過去的"道本元"都想起來了。其即天地未生、惟"元氣"存在的最初階段。後來經過"九十億劫、九十大劫"，"三華"誕生，"五老、三元"將"三華"保護下來。章題之中的"三華"即玉清天的三元宫之名[②]。接下來的一段曰：看不見的"大道"做起"應化"之作用即發生"精神"。此"神"即萬物的"靈"的本質，其作用即産生"靈童"，"靈童"起各種作用而産生如"叔火之君、伯華之君"等諸神。

《天地生成二儀離合洞章第四》之幾乎全文相當於《度人經・陰陽離合五行化體品》（卷十六）與《追度上世亡魂品》（卷五十五）合併的。視爲"形之始"的"太始"誕生之後，如"天清地寧"般地天地分化而産生"萬物"。陰陽兩氣健全發光，天地上下分開，其間萬物自然諧和，四時順調。在如此情況下，衆生自然地與"真詮"一體，能達到"結化胎仙"。

《五行備足生靈壽域洞章第五》的一部分依據《度人經・五行備足生靈壽域品》（卷四十一）。曰：天地定置而大道、三才、五行起用於其間。"五行"維持"滋茂、平正"，陰陽不相剋，人全其壽，達到長生不死。不見於《度人經》的文句曰："五行昌泰，數極于九，九化爲一，一化爲九，滋而成一，无過不及，金木相生，水火既濟，一氣充盈，慧性生源，合和四象，九載登真"[③]，五行作用又窮於"九"又收斂於"一（氣）"，此"一"充沛即"慧"也充實，達到"九載登真"。即此段講到天地誕生之後，依據五行作用來達到"登真"的過程。

《神變炁化无極无窮洞章第六》的一部分依據《度人經・神變氣化品》（卷二十四）。與《度人經》不一致的部分，《昇仙妙經》曰："神、炁"之作用即"无窮、无極"，假如修得其作用，如"坎離媾合，陰陽和平"般地體内的陰陽兩氣混然一體化，使得"神"與"身、體"亦一體化。"炁"的玄妙作用與身體一體化，其結果，如"結化成嬰"般地鍊丹就完成了[④]。

《存亡混合鍊炁變仙洞章第七》的大部分依據《度人經・鍊氣變仙品》（卷六十），講到"鍊炁變仙"即"最上妙道"。《昇仙妙經》獨自的文句强調曰：維持"言无華綺，

---

① 關於"混合百神"，參閲拙著：《宋代道家思想史研究》，東京，汲古書院 2012 年版，第 378 頁以下。

② 《度人經》卷一曰："三華離便，大有妙庭"（《度人經》，第 3 頁下段），《元始無量度人上品妙經四注》所引的薛幽棲注曰："夫人宴三清之宫，則必遠離三便之門，即三界門也。三華宫，即玉清三元宫也。上元玉華，中元金華，下元九華，皆三元上皇道君居之"（《元始無量度人上品妙經四注》，《道藏》第 3 册，第 1671 頁下段）。

③ 《昇仙妙經》，第 1436 頁上段。

④ "神化无窮，炁化无極，知道顯然，正一神氣，得其妙用，坎離媾合，陰陽和平，神不離身，真氣内榮，神不離體，長生久視，内循靈境，外出塵扃，氣化齊遷，游宴玉京，神氣相守，結化成嬰"（《昇仙妙經》，第 1436 頁上段）。

口无惡聲”狀態而如“以氣合道、以道合真”般地將“氣”“道”“真”爲一體化，其結果，“百神”就收斂，“瑞氣”就永遠常存[①]。此種“氣”，如“我炁非物，能生衆物。我炁无情，能化有情”般的“非物、非情”而却産生所有的“物”而教化所有的“有情”。“炁”既是“道母”又是“大神”。

《水火騰臨長生久視洞章第八》幾乎全文不見於《度人經》，是獨自内容[②]；曰：“道本”深奥，其作用涉及於一切而“无窮、无極”，普通衆生認不到它。只有領悟它的人才能達到“返老成嬰”。爲了達不到如此境界而在世受苦的衆生，“上聖”垂憐，授以“(陽)火”，克服“陰”，使五行充沛。只要具備此“至真之火”，如“陽時加火，長生自然”般地自然而然地達到“長生”。

《超死脱生證凡成聖洞章第九》也是獨自内容[③]。鑽研本經所講的“妙道”，便斷絶對於世俗世界的執著，降伏“百魔、群妖”，“百神”不斷隨從；其名字從冥府的名簿消去，加載於天界的名簿。如“坎離交泰、養就仙胎”般地内面錬丹就成就，如“證凡朝聖”般地終於换凡人爲聖人。

結束語

《洞章第二》至《洞章第八》以及《洞章第九》前半的内容非常晦澀難懂，是與《洞章第一》以及《洞章第九》後半完全兩樣的。上面介紹的内容只不過是其概略的。其原因似乎在於《昇仙妙經》多半内容是直接依據《度人經》的，與《昇仙妙經》獨自文句之間存在著明顯的差異。

從《洞章第二》開始的本經主要部分，首先提到根源“道”而接著講到陰陽、五行，在其過程之中亦提到相關修錬的事，但均過於抽象；没提到救濟死者的具體方法、生者應該捧持的戒律、修養身心的具體修錬法等等。假如有人讀到本經，此人也不能期待修得具體道法而從所有的苦惱將一切衆生救濟出來。如此的話，本經的意義應該在於如《叙

① “言无華綺，口无惡聲，以氣合道，以道合真，百神會聚，瑞氣綿綿”(《昇仙妙經》，第1436頁下段)。

② “道本玄奥，生而不滅，久視不衰，然而无祠，洞照三界，流通死生，視之不見，聽之不聞，摶之不得，乃謂窮乎无窮，極乎无極也。論其至微，而不可欺，得其利用，溉灌天池。長育周濟，生道无遺，水底挑燈，倒行逆施，返老成嬰。達者獨馳，拙於攝養，智難管窺，汎濫淪溺。上聖垂慈，救度傾覆，與脱嶮巇，善於取用，妙發玄機。陰日添火，五行未虧，火之晦，而不可損。至真之火，明粲經躔，及其電爍，光于九天，上善加佑，无黨无偏。身值劫火，火中生蓮，静防躁進，豈與物誼。陽恐陰撓，有害靈詮，達茲至邃，長育齊肩。昧者滋惑，焚和燬安，如蛾自赴，竟不迴瞻。上帝矜憫，糜爛重痊，萬不失一，達觀妙玄，陽時加火，長生自然。知斯二者，潜精内默，洞觀陽天，无生死中，真境自現，道與神合，顯應通玄，道本无爲，道本新鮮，迴骸起死，以氣能元，天光入身，永劫幽玄”(《昇仙妙經》，第1437頁上段)。

③ “妙道玄微，能免生死，不入流浪，不居艶景，不染凡華，不歸名利，不去貪求，不起憎愛，不生妄想，不生思念，斷除死户，能超生門。太一通靈，五行氣聚，四象齊生，黄庭大帝，真境清清，玄元真寶，灌頂充盈，浮沈上下，長保利貞，百魔束伏，群妖縮形，静寂常寂，百神隨行，周天甲子，細審精诚，北府除記，南簡標名，左持金策，右持玉瑛，鸞鶴天仙，來往騰昇，形神安静，浩渺開明，至道永固，三魂現靈，坎離交泰，養就仙胎，證凡朝聖。通玄真人，稽首拜謝，臣等感荷慈恩，開明諦授，衆真敬禮，國泰民豐，鄷幽静默，三界歡欣。通玄真人啓白衆聖，今日幸遇師傳第授，各生虔奉，轉誦真經，功不可窮。若有得遇玉華靈文轉念者，先當清心静意，齋沐焚香，禮拜十方，各令三過，然後面東平座，集神定志，誦經一遍，兇禍不生，誦經十遍，萬邪歸正，誦經百遍，神鬼欽承，誦經千遍得保長生，誦經萬遍，上超九祖，下靡七玄，終證一身，永爲天官，在世不忘，信受奉行”(《昇仙妙經》，第1437頁下段)。只有“免生死，不入流浪”之句見於《度人經·永斷輪轉品》(《度人經》，第615頁下段)。

傳授經事》所講般地讀誦本經會帯來的其神祕救濟力。如此意義顯然見於本經末尾所講的"轉誦真經，功不可窮"[①]、"誦經一遍，凶禍不生，誦經十遍，萬邪歸正，誦經百遍，神鬼欽承，誦經千遍得保長生，誦經萬遍，上超九祖，下㢋七玄，終證一身，永爲天官，在世不忘,信受奉行"[②]等的讀誦本經會帯來的具體效果。此恐怕是具有"小型《度人經》"性格的本經將道教科儀上讀誦《度人經》的重要性以及威權做靠山的[③]。《金史·百官志》注曰："道士、女冠、童行念道德、救苦、玉京山、消灾、靈寶度人等經，皆以誦成句、依音釋爲通"[④]，即作爲"道士、女冠、童行"須要通釋的經典之一數《度人經》。具有小型版《度人經》性格的本經之流傳，也可以算爲《金史》記述的一個具體例子。

（作者簡介：山田俊，文學博士，日本熊本縣立大學文學部教授）

Taishang yuhua dongzhang bawang dushi shengxian miaojing and Lingbao wuliang duren shangpin miaojing

Yamada Takashi

Abstract: *Taishang yuhua dongzhang bawang dushi shengxian miaojing*太上玉華洞章拔亡度世昇仙妙經, which is contained in Daozang道藏, appends a postface叙傳授經事 to the end of the document. The postface is a record of anecdotes from the Shanxi Fenzhou山西汾州 area of Huangtong 皇統 2–3 on this Canon. In other words, we now know that this Canon was circulating in the Shanxi area in the early Huangtong period of the Jurchen Dynasty金朝. Speaking from Taoist Canons that can be confirmed to have spread during the Jurchen Dynasty are limited. As one specific example of the Fenzhou area during the Jurchen Dynasty, this Canon is extremely important. This paper focuses on the relationship between *Shengxian miaojing* and *Duren jing*度人經 and gives a brief review.

Keywords: *Taishang yuhua dongzhang bawang dushi shengxian miaojing* Jurchen Dynasty Shanxi Fenzhou Duren jing

（本文责任编校：閆　寧　肖鸿哉）

① 《昇仙妙經》，第 1437 頁下段。

② 《昇仙妙經》，第 1437 頁下段。

③ 關於道教儀禮上的《度人經》之位置，就六朝至唐代的分析，參閱山田利明：《六朝道教儀禮の研究》（第二篇第四章《〈靈寶度人經〉誦經儀の形成》），東京，東方書店 1999 年版。

④ 《金史》，中華書局 1975 年版，第 1234 頁。

史學抉原

"清談"辨證

劉康德

摘　要：魏晋名士可分爲注重"言説"與注重"文章"兩類，注重言説者擅長清言與辯給，此即過去常説的清談。其實清言與辯給的範圍至廣，表現爲談老莊、説諸子、論經典、講歷史、言"名通"、辨名理等多個方面。在魏晋名士普遍熱衷清談的背景下，梁簡文帝提出了清談的三個標準：簡至、玄理超詣和經綸。清談講究場所和時段，講究辯論之優劣與輸贏，還會注意談辨過程中做到音色動聽和容顔動人。清談一般以坐談的形式展開，談得投入便會"促膝"，反過來又促進"談心"。同時，清談十分講究道具（麈尾）的使用，可以引人注意、深入話題。

關鍵詞：清談　言説　辨證　魏晋

一、引言

魏晋名士可分爲兩類。一類擅長"清言"與"辯給"，注重"言説"（清談），口才特别好；一類擅長"翰墨"與"手筆"，注重"文章"，文章特别好。如《晋書·樂廣傳》：

> （樂）廣善清言而不長于筆，將讓尹，請潘岳爲表。岳曰："當得君意。"廣乃作二百句語，述己之志。岳因取次比，便成名筆。時人咸云："若廣不假岳之筆，岳不取廣之旨，無以成斯美也。"①

又如《世説新語·文學》"太叔廣甚辯給"條説道："太叔廣甚辯給，而摯仲治長于翰墨，俱爲列卿。每至公坐，廣談，仲治不能對。退著筆難廣，廣又不能答。"②

有時候，一家叔侄二人還會出現有擅長"清言"的、有擅長"手筆"的，如《世説新語·文學》"江左殷太常父子并能言理"條注引《中興書》曰：

---

① 房玄齡等：《晋書》，北京，中華書局1974年版，第1244頁。

② 余嘉錫：《世説新語箋疏》（以下簡稱《世説》），上海，上海古籍出版社1993年版，第255頁。

殷融字洪遠，陳郡人……著《象不盡意》《大賢須易論》，理義精微，談者稱焉。兄子浩亦能清言，每與浩談，有時而屈，退而著論，融更居長。[①]

這兩類名士，從歷史發展角度來看，"翰墨"、"手筆"占優，因爲它可給人留下"翰墨"（文字文章）。所以王隱在《晋書》中這樣説：

（摯）虞與（樂）廣名位略同，廣長口才，虞長筆才，俱少政事。衆坐廣談，虞不能對；虞退筆難廣，廣不能答。于是更相嗤笑，紛然于世。廣無可記，虞多所録，于斯爲勝也。[②]

但從當時社會崇尚"言説"的魏晋時期來看，則"清談"與"辯給"占優。因爲當時是以能不能"言説"來判斷人之優劣、水平境界之高低的。至于爲人如何、書讀多少，都不在話下。魏晋社會"以談論爲英華"。

魏晋名士注重"言説"（清言與辯給）的這一特征[③]，直接導致後人將此特征簡單地歸結爲"清談"。于是我們當今能看到的相關"清談"文章與著作不計其數，使人目不暇給。[④]然而，翻閲之餘，總覺得這類著作與文章缺失了些什麼，也總覺得這類著作文章難以涵蓋囊括魏晋名士"言説"（清談）之全部。故筆者專門著述此文以梳理名士之"言説"，辯證名士之"清談"。

魏晋名士注重"言説"——清談，首先表現在"談老莊"。

二、談老莊

1. 談老莊

魏晋名士談"老莊"，這大概已成爲人們的共識。所以到清朝錢大昕那裏就對"清談"作這樣的界定："魏晋人言老莊，清談也。"[⑤]同時代的顧炎武也這樣界定："昔之清談談老莊。"[⑥]

魏晋社會清談老莊、崇尚老莊，與當時魏晋社會變動激劇、亂象叢生有關。在這樣的社會情形下，原有的思想意識形態——儒家思想無法應對社會變動、涵蓋亂象，而只

① 《世説》，第255頁。

② 《世説》，第255頁。

③ 魏晋時期注重"清言"與"辯給"（言説），既是對漢末"说五字之文至于二三萬言"的繁瑣注經的反動，又是對漢末品評——"清議"的延續。

④ 1992年台北東大圖書出版公司出版的唐翼明著《魏晋清談》一書就較爲詳盡地探討了"魏晋清談"。唐先生在《魏晋清談》一書中對清談的形式、清談的内容及清談的流變作了分析介紹。對于"清談的形式"，唐先生利用《世説新語》等材料，對名士清談的方式、程式、術語、境界、游戲等方面勾畫出"清談形式"的大致輪廓；對于"清談内容"，唐先生認爲"三玄"（老、莊、易）是名士清談的主要談資，當然還不限于此"三玄"；對于"清談的流變"，唐先生從漢末梳理到南朝。

⑤ 錢大昕：《十駕齋養新録》卷一八《清談》，《嘉定錢大昕全集》（7），南京，江蘇古籍出版社1992年版，第502頁。

⑥ 顧炎武：《日知録集釋》（全校本）卷七《夫子之言性與天道》，上海，上海古籍出版社2006年版，第402頁。

能以具有極大包容性和寬容度的老莊學説來應對。

對于這種學説、思想的轉型，王弼在《老子指略》一文中有所分析。王弼説：

法者尚乎齊同，而刑以檢之。名者尚乎定真，而言以正之。儒者尚乎全愛，而譽以進之。墨者尚乎儉嗇，而矯以立之。

在王弼看來，諸如法、儒、名、墨諸家皆偏執一孔、有爲一方。因爲偏執一孔、有爲一方，所以也必定有它的局限性，那就是"執之者則失其原"、"有由則有不盡"。這些偏執一孔、有爲一方，不能相通兼顧所有的學説，是不能涵蓋、囊括亂象叢生、變動激劇的魏晋社會的。所以王弼認定這些諸家（法家、名家、儒家、墨家）思想是不管用的，是能帶來"紛紜憒錯之論，殊趣辨析之争"。而一種"不宫不商、不温不涼"，带有極大寬容度、包容性、兼顧所有的學説思想才能"足以府萬物、官天地"。也就是説，只有"不温不涼"，才能應對"涼"，也能應對"温"；只有"不宫不商"，才能應對"宫"，也能應對"商"。反之，偏執一孔（若宫）、有爲一方（若温），那就直接導致"若温也則不能涼矣，宫也則不能商矣"[①]。與其這樣，不如"不宫不商、不温不涼"來得好。而這種"不宫不商、不温不涼"的觀念也就是"無"（無規範）的觀念。而這種"無"既可應對"宫"，也可應對"商"，所以它也是"宫"與"商"的根本（"萬物之所資"）。而能作爲萬物之根本的學説，也就是老莊的學説。所以王弼在《老子指略》一文中明確指出："《老子》之書，其幾乎可一言而蔽之。噫！崇本息末而已矣。"[②]

于是，老莊也就成爲魏晋名士的最愛，以此應對魏晋社會的方方面面，適應亂象叢生、變動激劇的社會。這樣，清談老莊也就成爲必然趨勢以及名士生活中不可缺少的一部分。[③]

就連名士文人聚會也離不開清談老莊，如《世説新語·文學》説：

支道林、許（詢）、謝（安）盛德，共集王（濛）家。謝顧謂諸人："今日可謂彦會，時既不可留，此集固亦難常。當共言詠，以寫其懷。"許便問主人有《莊子》不？正得《漁父》一篇。謝看題，便各使四坐通。[④]

更有甚者，名士婚娶場合也清談老莊。如《世説新語·文學》説：

羊孚弟娶王永言女。及王家見婿，孚送弟俱往。時永言父東陽尚在，殷仲堪是東陽女婿，亦在坐。孚雅善理義，乃與仲堪道《齊物》。殷難之，羊云："君四番後，當得見同。"殷笑曰："乃可得盡，何必相同？"乃至四番後一通。殷咨嗟曰："僕便

① 樓宇烈：《王弼集校釋》，北京，中華書局1980年版，第195—196頁。
② 樓宇烈：《王弼集校釋》，北京，中華書局1980年版，第198頁。
③ 以及老莊思想立説超乎具體、逸出有相、界限模糊，具有極大的自由度和包容性，給名士清談留出很大的空間并提供話由。
④ 《世説》，第237頁。

無以相异。”歎爲新拔者久之。[①]

此時玄談熾煽、老莊盛行，就連年少孩子也不能免。如《世説新語・文學》説：

諸葛厷年少不肯學問。始與王夷甫談，便已超詣。王歎曰：“卿天才卓出，若復小加研尋，一無所愧。”厷後看《莊》《老》，更與王語，便足相抗衡。[②]

而魏晋清談又是通過名士一系列讀、講、注老莊來完成的。

2. 讀、講、注老莊

一部《世説新語》，記載著不少名士讀老莊案例。如上述提到的諸葛厷爲了與王衍相抗衡就“看《莊》《老》”，又如袁悦也從小讀《老子》，“又看《莊》《易》”，“庾子嵩（庾敳）讀《莊子》”，而殷仲堪還公開宣稱“三日不讀《道德經》便覺舌本間强（彊）”。[③]

名士們除讀老莊外，還講老莊。《世説新語・排調》説：

桓南郡（桓玄）與道曜講《老子》，王侍中爲主簿在坐。[④]

這種談老莊與講老莊相互結合、互相促進，有力地推動了老莊思想在魏晋社會的普及和提高，反過來又進一步推動名士們的清談老莊。

讀老莊、講老莊，又爲注釋老莊打下了基礎。《世説新語・文學》説：

何平叔（何晏）注老子，始成，詣王輔嗣（王弼）。見王注精奇，乃神伏曰：“若斯人，可與論天人之際矣！”因以所注爲道德二論。[⑤]

《文學》還説：“何晏注《老子》未畢，見王弼自説注《老子》旨。何意多所短，不復得作聲，但應諾諾，遂不復注，因作《道德論》。”[⑥]

名士注《老子》之同時，還注《莊子》。《世説新語・文學》説：

初注《莊子》者數十家，莫能究其旨要。向秀于舊注外爲解義，妙析奇致，大暢玄風。唯《秋水》《至樂》二篇未竟而秀卒。秀子幼，義遂零落，然猶有别本。郭

① 《世説》，第241頁。

② 《世説》，第202頁。

③ 《世説》，第202、891、204、242頁。

④ 《世説》，第823頁。

⑤ 《世説》，第198頁。《世説新語・文學》“何晏爲吏部尚書”條注引《弼别傳》曰：“（王）弼字輔嗣，山陽高平人。少而察惠，十餘歲便好《莊》《老》。通辯能言，爲傅嘏所知。吏部尚書何晏甚奇之，題之曰：‘後生可畏。若斯人者，可與言天人之際矣！’”（第195頁）同條還注引《文章叙録》曰：“（何）晏能清言，而當時權勢，天下談士，多宗尚之。”《魏氏春秋》曰：“晏少有异才，善談《易》、《老》。”（第195頁）。

⑥ 《世説》，第200頁。

象者，爲人薄行，有俊才。見秀義不傳于世，遂竊以爲己注。乃自注《秋水》《至樂》二篇，又易《馬蹄》一篇，其餘衆篇，或定點文句而已。後秀義别本出，故今有向、郭二《莊》，其義一也。[①]

這種注《莊》釋《莊》的過程也是魏晋名士摻雜了個人情感觀念、融入時代特征潮流，進而涵蓋社會、應對社會的過程。果然，不久就有了魏晋名士的新認識、新體悟，王弼就有不同凡響的認知和清談。《文學》説：

王輔嗣（王弼）弱冠詣裴徽，徽問曰："夫無者，誠萬物之所資，聖人莫肯致言，而老子申之無已，何邪？"弼曰："聖人體無，無又不可以訓，故言必及有；老、莊未免于有，恒訓其所不足。"[②]

《文學》還説到：支道林拔新領异，作數千語論《莊子·逍遥游》，"才藻新奇，花爛映發"，使聽衆"遂披襟解带，留連不能已"。[③]而之所以能使聽衆"留（流）連不能已"，是在于支道林對《莊子·逍遥游》"卓然標新理于（郭象、向秀）二家之表，立异義于衆賢之外，皆是諸名賢尋味之所不得"[④]的。

支道林不僅對《莊子·逍遥游》這篇有心得體會，還對《莊子·漁父》一篇有新認識新體會。《文學》記載：

得《漁父》一篇。謝（安）看題，便各使四坐通。支道林先通，作七百許語，叙致精麗，才藻奇拔，衆咸稱善。[⑤]

這裏已有玄佛融合的表現了。

當支道林對老莊有新認識新體會之同時，謝安也有了新認識。《文學》説：當大家對支道林的"叙致精麗，才藻奇拔"稱善之時，謝安接著"自叙其意，作萬餘語，才峰秀逸"，并"意氣擬託，蕭然自得"，使四座聽衆"莫不厭心"（心滿意足）。[⑥]支道林與謝安兩人都對《莊子·漁父》有新認識新體會，差别只是支道林"作七百許語"，而謝安却要"作萬餘語"方將心得體會説清楚、講明白。以魏晋"貴無、從簡"之原則來判斷，則支道林占優。

上述一系列的談、讀、講及注老莊，使老莊思想真正融入到名士的血液裏，根植到名士的骨髓中，以致魏晋名士成爲老莊在魏晋的化身，使魏晋名士的日常言説（清談）

---

① 《世説》，第205—206頁。
② 《世説》，第199頁。
③ 《世説》，第223頁。
④ 《世説》，第220頁。
⑤ 《世説》，第237頁。
⑥ 《世説》，第237頁。

和行爲都有了老莊風采。如《世説新語・德行》記載：

梁王（司馬肜）、趙王（司馬倫），國之近屬，貴重當時。裴令公（裴楷）歲請二國租錢數百萬，以恤中表之貧者。或譏之曰："何以乞物行惠？" 裴曰："損有餘，補不足，天之道也。"[①]

這是名士在不經意中自然而然流露出《老子》七十七章的内容。《世説新語・品藻》又記載：

有人問袁侍中曰："殷仲堪何如韓康伯？" 答曰："理義所得，優劣乃復未辨；然門庭蕭寂，居然有名士風流，殷不及韓。" 故殷作誄云："荊門晝掩，閑庭晏然。"[②]

這是説名士在追求老莊的生活境界：荊門晝掩、閑庭晏然、心氣安舒、境界高遠。

魏晋名士熱衷清談老莊，大概還與老莊思想中的某些東西跟名士們的社會體悟（領悟力）天然合一有關，所以會出現山濤"不讀老、莊，時聞其詠，往往與其旨合"[③]，以及"庾子嵩（庾敳）讀《莊子》，開卷一尺許便放去，曰：'了不异人意。'"[④]

魏晋名士的清談，我們千萬不能認準名士清談只談"老莊"，他們還會涉及其他諸子百家及經典。這就像社會的主流意識形態不可能將其他所有意識形態清空、擠出一樣。所以魏晋名士清談除老莊外，還有其他。

三、説諸子

1. 儒家孔孟

魏晋時期，儘管是一個崇尚老莊的時代，但魏晋社會所依賴的基本生存底色——儒家學説還是被頑强地表現出來：它（儒家）在名士的清談中没有道家風光，却還是有片言隻語的流露。如《世説新語・識鑒》説："謝公在東山畜妓，簡文（司馬昱）曰：'安石必出。既與人同樂，亦不得不與人同憂。'"[⑤]這是簡文帝司馬昱借孟子"與人同憂樂"的觀點來表達自己的看法：謝安必然出。《世説新語・排調》又説：

鍾毓爲黄門郎，有機警，在景王坐燕飲。時陳群子玄伯、武周子元夏同在坐，共嘲毓。景王曰："皋繇何如人？" 對曰："古之懿士。" 顧謂玄伯（陳泰）、元夏（武

---

① 《世説》，第 21 頁。

② 《世説》，第 543 頁。

③ 《世説》，第 433 頁。

④ 《世説》，第 204 頁。《世説新語・識鑒》還説道："石勒不知書，使人讀《漢書》。聞酈食其勸立六國後，刻印將授之，大驚曰：'此法當失，云何得遂有天下？' 至留侯（張良）諫，乃曰：'賴有此耳！'"（第 391—392 頁）這也是指人的領悟力。

⑤ 《世説》，第 403 頁。

陔）曰："君子周而不比，群而不黨。"[①]

這是名士鍾毓在用孔子的"周而不比，群而不黨"來嘲諷陳泰和武陔。[②]

《世説新語·棲逸》還説到："戴安道（戴逵）既厲操東山，而其兄欲建式遏之功。謝太傅（謝安）曰：'卿兄弟志業，何其太殊？'戴曰：'下官不堪其憂，家弟不改其樂。'"[③]這是戴逵用《論語·雍也》中的"不堪其憂，不改其樂"來表達自家兄弟間的志向的差别。

諸如此類的孔孟"片言隻語"，在魏晋名士的清談中還有不少流露。如"生死有命，富貴在天"[④]，"未知生，焉知死"[⑤]，等等。從這些引用的孔孟的"片言隻語"中可以看出，名士們所説絶對是脱口而出，所用絶對是貼切自然。也正因爲這樣，所以湯用彤先生曾説：這些名士"本出于禮教家庭，早讀儒書"[⑥]。魯迅先生也曾説：魏晋名士表面上崇尚老莊道家，但實際上"倒是相信禮教，當做寶貝"[⑦]。

這也充分説明，在魏晋名士的清談中，儒家孔孟儘管没有道家風光，但不等于不重要。魏晋期間還是有人十分看重儒家孔孟，王弼就曾這樣説："聖人體無，無又不可以訓，故言必及有；老、莊未免于有，恒訓其所不足。"[⑧]這就是説，講"有"的也未必不講"無"，講"無"的也未必不講"有"；老莊僅僅講"無"、談"玄"（"恒訓其所不足"），總説明有其缺陷。言下之意：别看現在老莊鬧騰得厲害（"恒訓其所不足"），但從長遠來看，就社會規範穩定來説，還是孔孟儒家管用（"言必及有"）。這是因爲儒家孔孟强調禮教、規則和有序。這在當時還真有人這麼説："以忠恕爲珍寶"、"行仁義爲室宇"、"修道德爲廣宅"、"張義讓爲帷幕"。[⑨]

如此，這名士講讀《論語》也就被納入清談範圍。如《世説新語·尤悔》就提到：

> 桓公（桓玄）初報破殷荆州，曾講《論語》，至"富與貴，是人之所欲，不以其道得之不處"，（桓）玄意色甚惡。[⑩]

2. 兵家孫吴

《世説新語·識鑒》説道：

---

① 《世説》，第780—781頁。

② 鍾毓之父鍾繇，司馬師用"皋繇"之"繇"是犯忌諱的。同樣鍾毓用"懿士"來回答，也是犯忌諱的，因爲司馬師之父是司馬懿。以及鍾毓用"周而不比，群而不黨"來指向玄伯、元夏，也是犯忌諱的，因爲元夏（武陔）的父親就是武周，玄伯（陳泰）的父親就是陳群。古代是不能當著某人的面而直接提其父的名字的。

③ 《世説》，第659頁。

④ 見《世説新語·賢媛》"漢成帝幸趙飛燕"條。第668頁。

⑤ 見《世説新語·簡傲》"王子猷作桓車騎騎兵參軍"條。第773頁。

⑥ 湯用彤：《湯用彤學術論文集》，北京，中華書局1983年版，第301頁。

⑦ 見魯迅：《魏晋風度及文章與藥及酒之關係》。

⑧ 《世説》，第199頁。

⑨ 《世説》，第432頁。

⑩ 《世説》，第909頁。對于講讀《論語》之事，《晋書》（中華書局1974年版，第599頁）説："魏齊王正始二年二月，帝講《論語》通……惠帝元康三年，皇太子講《論語》通。元帝太興二年，皇太子講《論語》通。"

晋武帝講武于宣武場，帝欲偃武修文，親自臨幸，悉召群臣。山公（山濤）謂不宜爾，因與諸尚書言孫、吴用兵本意。遂究論，舉坐無不諮嗟。皆曰："山少傅乃天下名言。後諸王驕汰，輕遘禍難，于是寇盗處處蟻合，郡國多以無備，不能制服，遂漸熾盛，皆如公言。時人以謂山濤不學孫、吴，而闇與之理會。王夷甫（王衍）亦歎云："公闇與道合。"[①]

這就是説，對于晋武帝偃武修文的政策，山濤不認可，以爲欲國强盛，兵者軍隊不可缺失，這也即如其條注引《竹林七賢論》説的那樣："（山）濤爲人常簡默，蓋以爲國者不可以忘戰。"而這一觀點又正與《孫臏兵法・見威王》相一致："孫臏見威王曰：'夫兵者，非士恒勢也。此先王之傅（輔）道也。戰勝，則所以在亡國而繼絶世也；戰不勝，則所以削地面危社稷也。是故兵者不可不察也。'"

魏晋名士談兵家并通"孫吴用兵本意"的當然不止山濤一人，還有"聞雞起舞，擊楫中流"的祖狄和"淝水列陣,大破秦軍"的謝玄等。他們豈止談兵家通"孫吴用兵本意"，還深得用兵之道，否則又怎能在戰争中獲勝?

3. 名家公孫龍、惠施

《世説新語・文學》説道：

司馬太傅（司馬道子）問謝車騎（謝玄）："惠子其書五車，何以無一言入玄？"謝曰："故當是其妙處不傳。"[②]

在這裏，劉孝標注引："惠施多方，其書五車，其道舛駁，其言不中。謂卵有毛，雞三足，馬有卵，犬可爲羊，火不熱，目不見，龜長于蛇，丁子有尾，白狗黑，連環可解。"并下結論："能勝人之口，不能服人之心，蓋辯者之囿也。"[③]

這是因爲名家惠施諸多的命題，超出特定時空之下人的常理常識，所以顯得晦澀難懂，成"辯者之囿"。[④]這在名士謝玄看來是"妙處不傳"的地方，所以"無一言入玄"[⑤]。也因爲這樣，這名家也就更值得魏晋名士"清談"。

魏晋名士不僅僅關注惠施，還關注公孫龍。《世説新語・文學》説：

謝安年少時，請阮光禄道《白馬論》。爲論以示謝，于時謝不即解阮語，重相諮盡。阮（裕）乃歎曰："非但能言（白馬論）人不可得，正索解人亦不可得。"

---

① 《世説》，第388頁。

② 《世説》，第239頁。

③ 《世説》，第239—240頁。

④ 對于這些名家命題，如能超越特定之時空，打破思維之局限，或許能解。筆者曾對"輪不碾地"、"今日適越而昔來"有過解釋，可參閲拙文：《"游刃"與"鑿"辨析》，《復旦學報》2010年第6期；《訴"樸"》，《清華大學學報》2010年第2期。

⑤ 是指惠施没有自己的著作來解釋這些命題。同樣，對這些名家命題，莊子在其書中也無具體、明顯的解釋。

這同樣是因爲公孫龍子的諸多命題（"白馬非馬"、"指非指"和惠施的"指不至"）滑出人之思維之常軌、游走物之有無之間隙，所以導致阮裕歎息"非但能言人不可得，正索解人亦不可得。"[①]可見魏晋名士清談討論名家之不易。

然而，魏晋時期又是一個萬象更新、標新立异的時代，是一個思想翻新、新招迭出的社會。費解難懂的事理、命題，在當時還總會有人出招化解。《世説新語·文學》就説到名士樂廣"借物（麈尾）明理"：

> 客問樂令（樂廣）"旨（指）不至"者，樂亦不復剖析文句，直以麈尾柄確（觸）几曰："至不？"客曰："至。"樂因又舉麈尾曰："若至者，那得去？"于是客乃悟服。樂辭約而旨達，皆此類。[②]

對此，楊勇《世説新語校箋》解釋説："樂令以麈尾柄確几，先至而後去，則其所謂至，非絶對之至也。换言之，有至必有去，有去必有至，而至與去，爲相對存在，非永遠現象。此皆玄學家名理之辯，亦當時清言之一斑。"[③]

魏晋名士對名家惠施、公孫龍子關注及對其命題的詮釋，客觀上提升了自身的名辯邏輯之能力，反過來又促進魏晋清談的進一步發揚光大。

4. 縱横家蘇秦、韓非

《世説新語·讒險》説：

> 袁悦有口才，能短長説，亦有精理。始作謝玄參軍，頗被禮遇。後丁艱，服除還都，唯賫《戰國策》而已。語人曰："少年時讀《論語》《老子》，又看《莊》《易》，此皆是病痛事，當何所益邪？天下要物，正有《戰國策》。"[④]

在這裏，《戰國策》就是縱横家的著作。按當今學者吕思勉先生説來："縱横家之書，今所傳惟《戰國策》。此書多記縱横家行事，而非事實……《戰國策》一書，正論説士權變，并序其説者也。然此書止于備載行事，于縱横家之學理，未曾道及。縱横家之學理，轉散見于諸子書中，而莫備于韓非之《説難》。"[⑤]而魏晋名士袁悦對《戰國策》感興趣，這説明縱横家也是名士清談的内容之一。

---

① 楊勇《世説新語校箋》此條注曰："能言人，即能言白馬論之人；索解人，即求能了解白馬論之人。"并引江藍生《魏晋南北朝小説詞語匯釋》："此言非但能談論白馬論的人不可得，就連能聽懂的人也不可得。"見楊勇：《世説新語校箋》，北京，中華書局2006年版，第193頁。

② 《世説》，第205頁。

③ 楊勇：《世説新語校箋》，北京，中華書局2006年版，第183頁。然而，筆者認爲，就是這樣一種解釋，也未必"合旨"和"觸几"（"几"既可理解爲"茶几"之"几"，也可理解爲"有無之幾"之"幾"）；"旨（指）不至"和"樂廣以麈尾柄確几"一旦被其落實成這樣一種解釋，也必定會遮蔽些其他什麼。這就像余嘉錫先生在《世説新語箋疏》中説的那樣："夫理涉玄門，貴乎妙悟，稍參迹象，便落言詮。"與其這樣，倒不如樂廣"不復剖析文句"那樣，小心謹慎對待"樂廣以麈尾柄確几"這一現象。

④ 《世説》，第891頁。

⑤ 吕思勉：《先秦學術概論》，北京，中國大百科全書出版社1985年版，第129頁。

說士辯者（縱橫家）要將事情説成“合縱連横”，就需要講究辯術，就要揣摩人心，看人顔面和眼色，針對不同的人説不同的話，要説得人喜悦，就能辦成事情，達到“合縱連横”的目的。但是，要做到這點是不容易的，這被韓非子説成是“説難”。《韓非子·説難》這樣説：

> 所説出于爲名高者也，而説之以厚利，則見下節而遇卑賤，必弃遠矣。所説出于厚利者也，而説之以名高，則見無心而遠事情，必不收矣。所説陰爲厚利而顯爲名高者也，而説之以名高，則陽收其身而實疏之；説之以厚利，則陰用其言顯弃其身矣。此不可不察也。[①]

總之，説者就是要揣摩人心，看山水（人）説話。如不是這樣，非但達不到“合縱連横”，還要壞事。《韓非子·難言》説：“言順比滑澤，洋洋纚纚然，則見以爲華而不實。敦厚恭祇，鯁固慎完，則見以爲拙而不倫。多言繁稱，連類比物，則見以爲虚而無用。摠微説約，徑省而不飾，則見以爲劌而不辯……”[②]這種説話不看對象是會引起誤解和麻煩的。

在這裏，魏晋名士袁悦大概有此説辯本領的，《世説新語》就説他“能短長説，亦有精理”，并且，還説到袁悦因説辯水平高超而成功兩件事。其一，《世説新語·讒險》説：袁悦“説司馬孝文王（司馬道子），大見親待，幾亂機軸”[③]。其二，《世説新語·賞譽》説“王恭始與王建武（王忱）甚有情，後遇袁悦之間（挑撥離間），遂致疑隙”[④]。

但是，《世説新語·讒險》又記載袁悦不久就被誅殺（“俄而見誅”[⑤]）。這大概與縱横家本身的局限有關：自謀富貴和心術不正。蘇秦就是先説秦，後説趙，成功後嘆曰：貧窮則父母不子，富貴則親戚畏懼。人生在世上，又怎可忽視富貴及權勢？與蘇秦一樣的袁悦因縱横術發達，也因縱横術喪命。

四、論經典

1.《禮記》

《世説新語·言語》説道：“劉尹與桓宣武共聽講《禮記》。”大概聽了有體會了，桓温對劉尹説：“時有入心處，便覺咫尺玄門。”而劉尹則認爲這没有什麽值得讚歎的，它只是像漢儒講經于金華殿那樣老生常談：“此未關至極，自是金華殿之語。”[⑥]

魏晋社會，時代潮流談玄論道，這裏突然冒出講《禮記》，可能與桓温想執政篡權做帝王夢有關，那就是如一旦執政成帝王，這“禮”還真的不可或缺呢！現在做足功課，

---

① 王先慎：《韓非子集解》，北京，中華書局1998年版，第86—87頁。
② 王先慎：《韓非子集解》，北京，中華書局1998年版，第21頁。
③《世説》，第891頁。
④《世説》，第496頁。
⑤《世説》，第891頁。
⑥《世説》，第123頁。

是爲以後做準備。

2.《孝經》

《世説新語・言語》注引《續晋陽秋》説道：

> 寧康三年九月九日，（東晋孝武）帝講《孝經》。僕射謝安侍坐，吏部尚書陸納兼侍中卞眈讀，黄門侍郎謝石、吏部袁宏兼執經，中書郎車胤、丹陽尹王混摘句。[①]

在這裏，皇帝大臣濟濟一堂共讀《孝經》，場面和諧，感人心肺。這種講《孝經》、讀《孝經》，當然與晋朝以"孝"治天下有關。[②]你那邊儘管可以談玄論道，我這廂放心講"孝"、論"禮"，二者并行不悖。這與時代精神（老莊）崇尚"貴無"、講究"寬容"有關。一句話，魏晋談老釋莊并没有清空擠出其他學説。

3.《爾雅》

魏晋名士爲了"博物"之需、"清談"之用，還提倡讀講《爾雅》。《世説新語・紕漏》説：

> 蔡司徒（蔡謨）渡江，見彭蜞，大喜曰："蟹有八足，加以二螯。"令烹之。既食，吐下委頓，方知非蟹。後向謝仁祖（謝尚）説此事，謝曰："卿讀《爾雅》不熟，爲勸學死。"[③]

4.《詩經》

既然都可以讀講《爾雅》，那麼也就不妨礙名士們讀講《詩經》。所以《世説新語・文學》説到："謝公因子弟集聚，問《毛詩》何句最佳？"[④]

5.《易》

魏晋時期崇尚"三玄"，以上名士們已談到"二玄"（老莊），那麼《易》之一玄，也必然被名士們納入其清談範圍。如名士管輅就"明《周易》，聲發徐州"[⑤]，王弼則"略例"《周易》，鍾會"論《易》無互體"，阮籍則著《通易論》，鍾繇訓《周易》，孫盛則論"易象妙于見形論"[⑥]……諸如此類，不一而足。所以《世説新語・文學》會這樣説："（桓温）宣武集諸名勝講《易》。"[⑦]以及，殷仲堪會問"《易》以何爲體"[⑧]這樣的問題。

6. 佛教經典

魏晋時期，佛教傳入，這樣也爲名士名僧們講解佛典提供了可能。如《世説新語・文學》

---

① 《世説》，第144頁。

② 房玄齡等：《晋書》，北京，中華書局1974年版，第202頁説：升平元年三月，"帝講《孝經》"。

③ 《世説》，第911頁。

④ 《世説》，第235頁。

⑤ 《世説新語・規箴》注引《管輅别轉》，第552頁。

⑥ 《世説》，第238頁。

⑦ 《世説》，第217頁。

⑧ 《世説》，第240頁。

說到："提婆初至，爲東亭（王珣）第（邸）講《阿毗曇》。"[①]《世說新語·文學》又說到："支公（支道林）正講《小品》。"[②]《世說新語·文學》還說到："殷中軍被廢東陽，始看佛經。初視《維摩詰》，疑般若波羅密太多，後見《小品》，恨此語少。"[③]《世說新語·規箴》同樣講到："遠公（慧遠）在廬山中，雖老，講論（佛典）不輟。"[④]《高僧傳》還提到：竺法汰在建康瓦官寺講《放光經》，"（簡文）帝親臨幸，王侯公卿莫不畢集"[⑤]。……

一時間，名士名僧或以佛釋莊，或以莊釋老，將玄學清談推向另一高潮、別樣境界。

說了"諸子"，論了"經"，接下來名士們開始講"歷史"了。

五、講歷史

讀史講史大概是中國的傳統。所以早在三國期間，《三國志·魏書·王粲傳》注引《魏略》就提到：太祖（曹操）遣邯鄲淳詣曹植，（曹）植與淳"論羲皇以來賢聖名臣烈士優劣之差"[⑥]。

到魏晉期間，名士阮籍在蘇門山中與得道高士"商略終古，上陳黄、農玄寂之道，下考三代盛德之美"[⑦]。西晉期間，名士張華就被人評價爲"張茂先（張華）論（講）《史》《漢》，靡靡可聽"[⑧]。而名士伏玄度與習鑿齒則"論青、楚人物"[⑨]。以及王彌與張天錫"陳說古今，無不貫悉"[⑩]。名士王衍則自誇："我與王安豐（王戎）說延陵、子房，亦超超玄著。"[⑪]……

魏晉名士談史講史之事例不勝枚舉。而中國傳統文化又注定名士談史講史從來不會作無病呻吟。他們總會結合自身、結合現實談歷史講歷史。

1. 結合自身講歷史

如《三國志·魏書·三少帝紀》講到高貴鄉公與諸大臣于太極東堂"遂言帝王優劣之差"，并發表意見："自古帝王，功德言行，互有高下，未必創業者皆優，紹繼者咸劣也。"這顯然是高貴鄉公結合自身說的觀點意見。言下之意，我高貴鄉公作爲紹繼者也不劣也。具體說來：

> 湯、武、高祖雖俱受命，賢聖之分，所覺懸殊。少康、殷宗中興之美，夏啓、周成守文之盛，論德較實，方諸漢祖，吾見其優，未聞其劣；顧所遇之時殊，故所

---

① 《世說》，第 242 頁。
② 《世說》，第 229 頁。
③ 《世說》，第 233 頁。
④ 《世說》，第 571 頁。
⑤ 慧皎：《高僧傳》，北京，中華書局 1992 年版，第 193 頁。《世說》第 236 頁："汰法師云：'六通、三明同歸。'"
⑥ 陳壽：《三國志》，北京，中華書局 1959 年版，第 603 頁。
⑦ 《世說》，第 647 頁。
⑧ 《世說》，第 85 頁。
⑨ 《世說》，第 132 頁。
⑩ 《世說》，第 494 頁。
⑪ 《世說》，第 85 頁。

名之功異耳。少康生于滅亡之後，降爲諸侯之隸，崎嶇逃難，僅以身免，能布其德而兆其謀，卒滅過、戈，克復禹績，祀夏配天，不失舊物，非至德弘仁，豈濟斯勳？漢祖因土崩之勢，仗一時之權，專任智力以成功業，行事動静，多違聖檢；爲人子則數危其親，爲人君則囚繫賢相，爲人父則不能衛子；身没之後，社稷幾傾，若與少康易時而處，或未能復大禹之績也。推此言之，宜高夏康而下漢祖矣……三代之世，任德濟勳如彼之難，秦、項之際，任力成功如此之易。且太上立德，其次立功，漢祖功高，未若少康盛德之茂也。[①]

在推崇少康的高貴鄉公看來，歷史人物之德、之功似乎并不統一：成功者有時道德水準極差，如漢祖。這是在結合自身講歷史：受多重牽制的我（高貴鄉公），儘管立功遜色，但立德却不遜于任何人（如司馬氏）。

2. 結合現實講歷史

與上述名士結合自身讀史講史一致的是，名士還結合現實讀史講史。如《世説新語·尤悔》説道：

王導、温嶠俱見明帝（司馬紹），帝問温前世所以得天下之由。温未答頃，王曰："温嶠年少未諳，臣爲陛下陳之。"王乃具叙宣王（司馬懿）創業之始，誅夷名族，寵樹同己，及文王之末高貴鄉公事。明帝聞之，覆面著床曰："若如公言，祚安得長！"[②]

更有甚者，當時還有結合自己執政經驗來讀史講史的。如《世説新語·識鑒》説到："石勒不知書，使人讀《漢書》。聞酈食其勸立六國後，刻印將授之，大驚曰：'此法當失，云何得遂有天下？'至留侯諫，乃曰：'賴有此耳！'"[③]

六、言"名通"

魏晋名士清談還包括名士間相互講了些有趣的"名言"，即"名通"。如《世説新語·文學》提到："人有問殷中軍（殷浩）：'何以將得位而夢棺器，將得財而夢矢穢？'殷曰：'官本是臭腐，所以將得而夢棺尸；財本是糞土，所以將得而夢穢汙。'時人以爲名通。"[④]《世説新語·文學》又提到：

殷中軍問："自然無心于稟受，何以正善人少，恶人多？"諸人莫有言者。劉尹

① 陳壽：《三國志》，北京，中華書局1959年版，第135頁。
② 《世説》，第900頁。
③ 《世説》，第392頁。
④ 《世説》，第233頁。

答曰："譬如寫水著地，正自縱橫流漫，略無正方圓者。"一時絶歎，以爲名通。[①]

這些"名通"（名言）語言文字具有美感、韻律朗朗上口，好記好讀誦。如《世説新語·賞譽》説："張華見褚陶，語陸平原曰：'君兄弟龍躍雲津，顧彦先鳳鳴朝陽。'"[②]《賞譽》又説：

有問秀才："吴舊姓何如？"答曰："吴府君，聖王之老成，明時之俊乂。朱永長，理物之至德，清選之高望。嚴仲弼，九皋之鳴鶴，空谷之白駒。顧彦先，八音之琴瑟，五色之龍章。張威伯，歲寒之茂松，幽夜之逸光。陸士衡、士龍，鴻鵠之裴回，懸鼓之待槌。"[③]

《世説新語·言語》還説道："顧悦與簡文同年，而髮蚤白。簡文曰：'卿何以先白？'對曰：'蒲柳之姿，望秋而落；松柏之質，經霜彌茂。'"[④]同樣，當人問顧愷之拜桓温墓之哭狀時，顧回答："鼻如廣莫長風，眼如懸河决溜。"[⑤]又當有人看夏侯玄與李安國時，其"名通"（名言）是這樣的：夏侯玄"朗朗如日月之入懷"，李安國"頽唐如玉山之將崩"。[⑥]

當講到人與自然的關係時，這"名通"（名言）又是這樣的："其地坦而平，其水淡而清，其人廉且貞"；"其山崔嵬以嵯峨，其水泙渫而揚波，其人磊砢而英多"。[⑦]

有時候，這些"名通"（名言）还能以寥寥數語將人之特征概括界定。如《世説新語·賞譽》説"庾文康（庾亮）爲豐年玉"，（庾翼）"穉恭爲荒年穀"。[⑧]這是結合庾亮、庾翼兄弟兩人不同的特點而説的"名通"（名言）：庾亮具有治理安定社會之才能，故曰"豐年玉"；庾翼具有安定艱難時事之能力，故曰"荒年穀"。

從上述若干例子中可以看出，"名通"（名言）實際上是魏晋名士智慧思想的語言外殼，也因此成爲名士清談不可或缺的一部分，使清談變得妙趣横生、興高采烈。如《世説新語·排調》説：

荀鳴鶴、陸士龍二人未相識，俱會張茂先坐。張令共語，以其并有大才，可勿作常語。陸舉手曰："雲間陸士龍。"荀答曰："日下荀鳴鶴。"陸曰："既開青雲睹白雉，何不張爾弓，布爾矢？"荀答曰："本謂雲龍騤騤，定是山鹿野麋，獸弱駑强，是以發遲。"張（華）乃撫掌大笑。[⑨]

---

① 《世説》，第230頁。
② 《世説》，第430頁。
③ 《世説》，第431頁。
④ 《世説》，第117頁。
⑤ 《世説》，第147頁。
⑥ 《世説》，第607頁。
⑦ 《世説》，第86頁。
⑧ 《世説》，第461頁。
⑨ 《世説》，第789頁。

1. 這種"名通"(名言)常被名士們用來應對尷尬場面。如《世説新語・言語》説:

司馬景王(司馬師)東征,取上黨李喜以爲從事中郎。因問喜曰:"昔先公辟君不就,今孤召君,何以來?"喜對曰:"先公以禮見待,故得以禮進退;明公以法見繩,喜畏法而至耳!"①

《世説新語・言語》還説道:"晋武帝(司馬炎)始登阼,探策得一。王者世數繫此多少。帝既不説,群臣失色,莫能有言者。侍中裴楷進曰:'臣聞天得一以清,地得一以寧,侯王得一以爲天下貞。'帝説,群臣歎服。"②

《世説新語・言語》又説道:

滿奮畏風。在晋武帝坐,北窗作琉璃屏,實密似疎,奮有難色。帝笑之,奮答曰:"臣猶吴牛,見月而喘。"③

以及《世説新語・言語》還提到:"鍾毓、鍾會少有令譽。年十三,魏文帝(曹丕)聞之,語其父鍾繇曰:'可令二子來。'于是敕見。毓面有汗,帝曰:'卿面何以汗?'毓對曰:'戰戰惶惶,汗出如漿。'復問會:'卿何以不汗?'對曰:'戰戰栗栗,汗不敢出。'"④

又如《世説新語・品藻》説道:

桓玄爲太傅,大會,朝臣畢集,坐裁(才)竟,問王楨之曰:"我何如卿第七叔(王獻之)?"于時賓客爲之咽氣。王徐徐答曰:"亡叔是一時之標,公是千載之英。"一坐歡然。⑤

2. 這種"名通"(名言)又常被名士們用來互相戲謔。如《世説新語・言語》説道:

鄧艾口吃,語稱艾艾。晋文王戲之曰:"卿云艾艾,爲是幾艾?"對曰:"鳳兮鳳兮,故是一鳳。"⑥

《世説新語・排調》又説道:

王文度(王坦之)、范榮期(范啓)俱爲簡文所要(邀)。范年大而位小,王年

① 《世説》,第77頁。
② 《世説》,第81頁。
③ 《世説》,第82頁。
④ 《世説》,第71頁。
⑤ 《世説》,第545頁。
⑥ 《世説》,第78頁。

小而位大。將前，更相推在前，既移久，王遂在范後。王因謂曰："簸之揚之，糠秕在前。"范曰："洮之汰之，沙礫在後。"①

這種"名通"(名言)，魏晉小孩也能說。如《世説新語・言語》説："孫盛爲庾公記室參軍，從獵，將其二兒俱行。庾公不知，忽于獵場見齊莊，時年七八歲。庾謂曰：'君亦復來邪？'應聲答曰：'所謂無小無大，從公于邁。'"②《世説新語・言語》又説道：

孔融被收，中外惶怖。時融兒大者九歲，小者八歲，二兒故琢釘戲，了無遽容。融謂使者曰："冀罪止于身，二兒可得全不？"兒徐進曰："大人豈見覆巢之下，復有完卵乎？"尋亦收至。③

3. 魏晉時期的"名通"(名言)，通過名士們的清談，使之流傳至今。如《世説新語・言語》説到："桓公北征，經金城，見前爲琅邪時種柳皆已十圍，慨然曰：'木猶如此，人何以堪！'攀枝執條，泫然流淚。"④這"人何以堪"演變成今天的"情何以堪"，等等。《世説新語・言語》又講到：

孔文舉(孔融)年十歲，隨父到洛。時李元禮有盛名，爲司隸校尉，詣門者皆俊才清稱及中表親戚，乃通。文舉至門，謂吏曰："我是李府君親。"既通，前坐。元禮問曰："君與僕有何親？"對曰："昔先君仲尼，與君先人伯陽有師資之尊，是僕與君奕世爲通好也。"元禮及賓客莫不奇之。太中大夫陳韙後至，人以其語語之，韙曰："小時了了，大未必佳！"文舉曰："想君小時，必當了了！"韙大踧踖。⑤

這"小時了了，大未必佳"流傳至今。

七、辨"名理"

這裏的辨"名理"是指辨析著名的命題。如《世説新語・文學》説：

殷中軍(殷浩)爲庾公(庾亮)長史，下都，王丞相(王導)爲之集，桓公(桓温)、王長史(王濛)、王藍田(王述)、謝鎮西(謝尚)并在。丞相自起解帳帯麈尾，語殷曰："身今日當與君共談析理。"⑥

---

① 《世説》，第811頁。
② 《世説》，第109頁。
③ 《世説》，第58頁。
④ 《世説》，第114頁。
⑤ 《世説》，第56頁。
⑥ 《世説》，第212頁。

《世説新語·豪爽》又説:"陳林道(陳逵)在西岸,都下諸人共要至牛渚會。陳理既佳,人欲共言折(析)。"[①]這就是説,名士們爲某一命題而辨析清談。

魏晋名士辨析清談的名理(命題)大概有以下若干。

1. 才性四本

《世説新語·文學》説道:

> 鍾會撰"四本論"始畢,甚欲使嵇公(嵇康)一見。置懷中,既詣,畏其難,懷不敢出,于户外遥擲,便回急走。[②]

這"四本論"——才性四本,按《文學》此條注引《魏志》説是:"(鍾)會論才性同异,傳于世。四本者:言才性同,才性异,才性合,才性離也。尚書傅嘏論(才性)同,中書令李豐論(才性)异,侍郎鍾會論(才性)合,屯騎校尉王廣論(才性)離。文多不載。"[③]

因爲"文多不載",所以這"才性四本"的具體辨析不得而知。但大致又可知道"才性之合離同异"是名士們對魏晋人物的才能與德性之關係的探討,有人認爲才能與德性必須一致,有人認爲才能與德性不必一致。這類問題看來很難取得一致認識,表現在動亂的魏晋期間更是這樣。所以到東晋時期,名士們還在喋喋不休地辨析"才性"問題。如《世説新語·文學》説到:"殷中軍(殷浩)雖思慮通長,然于才性偏精。"[④]《世説新語·文學》又説到:"殷仲堪精覈玄論,人謂莫不研究。殷乃歎曰:'使我解四本,談不翅(啻)爾。'"[⑤]

2. 老莊與聖教异同——自然與名教

魏晋名士清談"老莊",有力地衝擊著名士頭腦中的儒家底色[⑥],使之有些暈乎。爲了更好地思想轉型,于是在清談辨析"名理"中,就出現了名士對"老莊與聖教之優劣"及"老莊與聖教异同"這樣的問題探討,以解決思想頭腦中的模糊。《世説新語·文學》就説道:

> 阮宣子有令聞,太尉王夷甫見而問曰:"老、莊與聖教同异?"對曰:"將無同。"太尉善其言,辟之爲掾。世謂"三語掾"。[⑦]

這"三語掾"——"將無同"的語言出現,説明此時的名士已全然超越了之前的"越

① 《世説》,第603頁。

② 《世説》,第195頁。

③ 《世説》,第195頁。

④ 《世説》,第222頁。

⑤ 《世説》,第240頁。讀者如想具體了解,可參閲筆者拙著《魏晋風度與東方人格》一書的《魏晋人學通釋》一節(沈陽,遼寧教育出版社1991年版,第231—247頁)。

⑥ 這些名士"本出于禮教家庭,早讀儒書"。

⑦ 《世説》,第207頁。

名教而任自然”的純粹單一的思想,已將“儒”與“道”融合一體:名教(儒)即自然(道),自然(老莊)即名教(孔聖),并直接開啓“名教中自有樂地”這樣的“儒道雙修”的思想,以適應變化著的魏晋社會。[①]

3. 聖人有情無情

和“老莊與聖教之异同”相關聯的是“聖人有情無情”之辯。《三國志·魏書·鍾會傳》注引何劭《王弼傳》説:“(王)弼天才卓出,當其所得,莫能奪也。性和理,樂游宴,解音律,善投壺。其論道傅會文辭,不如何晏,自然有所拔得,多晏也……何晏以爲聖人無喜怒哀樂,其論甚精,鍾會等述之。弼與不同,以爲聖人茂于人者神明也,同于人者五情也,神明茂故能體沖和以通無,五情同故不能無哀樂以應物,然則聖人之情,應物而無累于物者也。”[②]這是説,對于“聖人有情無情”之辯説,魏晋名士何晏認爲聖人無情,而王弼則認爲聖人有情。

在這裏,“聖人無情”可能更符合傳統。然而魏晋社會多變、亂象紛呈,更容易觸動人之性情,所以“聖人有情”也就應運而生,以符合社會特征,也爲“魏晋風度”的出現提供了可能。在這意義上説,王弼被人認爲“天才卓出”,是有道理的。王弼具有很强的思想敏鋭性。

因爲魏晋社會不斷多變、亂象紛呈,所以這“聖人有情無情”之辯也就一直是名士辨析清談的重要命題,乃至到東晋中期還在不斷辯説。如《世説新語·文學》這樣説到,東晋時期:

> 僧意在瓦官寺中,王苟子(王修)來,與共語,便使其唱理。意謂王曰:“聖人有情不?”王曰:“無。”重問曰:“聖人如柱邪?”王曰:“如籌算,雖無情,運之者有情。”僧意云:“誰運聖人邪?”苟子不得答而去。[③]

以此看來,只要社會不斷演化多變,這“聖人有情無情”之辯也就會不斷地辨析下去。但總的趨勢,則是“聖人有情”會被越來越多的人接受、理解。一部中國哲學史的發展證明了這一點。

4. 聲無哀樂、養生、言盡意

《世説新語·文學》説到:“舊云:王丞相過江左,止道‘聲無哀樂’、‘養生’、‘言盡意’三理而已。然宛轉關生,無所不入。”[④]也就是説,魏晋名士清談還涉及到以上三種名理:“聲無哀樂”、“養生”和“言盡意”。

就聲音或音樂而言,一般傳統認爲是有哀與樂之分的。按阮籍《樂論》説是社會安定(治世)則“使人精神平和,衰氣不入,天地交泰,遠物來集,故謂之樂也”,反之社會動亂

① 可參閱拙文《名教與自然論箋》,《孔子研究》1994年第2期。
② 陳壽:《三國志》,北京,中華書局1959年版,第795頁。
③ 《世説》,第238頁。
④ 《世説》,第211頁。

（亂世）則使人“流涕感動，噓啼傷氣，寒暑不適，庶物不遂，雖出絲竹，宜謂之哀”。[①]而嵇康則認爲聲音或音樂是没有哀樂之分的。嵇康這種觀點的提出，顯然與嵇康經歷有關。嵇康不但經歷多變的社會，嵇康還經歷地域之差异，那就是：“殊方异俗，歌哭不同”，“或聞哭而懽，或聽歌而戚”。[②]所以嵇康認爲“聲無哀樂”，并著《聲無哀樂論》一文。也大概嵇康的觀點與傳統相乖，所以導致名士們對此的争辯和清談。

就養生而言，它一直是中華文化的傳統。漢魏期間因社會動亂、農民起義等因素的作用，使一般意義上的“養生”變得尤爲突出。而社會發展至魏晋期間，這“養生”除追求延年益壽、養生保命外，還衍生出“養性”這一點，以求“養性”達到“養生”。嵇康養生説就更多地表現爲“養性”。于是有了嵇康的《養生論》，也就有了向秀的《難養生論》，更有嵇康的《答難養生論》。[③]名士們爲如何“養生”和“養生”、“養性”孰重孰輕及其關係争辯和清談著。

就“言與意”的關係問題，很早就有人關注。《周易·繫辭上》就有了“言不盡意”的説法。而社會發展到魏晋期間，伴隨著名士們的清談辯論，這“言語”是否能表達人之“含義”（意）的問題也就成了名士們在清談前所必須解决的問題。于是“言盡意論”（歐陽建）和“言不盡意論”也就應運而生，并成爲當時“宛轉關生，無所不入”的清談辯論的“命題”。名士們爲此“命題”争辯著清談著。而在魏晋玄學的籠罩下，此“命題”看來永遠無法取得統一認識，那就是如果堅信“言不盡意”，那就没有必要去清談辯論；如果堅信“言盡意”論，那這魏晋清談就變得相當無趣、含義（意）不深刻。

由此看來，能清談的名士實際上是融（“言盡意”與“言不盡意”）二者于一體的：當他與他人清談辯理時則必須堅信“言盡意”，但當他要超拔他人時則必須堅信“言不盡意”，做到“話中有話”。所以可以這麽説，崇尚清談的名士們，本身就是“融諸多于一體”的。

也因爲這樣，《世説新語》中就有大量的此類話語。如《世説新語·品藻》説：“顧劭嘗與龐士元宿語，問曰：‘聞子名知人，吾與足下孰愈？’曰：‘陶冶世俗，與時浮沉，吾不如子；論王霸之餘策，覽倚仗之要害，吾似有一日之長。’劭亦安其言。”[④]這是説，龐統（龐士元）自認爲能融世俗浮沉與王霸倚仗于一體。《世説新語·品藻》又説：“明帝（司馬昭）問謝鯤：‘君自謂何如庾亮？’答曰：‘端委廟堂，使百僚準則，臣不如亮；一丘一壑，自謂過之。’”[⑤]這是説，謝鯤自認爲自己既能出入朝廷，也能隱于山林。

魏晋名士就是這樣“融諸多于一體”。如阮裕儘管“骨氣不及右軍（王羲之），簡秀不如真長（劉惔），韻潤不如仲祖（王濛），思致不如淵源（殷浩）”，但却能“兼有諸人之美”。[⑥]乃至一家可融“龍”（蜀得龍——諸葛亮）、“虎”（吴得虎——諸葛瑾）、“狗”（魏得狗——諸葛誕）于一門。

---

① 陳伯君：《阮籍集校注》，北京，中華書局1987年版，第99頁。
② 戴明揚：《嵇康集校注》，北京，人民文學出版社1962年版，第198頁。
③ 向秀《難養生論》及嵇康的《養生論》《答難養生論》保存于《嵇康集校注》一書中。
④《世説》，第501頁。
⑤《世説》，第515頁。
⑥《世説》，第519頁。

八、清談的評判標準

清談的評判標準的提出與簡文帝司馬昱有關。

對于簡文帝司馬昱，《晋書》卷九《簡文帝紀》説他“清虛寡淡，尤擅玄言”[①]。説明簡文帝司馬昱也是一位清談家。衹是司馬昱的清談水平在當時人的眼裏只能是第二流。如《世説新語・品藻》記載：

> 桓大司馬（桓温）下都，問真長（劉惔）曰：“聞會稽王（司馬昱）語奇進，爾邪？”劉（惔）曰：“極進，然故是第二流中人耳。”桓曰：“第一流復是誰？”劉曰：“正是我輩耳！”[②]

在這裏，劉惔説的是不是事實，我們不研究，但説司馬昱熱衷清談却是事實。

司馬昱因熱衷清談，還經常組織清談。如《世説新語・文學》説：“支道林、殷淵源（殷浩）俱在相王（司馬昱）許。相王謂二人：‘可試一交言。’”[③]同書《言語》還説：

> 竺法深在簡文坐，劉尹問：“道人何以游朱門？”答曰：“君自見其朱門，貧道如游蓬户。”[④]

《世説新語・文學》還記載司馬昱組織殷浩、孫盛、王濛、謝尚等清談家“共論易象妙于見形”[⑤]。這些均説明簡文帝司馬昱以自身擁有的獨特資源組織清談家來家清談。

司馬昱因熱衷清談、并組織清談，還結合自身的清談而知道清談的不易和甘苦，所以對清談家是相當尊重的，這使得諸多清談家如劉惔、王濛、殷浩、孫盛、許詢等人都集于他的門下而成爲談客。《世説新語・文學》還記載司馬昱因名士張憑善清談“勃窣爲理窟”而“用爲太常博士”[⑥]。

也正是在這清談、組織清談的過程中，司馬昱總結出一套獨特的清談評判標準。如對殷浩，簡文云：“淵源（殷浩）語不超詣簡至，然經綸思尋處，故有局陳。”[⑦]又如對劉惔，簡文云：“劉尹（劉惔）茗柯有實理。”[⑧]還指出劉惔清談中的不足：“劉尹（劉惔）語末後亦小异，回復其言，亦乃無過。”[⑨]

---

① 房玄齡等：《晋書》，北京，中華書局1974年版，第219頁。
② 《世説》，第522頁。
③ 《世説》，第234頁。
④ 《世説》，第108頁。
⑤ 《世説》，第238頁。
⑥ 《世説》，第235頁。
⑦ 《世説》，第480頁。
⑧ 《世説》，第488頁。
⑨ 《世説》，第482頁。

從以上我們可以看出司馬昱的清談評判標準。第一,司馬昱認爲清談一定要"簡至"。這也是他在《世説新語·言語》中提出的"清談標準":"以簡應對之煩"[①]。第二,從"語不超詣"的評判中,我們還能看到司馬昱的另一看法,即認爲清談中的"玄理"一定要"超詣"——形而上。殷浩就是因爲"語不超詣"而被他評判爲"不能勝人,差可獻酬群心"[②]。儘管殷浩"思緯淹通"[③]。第三,司馬昱認爲清談時其邏輯一定要"經綸"、有體系(局陳)。在這點上,他肯定殷浩"經綸思尋處,故有局陳"。[④]第四,司馬昱還認爲清談時運用的概念,應前後一致,不可前後矛盾。清談家劉惔就因爲"語末後亦小異"而受到他的批評。

九、清談的場所與時段

1. 清談講究場所

魏晉名士的清談(研究學問)是講究場所的。如《世説新語·棲逸》説:

> 康僧淵在豫章,去郭數十里立精舍,旁連嶺,帶長川,芳林列于軒亭,清流激于堂宇。乃閑居研講,希心理味。庾公諸人多往看之,觀其運用吐納,風流轉佳。[⑤]

最能表現這一點的要數王羲之了。王羲之《臨河叙》説:群賢畢至,少長咸集于會稽山陰之"蘭亭"。其"蘭亭"是"崇山峻嶺,茂林修竹"、"清流激湍,映帶左右"的好地方,使人"娱目騁懷,信可樂也","雖無絲竹管絃之盛,一觴一詠,亦足以暢叙幽情"。[⑥]

魏晉名士的清談講究場所,不僅僅表現在東晉,其實早在過江(永嘉之亂)之前的西晉已有表現了。《世説新語·企羡》説:

> 王丞相(王導)過江,自説昔在洛水邊,數與裴成公(裴頠)、阮千里(阮瞻)諸賢共談道。[⑦]

從名士諸賢于"洛水邊"清談,自然而然引發名士于石崇的别廬之清談。按石崇《金谷詩叙》説:"有别廬在河南縣界金谷澗中,或高或下,有清泉茂林,衆果竹柏、藥草之屬,莫不畢備。又有水碓、魚池、土窟,其爲娱目歡心之物備矣……余與衆賢共送往澗中……或登高臨下,或列坐水濱……遂各賦詩,以叙中懷。"[⑧]

---

① 《世説》,第100頁。《言語》説:"高坐道人不作漢語,或問此意,簡文曰:'以簡應對之煩。'"
② 《世説》,第522頁。
③ 《世説》,第527頁。
④ 《世説新語·賞譽》還提到:"殷陳勢浩汗(瀚)。"(第468頁)。
⑤ 《世説》,第659頁。
⑥ 《世説新語·企羡》注引《臨河叙》,第630頁。
⑦ 《世説》,第630頁。
⑧ 《世説新語·品藻》注引《金谷詩叙》,第529頁。

晉室過江南遷,"自相映發"的江南山川,使名士們"應接不暇"。[①]《會稽郡記》就説：“會稽境特多名山水，峰嶗隆峻，吐納雲霧。松栝楓柏，擢榦竦條，潭壑鏡徹，清流瀉注。王子敬見之曰：‘山水之美，使人應接不暇。’”[②]因爲這樣，“顧長康從會稽還，人問山川之美，顧云：‘千巖競秀，萬壑争流，草木蒙籠其上，若雲興霞蔚。’”[③]也因爲這樣，所以導致上述王羲之選擇會稽山陰之“蘭亭”，爲諸賢“暢叙幽情”之場所。

有了這“應接不暇”的江南獨特之環境，使人們更容易選擇其清談之場所。名士們相信，這樣的清談場所的選擇對人是有反作用的。如《世説新語・言語》説到："王司州（王胡之）至吴興印渚中看，歎曰：'非唯使人情開滌，亦覺日月清朗。'"[④]《世説新語·言語》還説道：

> 荀中郎在京口,登北固望海云:"雖未睹三山,便自使人有凌雲意。若秦、漢之君,必當褰裳濡足。"[⑤]

名士們更相信，這樣的清談場所的選擇會有助于人對清談的發揮。《世説新語·言語》説道：

> 宣武（桓温）移鎮南州（安徽當塗），制街衢平直。人謂王東亭（王珣）曰："丞相初營建康，無所因承，而制置紆曲，方此爲劣。"東亭曰："此丞相乃所以爲巧。江左地促，不如中國；若使阡陌條暢，則一覽而盡。故紆餘委曲，若不可測。"[⑥]

這“紆餘委曲，若不可測”，不就是名士清談所要追求的境界嗎?

乃至名士們的清談説辭也與此相聯繫。《沙門題目》曰："道壹文鋒富贍，孫綽爲之贊曰：'馳騁游説，言固不虚。唯兹壹公，綽然有餘。譬若春圃，載芬載敷。條柯猗蔚，枝榦扶疏。'"[⑦]

2. 清談講究時段

魏晉名士的清談除講究場所外，還講究時段。如《世説新語・賞譽》説：

> 許掾嘗詣簡文，爾夜風恬月朗，乃共作曲室中語。襟情之詠，偏是許之所長，辭寄清婉，有逾平日。簡文雖契素，此遇尤相咨嗟，不覺造膝，共叉手語，達于將旦。[⑧]

---

① 《世説》，第145頁。
② 《世説新語・言語》注引《會稽郡記》，第145頁。
③ 《世説》，第143頁。
④ 《世説》，第138頁。其條注引《吴興記》："于潜縣東七十里，有印渚，渚傍有白石山，峻壁四十丈。印渚蓋衆溪之下流也……"
⑤ 《世説》，第135頁。
⑥ 《世説》，第155頁。
⑦ 《世説》，第146頁。
⑧ 《世説》，第491頁。

《世説新語・容止》又説："庾太尉在武昌，秋夜氣佳景清，使吏殷浩、王胡之之徒登南樓理詠。"①《世説新語・文學》"袁虎少貧"條注引《續晋陽秋》還説：

鎮西謝尚，時鎮牛渚，乘秋佳風月，率爾與左右微服泛江。會虎在運租船中諷詠，聲既清會，辭文藻拔。非尚所曾聞，遂住聽之，乃遣問訊。答曰："是袁臨汝郎誦詩，即其詠史之作也。"尚佳其率有勝致，即遣要迎，談話申旦。②

綜上所引材料可見，名士清談常選好時段："爾夜風恬月朗"、"乘秋佳風月"，即一是秋天，二是風恬月朗。

如果説好場所有助于名士清談的發揮的話，那麼，好時段同樣有助于名士清談的發揮。《世説新語・言語》就提到："劉尹（劉惔）云：'清風朗月，輒思玄度。'"③這就是説，如碰到"清風朗月"這樣的好時段，即使不清談，也會使人想到"能清言"的許詢（許玄度）；而如果真要在"清風朗月"中去清談，則有可能會像"能清言"的許詢那樣能言善辯。

那麼，如果好時段配以好場所，這清談會是怎樣呢？這大概是相當不錯的。王羲之這樣説道："永和九年，歲在癸丑，是時天朗氣清，惠風和暢"（好時段），"群賢畢至，少長咸集"于"崇山峻嶺，茂林修竹，清流激湍，映帶左右"的"蘭亭"（好場所），"雖無絲竹管絃之盛"然"一觴一詠，（清談）亦足以暢叙幽情矣"。④

十、清談講究輸贏

魏晋名士的清談從一開始就不是恬静平和的，反倒是充滿著火藥味。名士們在清談中非要辯出個明白、論出個究竟、决出個輸贏。如《世説新語・文學》説："傅嘏善言虚勝，荀粲談尚玄遠。每至共語，有争而不相喻。"⑤《世説新語・文學》還説道：

許掾（許詢）年少時，人以比王苟子（王修），許大不平。時諸人士及于法師并在會稽西寺講，王亦在焉。許意甚忿，便往西寺與王論理，共决優劣。⑥

因为有争有决，也就必然有勝有負、有輸有贏。如《世説新語・文學》説："裴成公（裴頠）作崇有論，時人攻難之，莫能折。唯王夷甫（王衍）來，如小屈。"⑦《文學》又説："殷中軍（殷浩）嘗至劉尹（劉惔）所清言。良久，殷理小屈。"⑧《世説新語・排調》更説道：

① 《世説》，第616頁。
② 《世説》，第268頁。
③ 《世説》，第134頁。
④ 《世説新語・企羡》注引《臨河叙》，第630頁。
⑤ 《世説》，第200頁。
⑥ 《世説》，第225頁。
⑦ 《世説》，第201頁。
⑧ 《世説》，第221頁。

王文度（王坦之）在西州，與林法師（支道林）講，韓（韓伯）、孫（孫綽）諸人并在坐。林公理每欲小屈，孫興公曰：“法師今日如著弊絮在荊棘中，觸地挂閡。”[①]

因爲“小屈”——輸了、負了，也就必然爲淘汰出局而悶悶不樂、一語不發。所以，何晏“見王弼自説注《老子》旨。何（晏）意多所短，不復得作聲”[②]。也因爲赢了、勝了，就必然得意洋洋、感覺良好。《世説新語・文學》説到這樣一則事例：

謝鎮西（謝尚）少時，聞殷浩能清言，故往造之。殷未過有所通，爲謝標榜諸義，作數百語。既有佳致，兼辭條豐蔚，甚足以動心駭聽。謝注神傾意，不覺流汗交面。殷徐語左右：“取手巾與謝郎拭面。”[③]

也因爲有争高低輸赢、决勝負優劣，所以當時名士將這種清談場面比喻爲戰争場面。如《世説新語・言語》説：

謝胡兒（謝朗）語庾道季（庾龢）：“諸人莫當就卿談，可堅城壘。”庾曰：“若文度（王坦之）來，我以偏師待之；康伯（韓伯）來，濟河焚舟。”[④]

《世説新語・文學》又説：“劉真長（劉惔）與殷淵源（殷浩）談，劉理如小屈，殷曰：‘惡，卿不欲作將善雲梯仰攻？’”[⑤]《世説新語・文學》還説：

支道林、殷淵源（殷浩）俱在相王（簡文帝）許。相王謂二人：“可試一交言。而才性殆是淵源崤、函之固，君其慎焉！”支初作，改轍遠之，數四交，不覺入其玄中。相王撫肩笑曰：“此自是其勝場，安可争鋒！”[⑥]

因爲有攻有防，也必然有“助攻”之説。所以《世説新語・排調》這樣説：“范玄平（范汪）在簡文坐，談欲屈，引王長史（王濛）曰：‘卿助我。’王曰：‘此非拔山力所能助。’”[⑦]在這裏，王長史（王濛）點出了清談辯論的實質：“文攻文衛”而非“武攻武衛”。

去掉這些戰争場面的比喻，還原名士清談之實質，清談争辯就是要争個明白、辯出優劣輸赢。這大概與魏晉期間名士突出主體自我有關，更與魏晉期間意識形態之争及意

① 《世説》，第815頁。
② 《世説》，第200頁。
③ 《世説》，第217頁。
④ 《世説》，第137頁。
⑤ 《世説》，第216頁。
⑥ 《世説》，第234頁。其條注曰：“崤，謂二陵之地；函，函谷關也。并秦之險塞，王者之居。”
⑦ 《世説》，第804頁。

識形態轉型有關。

爲了争個明白、辯出優劣輸贏，名士們不惜通宵達旦清談辯論。《世説新語·文學》説：

衛玠始度江，見王大將軍（王敦）。因夜坐，大將軍命謝幼輿（謝鯤）。玠見謝，甚説之，都不復顧王，遂達旦微言。王永夕不得豫。①

《世説新語·文學》還説：“殷中軍爲庾公（庾亮）長史，下都，王丞相爲之集，桓公（桓温）、王長史（王濛）、王藍田（王述）、謝鎮西（謝尚）并在。丞相自起解帳带麈尾，語殷曰：‘身今日當與君共談析理。’既共清言，遂達三更。”②《世説新語·容止》又説到：庾亮風姿神貌，令陶侃一見便改觀，“談宴竟日，愛重頓至”③。

然而，這些“談宴竟日”、“達旦微言”都算不上什麼，更爲厲害的是，清談十餘日。《世説新語·識鑒》説：

王恭隨父在會稽，王大（王忱）自都來拜墓，恭暫往墓下看之。二人素善，遂十餘日方還。父問恭：“何故多日？”對曰：“與阿大（王忱）語，蟬連不得歸。”④

爲了争個明白，辯出優劣輸贏，名士們不惜利用任何場合（如婚宴場合）清談争辯。《世説新語·文學》説：

裴散騎（裴遐）娶王太尉（王衍）女。婚後三日，諸婿大會，當時名士，王、裴子弟悉集。郭子玄（郭象）在坐，挑與裴談。子玄才甚豐贍，始數交，未快；郭陳張甚盛，裴徐理前語，理致甚微，四坐咨嗟稱快。王亦以爲奇，謂諸人曰：“君輩勿爲爾，將受困寡人女婿！”⑤

爲了争個明白、辯出優劣輸贏，名士們不惜輪番清談辯論。如《世説新語·文學》説：“孫安國（孫盛）往殷中軍（殷浩）許共論，往反精苦，客主無間。左右進食，冷而復暖者數四。彼我奮擲麈尾，悉脱落滿餐飯中，賓主遂至莫忘食。”⑥《世説新語·文學》還説：王導與殷浩“既共清言，遂達三更”，更“與殷共相往反，其餘諸賢略無所關”⑦。

這種輪番清談辯論，有時還可以過一段時間後再進行。類似體育比賽中的三番棋（圍棋）。如《世説新語·文學》説：“桓南郡（桓玄）與殷荊州共談，每相攻難。年餘後，

① 《世説》，第210頁。
② 《世説》，第212頁。
③ 《世説》，第615頁。
④ 《世説》，第407頁。
⑤ 《世説》，第209頁。
⑥ 《世説》，第219頁。
⑦ 《世説》，第212頁。

但一兩番。桓自歎才思轉退，殷云：‘此乃是君轉解。’”①

這種輪番清談辯論，有時還可以替换辯論對手，以便决出勝負輸贏。如《世説新語·文學》説道：

殷中軍（殷浩）、孫安國（孫盛）、王（王濛）、謝（謝尚）能言諸賢，悉在會稽王（簡文帝）許。殷與孫共論易象妙于見形，孫語道合，意氣干雲，一坐咸不安孫理，而辭不能屈。會稽王慨然歎曰：“使真長（劉惔）來，故應有以制彼。”即迎真長，孫意己不如。真長既至，先令孫自叙本理，孫粗説己語，亦覺殊不及向（剛才）。劉（劉惔）便作二百許語，辭難簡切，孫理遂屈。一坐同時拊掌而笑，稱美良久。②

正是一物降一物，物物環扣并生克。

爲了争個明白、辯出優劣輸贏，名士們不惜將清談争辯雙方的主客、正反位置互换。如《世説新語·文學》説“何晏爲吏部尚書，有位望，時談客盈坐。王弼未弱冠，往見之。晏聞弼名，因條向者勝理語弼曰：‘此理僕以爲極，可得復難不？’（王）弼便作難，一坐人便以爲屈。于是（王）弼自爲客主數番，皆一坐所不及。”③《世説新語·文學》還説：

許掾（許詢）年少時，人以比王苟子（王修），許大不平。時諸人士及于法師并在會稽西寺講，王亦在焉。許意甚忿，便往西寺與王論理，共决優劣。苦相折挫，王遂大屈。許復執王理，王執許理，更相覆疏，王復屈。④

這種將清談争辯雙方的主客、正反位置互换，當然是想獲得完勝，使對方徹徹底底歎服。

而這種完勝（争個明白、辯出優劣輸贏）的標準，大概離不開筆者在《清談的評判標準》中所歸納的幾點。

也因爲要争個明白、辯出優劣輸贏，所以名士們爲清談争辯動足腦筋。有在清談争辯中表現得咄咄逼人，以想在氣勢上壓倒對方。如《世説新語·賞譽》説：

謝太傅（謝安）未冠，始出西，詣王長史（王濛），清言良久。去後，苟子（王修）問曰：“向客何如尊？”長史曰：“向客亹亹，爲來逼人。”⑤

有在清談争辯中故弄玄虚，以致人雲裏霧裏的。如《世説新語·賞譽》説：

---

① 《世説》，第243頁。
② 《世説》，第238頁。
③ 《世説》，第195—196頁。
④ 《世説》，第225頁。
⑤ 《世説》，第464—465頁。這裡的王長史（王濛）清談當不是這樣，被王右軍（王羲之）評價爲“長史自不欲苦（人）物”（《世説》，第471—472頁）。

王仲祖（王濛）、劉真長（劉惔）造殷中軍談，談竟俱載去。劉謂王曰："淵源真可。"王曰："卿故墮其雲霧中。"①

有在清談爭辯中取悅群衆，以想獲得同情、收取觀衆分。如《世説新語·品藻》説：

人問撫軍（簡文帝）："殷浩談竟何如？"答曰："不能勝人，差可獻酬群心。"②

如此等等。

魏晉名士的清談爭辯有時實在爭不出名堂、辯不出輸贏的話，那麽只能以和局收場。如《世説新語·文學》説道：

傅嘏善言虛勝，荀粲談尚玄遠。每至共語，有爭而不相喻。裴冀州（裴徽）釋二家之義，通彼我之懷，常使兩情皆得，彼此俱暢。③

《世説新語·文學》又説到："支道林、許掾諸人共在會稽王齋頭，支爲法師，許爲都講。支通一義，四坐莫不厭心；許送一難，衆人莫不抃舞。"④

十一、清談者的音容

清談者的音容是指，爲了清談的效果，名士們還會注意到清談中的音色動聽和容顏動人，以便給受衆帶來悦耳、養眼的感覺。

1. 音色動聽

音色動聽首先是説談論者的語言節奏。

早在東漢後期，"善談論"的郭泰就在談論中"美音制"。這種"美音制"就是注重談論時的語言節奏（音韻）。如果要將這種語音節奏往前推的話，可以在《荀子·成相》中找到這種痕迹。

魏晉名士在清談中同樣貫徹這點，所以會有"正始之音"的説法。如《世説新語·賞譽》説：

王敦爲大將軍，鎮豫章。衛玠避亂，從洛投敦，相見欣然，談話彌日。于時謝鯤爲長史，敦謂鯤曰："不意永嘉之中，復聞正始之音。阿平若在，當復絶倒。"⑤

---

① 《世説》，第469頁。
② 《世説》，第522頁。
③ 《世説》，第199—200頁。
④ 《世説》，第227頁。
⑤ 《世説》，第450頁。

《世説新語・文學》"裴散騎娶王太尉女"條注引鄧粲《晋紀》又説"(裴)遐以辯論爲業，善叙名理，辭氣清暢，泠然若琴瑟"，余嘉錫先生《世説新語箋疏》這樣説："晋、宋人清談，不惟善言名理，其音響輕重疾徐，皆自有一種風韻。"[①]

音色動聽其次是説談論者的音色圓潤。

《世説新語・品藻》説道：

劉尹(劉惔)至王長史(王濛)許清言，時苟子年十三，倚床邊聽。既去，問父曰："劉尹語何如尊？"長史曰："韶音令辭不如我，往輒破的勝我。"[②]

《世説新語・賞譽》又説："謝公云：'長史語甚不多，可謂有令音。'"[③]這裏，劉惔、王濛們的"韶音"、"令音"，其中就包含著音色圓潤動聽這一點。名士們似乎知曉這樣的道理：音色的圓潤可能會促進清談名理的圓通。

音色圓潤還與音色渾厚嘹亮相聯繫。《世説新語・豪爽》説道：

> 桓宣武(桓温)平蜀，集參僚置酒于李勢殿，巴蜀搢紳莫不來萃。桓既素有雄情爽氣，加爾日音調英發，叙古今成敗由人，存亡繫才，其狀磊落，一坐歎賞。[④]

《世説新語・容止》又説："庾太尉(庾亮)在武昌，秋夜氣佳景清，使吏殷浩、王胡之之徒登南樓理詠，音調始遒，聞函道中有屐聲甚厲，定是庾公。"[⑤]這裏，"音調英發"和"音調始遒"就是指音色的圓潤渾厚且嘹亮。

這種音色圓潤渾厚嘹亮是名士們追求的目標。如《世説新語・賞譽》説：

> 蔡司徒(蔡謨)在洛，見陸機兄弟住參佐廨中，三間瓦屋，士龍住東頭，士衡住西頭。士龍爲人，文弱可愛。士衡長七尺餘，聲作鍾聲，嘹亮渾厚，言多慷慨。[⑥]

因爲名士們注重談論中的音色動聽，那麼那些"謇吃無宫商"、"口如含膠飴"[⑦]者必不入當時人的法眼。

也因爲名士們注重談論中的音色動聽，那麼那些厲聲、豺聲者必不受人歡迎。不僅不受歡迎，那些厲聲、豺聲者還可能反映出他們的本質面貌。如《世説新語・識鑒》説："潘陽仲見王敦小時，謂曰：'君蜂目已露，但豺聲未振耳。必能食人，亦當爲人所食。'"[⑧]其條劉孝標注曰："蜂目而豺聲，忍(凶狠殘忍)人也。"[⑨]

---

① 《世説》，第209頁。
② 《世説》，第526頁。
③ 《世説》，第487頁。
④ 《世説》，第600頁。
⑤ 《世説》，第616頁。
⑥ 《世説》，第443頁。
⑦ 《世説》，第782頁。
⑧ 《世説》，第391頁。
⑨ 《世説》，第391頁。

與音色圓潤相聯繫的是清談者的容顏必温良,如"有令音"的王濛就是"温潤恬和"[①]。那麼,與厲聲、豺聲者相聯繫的是容顏必猙獰,所謂"嗔目厲聲"、"聲色并厲"。所以,《世説新語・方正》説王敦"聲色并厲,欲以威力使(人)從己"[②]。

從中原南遷至東晋的名士在清談時的音色動聽還與他們的中原語相聯繫。在他們看來,南方的吴語既不好聽也不好懂。如《世説新語·輕詆》説:"支道林入東,見王子猷兄弟。還,人問:'見諸王何如?'答曰:'見一群白頸烏,但聞唤啞啞聲。'"[③]對此,余嘉錫《世説新語箋疏》説:"道林之言,譏王氏兄弟作吴音(不好聽)耳。"[④]《世説新語・言語》又説:"王仲祖(王濛)聞(南)蠻語不解,茫然曰:'若使介葛盧來朝,故當不昧此語。'(不好懂)"[⑤]

因爲這樣,所以與吴語(吴音)相聯繫的吴聲,在他們看來也是"其妖而浮"[⑥]。而對丞相王導主動學吴語,那些用中原語(國語)談論的人(如劉惔)也是有看法的。如《世説新語·排調》説:"劉真長(劉惔)始見王丞相,時盛暑之月,丞相以腹熨彈棋局,曰:'何乃渹?'劉既出,人問:'見王公云何?'劉曰:'未見他异,唯聞作吴語耳。'"[⑦]

2. 容顏動人

魏晋是個崇尚人之儀形容貌的時代,表現在《世説新語》中就有《容止》篇的設置,其中不乏對人容顏的描繪。如"潘岳妙有姿容"[⑧]、裴楷"有儁容姿"[⑨]、庾亮"風姿神貌"[⑩]、杜弘治"面如凝脂,眼如點漆"[⑪]……因爲崇尚容貌,所以珠玉般的衛玠被人"看殺"[⑫],美姿容的潘岳被人"連手共縈之",而絶丑的左思則被"群嫗齊共亂唾之"[⑬]。

這一時代的特征不可能不反映在魏晋名士的清談中,也即上述提到的:爲了清談的效果,必須容顏動人。如《世説新語・容止》説,"行步顧影"[⑭]的玄學家何晏是風流倜儻"美姿儀"[⑮],而夏侯玄則是"朗朗如日月之入懷"[⑯]。《世説新語・容止》又説,嵇康風姿特秀,"蕭蕭肅肅,爽朗清舉"[⑰],而清談家王衍則是"容貌整麗"、"似珠玉在瓦石間"[⑱]。

---

① 《世説》,第520頁。
② 《世説》,第313頁。
③ 《世説》,第848頁。
④ 《世説》,第848頁。
⑤ 《世説》,第126頁。
⑥ 《世説》,第157頁。
⑦ 《世説》,第792頁。
⑧ 《世説》,第608頁。
⑨ 《世説》,第610頁。
⑩ 《世説》,第615頁。
⑪ 《世説》,第619頁。
⑫ 《世説》,第613頁。
⑬ 《世説》,第608頁。
⑭ 陳壽:《三國志》,北京,中華書局1959年版,第292頁。
⑮ 《世説》,第606頁。
⑯ 《世説》,第607頁。
⑰ 《世説》,第607頁。
⑱ 《世説》,第612頁。

晋室東渡南遷，這一時代特征更被發揮得淋漓盡致：這容顏美還得生動，僵硬的美貌容顔是無法打動人的。所以《世説新語・容止》説到“美姿容”的清談家王濛是“斂衿作一來，何其軒軒韶舉”[①]，“美風姿”的清談家簡文走來時“軒軒如朝霞舉”[②]，“能清言”的王恭是“濯濯如春月柳”[③]。

在這裏，魏晋人强調“美姿容”，而東晋人則更强調動態中的“美姿容”。所以《世説新語・企羡》中會有這樣的話語：

> 孟昶未達時，家在京口。嘗見王恭乘高輿，被鶴氅裘。于時微雪，昶于籬間窺之，歎曰：“此真神仙中人！”[④]

有了此處的“容顔動人”，再加上上述的“音色動聽”，其清談效果也必定是不同凡響。《世説新語・豪爽》説：

> 桓宣武（桓温）平蜀，集參僚置酒于李勢殿，巴蜀搢紳莫不來萃。桓既素有雄情爽氣，加爾日音調英發（音色動聽），叙古今成敗由人，存亡繫才，其狀磊落（容顔動人），一坐歎賞。[⑤]

這樣的清談導致人“注神傾意”[⑥]、“凝矚不轉”[⑦]、“結舌注耳”[⑧]，那是當然的了。

然而，魏晋社會不因爲崇尚“美姿容”而使當時的人個個生得漂亮、人人長得美貌。時代社會的常態總是潘岳（美）左思（醜）并存。也正是這樣，所以魏晋清談的參與者必是既有“美姿容”的名士也有不“美姿容”的名士。那麽，不怎麽“美姿容”的名士在參與清談中又是怎樣做到“動人”的呢？《世説新語》對此作揭示，那就是這些不“美姿容”的人是依靠風度神態來打動人的。如“姿貌短小”的曹操是因“神明英發”而英雄的[⑨]，“貌甚丑悴”的劉伶是因“悠悠忽忽土木形骸”而給人印象深刻的[⑩]，“不滿七尺而腰带十围”的庾敳是因“頹然自放”[⑪]而被人認爲是“神氣融散”[⑫]（豁達開朗）的。因爲這樣，所以魏晋名士身上尤多這樣的描繪字眼：神意自若、神色閑暢、神懷挺率、

---

① 《世説》，第621頁。
② 《世説》，第624頁。
③ 《世説》，第625頁。
④ 《世説》，第633頁。
⑤ 《世説》，第600頁。
⑥ 《世説》，第217頁。
⑦ 《世説》，第647頁。
⑧ 《世説新語・賞譽》“王、劉聽林公講”條注引《高逸沙門傳》，第479頁。
⑨ 《世説》，第605頁。
⑩ 《世説》，第611頁。
⑪ 《世説》，第612頁。
⑫ 《世説》，第444頁。

清暢似達……即使"葛裙策杖"[①]也要給人一種別樣的神態,《世説新語·方正》説:"韓康伯病,拄杖前庭消摇(逍遥)。見諸謝皆富貴,轟隱交路,歎曰:'此復何异王莽時。'"[②]

十二、清談的姿態及道具

1. 清談姿態:坐談

魏晋名士的清談一般以坐(座)談的姿態形式來進行的。如《世説新語·文學》説:

> 何晏爲吏部尚書,有位望,時談客盈坐,王弼未弱冠往見之。晏聞弼名,因條向者勝理語弼曰:"此理僕以爲極,可得復難不?"弼便作難,一坐人便以爲屈,于是弼自爲客主數番,皆一坐所不及。[③]

在這裏,魏晋名士何晏、王弼坐談老莊玄學。而西晋名士郭象也通過坐談闡述老莊玄理。《世説新語·文學》説:

> 裴散騎(裴遐)娶王太尉(王衍)女。婚後三日,諸婿大會,當時名士,王、裴子弟悉集。郭子玄(郭象)在坐,挑與裴談。子玄才甚豐贍,始數交未快。郭陳張甚盛,裴徐理前語,理致甚微,四坐咨嗟稱快。[④]

以後,東晋玄佛融合也是通過名士坐談來進行和完成的。《世説新語·賞譽》"王、劉聽林公講"條注引《高逸沙門傳》説:

> 王濛恒尋遁(支遁/支道林),遇袛洹寺中講,正在高坐上,每舉麈尾,常領數百言,而情理俱暢。預坐百餘人,皆結舌注耳。(王)濛云:"聽講衆僧,向高坐者,是鉢釪後王、何人也。"[⑤]

"坐談"是魏晋名士清談的姿態形式。所以,桓温這樣總結説:

> 桓大司(桓温)馬乘雪欲獵,先過王(王濛)、劉(劉惔)諸人許。真長(劉惔)見其裝束單急,問:"老賊欲持此何作?"桓曰:"我若不爲此,卿輩亦那得坐談?"[⑥]

---

① 《世説》,第629頁。
② 《世説》,第331頁。
③ 《世説》,第195—196頁。
④ 《世説》,第209頁。
⑤ 《世説新語·賞譽》"王、劉聽林公講"條注引《高逸沙門傳》,第479頁。
⑥ 《世説》,第800頁。

因時代不同，魏晉名士“坐談”的“坐”，或坐榻上，或坐簟上，或坐薦上。如坐簟上薦上，《世説新語·德行》説：

王恭從會稽還，王大（王忱）看之，見其坐六尺簟，因語恭：“卿東來，故應有此物，可以一領及我。”恭無言。大去後，即舉所坐者送之。既無餘席，便坐薦上。後大聞之甚驚，曰：“吾本謂卿多，故求耳。”對曰：“丈人不悉恭，恭作人無長物。”①

名士如坐在“簟”（竹席）上、“薦”（草墊）上清談，大概是比較艱苦的。而坐在“榻”上清談是可能的。所以《世説新語·方正》會説到這樣的“連榻”：

杜預拜鎮南將軍，朝士悉至，皆在連榻坐。時亦有裴叔則（裴楷）。羊稚舒（羊琇）後至，曰：“杜元凱乃復連榻坐客！”不坐便去。杜請裴追之，羊去數里住馬，既而俱還杜許。②

在這裏，名士羊琇還看不上“連榻”，要單獨坐榻。因爲有“連榻”和“獨榻”，所以也爲我們想象名士清談的坐談姿態提供了可能：主講者坐“獨榻”，聽者則坐“連榻”。

魏晉名士坐著清談，因爲談得投入，情意相合、觀念相融、名理一致，所以雙方（主客、正反）慢慢拉近距離，乃至到雙方膝蓋相碰。《世説新語·賞譽》説：

許掾（許詢）嘗詣簡文（司馬昱），爾夜風恬月朗，乃共作曲室中語。襟懷之詠，偏是許之所長。辭寄清婉，有逾平日。簡文雖契素，此遇尤相咨嗟。不覺造膝（促膝），共叉手語，達于將旦。③

名士清談（談心）造成“促膝”；名士們更相信“促膝”反過來能增進“談心”，所以《世説新語·品藻》説：“郗嘉賓（郗超）道謝公（謝安）：‘造（促）膝雖不深徹，而纏綿綸至。’”④

魏晉名士的“坐談”，并不排斥有些名士站著走著發表高論，曹植就是七步成詩的：“煮豆持作羹，漉菽以爲汁。萁在釜下燃，豆在釜中泣。本自同根生，相煎何太急？”⑤

2. 清談道具：麈尾

魏晉名士清談時，還手執麈尾。如《世説新語·文學》説：

孫安國（孫盛）往殷中軍（殷浩）許共論，往反精苦，客主無閒。左右進食，

---

① 《世説》，第48—49頁。
② 《世説》，第293頁。
③ 《世説》，第491頁。
④ 《世説》，第532頁。
⑤ 《世説》，第244頁。

冷而復煗（暖）者數四。彼我奮擲麈尾，悉脱落，滿餐飯中。賓主遂至莫忘食。[①]

《世説新語·文學》又説："殷中軍（殷浩）爲庾公（庾亮）長史，下都，王丞相（王導）爲之集，桓公（桓温）、王長史（王濛）、王藍田（王述）、謝鎮西（謝尚）并在。丞相自起解帳带麈尾，語殷曰：'身今日當與君共談析理。'既共清言，遂達三更。"[②]

這樣，這種用似鹿而大于鹿的麈尾毛做成的形如圓扇、柄下傅飾（敷設）綿綿細絲縷垂的麈尾毛的"麈尾"，也就成了名士清談中的道具、魏晋風度中的標配。

因爲是魏晋風度的標配，所以名士手不離麈尾。如《世説新語·言語》説：

庾（康）法暢造庾太尉，握麈尾至佳，公曰："此至佳，那得在？"法暢曰："廉者不求，貪者不與，故得在耳。"[③]

《世説新語·賞譽》又説："何次道（何充）往丞相（王導）許，丞相以麈尾指坐呼何共坐曰：'來！來！此是君坐（座）。'"[④]

也因爲是名士清談的道具，所以名士在清談中"彼我奮擲麈尾"。這種"彼我奮擲麈尾"的做法，無非是想通過麈尾吸人眼球、引人注意，并深入和轉移話題。而這種麈尾的人文屬性據説來自"麈及麈尾"的自然屬性。那就是，似鹿而大于鹿的"麈"能使群鹿隨之，而群鹿視麈尾所轉而往之。

在這裏，中華傳統文化中的自然屬性與人文屬性的一致性得到充分體現。于是，清談中的道具也就必定是"麈尾"：引人注意、深入話題。所以上述提到的《高逸沙門傳》中支道林在"祇洹寺中講，正在高坐上，每舉麈尾，常領數百言，而情理俱暢。預坐百餘人，皆結舌注耳"[⑤]。

既然麈尾有此功能，于是那些原本不易理解的命題學理，名士們就借助于麈尾來幫忙詮釋。如《世説新語·文學》説：

客問樂令（樂廣）"旨（指）不至"者，樂亦不復剖析文句，直以麈尾柄確（觸）几曰："至不？"客曰："至。"樂因又舉麈尾曰："若至者，那得去？"于是客乃悟服。樂辭約而旨達，皆此類。[⑥]

這樣看來，這麈尾還真能起到此作用。于是，使名士日益重視麈尾，麈尾也越發高級，如王衍就用玉柄麈尾，《世説新語·容止》説："王夷甫容貌整麗，妙于談玄，恒捉白玉

① 《世説》，第219頁。
② 《世説》，第212頁。
③ 《世説》，第111頁。
④ 《世説》，第455頁。
⑤ 《世説》，第478—479頁。
⑥ 《世説》，第205頁。

柄麈尾，與手都無分别。”[①]劉惔用犀（牛角）柄麈尾，《世説新語·傷逝》説：“王長史（王濛）病篤，寢臥燈下，轉麈尾視之，歎曰：‘如此人，曾不得四十！’及亡，劉尹（劉惔）臨殯，以犀柄麈尾箸柩中，因慟絶。”[②]

魏晋風度的配件，除麈尾外，還有扇與如意。[③]但因爲扇與如意没有成爲名士清談的道具，即没有出現在名士的清談場面裏，故本文在此不作深究。

（作者簡介：劉康德，復旦大學哲學學院教授）

A discrimination of “*Qingtan*”

Liu Kangde

Abstract: The celebrities can be divided into two types, good at discussion and good at article in Wei-Jin preiod. Discussion includes clear speaking and debate, and we have named it *Qingtan*. The contents of *Qingtan* include talking about *Laozi* and *Zhuangzi,* saying the philosophers, discussing the Classics, talking about history and famous remark, identifying the exoterica and other aspects. There are three standards of *Qingtan*: terse, mysterious and methodical. *Qingtan* has a high demand for places and times, attaches great importance to the winning or losing of the results, notes the use of sound and expression. The form of *Qingtan* is forum, and the process of conversation will use props（like *Zhuwei*）, to promote the topic of the start.

Keywords: *Qingtan; Yanshuo*; discrimination; Wei-Jin preiod.

（本文責任編校：王　丁　吴揚廣）

① 《世説》，第609頁。

② 《世説》，第641頁。

③ 《世説新語·品藻》説：“王大將軍（王敦）在西朝時，見周侯（周顗）輒扇障面不得住。”（第509頁）在這裡，“以扇障面”反映了王敦的心理。又如《世説新語·豪爽》説：“處仲每酒後輒詠‘老驥伏櫪，志在千里。烈士暮年，壯心不已’。以如意打唾壺，壺口盡缺。”（第597頁）在這裡，“以如意打唾壺”使“壺口盡缺”以反映王敦的“壯心不已”的志向。

"於人倫中産出學術，由學術領導政治"
——錢穆論康有爲新探

許惠琪

摘　要：錢穆《中國近三百年學術史》將梁啓超譽爲"新思想導師"的康有爲，視爲"晚清學術之末影"。現有研究多指錢穆著眼"純學術"的立場，未見康氏政治思想之特出。但本文由政學一體的角度出發，梳理錢穆寓涵於學術評價當中的政治理念。本文分兩個層次，第一，拈出錢穆批判康有爲學術的兩道綫索："從政問俗"不如"講道治學"；"漢儒"不如"宋儒"，并通過大量文獻與《中國近三百年學術史》的比對，從政治場域由"朝廷"移向"書院"、儒者角色從"官吏"轉爲"師儒"、君主理想先"聖人"後"明君"、經典依據先《四書》後《五經》等幾個面向，解析錢穆批判康有爲之判準，在於政治之理亂繫諸道德教化。第二個層次，理解錢穆負面評價康有爲背後的時代關懷。宋代以後的政治思想，充滿對"聖君"的期待，政治即是明君以道德化成天下。但西方近代憲政制度的根源，却出於對"暴君"的恐懼（tyrannophobia），政治即是人民以憲法、法律制衡執政者。錢穆指摘康有爲背離宋儒"義理"、"事功"不二的進路，以今文學附會西方憲政體制，這不僅是"宋學門户之見"，更是對當前"道德"與"政治"分離的西化制度感到憂心。

關鍵詞：錢穆　清代學術　中國近三百年學術史　康有爲

一、前言

王國維（1877—1927）説："披我國之哲學史，凡哲學家無不欲兼爲政治家者。"[①] 傳統學術的重心落在現世的人生、政治層面，較少超世的哲學思維。錢穆於傳統別有孺

---

① 王國維：《静安文集・論哲學家與美術家之天職》，《王國維全集》第1册，杭州，浙江教育出版社；廣州，廣東教育出版社2009年版，第132頁。

慕之情，此人盡皆知，但其政治思想如何投射於學術論述當中，却較少人關切。錢穆曾自叙：中國政治的理亂問題，是其“畢生從事學問”的立基點，“從此七十四年來，腦中所疑、心中所計，全屬此一問題”。[①]又其《中國近三百年學術史·自序》已明言著作意旨在“合之當世”。[②]但汪榮祖《錢穆論清學史述評》説：“康氏（康有爲，1858—1927）論學，確常不顧證據，强詞奪理，梁啓超亦不諱言。錢穆就**純學術**之觀點，批評康魯莽滅裂，亦不爲過，然而不能不體會康氏著作之微旨，原不在純粹的學術考證。康明欲學以致用，甚至以學術作爲達到政治改革的手段，亦因此能在思想界引發颶風和火山。”[③]路新生也指出，顧頡剛等疑古辨僞思潮，很大程度乞靈於康有爲僞經之説，錢穆欲就此做拔本塞源之舉，所以説錢穆批評康有爲“主要著眼於學術的價值而非政治的意義”[④]。他研究，也多從康氏淆亂群經、六經注我的治學態度，理解錢穆的批評。[⑤]

錢穆給予康有爲負面評價的原因，當然不全排除康氏對儒學經典的攪亂，[⑥]但或仍有其他層面的解讀。本文指出錢穆批評康有爲更大的著眼點，恰是在政治思想上。只不過他從政學一體的角度出發，將政治的關懷與學術的評價彼此交融，若大量閱讀聯經出版公司之《錢賓四先生全集》中相關文章，再與錢穆對康有爲的學術評價彼此參照，便能領會此意。

必須先説明的是：錢穆系統性論述清學的著作，主要有三：1927年所作的《國學概論·清代考證學》，1937年出版的《中國近三百年學術史》，以及作於1941年，而現僅存目的《清儒學案序目》。《國學概論·清代考證學》以考據學爲主，《清儒學案序目》配合“學案”體例，以清代理學發展爲核心，兩書較罕涉及晚清今文學一系，因而本文以《中國近三百年學術史》爲主要文本。而本文題目摘自錢穆之語，原文作：“遠溯自孔子儒家，迄於清末，兩千四百年，士之一階層，進於上，則干濟政治；退於下，則主持教育，鼓舞風氣。在上爲‘士大夫’，在下爲‘士君子’，**於人倫修養中産出學術，再由學術領導政治**。”[⑦]此一題目的命義在於：錢穆堅持學術不能僅是純知識的追求，襄濟政治乃其要務，但學以經世之道，在於昌明心性道德，人倫修養，由善人開啓善政，外在制度的變革，乃至“西化”，并非首務。此正其衡定康有爲學術地位的標尺，故以此爲題。

---

① 錢穆：《八十憶雙親、師友雜憶合刊·（一）果育學校》，《錢賓四先生全集》，臺北，聯經出版事業股份有限公司，第51册，第36頁。本文所引用之錢穆著作，均出《錢賓四先生全集》，以下僅標引文所屬之册數、頁數。

② 錢穆：《中國近三百年學術史·自序》，第16册，第18頁。

③ 汪榮祖：《錢穆論清學史述評》，《台大歷史學報》第26期，2000年12月，第114頁。

④ 路新生：《錢穆〈中國近三百年學術史〉中幾個值得商榷的問題》，《歷史教學問題》2001年第3期，第16頁。

⑤ 陳勇：《不知宋學，則無以平漢宋之是非——讀錢穆先生〈中國近三百年學術史〉》，《錢賓四先生逝世十週年紀念專刊》，2000年12月，第194—205頁。劉海静：《二十世紀前半期的清學史研究——以章太炎、劉師培、梁啓超、錢穆爲中心》，上海大學博士學位論文，2011年，第168—169頁。

⑥ 1929年錢穆於蘇州中學任教時，讀康有爲《新學僞經考》，心生疑義，作《劉向歆父子年譜》駁之。顧頡剛大爲賞識，刊載於《燕京學報》，并推薦前往燕大任教。當時各校“經學史”均主康有爲之言，錢文出後，學界震蕩。錢穆：《八十憶雙親、師友雜憶合刊·（九）北平燕京大學》，第51册，第154、163頁。

⑦ 錢穆：《國史新論·再論中國社會演變》，第30册，第52頁。

二、錢穆對康有爲之批評

光緒十七年（1891）康有爲應梁啓超、陳千秋之請，講學長興里。1894 年甲午戰敗後多次上書，1898 年主持戊戌變法，事敗後，仍淆亂群經，名爲託古，實乃效慕西方法政體制。錢穆從以下兩個層面，評價康有爲：

（一）"從政問俗"不如"講道治學"

錢穆說：

> 若西方爲"法治"的，則中國爲"學治"的。中國政治之兩大重心爲"學校"與"選舉"。①

西方政治倚賴法律，中國政治嚮往學術精神的引領。中國所謂的"學校"、"書院"，不僅是傳播知識，更是關涉風俗厚薄、世運隆替。因此，錢穆對康有爲早年講學長興里的評述，或許應就政治層面解讀。

康有爲於光緒二年（1876）從學朱次琦（1807—1881）。朱氏以宋學爲依歸，講學禮山。清中葉以後的理學，更重心性功夫向治平之道的推闡。姚鼐（1731—1815）曰："余嘗論學問之事有三端焉，曰義理也、考證也、文章也。"②曾國藩又添入"經濟"一項，他說："有義理之學，有詞章之學，有經濟之學，有考據之學。義理之學即宋史所謂道學也，在孔門爲德行之科；詞章之學在孔門爲言語之科；經濟之學在孔門爲政事之科；考據之學即今世所謂漢學也，在孔門爲文學之科。此四科闕一不可。"③又說："經濟之學，即在義理之內。"④經濟實用導源於道德心性，方不流於功利；道德心性必須開導出經濟實用，方不墮入懸虛。朱次琦論學，也强調由性理以濟政治實用。錢穆在《朱九江學述》中，介紹其學術宗旨："理學中本應包經、史、掌故。凡以經世致用之學，皆吾分內事。……故務功業者不能不通理學，而理學中自應有功業，非可排除功業以自成其爲理學也。"⑤

1891 年康有爲講學萬木草堂，并著《長興學記》。其節目大要，大體紹襲朱次琦禮山講學之規模，以性理爲體，經濟爲用。⑥只不過在性理方面，康氏之本性更接近陸王，以激勵氣節爲務。⑦

康氏以"志道、據德、依仁、游藝"的"四言"之教，回歸傳統知行合一、體用不二的學術體系，錢穆說：

---

① 錢穆：《文化與教育・中國固有哲學與哲學革命》，第 41 册，第 131 頁。
② 姚鼐：《惜抱軒詩文集・述菴文抄序》，《四部叢刊初編・集部》，上海，商務印書館 1936 年版，第 29—30 頁。
③ 曾國藩：《曾國藩日記》，咸豐元年 7 月 8 日。《曾國藩全集》，長沙，岳麓書社 2011 年版，第 16 册，第 236 頁。
④ 曾國藩：《曾國藩日記》，道光二十一年 7 月 14 日。《曾國藩全集》，第 16 册，第 92 頁。
⑤ 錢穆：《中國學術思想史論叢（八）朱九江學述》，第 22 册，第 497 頁。
⑥ 錢穆：《中國近三百年學術史》，第 17 册，第 835—836 頁。
⑦ 錢穆：《中國近三百年學術史》，第 17 册，第 834 頁。

> 志於道，四目：一曰格物……。二曰厲節……。三曰辨惑……。四曰慎獨……。凡此所列，主人生實行，不主訓詁考訂，與乾、嘉以來風尚絶異。宋儒理欲之辨，爲戴東原所極詆，今則以“存天理，去人欲”訓“格物”，奉爲入學之首義焉。因字義明經訓，爲惠、戴所盛唱，今則謂其决不能冒大道之傳焉。曰厲節、慎獨，則求返之晚明東林、蕺山，亦乾、嘉諸儒所絶口不道也。據於德……依於仁……游於藝，四目：一曰義理之學。二曰經世之學。三曰考據之學。四曰詞章之學。……此分四學，較之戴東原、姚惜抱，多經世一項。①

康氏“主人生實行，不主訓詁考訂”，把學問的價值，界定在立德、存仁的人生踐履當中，而不流連於客觀知識的考索，此乃其與乾嘉風尚之不同處。而康有爲又於“游於藝”之綱目中增“經世之學”，其講學體系，儼然以“志道”、“據德”爲本，發爲經世之用，由體以達用，盈科而後進。康有爲講學如此，教人讀書亦然，詳考國朝掌故、外夷政俗，而薈萃於陸王心學，“博稽而通其變，務致之用，以求仁爲歸”②。從不離開人心以求其用。

錢穆又引用梁啓超之記載，説明梁氏不滿乾嘉經師主持之學海堂，嚮慕康有爲“教以陸王心學，而并及史學、西學之梗概”③。也就是説史學興衰之鑑、西學器用之效，都被吸納入陸王心學的大體系之下。必先就陸王發明本心之義，心性既明，方學習經史掌故、西學技藝，以爲政教實用。

對康有爲義理、經世兼賅的講學宗旨，錢穆給予高度評價，在《近百年來諸儒論讀書》中，他説：

> 康氏則主張在讀書運動之上，先要有一個講學運動。讀書只是講學中所有之一事，講學乃爲讀書一事所應先决的問題。宋、明學者太看重講學了，流弊遂成只講學而不讀書。顧亭林則只從此點加以挽救，不謂經歷清代異族高壓統治兩百年後，學者只知讀書，不復知講學，於是所讀日趨於紙篇字面記誦考訂，而與人文知行了無關。换言之，社會只有了經師，却不能有人師。因此學術界也只能有學問，却不再有人才。康氏以“讀書之博，風俗之壞”八字來批評清代兩百年學人利病，可説一些不差。康氏要在讀書之上先安一個“講學”，即此一點，已可説是兩百年來未有之卓識。④

宋儒陸九淵（1139—1192）説：“堯舜曾讀何書來？若某則不識一個字，亦須還我堂堂地做個人。”⑤學問之道，即在“求放心”，知識僅是次要。推闡至極，捨弃經籍，以

① 錢穆：《中國近三百年學術史》，第17册，第830—832頁。
② 錢穆：《中國近三百年學術史》，第17册，第834頁。
③ 錢穆：《中國近三百年學術史》，第17册，第834頁。
④ 錢穆：《學籥·近百年來諸儒論讀書》，第24册，第126頁。
⑤ 陸九淵：《陸象山先生全集·語録三十五》，北京，中國書店1992年版，第290頁。

"講會"的方式,提點人心。先有王陽明（1472—1529）"惜陰會",其弟子錢緒山（1496—1574）、王龍谿（1498—1583）諸人，踵繼其後，"這種流動的短時間的謁請，逐漸盛行，學風上自然趨於掃盡枝葉，獨尋根本。……惟若學校制度不能推行有效，學者先未有相當基礎，直接從事此種最高理論之參究，雖有人格之活潑薰陶，而學術途徑，終不免要流於空虛放蕩"[①]。講學誠然有提點人心,發明天理之效,但省略讀書功夫,易致空虛放蕩。清初顧炎武以"博學於文"矯晚明講學之弊，但清儒沿流而起，矯枉過正的結果，僅"讀書"而不"明理"。學風之壞，波及政風，欠缺講學正心的功夫，"讀書之博"，恰致"風俗之壞"，卒之政治傾圮，社會動蕩。"康氏要在讀書之上先安一個'講學'"，以陸王性理爲依歸，綜攝一切實用的客觀知識，無異"兩百年來未有之卓識"。

但康有爲未能持守其師朱次琦以"義理心性"統攝"經濟事功"的進路，光緒十七年（1891）四月康有爲大體完成其《新學僞經考》，同年七月刊行，[②]逐步走向變法改制的政治路綫。對此，錢穆甚感遺憾，他說：

> 惟九江之死，既盡焚其遺書，而南海奔波海内外，從政問俗之心殷，講道治學之日淺，亦似無梨洲晚年一番境界。此則長興學舍之成就，所由不能與證人并論也。[③]

現有文獻，或者將這段話解讀爲錢穆抗拒西化，以致不見長興學舍培養晚清變法人才的貢獻。又或者以爲錢穆拘守宋明門户之見,故以康有爲不如黄宗羲（1610—1695）[④]，錢穆固然有較爲保守的一面，但以抗拒西化、尊崇宋學等簡單理由解釋之，恐太過模糊。假使對錢穆著作有相當熟悉度，便可把握這段引文的關鍵詞在於："從政問俗"與"講道治學"，這是兩種政治進路，前者是在政壇上"得位"，而後建立制度開展事功；後者雖不"居位"，但以寓"政"於"教"的方式，講學正心，以良風美俗轉移世運。黄宗羲與康有爲之趨捨異趣在此，錢穆據以批判康有爲的判準，亦在。以下就"從政問俗"與"講道治學"，以及康有爲與黄宗羲之比較兩方面詳析此段引文之意。

"講道治學"不等同於近代西方大學"爲知識而知識"的傳統，書院一向帶有净化社會、澄清政治的功能。宋代以來，私人講學蓬勃發展，[⑤]宋初胡瑗（993—1059）執教蘇、湖，培育政治人才。錢穆在《中國近三百年學術史》"引論"中說：

> 言宋學之興，必推本於安定、泰山。……史言："神宗問安定高弟劉彝：'胡瑗與王安石孰優？'對曰：'臣師胡瑗，以道德仁義教東南諸生時，王安石方在場屋中，

---

① 錢穆：《國史大綱》，第28册，第901頁。

② 錢穆：《中國近三百年學術史》，第17册，第838頁。

③ 錢穆：《中國近三百年學術史》，第17册，第837—838頁。

④ 武少民、閻玉環：《錢穆對清代學者的比較研究》，《長春師範學院學報》第25卷第5期，2006年9月，第51頁。姜虹：《錢穆的清代學術史著作研究》，遼寧師範大學碩士論文，2010年，第23—24頁。汪榮祖《錢穆清學史述評》認爲："錢穆一本尊崇宋儒之心，以及信仰朱子之執著，痛詆今文改制說之荒謬。"第99頁。

⑤ 李弘祺：《中國文化新論·絳帳遺風——私人講學的傳統》，臺北，聯經出版事業股份有限公司1991年版，第353—410頁。

修進士業。……國家累朝取士，不以體用爲本，而尚聲律浮華之詞，是以風俗偷薄。臣師當寶元、明道之間，尤病其失。遂以明體達用之學授諸生，夙夜勤瘁，二十餘年。……出其門者無慮數千餘人。故今學者明夫聖人體用以爲政教之本，皆臣師之功，非安石比也。'" ①

胡瑗以"師儒"身份主持教育"講道治學"，而王安石以"官吏"角色躍登政壇"從政問俗"，恰是兩個鮮明的對比。錢穆認爲政治穩定之基業，在前者不在後者。劉彝（1029—1086）答宋神宗之問，將宋初政治的氣象清明，歸功於胡瑗執教蘇、胡，倡"明體達用之學"。何謂"明體達用之學"？錢穆接著説：

安定湖學，分經義、時務兩齋，經義其體，時務其用也。……蓋自唐以來之所謂學者，非進士場屋之業，則釋、道山林之趣，至是而始有意於爲生民建政教之大本，而先樹其體於我躬，必學術明而後人才出。②

唐人割裂"立業"與"修身"，一在科舉，一在釋道。宋儒的貢獻，正在道德與事業的體用合一。他們經世的方略有本末之分，必然"先樹其體於我躬"，以個人修身爲基始，最後人才蔚興，世運漸隆。胡瑗的講學活動，正是"明體達用之學"的具體化，其設經義與時務兩齋，前者疏通心性，後者實習政務。"時務其用"是末，出仕從政，必然要先以"經義"涵泳道德本體，有本有末，才可盈科後進，成就事功。

在王安石變法失敗之後，儒者逐漸退出政壇，③但不表示不再關懷政治，只不過更著重於將政治的力量，由"治"轉爲"教"；儒者的角色，從"官吏"轉爲"師儒"，於是政治的重心由"官場"位移到"書院"。④"講道治學"取代"從政問俗"，成爲儒者經世的主要脈動。

朱熹在《論語集注》中，解釋孔子不仕之因時，他指出"孝於親，友於兄弟，又能推廣此心"即是"爲政"，"何必居位乃爲爲政乎？"⑤得君行道，居其位"從政問俗"，固是爲政的直接途徑，但躬行孝悌等倫理，亦是完成政治大業，因爲中國政治的最高境界，即在人人道德之完善。而教育的陶冶較諸政治權力的施展，更有助於化育士人，啓迪民倫。所以，在朱熹看來，"講道治學"更要於"從政問俗"。

朱熹《中庸章句・序》説：

若吾夫子，雖不得其位，而所以繼往聖，開來學，其功反有賢於堯舜者。⑥

---

① 錢穆：《中國近三百年學術史・引論》，第16册，第2—3頁。

② 錢穆：《中國近三百年學術史・引論》，第16册，第3頁。

③ 余英時：《朱熹的歷史世界——宋代士大夫政治文化的研究》，北京，三聯書店2011年版，第423頁。

④ 陳雯怡：《從官學到書院——從制度與理念的互動看宋代教育的演變》，臺北，臺灣大學歷史系碩士論文，1996年，第178—179頁。

⑤ 朱熹：《四書集注》，臺北，世界書局2004年版，第71頁。

⑥ 朱熹：《四書集注》，第22頁。

堯、舜居天子之位，直接致力於“從政問俗”的活動，但朱熹却以爲孔子“雖不得位”，但其功所以超邁堯、舜，正在其“繼往聖，開來學”等“講道治學”的貢獻，孔子爲“師儒”，以綿延的文化浸潤，立己立人，澄清風俗，君子既多，政治何患不舉？朱熹以爲百年樹人的教化之功，更要於遮天覆地的政治權位。因此，朱子居官不過百日，但其主持白鹿洞書院，講明義裏，推己及人的風範，却澤被百世。

由上可知，錢穆惋惜康有爲不能持守其師朱次琦之遺風，背離長興講學時期，義理爲體，經世爲用的“明體達用之學”，走向政壇“從政問俗”，獲光緒帝重用，“得其位”施展政治抱負，倡言變法改制。其意乃指：革新政治之道，講學正心爲首，從政居位其次。

至於錢穆指康有爲“似無梨洲晚年一番境界。此則長興學舍之成就，所由不能與證人并論也”，其深意究竟爲何？

先談“梨洲晚年”是何等境界？錢穆説：

> 竊謂九江之有南海，蓋猶蕺山之有梨洲，問學請業，皆在早年，而晚歲聲名，遠越師門。三百年學術，有此遥遥相對，足成佳話。惟梨洲自言：“始學於子劉子，志在舉業，不能有得，聊備門人之一數。天移地轉，殭餓深山，盡發藏書而讀之，近二十年，胸中窒礙解剖，始知曩日之孤負。”①

劉蕺山（1578—1645）以慎獨功夫，矯正王學虚靈的流弊。黄宗羲自述早年於其師之理學造詣“不能有得”，起兵抗清失敗後，絶意國事，從事著述，成《明夷待訪録》，錢穆説：“《待訪録》成於梨洲五十四歲，實爲梨洲政治興味最後之成績。五十八歲重興證人書院講學，此後興趣，則轉入理學方面。”②所謂黎州“政治興味最後之成績”，并非指梨洲從此抛弃學以濟世的理想，成爲“爲知識而知識”的“愛智者”，而是指其經世的方針，由“外王”轉“内聖”，從政治活動，轉向教育事業。黄宗羲早年抗清訴諸軍事實力，知其不可爲，退而著述成《明夷待訪録》，構思君權、相權、財政、兵役等外在政治制度的徹底變革，以待後王，較未及内在心性道德層面。理學家的基本立場是：内聖本體之明，是外王之用的擔保。③而黄宗羲晚年方回歸此一進路，錢穆在《黄梨洲》一章特立一子目“梨洲晚年思想”，黄宗羲晚年於紹興恢復其師劉蕺山所創的“證人講會”，還於萬氏家族之别業主講，時人稱“證人書院”。劉蕺山當然不廢儒者經世之志，但其本體收縮到“意根”，功夫收縮到“慎獨”，退歸内心世界，於外王事業著力不足。④黄宗羲之功夫論，大幅開展外向層面，且通過研經讀史，掌握歷代因革之迹，上達一返三代的外王事業。⑤黄宗羲主講“證人書院”仍以義理心性爲講學的最高旨歸，但强調心性要於“應物”之處發見，

① 錢穆：《中國近三百年學術史》，第17册，第838頁。

② 錢穆：《中國近三百年學術史》，第16册，第39頁。

③ 余英時：《朱熹的歷史世界——宋代士大夫政治文化的研究》“第八章　理學家的政治取向”，第306—520頁。

④ 余英時：《中國思想傳統的現代詮釋·清代學術思想史重要觀念通釋》，臺北，聯經出版事業股份有限公司1987年版，第419頁。

⑤ 錢穆：《中國近三百年學術史》，第16册，第30—31頁。

故側重歷史掌故以爲經世之用。[①]完成理學家心性與事功體用不二的圓滿體系。

康有爲背離其師朱次琦禮山講學之途轍，黄宗羲重振其師之“證人講會”，錢穆指康不若黄，這或許不宜逕以偏護宋明的門户之見視之，而應更廣泛地爬梳相關文獻，得知錢穆之意在於：書院養心，方爲政治理亂之樞機，“從政問俗”，通過外向政治制度的變革，并非可長可久之道。

蕭公權《康有爲思想研究》同樣論及康氏早年受教朱次琦，由朱熹進窺陸王心學，并指出：“康氏對陸王哲學决非照單全收。此一哲學中有些思想對他毫無吸引力，如陸王的‘心學’過份强調個人的道德，而忽略社會制度的探討。”[②]蕭著對康有爲思想的剖析，幾乎全屬制度方面。對比之下，更可見錢穆注重道德與政治的體用關係。

（二）“漢儒”不如“宋儒”

蕭公權説：“公羊學啓發康氏的第二個特徵是此派在學術致知上不甚求史學之確切……在康氏心目中……歷史也并無學術研究的實質意義。……因康氏作爲公羊學派的信徒，并不計較史實之是否正確，歷史的意義只是在闡明孔子所發明的大義。神話與傳説只要能够用之於此一原則，其價值并不下於可靠的歷史事實。”[③]汪榮祖也説：“康有爲的真正目的，不在於説經，而在救世。”[④]

錢穆也指出康氏治經“先立一見，然後攪擾群書以就我，不啻‘六經皆我注脚’矣，此可謂之考證學中之陸王”[⑤]。康氏先作《新學僞經考》，摧毁古史的可信度，主張兩千多年之經學，都盤旋於劉歆之下。其後又有《孔子改制考》，以古史爲寓言，乃孔子爲託古改制而作，力辯公羊三世方爲孔門正學。又曲解古經，作《論語注》《孟子微》《中庸注》《大學注》《春秋筆削大義微言考》。對此攪亂群經的做法，錢穆一一舉證攻駁，如：《史記》《漢書》無法支持劉歆作僞之説；《左氏》不傳經非即是僞書；《王制》晚出不盡合於《公羊》；《論語》亦與《公羊》難合；推《公羊》家法説群經之不妥；今文十四博士并不同條共貫。又指康氏之《禮運注》、《大同注》倒填著作日期，以掩飾抄襲廖平之迹。[⑥]

但除了經學上的辯難外，錢穆也明確看到康有爲重詁儒經之用意，在於比附西方法政制度。錢穆説：“西洋有憲法，長素乃以《春秋》爲憲法。”[⑦]康有爲以《春秋》爲中國式的“大憲章”，緯書稱“孔子制法”，乃爲後世預立憲法，以備將來升平世、太平世修憲之用。康有爲又襲取西方“成文法”與“不成文法”的概念，以《春秋》之明文記載乃“成文憲法”，適用於君主專政的據亂世。而董仲舒、何休之口説乃“不成文憲法”，專爲升平世、太平世之民主共和體制而創設。錢穆説：“長素不知國人言共和，乃從西洋來，非從孔子來。

① 全祖望：《甬上證人書院記》，《鮚埼亭集》，臺北，華世出版社 1977 年版，第 880 頁。

② 蕭公權著，汪榮祖譯：《康有爲思想研究》，臺北，聯經出版事業股份有限公司 1988 年版，第 59 頁。

③ 蕭公權著，汪榮祖譯：《康有爲思想研究》，第 72 頁。

④ 汪榮祖：《康章合論》，北京，新星出版社 2006 年版，第 19 頁。

⑤ 錢穆：《中國近三百年學術史》，第 17 册，第 851 頁。

⑥ 康有爲於《禮運注・序》及《大同書成題詞》，自稱成書於光緒十年（1884），但依錢氏之考證，兩書均成於光緒二十七年至二十八年（1901—1902）之際。錢穆《中國近三百年學術史》第 17 册，第 912—915 頁。

⑦ 錢穆：《中國近三百年學術史》，第 17 册，第 917 頁。

長素必欲推本於孔子，而經傳無證，乃附會之於董、何之口説。……仍是震驚於西化而發。"[①]又康有爲欲攀附西方憲政之國民主權原則，主張太平之世，政治決策交付國民公議，而力倡開國會。爲尋求經典上的依據，康氏《論語注》將"夷狄之有君，不如諸夏之亡也"。解作：隨著野蠻進化爲文明，政治體制也當從君主專政，進爲民主共和。又《論語》曰："天下有道，則庶人不議。"康有爲以爲此乃中國國會之先聲。錢穆反復指明：康氏此類比附甚多，均"以尊西俗者爲尊孔之明證也"。"故康氏之尊孔，并不以孔子之真相，乃自以所震驚於西俗者尊之。"[②]

但康有爲汲引西法的嘗試，并不獲錢穆認可，他引用朱一新（1846—1894）之語説：

《公羊》多有切於人事者，宜講明之，"通三統"之義，非後世所能行，辨之極精，亦仍無益。漢時近古，猶有欲其行説者，故諸儒不憚詳求。

……凡學以濟時爲要，《六經》皆切當世之用，夫子不以空言説經也。後世學術紛歧，功利卑鄙，故必折衷《六藝》以正之，明大義尤亟於紹微言者以此，宋儒之所爲優於漢儒者亦以此。質文遞嬗，儒者通其大旨可耳。周制已不可行於今，况夏、殷之制，爲孔子所不能徵者乎？穿鑿附會之辭，吾知其不能免也。[③]

又錢穆於引文後特加一段案語：

按：鼎甫舉學以濟時爲説，而竟謂宋儒優於漢儒，則此意湛深，雖陳蘭甫亦所不憭，遥遥二百年，成隻眼矣。[④]

錢穆"宋儒優於漢儒，則此意湛深"的案語，乍看之下，很容易聯想到其執漢宋門户之見，抑揚清儒。[⑤]但仔細梳理文脈，或有其他解讀的可能。清代考據學發展到後期，逐漸出現"爲知識而知識"的態度，[⑥]遺落"學以濟時爲要"的目標。康有爲突破考據學的窠臼，大有以其學易天下的抱負，但之所以不得錢穆首肯，在於其具體的經世進路。質言之，在"《六經》皆切當世之用"這個共通的大宗旨下，可發展出兩條相異的途轍：

① 錢穆：《中國近三百年學術史》，第17册，第918頁。

② 錢穆：《中國近三百年學術史》，第17册，第921、919頁。

③ 朱一新：《答康長孺書》，《佩弦齋文存》，收入朱一新《拙盦叢稿》，臺北，文海出版社，據光緒二十二年"順德龍氏葆真堂刊本"影印，出版年不詳，卷上，頁14b。錢穆：《中國近三百年學術史》，第17册，第731頁。錢穆博學强記，其對古書之徵引，多憑印象，本文就原典加以核覆，大體無誤。

④ 錢穆：《中國近三百年學術史》，第17册，第861頁。

⑤ 現有研究多指錢穆論清學，帶有濃厚的"宋學正宗"之見。例如：汪榮祖：《錢穆論清學史述評》，第99—119頁。陳勇：《"不知宋學，則無以平漢宋之是非"——讀錢穆先生〈中國近三百年學術史〉》，《錢賓四先生逝世十週年紀念專刊》，臺北，臺北市立圖書館2000年版，第194—205頁。朱維錚：《走出中世紀二集·關於錢穆研究》，上海，復旦大學出版社2008年版，第142頁。劉海静：《二十世紀前半期的清學史研究——以章太炎、劉師培、梁啓超、錢穆爲中心》，上海大學博士論文，2011年，第176頁。張冠茹：《梁啓超、錢穆對清代學術史的研究比較——以〈中國近三百年學術史〉爲核心》，中山大學碩士論文，2012年，第43—46頁。

⑥ 張壽安：《龔自珍論乾嘉學術："説經"、"專門"與"通儒之學"——鉤沉一條傳統學術分化的綫索》，《中國學術思想論叢》，臺北，大安出版社2009年版，第275—308頁。

其一，漢儒去古未遠，紹繼先聖微言，以三百篇爲諫書、以《禹貢》行河，以《春秋》決獄，傾向從外在制度層面，處理政治問題。其二，後代去孔子已遠，切用之方，在以《六經》大義，端正功利卑鄙的學風。换言之，經術之用，不在於效仿古制古法，更不在偷天换日，託古制以變西法，而在導正人心，由修身立己，進而成己成物，政局自然清明安定。傾向從内在道德心性，挽救政治。

錢穆於案語中，推崇朱一新"宋儒優於漢儒"之見，許爲清學兩百年，獨具隻眼者，何以"宋儒優於漢儒"？恐非僅是入主出奴的門户偏見，以下排比錢穆論（漢代）漢儒與宋儒之文章，或可更細膩地解讀此語。

余英時指出，由現代學術分科的角度言之，"宋明理學"被劃歸爲哲學門類，以心、性、理、氣之談爲核心。但就歷史發展之脈絡而言，"宋代儒學的整體動向是秩序重建，而'治道'—'政治秩序'—則是其始點。道學雖然以'内聖'顯其特色，但'内聖'的終極目標不是人人都成聖成賢，而仍然是合理人間秩序的重建"[①]。余氏此説與其師錢穆一脈相承，錢穆説：

> 論宋、明學淵源，當著眼范仲淹、胡瑗，則得其真相矣。[②]

> 胡瑗所講，曰經義，曰時務，實皆政治學。[③]

宋明儒學的真精神，在胡瑗（安定，993—1059）等人的"政治學"。

而宋代政治思想之特色又何在？錢穆又説：

> 近儒……轉治宋學者，乃以談心説性拈爲哲學思辨之題材，此又非孔門志道約禮之學之真相也。[④]

> 約禮，則實施之於政事，而上企德行之科。[⑤]

錢穆認爲，宋學并非全等同今人所謂之哲學，宋學精義在"志道約禮"。即是以孔門四科中的"德行之科"統攝"政事"。在《宋明理學概述》中，錢穆指出宋學的意義，是汲取佛教心性思想，加以外轉，將修身從宗教領域，轉向政治場域，建構修齊與治平體用合一的圓滿體系。[⑥]

在《漢學與宋學》中，錢穆將傳統學術别爲三系：（漢代）漢學、宋學、及清學，他説：

---

① 余英時：《朱熹的歷史世界——宋代士大夫政治文化的研究》，第117—118頁。
② 錢穆：《國史大綱（下）》，第28册，第910頁。
③ 錢穆：《現代中國學術論衡·略論中國政治學一》，第25册，第211頁。
④ 錢穆：《學籥·略論孔學大體》，第24册，第3頁。
⑤ 錢穆：《論語新解》，第3册，第383頁。
⑥ 錢穆：《宋明理學概述》，第9册，第5、19頁。

> 漢學派的精神在"通經致用"，宋學派的精神在"明體達用"，兩派學者均注重在"用"字。①

該文指出漢、宋學均在求實用，兩者差異，在"體""用"之間的本末輕重，有程度上的差異。漢儒固然不排除"發明本體"的道德修養功夫，但相較於宋儒，更注重從制度層面解決政治問題。其歷史哲學以"五德終始"、"三統循環"，爲制度之汰舊翻新，架構理論基礎，最終演爲王莽的變法改制。②"宋儒主張'存天理，去人欲'，修、齊、治、平之總綱即'天理'，亦即聖人所謂之'體'，由體便可達'用'。"③宋儒則以個人立身行止出發，從修身推而爲治平大業，相對較輕忽制度的層面。在《國史大綱》"士大夫的自覺與政治革新運動"一節中，錢穆稱揚宋代士人精神，他説：

> 他們説唐代亂日多，治日少。他們在私生活方面，亦表現出一種嚴肅的制節謹度，而又帶有一種宗教狂的意味，與唐代的士大夫恰恰走上相反的路徑，而互相映照。因此他們雖則終於要發揮到政治社會的實現問題上來，而他們的精神，要不失爲含有一種哲理的或純學術的意味。（范仲淹至陝，張載年十八，慨然有志功名，上書謁，言軍事。范知其遠器，責之曰："儒者自有名教可樂，何事於兵？"手授以《中庸》一編……）所以唐人在政治上表現的是"事功"，而他們把事功消融於學術裏，説成是一種"義理"。④

宋儒劃時代的意義在於："把事功消融於學術"，所謂"學術"即是"義理學"，以端正心性爲本，再求事功之用。因此，張載有開邊建功之壯志，范仲淹授以《中庸》，而言不及兵事，意味修身乃本源，源泉滚滚，則政治功業，自然水到渠成。

漢儒之"通經致用"與宋儒之"明體達用"，在錢穆思想座標中，是有軒輊之分的。在《有關學問之系統》中，錢穆分學術爲三大系統：第一系統是"人統"，"一切學問，主要用意在學如何做一人"⑤。"第二系統是'事統'，即以事業爲其學問系統之中心者，此即所謂'學以致用'。"⑥"第三系統是'學統'。此即以學問本身爲系統者。近代中國人常講'爲學問而學問'，即屬此系統。"⑦宋明理學家由修己遞進治人，屬於第一系統"人統"。漢儒"如賈誼、晁錯，他們治學，顯屬第二系統。賈誼雖通經，但時人評其'不得爲醇儒'。這就是説，他不得列入德行之科，并異於孔、孟之第一系統的學問了。若依此看法，西漢一般經學家，自伏生、申公以下，都不過是第二系統，故'通經致用'四字，特爲

① 錢穆：《中國學術思想史論叢（八）·漢學與宋學》，第22册，第579頁。
② 錢穆：《中國學術思想史論叢（八）·漢學與宋學》，第22册，第573—574頁。
③ 錢穆：《中國學術思想史論叢（八）·漢學與宋學》，第22册，第576頁。
④ 錢穆：《國史大綱》（下），第28册，第627頁。
⑤ 錢穆：《中國學術通義·有關學問之系統》，第25册，第280頁。
⑥ 錢穆：《中國學術通義·有關學問之系統》，第25册，第280頁。
⑦ 錢穆：《中國學術通義·有關學問之系統》，第25册，第280頁。

西漢人所重。”[①]西漢儒生所謂的“通經致用”并不特别强調“醇儒”“德行”的培育過程，而是直接用力於軍機政務之中。因此，錢穆認爲不如第一系統之“做人是體，行道是用”的“明體達用”。[②]

在《兩漢經學今古文平議·孔子與春秋》中，錢穆指出漢宋學術的差異，在道德上的“聖人”與政治上的“明王”，兩者間的先後次序，换言之，他説：

> 從程伊川、朱晦翁到明末的劉蕺山，他們對當代皇帝進言，都把當朝的一切禮樂制度且擱在一邊，而先談格、致與誠、正。他們且先教皇帝做聖人，暫不想教皇帝當明王。他們認爲只有成了聖人才能當明王，這正如由本以達末，這是宋學與漢學精神上的大差異。[③]

宋學的精神是“成了聖人才能當明王”。道德上的“聖人”乃政治上“明王”的保證。因此從程頤、朱熹到晚明劉蕺山，他們對皇帝的進言，重在“格君心之非”，以天地之心爲心等心性層面。但漢代儒生對皇帝進言，多及政治、經濟、職官等制度層面，如：賈誼上《治安策》，言中央與地方的權力分配；漢昭帝時召開的“鹽鐵會議”，由政府財政主管與民間儒士，相互辯難，爲皇帝提供意見，當中分析鹽鐵國營與民營之利弊，税收之分配；[④]所以説宋學與漢學的差異，在心性與制度的本末關係上。

由以上分析可知：錢穆藉朱一新“宋儒之所爲優於漢儒”之語，批評康有爲，其意在指明：康氏承繼西漢“通經致用”之學，在義理修養之外，另闢變法改制的新徑路；反不如取法宋儒之“明體達用”，“把事功消融於學術裏”，以道德爲政治之基礎。

在《學籥·近百年來諸儒論讀書》“四、康有爲”中，錢穆先是稱許康氏長興講學時期，以爲宋學本於《論語》，《學》《庸》《孟子》佐之，多言義理。漢學本於《春秋》，《禮記》及《荀子》，多言經世。康氏兩者兼盡，以爲“義理即德行，經世即政事”[⑤]。但錢穆又頗爲扼腕地指出：康有爲作《新學僞經考》爲清廷焚禁後，乃避游桂林，而有《桂學答問》，倡公羊改制説，論學轉而主《公羊》弃《論語》。錢穆説：

> 康氏本以《論語》與《春秋》爲孔學之兩途……現在康氏既專主《公羊》，則不得不抛弃《論語》，因而遂并抛弃了宋、明。……總之，治孔學重《論語》，不失爲是一條活路。若改重《春秋》，則是一條死路。此在宋儒早已看透，現在康氏仍捨活路而改走死路，還在《春秋》學中要專走《公羊》，則更是走進了牛角尖，更無出路，更無活意。人家説康氏攘竊了廖平的著作發明權而博得大名，我只説康氏上了廖平

---

① 錢穆：《中國學術通義·有關學問之系統》，第25册，第289頁。
② 錢穆：《中國學術通義·有關學問之系統》，第25册，第283頁。
③ 錢穆：《兩漢經學今古文平議·孔子與春秋》，第8册，第298頁。
④ 錢穆：《中國歷代政治得失》，第31册，第29頁。
⑤ 錢穆：《學籥·近百年來諸儒論讀書》，第24册，第128頁。

的大當而誤入歧途，葬送了他長興講學的前程，這實在是一件亟可惋惜的事。[①]

所謂"不得不拋弃《論語》，因而遂并拋弃了宋、明"，此語亦未必盡出漢宋門户之見。宋代以後，《四書》取代《五經》，《論語》取代《春秋》三傳。"《論語》《孟子》《大學》《中庸》以及《易傳》等書就成了宋儒論學的新經典。""《孟子》與《學》《庸》《易傳》中的道德性命之説爲宋儒提供了内聖修養的資源，在儒學由外王事功轉向内聖修養上發揮了催化的積極作用。"[②]在《中國思想史》中，錢穆認爲，宋明經學，所以重《論語》《孟子》《大學》《中庸》《易傳》，乃欲從中汲取心性義理之題材，以抗衡佛教。但其不同佛教之處在於，佛教談心性在求涅槃寂滅，儒學一方面用心於内，深入心性精微之處，另一方面，還須步步外翻，回復到先秦治國、平天下的社會大群。[③]因此，錢穆遺憾康有爲遺弃宋明，擱置《論語》，另談"春秋新王"之公羊三世説，其要義不在争辯漢、宋高下，而是遺憾，康有爲疏略《四書》中，義理養心的内聖功夫，急於託言孔子爲漢制法，學步西方，從外在的法律制度解決政治問題。

蕭公權的《康有爲思想研究》共十四章，三、四、五章鋪陳康氏如何重詁經典，作爲各種制度變革的理論依據。六到十一章，詳述康有爲引進西方法律，於政治、行政、經濟、教育等層面大幅改革，并由國族主義，上契大同世界。各章均以理想制度的建構和現實情勢的折衝爲叙述主軸。且以孫中山的政治進路爲參照對象，又以歐文、傅立葉等西方烏托邦思想家相互呼應，對康有爲關於法律制度的各項主張，作縱深的剖析。相較之下，錢穆更在意義理風俗與法律制度的先後。

三、錢穆論學之時代關懷

汪榮祖説："錢氏惡今文，視改制爲荒誕，無從體會康有爲思想之重要與意義，失之多矣！西力東漸，乃康有爲及其同時代有識之士無可迴避的挑戰……而西方因素正是錢穆論晚清學術史之最大盲點。他仍持守根深蒂固的本位主義思想，譴責用夷變夏，而不去處理西方衝擊與中國反應的新時代課題，以致於在錢氏筆下，清代學術思想傳到康有爲，變得矛盾衝突，一無是處。"[④]錢穆清學史較少回應西方衝擊的問題，這是無須爲尊者諱的遺憾。但將錢穆視爲一概排斥"西方因素"者，恐太過籠統，錢穆不全盤排斥所有的西方文化、歷史，[⑤]且將錢穆否定康有爲的動機，簡單歸爲"惡今文"、"本位主義思想"，或許尚有可商榷、可更深入之處。

① 錢穆：《學籥·近百年來諸儒論讀書》，第24册，第133頁。

② 夏長樸：《北宋儒學與思想·試論宋代孟子學之發展及其意義》，臺北，大安出版社2015年版，第209頁。

③ 錢穆：《學籥·近百年來諸儒論讀書》，第24册，第163頁。

④ 汪榮祖：《錢穆論清學史述評》，第114—115頁。

⑤ 錢穆對西方人文教養的傳統，頗多讚譽。任教北京大學時，與"學衡派"的陳寅恪、吴宓等相知相惜。錢穆：《八十憶雙親師友雜憶合刊》，第51册，第184—185頁。相對於胡適等力倡西方科學，"學衡"較心儀白璧德人文主義的傳統。"西方因素"的内涵廣闊，若能究明錢穆所反對者繫屬何者？或許較能把握其思想的深刻意涵。

錢穆在評價康有爲時，有段精彩的案語：

> 定制必先以精義，而行法尤待乎美俗；非精義則制不立，非美俗則法不行。當時治《公羊》言改制者昧之，流弊迄於今茲。習俗相沿，莫不以改制變法爲急，惟易復古爲崇外耳。①

錢穆負面評價康有爲的動機，出於“流弊迄於今茲”的當今政治制度。康有爲震驚西俗，急主立憲法、開議會，却疏略政治的根本，在士習風教。其以公羊學論證西化憲政制度的合法性，所激發的戊戌變法，雖不過曇花一現，但其影響力仍捲起千堆雪，波及民國政界，只不過晚清尚以西漢今文學爲“復古”的外衣，稍加包裹，民國政局則不假掩飾地“崇外”。但兩者本質相同,“定制”、“行法”惟歐美政體馬首是瞻；擱置“精義”、“美俗”等傳統道德。

《中國近三百年學術史》又述民國建立後，康有爲却從移植西法轉而歸情傳統，錢穆藉用康有爲晚年之語説：

> 今所模歐師美者，皆其法制，而無有道德也。夫有法制而無道德以爲之本，則法律皆僞，政治皆敝，無一可行也。②

可見錢穆詮釋康有爲背後的關懷，固然不可説無任何拒斥西化的心態，但更應進一步指出，其所以拒斥的西化，并非僅出民族本位立場，而是“法制”與“道德”分離，在西方，政治問題倚賴法律解決，此與宋代以來，事功導源於心性的進路，恰好相反。

《中國人之法律觀念》一文，作於1942年，與《中國近三百年學術史》的成書年代（1937），亦相去不遠，當中説：

> 今日論者方務離法律與道德教化而二之，一意模仿西俗。於舊典多有不知其用意，而輕斥輕廢者。夫一國家一民族固不能專以法律治，則中國他日而仍將有道德與教化。③

這又可見，錢穆抨擊康有爲以今文學包裝西化憲政制度，其動機不僅是夷夏之防的表象，更應從政治與道德分離的西化制度著眼，方見其深刻處。

康有爲引進西方憲政制度，力倡開國會、行民權，西方憲法以國會之立法權限制最高統治者之行政權，使執政者權力的行使，被控制在法律之内，再以司法權爲最終仲裁者，於執政者違法濫權時，給予抑制，三權分立，使國家權力彼此制衡（check），防止

① 錢穆：《中國近三百年學術史》，第17册，第682頁。
② 錢穆：《中國近三百年學術史》，第17册，第890頁。
③ 錢穆：《中國人之法律觀念》，《政學私言》，第40册，第244頁。

執政者一權獨大，這源自於對暴君（tyrannophobia）的恐懼，故須時時以法律監督制衡，因此西方政治所憑藉的不是執政者以風行草偃的方式，對人民進行道德感召，而是人民以嚴密的法律制度，匡限執政者的權力。[①]政治的根基在法律制衡，不在修身養德。民初移植西方三權分立的憲法架構，開始正視政治獨立於執政者道德之外的本質。1911 的《中華民國臨時約法》、1912 之《天壇憲草》、1936 之《五五憲草》，雖兼融傳統的考試權、監察權，但基本架構還是以三權分立、相互制衡爲運作主力，走向西方以法律節制執政者之權力，而非以道德教化萬民的政治模式。所以錢穆説民初政治延康有爲而來，只不過"易復古爲祟外"。

法理學家王伯琦説："吾國采納西洋文化，未有如法制方面之徹底者。"[②]中西政治思想，實有扞格難通之處。相較於西方憲政制度發源於"對暴君（tyrannophobia）的恐懼"，儒家政治思想，却出於"對明君的期待"。《論語》説："政者正也。子帥以正，孰敢不正？"[③]又説："君子之德風；小人之德草。草上之風，必偃。"[④]政治即是執政者對人民的道德教化，執政者修身成德，百姓受其感召，自然歸趨於善。這種以執政者道德擔保政治清明的思想，至宋代尤受肯定。宋代以後"人格本位的政治觀"盛行，"一個政治秩序的建立必須從個人修身開始。一個善良的社會是建築在善良的個人上面"。這反映在經學上，是《四書》地位高過《五經》，因爲《四書》充滿"人格本位的政治觀"，政治的起點是"修己以敬"，終點是"修己以安百姓"。《大學》裏尤其展現修身齊家與治國平天下間的本末體用關係。[⑤]錢穆對格、致、誠、正、修、齊、治、平的《大學》八條目，更是念兹在兹。屢屢稱引。[⑥]他遺憾康有爲《桂學答問》捨《論語》修己安人之道，另就《公羊》變法改制等異議可怪之論。又引朱一新"宋儒優於漢儒"之語，批評康有爲，這不能僅視爲漢宋門户之見的延續，背後的理念是：中國將來之政治，應以宋代爲典範，"成了聖人才能當明王"[⑦]所欲回應的時代議題，是當代中國政治大幅西化。

西方思想家洛克（Lock,1632—1704）在《論宗教寬容》（*A letter concerning toleration*）中説："法律的責任……在於保障國家和每個具體人的人身與財産的安全。……真理不是靠法律教誨的。"[⑧]西方法律的功能，不是指導人民提升德行，而是束縛執政者的權力，防

---

① 這部分可參見張灝：《超越意識與幽暗意識——儒家内聖外王思想之再認與反省》，《幽暗意識與民主傳統》，臺北，聯經出版事業股份有限公司 1992 年版，第 33—78 頁。陳弘毅：《憲政主義》，收入林毓生主編，《公民社會基本觀念》，第 1—25 頁。今湯德宗明言：繼受西方憲政制度，與依賴"聖君賢相"之道德的傳統政治思想，有極大差别。氏著《違憲審查與動態平衡》，臺北，天宏出版社 2014 年版，第 300—321 頁。

② 王伯琦：《王伯琦法學論著集・法治與德治》，臺北，三民書局 1999 年 1 月版，第 114 頁。

③ 《論語》，周何主編：《十三經注疏分段標點》第 19 册，臺北，新文豐出版公司 2001 年版，第 278 頁。

④ 《論語》，周何主編：《十三經注疏分段標點》第 19 册，第 279 頁。

⑤ 張灝：《宋明以來儒家經世思想試釋》，《近世中國經世思想研討會論文》，臺北，中央研究院近代史研究所 1984 年，第 12、16 頁。

⑥ 錢穆屢屢稱引《大學》"八條目"。如：錢穆：《中國思想通俗講話・第二講 性命》，第 24 册，第 48 頁。錢穆：《中國學術通義・中國學術特性》，第 25 册，第 239—240 頁。錢穆：《中國文化史導論・中國文化之地理背景》，第 29 册，第 18—19 頁。錢穆：《國史新論・中國文化傳統中之士》，第 30 册，第 200 頁。錢穆：《如何探究人生真理》《中國人生哲學 第一講》，兩文均收入《人生十論》，第 39 册，第 68—69 頁，第 162—163 頁。

⑦ 錢穆：《兩漢經學今古文評議・孔子與春秋》，第 8 册，第 298 頁。

⑧ ［英］洛克著，吴雲貴譯：《論宗教寬容：致友人的一封信》，北京，商務印書館 1982 年版，第 34—35 頁。

止其侵害人民之身體、財産。穆勒（Mill,1806—1873）在《自由論》（*On Liberty*）中指出，法律的意義，不在强制個人過著良善的生活，維持美好的情操。[①]法律僅是消極地防止暴君的出現。這與宋儒有天壤之别，胡瑗“時務齋”研習刑政兵賦等政治時務，必根植於“經義齋”的道德涵養。

所以錢穆説：

> 今日西方之民主政治……其所以猶得相處以共成一政府，主要乃在法律，不關德行。……人類若漫不以教養領袖爲事，所争乃曰個人自由……其對領袖則惟以法律箝制爲能事。中國傳統文化，則重道義教養，更要爲君、師之道，君、師得其教養，則人群共通有自由。[②]

錢穆嚮往“只有成了聖人才能當明王”的宋學精神。[③]他認爲理想的政治是“期待聖王”，故應以“道義教養”爲君者。但“今日西方之民主政治”的理論預設，却是“恐懼暴君”，故以三權分立的憲法架構，束縛執政者，由人民進入國會立法，以法律節制執政者之行政權。當今西化政體，又可追溯到康有爲，其《論語注》以“夷狄之有君，不如諸夏之亡也”、“天下有道，則庶人不議”，爲國民議政尋求經典依據。[④]錢穆在《中國政治與中國文化》《中國社會之剖視及其展望》中指出，西方代議政治，形式上由人民選舉議員，實質上，則政黨操縱民意，所選出者，盡是貴人、軍人、富人，因此屬“權力政治”,而非“道義政治”。從衆結黨的習氣,不如中國依道擇賢的方式。流品不齊的代議士，不如“修身、齊家、治國、平天下一以貫之”、熟讀《詩》《書》的士人。[⑤]在《中國傳統政治與五權憲法》中，錢穆批判西方三權制衡的憲政體制，揄揚傳統的監察權、考試權，因其甄選讀書人參加政府，將政治的運作，奠基於傳統士大夫的道德。[⑥]

林毓生比較中西政治思想後説：“因爲政治道德化的理想……所以儒家無法承認在社會上，政治只能是政治——必有其獨立的範疇。同時儒家也因此没有利用制度對最高政治權力加以制衡的觀念。”[⑦]傳統政治與執政者個人之道德，呈現體用不二的關係。聖人修身成德，而爲明王，教化萬民，有善人自然有善政。但西方憲政制度，却正視政治獨立於道德之外的本質“政治只能是政治——必有其獨立的範疇”，但錢穆却强調政治不能脱離人格教化，他説：

---

① ［日］田中成明：《現代法理學》，東京，東京大學出版社 2011 年版，第 172 頁。

② 錢穆：《中國學術通義・中國學術特色》，第 25 册，第 241—242 頁。

③ 錢穆：《兩漢經學今古文平議・孔子與春秋》，第 8 册，第 298 頁。

④ 錢穆：《中國近三百年學術史》，第 17 册，第 921—922 頁。

⑤ 錢穆：《世界局勢與中國文化 · 中國政治與中國文化》，第 43 册，第 241—248 頁。錢穆：《政學私言 · 中國社會之剖視及其展望》，第 40 册，第 156—161 頁。

⑥ 錢穆：《政學私言・中國傳統政治與五權憲法》，第 40 册，第 1—18 頁。

⑦ 林毓生：《政治秩序與多元社會》，臺北，聯經出版事業股份有限公司 1989 年版，第 19 頁。

即論政治，在中國智識分子的理想中，亦决不該爲政治而政治。政治若脱離人文中心，連一技一藝都不如。①

政治亦人事之一種，無論其爲何種之政制，要不能徒法而自治，必有活人之參加。故做官不能與做人相分離，故從政不能與爲人相絶。……則將來中國新政治之新生命，端將在整個社會之做人道理中重獲健康，而并不在於向外邦異國抄襲其法律制度以爲紙上之粉飾。而其整個社會之做人道理，則仍必與其傳統精神與文化特性有不可解脱之關係，此固無從模倣抄襲而有之。②

"政治亦人事之一種"，不能"脱離人文中心"，政治即是一種人文教化，執政者恭己正南面，化民成俗，即是政治理想的最高境界。所以説"不該爲政治而政治"，把政治視爲教化之外的另一個場域，"要不能徒法而自治"，政治若僅是以憲法、法律約束、限制執政者的權力，僅是一種消極的防弊措施，而非積極提升的力量，所以錢穆期許，中國將來政治"在整個社會之做人道理中重獲健康"，"不在於向外邦異國抄襲其法律制度"。錢穆對康有爲戊戌變法以來，政治脱逸傳統模式（尤其宋明以來，修身治國一體的理想），無限憂心。他反覆指摘康有爲不如宋儒，未必僅是門户之見。

錢穆之所以指摘康有爲捨"講道治學"，務"從政問俗"，致力"變法改制"，汲引西方憲政制度，其背後的理念，是以道德教化爲政治穩定的基石。這也應和錢穆自身的生涯抉擇。余英時所説："錢先生畢竟是史學家而不是政治家……他一生的主要貢獻在指示我們怎樣去認識中國的文化系統及其流變。"③但錢穆并非"爲歷史而歷史"的史學家，他始終關懷政治，只不過不是在朝爲官，"從政問俗"。而是效法宋明儒者的"把事功消融於學術裹"④的方式，"本經義推之政事"、"精神所寄則在書院"⑤。錢穆一生未居官，以"講道治學"爲終身職志。執教北大時，他婉拒張君勱籌組新黨的邀請。抗戰結束後，梁漱溟慨然承擔重任，斡旋國共協商、致力農村改革，錢穆力勸從事教育，净化人心，待風俗純正，國家方有希望。⑥1949年國共内戰方酣，錢穆却向閻錫山建言轉危爲安之道，在乎學者深入民間，講學啓導人心，人心有所定向，國事方有希望。⑦

相較之下，梁啓超更接近康有爲"從政問俗"的進路。梁氏并非"爲知識而知識"的學者，他與錢穆同樣懷抱學術經世的理想，但一生在政、學之間棲惶難安。講學正心的百年基業，有時令他感到緩不濟急，反而更傾向用權力運作的方式，儘速救民水火。軍民合一、解散軍閥、聯省自治等活動，都使他無法脱離迷夢的政治生涯。且梁氏積極

① 錢穆：《國史新論·中國智識分子》，第30册，第156頁。
② 錢穆：《世界局勢與中國文化·中國政治與中國文化》，第43册，第251—252頁。
③ 余英時：《現代儒學論·錢穆與新儒家》，新加坡，八方文化企業公司1996年版，第110—111頁。
④ 錢穆：《國史大綱（下）》，第28册，第627頁。
⑤ 錢穆：《中國近三百年學術史·引論》，第16册，第8，7頁。
⑥ 錢穆：《學籥·談當前學風之弊》，第24册，第234頁。
⑦ 錢穆：《八十憶雙親師友雜憶合刊·十五 新亞書院（一）》，第51册，第288頁。

引進西方法政制，以求速致富强。在《論中國宜講求法律之學》中，他説："今日非發明法律之學，不足以自存矣。""吾願發明西人法律之學，以文明我中國。"[①]并熱切催生法政學校、法學會的成立，以翻譯西方法政書籍爲中國富强鋪路。[②]戊戌變法時期，梁啓超主張君主立憲，民國成立後，積極模仿西方以"權力制衡"爲主力的憲政制度，倡議兩院式國會制度。[③]而梁氏援引西方憲政的背後，是否認倚賴君主道德之"仁政"的可行性，其《論政府與人民之權限》倡言仿西方憲政制度，限制君權。[④]

梁啓超氏重"從政問俗"，錢穆重"講道治學"，這也使雙方對康有爲之評價，迥異其趣，前者目康有爲爲"新思想的導師"[⑤]，後者却視之爲"晚清學術之末影"[⑥]。抑揚之判準，在中國將來政治之出路，更深一層地説，是"道德"與"政治"能否脱鉤。因此，錢穆對康有爲頗有譏刺，或許不當僅簡單視爲夷夏之防，若能深入中西政治之異同，或許更能見其深意。

四、結語

論者或以爲，錢穆對康有爲的批評，僅及於學術層面，未及政治思想。這樣的見解，固然不能説全無所據，但似乎是從西學東漸之後，政、學二分的觀點言之，嚴復（1854—1921）説："學問、政治，至大之工，奈何其不分哉？"[⑦]學術只當問知識之真僞，不須擔負政治之隆污。但錢穆却堅持政、學合一的傳統，他説："於人倫修養中産出學術，再由學術領導政治。"[⑧]其嚮慕宋代政治，以義理學養心，把世運之隆汙建立在道德之美惡。本文從政治場域由"朝廷"移向"書院"；儒者角色從"官吏"轉爲"師儒"，君主典範先"聖人"後"明君"；經典依據先《四書》後《五經》等幾個面向，解析錢穆所謂的"宋學"乃"道德""政治"合一的學術體系，并執此標準，衡定康有爲，背後的時代關懷，是宋代以來"期待明君"的政治思路，如何面對有康爲戊戌變法下迄辛亥革命後，引自西方的"恐懼暴君"（tyrannophobia）的憲政制度。至於錢穆"道德"、"政治"體用不二的理想，當然有其流弊，也有其深意。但本文能力有限，僅集中在其清學詮釋之視角。期能重新理解錢穆對康有爲之批評，所藴含的政治理念，以補充現有研究之不足。

（作者簡介：許惠琪，臺灣大學中國文學系博士，輔仁大學進修推廣部兼任教師）

---

① 梁啓超：《論中國宜講求法律之學》，《飲冰室合集・文集》，北京，中華書局 2003 年版，第 1 册，第 94 頁。

② 梁啓超：《變法通義》"學校餘論"、"論學會"、"論譯書"，《飲冰室合集・文集》第 1 册，第 60—64、31—34、64—76 頁。

③ 梁啓超：《中國國會制度私議》，《飲冰室合集・文集》，第 3 册，第 1—47 頁。

④ 梁啓超：《論政府與人民之權限》，《飲冰室合集・文集》第 3 册，第 5 頁。

⑤ 梁啓超却在《近世之學術》中説："近十年來，我思想界之發達，雖由時勢所造成，由歐美科學所顛動，然謂南海學説無絲毫之功，雖極惡南海者，猶不能違心而爲斯言也。南海之功安在？則亦解二千年來人心之縛，使之敢於懷疑，而導之以入思想自由之途徑而已。"梁啓超：《論中國學術思想變遷之大勢・近世之學術》，上海，上海古籍出版社 2001 年版，第 129 頁。

⑥ 錢穆：《中國近三百年學術史》，第 17 册，第 899 頁。

⑦ 嚴復：《論治學治事宜分二途》，王栻主：《嚴復集》，北京，中華書局 1986 年版，第 1 册，第 89 頁。

⑧ 錢穆：《國史新論》，第 30 册，第 52 頁。

“Wu Ren Lun Zhong Chan Chu Xue Shu, You Xue Shu Ling Dao Zheng Zhi” : A new interpretation of Qian Mu’s comment on Kang, You–Wei

Hsu, Hui–Chi

Abstract: Qian Mu’s *Academics History of China of Last 300 Years*. thanked Kang,You–Wei who LIANG,Qi –Chao praised him as New thought leader for “Wan Qing Xue Shu Zhi Mo Ying”. The present studies pointed out that he commented on the matter from Academic rather than Political position. But this paper is discussed from “Zheng Xue He Yi” perspective,then explained what Qian kept in the academic point of political views. This article contained two aspects: Firstly, from two aspects to present Qian Mu’s comment on Kang,You–Wei “Zong Zheng Wen Su” is not as good as “Jiang Xue Lun Dao”, “Han Ru” is not as good as “Song Ru” By contrasting related articles and *Academics History of China of Last 300 Years*. this issue can start a few subheads: Political place from court to school. ,the role of the scholar from the official into a teacher, the ideal of the ideal leader turned from the king into a saint, The classic value is *Si Shu* above the *Wu Jing.* Through the above analysis can know the standard Qian Mu commented Kang,You–Wei was whether basis of political build on morality. Secondly, to explore the background Qian criticized Kang. Since the Song Dynasty, China’s political ideology had been looking forward to the saints can call on the people. But the presupposition of constitutionalism is the fear of the tyrannophobia, so they hoped to checks and balances the executive power. Qian Mu blamed Kang,You–Wei for violating the principles of “YiLi” and “ShiGong” unity, and using Jin Wen Xue to simulate Constitution. The reason Qian criticized Kang was not only the bias of : “Han Song Men Hu”, but also the worry of Westernized political system that moral and political separated.

Key word: Qian Mu, Academic history of Qing Dynasty, Academics History of China of Last 300 Years, Kang,You–Wei

（本文责任编校：于　浩　謝應敏）

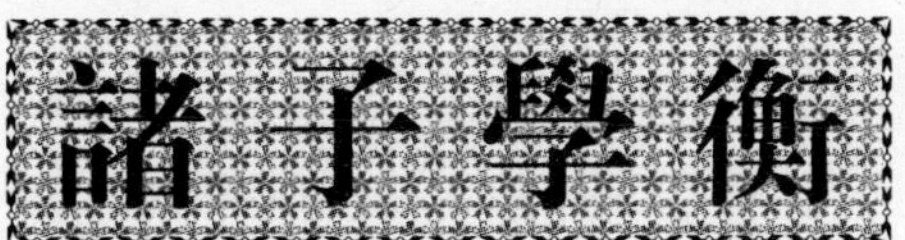
諸子學衡

程朱"心學"的再發揮

——論程敏政的《心經附注》

何威萱

摘　要:《心經附注》是明儒程敏政(1445—1499)在宋儒真德秀(1178—1235)《心經》基礎上加以擴充而成的著作,其選録了以二程(程顥,1032—1085、程頤,1033—1107)、朱熹(1130—1200)爲主、旁及程朱後學共約五百條論學語,依其性質附録於真氏原書三十七條正文之後,大大豐富了《心經》的内容。書中工夫雖主張内外交養,却更爲强調内在主敬的根本性,以及維護最初一念之純正無雜的重要性,其向裏、向内收攝的傾向較真德秀《心經》顯著許多。然而,該書雖是陽明(王守仁,1472—1529)心學出現前夕,程朱一派對自身"心學"最詳盡、細膩的發揮,却畢竟只是一種"文獻學習"的工夫,無怪乎稍後易簡直截且更趨於實踐的"陽明心學"出現後,便迅速取代這套"程朱心學"而風行一時了。

關鍵詞:程敏政　心經附注　真德秀　心經　敬　理學　心學

一、前言

提到宋明理學,學者多以二程(程顥,1032—1085、程頤,1033—1107)、朱熹(1130—1200)爲"理學",陸九淵(1139—1193)、王守仁(陽明,1472—1529)爲"心學",并刻意强調二者之對立。然正如錢穆指出,"此一分别亦非不是,然最能發揮心與理之异同分合及其相互間之密切關係者蓋莫如朱子,故縱謂朱子之學徹頭徹尾乃是一項圓密宏大之心學,亦無不可",[①]程朱不但同樣關注"心"的工夫,且亦有自己的一套"心學",南宋中期程朱後學真德秀(1178—1235)編纂之《心經》即其體現。該書以"經傳"之形式,自儒家理學經典選録三十七條正文,并於各條下附益諸儒語共七十三條,嘗試建構起程朱"心學"之

---

① 錢穆:《朱子新學案》,北京,九州出版社 2011 年版第 2 册,第 89 頁。狄百瑞(Wm. Theodore de Bary)亦將程朱理學視爲"心學(Learning of the Mind—and—Heart)",此"心學"并不等於"陸王心學",而是指程朱式的"心性之學",詳參黄俊杰:《東亞儒家思想傳統中的四種"身體":類型與議題》,《東亞儒學:經典與詮釋的辯證》,臺北,臺灣大學出版中心 2007 年版,第 187—188 頁。

"大經大法"。誠如陸世儀（1611—1672）所云："真西山有《心經》《政經》，其《心經》皆輯《四書》、五經、及諸儒語録中之言心者，此方是'心學'。若近日之心宗，則直是談宗，非談心矣。"[①]《心經》在程朱的基礎上，提出一套"閑邪存誠"與"敬以直内，義以方外"并進的身心修養工夫，乃程朱"心學"研究之具體成果。[②]明弘治初年，程敏政（1445—1499）以《心經》爲底本，增益宋元諸儒相關論説近五百條，擴編成《心經附注》，此書不但是陽明心學出現前夕，程朱一派對自身"心學"最詳盡的發揮，更對朝鮮學界産生深遠影響。[③]

明初以來程朱理學已轉向重視個人道德修養與身心踐履，[④]故素尊程朱的程敏政編撰《心經附注》并無可怪。然而，程氏於稍早編纂的《道一編》中，以文獻考證的形式試圖論證"尊德性爲本而輔之以道問學"乃朱子之終教，顯示其有意修正朱學，以挽救當時流於訓詁、具文之朱學末流，[⑤]故接續編纂之《心經附注》，其目的與關懷必不同於真德秀爲配合《大學衍義》更好地教育宋理宗而纂成之《心經》；[⑥]并且由於所處時代學風發展與學術瓶頸之不一，《心經附注》所提掇出的身心工夫，與真德秀、乃至於程朱之間或亦有别。[⑦]

由於程敏政持《心經》逐條增補以成書，致《心經附注》結構鬆散而模糊。有鑒於此，本文擬對《心經附注》深入剖析、歸納，觀察程敏政如何在明代中期高度重視個人道德修養與身心踐履的風氣之下，利用程朱、真德秀遺留的資源再予創發，以建構程朱一派完整的"心學"論説，并略加比較其與真氏原書旨意之异同。

二、擴充《心經》的合理性及其形式异同

在撰於弘治五年（1492）七月的《心經附注序》中，[⑧]程敏政認爲真德秀之所以纂成《心經》，實有其迫切的時代背景：

嗚呼！人之得名爲人，可以參三才而出萬化者，以能不失其本心而已。……聖學不明，人心陷溺，寄命于耳目，騰理理[⑨]于口舌，狂瀾莫回，變怪百出，將有淪于

---

① 陸世儀：《思辯録輯要·後集·卷9·諸儒類》，臺北，廣文書局1977年版，第242頁。

② 關於《心經》的詳細介紹，參何威萱：《真德秀〈心經〉析論》，《正學》2015年第3輯，第231—260頁。

③ 吴錫源著，邢麗菊、趙甜甜譯：《〈心經〉與道學派的修養論》，《韓國儒學的義理思想》，上海，復旦大學出版社2014年版，第50—54頁。

④ 錢穆：《明初朱子學流衍考》，《中國學術思想史論叢（七）》，臺北，東大圖書公司1993版，第1—33頁。Wing—tsit Chan（陳榮捷），"The Ch'eng—Chu School of Early Ming," in Self and Society in Ming Thought, ed. Wm. Theodore de Bary and the Conference on Ming Thought (New York: Columbia University Press, 1970), pp. 29—50、（日）佐野公治著，劉黛譯：《明代前期的思想動向》，收録於方旭東編：《日本學者論中國哲學史》，上海，華東師範大學出版社2010版，第48—62頁。吕妙芬：《歷史轉型中的明代心學》，收録於陳弱水編：《中國史新論（思想史分册）》，臺北，中央研究院、聯經2012版，第336頁。

⑤ 何威萱：《程敏政（1445—1499）及其學術思想：明代陽明學興起前夕的學術風氣研究》，香港，香港理工大學中國文化學系博士論文，2013年，第193—250頁。

⑥ 關於《心經》與《大學衍義》的關係，參何威萱：《真德秀〈心經〉析論》，第252—253頁。

⑦ 事實上真氏《心經》著重的面向已不一於朱子，參何威萱：《真德秀〈心經〉析論》，《正學》2015年第3輯，第252—253頁。

⑧ 程氏文集所收序文未標日期，《心經附注》所收序文則標爲"弘治五年壬子七月望"。見程敏政：《心經附注·心經附注序》，明嘉靖四十五年（1566）朝鮮刊本，第1頁。

⑨ "理"字據文意疑衍，《心經附注》所收程《序》便作"騰理於口舌"。同前注。

异類而不自覺者。此先生之所深悲，而《心經》所由述也。[①]

慶元三年（1197）韓侂胄（1152—1207）發動"慶元黨禁"，理學遭逢一厄。嘉泰二年（1202）禁令終馳，其後政壇上能以理學自任且卓然有成者，惟真德秀與魏了翁（1178—1237）二人，特别是真德秀，被視爲朱子最重要的後學之一。[②]程敏政視真氏《心經》爲黨禁後"聖學不明，人心陷溺"之際力挽狂瀾之作，謂其能直探治亂本源，高舉人心的涵養防檢爲聖學第一義，故此書實乃真氏"慨然以程朱爲師，直探此心于千載之上"[③]的救世妙方，真如"障川之柱，指南之車，燭幽之鑑，大有功于斯道，而造次顛沛不可忽焉者"[④]。然通讀此書後，程氏察覺其間或有未盡善處：

走每敬誦之，蓋儼乎若上帝之下臨，聖師之在目也。然尤疑其注中或稱《西山讀書記》，而凡程朱大儒開示警切之言多不在卷。意此經本出先生，而注則後人雜入之故耶？[⑤]

他認爲《心經》存在兩大問題：一是書中所引附文多爲前賢文字，然正文第2條的附文中突兀地出現了一則"真西山《讀書記》曰"，[⑥]真德秀似不應引用自己的著作與程朱諸儒并陳；二是書中對程朱諸儒文字的引用并不精善，許多更能突顯每條旨趣的文字未獲選録，故其推斷當前的《心經》非真氏原本，或已爲後學改動。上述兩大疑點，後者見人見智，前者則確有可疑，然程氏未繼續深究。筆者以爲，他之所以提出兩大疑點，實爲合理化其爲《心經》作注之舉：由於《心經》已雜入後人改動，不够完善，故其擴充便顯得理所當然、理直氣壯了。

《心經附注》雖是以《心經》爲基礎加以擴充，并且均自前人文字中取材、整理，但形式仍多有不同：

（一）編排有异。《心經》正文共三十七條，不分卷，書末附真德秀《心經贊》一首；《心經附注》則分爲四卷，卷一至卷四分别涵蓋原書第1—13、14—21、22—28、29—37條，《心經贊》改置書前目録之後。《心經》原書三十七條呈現一完整脉絡，系統地凸出身心修養工夫；[⑦]《心經附注》拆成四卷時未依原書脉絡（如《心經》第12—14條均論"戒懼"

① 程敏政：《篁墩程先生文集》卷三十《心經附注序》，明正德三年（1508）徽州知府何歆刊本，第1頁。按：文集所收《心經附注序》中，"追惟先生生宋之季"以下至文末，未見於《心經附注》所收之序文。

② 陸世儀對真氏推尊備至："自韓侂胄立僞學之禁，凡諸大儒之書皆禁絶，天地間幾不復知所謂道學矣。至西山起，獨宗朱子，慨然以斯文自任，正學復明，自後何基、王柏、饒雙峰之屬相繼而起，皆西山開之也。西山之於朱子，猶孟子之於孔子。"見陸世儀：《思辯録輯要·後集·卷8·諸儒類》，第219頁。

③ 程敏政：《心經附注》卷三十《心經附注序》，明嘉靖四十五年（1566）朝鮮刊本，第1頁。

④ 程敏政：《心經附注》卷三十《心經附注序》，第1頁。

⑤ 程敏政：《心經附注》卷三十《心經附注序》，第1頁。

⑥ 真德秀：《心經》，淳祐二年（1242）趙時棣重刊本，第1頁；真德秀：《西山讀書記·卷3·心》，《文淵閣四庫全書》第705册，上海，上海古籍出版社1987年版，第84頁。

⑦ 何威萱：《真德秀〈心經〉析論》，《正學》2015年第3輯，第242—244頁。

與“慎獨”工夫,《心經附注》却將第14條作爲卷二起首),而是針對各條各自補充發揮。程敏政對《心經》每條的附注數量不均,少則僅有個位數,最多則有七十三條(第22條),可見他并不認爲《心經》每條都有補充發揮的必要,故其附注時是逐條考慮增補的份量,而非根據真氏原本的體系整體衡量。

(二)取材範圍不同。於《四書》五經之外,《心經》的取材範圍主要爲兩宋之理學家,旁及早期學者;《心經附注》則囊括北宋至明初的理學家,且人數遠多於《心經》:

書名	取材(依書中出現順序)	人數
《心經》	朱熹、毛公、真德秀、鄭玄、“程子”、程頤、楊時、王弼、張載、楊雄、謝良佐、孔穎達、張栻、周敦頤、范浚	15(“程子”獨立計算,下同)
《心經附注》	(程復心、)①朱熹、陳埴、黄幹、真德秀、王柏、「程子」、楊時、謝枋得、吴澄、尹焞、謝良佐、蔡模、胡宏、程顥、程頤、葉采、邵雍、張栻、熊禾、張載、史伯璿、鄒浩、李侗、程時登、②司馬光、饒魯、劉安世、范浚、胡炳文、吕祖謙、金履祥、臧格、徐積、吕大臨、陳澔、蘇軾、胡安國、胡寅、陳淳、陳櫟、許衡、鄭伯熊、荀子、倪士毅、陸九淵、吕希哲、程若庸、輔廣、許謙、程復心、李方子、黄震	52

由上表可見,程敏政取材更廣,且明顯以朱子和二程爲主,全書四百八十二條資料中,有二百四十條出自朱子,占一半篇幅,而出自二程者(程子+程顥+程頤)亦有九十條之多,其餘更多是程朱學者。姑先不論選録内容爲何,至少就材料而論,《心經附注》的擴充顯然更集中於程朱系統,以此建構其學説理念。

(三)按語和“注中注”。《心經》以三十七條經典文字爲核心,取諸儒文字附益每條之後,真德秀未於書中發表意見;《心經附注》復於其下另闢“附注”一目,收録更多前賢文字,并不時穿插程敏政的按語。值得注意的是,程氏的“附注”不但針對《心經》原有之經文、附文,有時更以小字對“附注”的内容補充更多相關材料。參下圖:

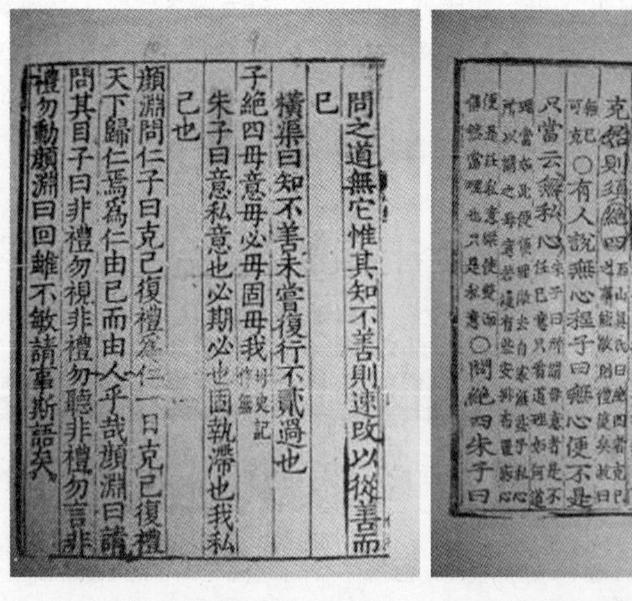
問之道無它惟其知不善則速改以從善而
已
橫渠曰知不善未嘗復行不貳過也
子絕四毋意毋必毋固毋我
朱子曰意私意也必期必也固執滯也我私
己也
顏淵問仁子曰克己復禮爲仁一日克己復禮
天下歸仁焉爲仁由己而由人乎哉顏淵曰請
問其目子曰非禮勿視非禮勿聽非禮勿言非
禮勿動顏淵曰回雖不敏請事斯語矣

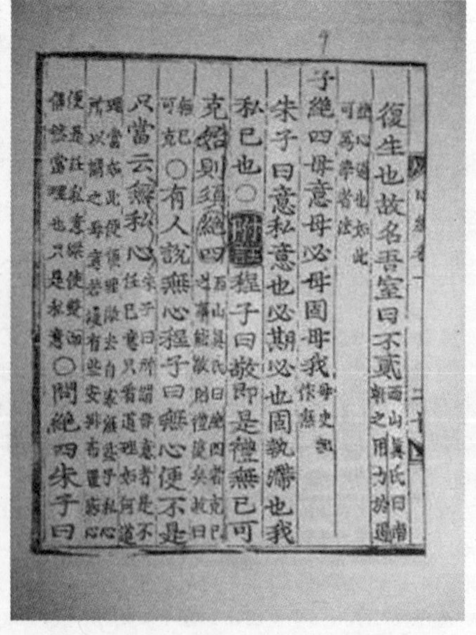
復生也故名吾室曰不貳
子絕四毋意毋必毋固毋我
朱子曰意私意也必期必也固執滯也我
私己也○附註程子曰敬即是禮無己可
克己則須絕四
○有人說無心程子曰無心便不是
只當云無私心
○問絕四朱子曰

左:淳祐二年[1242]趙時棣重刊本《心經》;右:明嘉靖四十五年[1566]朝鮮刊本《心經附注》

以圖中第 9 條爲例,《心經》該條録自《論語》,并附益"朱子曰"一條;《心經附注》不但於第 9 條整條(包括"朱子曰"的附文)最末"附注"了"程子曰"、"有人説無心"、"問絶四"等内容,更在"程子曰"、"有人説無心"之下分别添入"西山真氏曰"、"朱子曰"等小字,進一步闡發"程子曰"、"有人説無心"兩條附注的内容。

(四)加入圖解。《心經》全書所録均是文字;《心經附注》加入了四幅圖解:書前引程復心(1257—1340)的《心學圖》、第 1 條引王柏(1197—1274)的《人心道心圖》、第 14 條引趙師夏的《誠幾圖》、以及第 29 條引范浚(1102—1150)的《舜蹠圖》。

(五)擴大注解範圍。《心經》第 31—37 條分别抄録周敦頤(1017—1073)《養心説》、《通書》、程頤(1033—1107)《四勿箴》、范浚《心箴》、朱子《敬齋箴》、《求放心齋銘》、《尊德性齋銘》七條經文,底下未附加任何文字;《心經附注》不但爲這七條加上"附注",更爲原本附於書末的真德秀《心經贊》(程氏置之於《心經附注》目録之後)附上程復心的《心學圖》。

(六)改動文字。程敏政改動了《心經》部份原文,現整理成下表:

《心經》條目	《心經》原文	《心經附注》的改動
2	真西山讀書記曰:"此武王伐紂之事,詩意雖主伐紂……"	愚謂:"詩意雖主伐紂……"
5	伊川曰	伊川先生曰
7	王氏注曰	新安王氏曰
8	横渠曰	横渠先生曰
14	鄭氏注曰	鄭氏曰
16	鄭氏注曰	鄭氏曰
17	唐孔氏曰	孔氏曰
18	鄭氏注曰	鄭氏曰
22	程子曰:"心豈有出入哉?……敬以直内而已。"愚聞之師曰:……	《心經附注》自"愚聞之師曰"後别爲一條
23	程子曰:"聖賢前言萬語……下學而上達也。"此章孟子指示學者……	《心經附注》自"此章"後别爲一條
30	南軒曰	南軒張氏曰

這些改動或爲統一格式,或爲更明確分别條目中的説話者,[①]皆無礙讀者對二書的理解,惟第 2、5、7、8 條須深論。第 2 條原作"真西山讀書記曰",程氏改爲"愚謂",并删去"此武王伐紂之事"一句。删去"此武王伐紂之事"是爲精煉文字,避免下文"詩意雖主伐紂而言"文意重複;而改"真西山讀書記曰"爲"愚謂",雖可避開《心經》成書過程的之可疑(真德秀不應引用自己的《西山讀書記》與前賢文字并列),却也改變了原書結構,讀者若未睹《心經》原書,恐因而誤認此爲真氏編撰《心經》時自下之按語。

第 5 條、第 8 條將"伊川曰"、"横渠曰"改爲"伊川先生曰"、"横渠先生曰"、添入"先生"二字,不但是程敏政對《心經》引用人名的改動中惟一如此變更者,更是《心經附注》裏獨稱"先生"處。按《心經附注》中,大部份人名多作"○○□氏"("○○"爲

---

① 如第 22、23 條皆引自《四書集注》之朱注,朱子在引用程子語後自作結論,《心經》視之爲完整的一條,程敏政則將其中程子、朱子之語分開處理。見朱熹:《四書集注·孟子集注》卷六《告子上》,臺北,世界書局 1997 年版,第 368、372 頁。

地名、字號，“□”爲姓氏），如“勉齋黄氏”、“臨川吴氏”、“東匯澤陳氏”等，亦有少數作“□氏〇〇”、“□氏”，如“葉氏”、“程氏復心”等。稱“□子”或“〇〇先生者”，除孔子、孟子、荀子外，僅有“周子”（周敦頤）、“邵子”（邵雍）、“張子”、“横渠先生”（張載）、“程子”（程顥或程頤）、“明道先生”（程顥）、“伊川先生”（程頤）、“朱子”（朱熹）。這些人物爲後代追溯宋明理學發展時最受重視的理學家，且均屬廣義的程朱學派，由此改動反映出程敏政對宋代理學宗師的高度推崇，及其推尊程朱的理學立場。

第7條經文引自《益》卦之《大象》,《心經》其下第一條附文“王氏注曰”爲王弼（226—249）注，[①]程敏政改爲“新安王氏曰”，此舉令人費解。按：王弼出身東漢末年的望族山陽（山東）王氏，[②]其家族後客居荊州（湖北），咸與新安（安徽）無涉。考宋代以來經典注疏中，確有一“新安王氏”常見徵引，如陳大猷《書集傳或問》、衛湜《禮記集説》、黄超然（1236—1296）《周易通義》、王天與《尚書纂傳》、吴澄（1249—1333）《禮記纂言》等書均見之，[③]黄超然《周易通義》卷一作“新安王氏炎”，[④]趙一清（1709—1764）《水經注釋》則補充道：“新安王氏是王炎晦叔”，[⑤]故《心經附注》所改之“新安王氏”極可能指宋儒王炎（1138—1218）。程敏政對王炎極爲熟稔，不但於《新安文獻志》中收録其文字二十五篇，還收録胡升（1198—1281）所撰《王大監炎傳》；他更注意到王炎曾致書朱子詢問宋寧宗守喪時的禮節，却不見朱子回復，故於《篁墩文集》中代朱子擬作了《擬朱子答王晦叔書》一首。[⑥]據《王大監炎傳》，王炎著有《讀易筆記》，此書今已不傳，[⑦]無法得知程敏政是否因爲誤讀《讀易筆記》而將《心經》此條改作“新安王氏曰”，但由於該條引文本爲傳統士人必讀之王弼注，可見程敏政似未諳習漢唐經學系統下的《易經》。

以上六點顯示，《心經附注》雖以《心經》爲骨幹，但形式、取材都較《心經》有所突破并加以調整。可見《心經附注》并非純粹爲《心經》之注脚，程氏在編纂此書時確已攙入個人意見。

三、《心經附注》的内容體系

以下分七項要點，略論《心經附注》藉選録之程朱學派文字提掇之身心工夫。

---

① 王弼注，唐·孔穎達疏：《周易正義》卷四《益》，收録於阮元校刻：《十三經注疏》，北京，中華書局2003年版，第53頁。

② 參裴松之所引《博物記》、何劭《王弼傳》，以及《三國志·王粲傳》。見晋·陳壽著、盧弼集解：《三國志集解》卷二八《王毌丘諸葛鄧鍾傳第二十八》及卷二一《王衛二劉傅傳第二十一》，北京，中華書局2006年版，第655—656頁及第508頁。另參王曉毅：《王弼評傳》，南京，南京大學出版社1996年版，第165—183頁。

③ 陳大猷：《書集傳或問》，收録於《文淵閣四庫全書》第60册；衛湜：《禮記集説》，收録於《文淵閣四庫全書》第117—120册；黄超然：《周易通義》，收録於《續修四庫全書》經部第2册，上海，上海古籍出版社1995年版；王天與：《尚書纂傳》，收録於《文淵閣四庫全書》第62册；吴澄：《禮記纂言》，收録於《文淵閣四庫全書》第121册。

④ 黄超然：《周易通義》卷一《周易上經第一》，收録於《續修四庫全書》經部第2册，第486頁。

⑤ 趙一清：《水經注釋》卷八《濟水二》，收録於《文淵閣四庫全書》第575册，第159頁。

⑥ 程敏政：《篁墩程先生文集》卷五三《擬朱子答王晦叔書》和卷三七《書王雙溪楊慈湖書記後》，第1—2頁和第4—5頁。

⑦ 胡升：《王大監炎傳》，收録於明·程敏政編：《新安文獻志》卷六九，合肥，黄山書社2004年版，第1707頁。四庫館臣曰：“宋王炎……字晦叔，婺源人。乾道五年進士，官至軍器少監。……所著有《讀易筆記》《尚書小傳》《禮記》《論語》《孝經》《老子》解……總題曰《雙溪類藁》，今已無傳，惟詩文集僅存。”見清·永瑢等撰：《四庫全書總目》卷一六〇集部·别集類十三《雙溪集》，北京，中華書局2003年版，第1376頁。

(一)心只有一個

真德秀《心經》首條引用"人心惟危，道心惟微，惟精惟一，允執厥中"的十六字心法，作爲貫串全書的主軸。程敏政《心經附注》於此條下，特別强調人心、道心只是一心，而非二心。他引朱子語説：

此不是有兩物，只是一人之心，合道理底是天理，徇情欲底是人欲，正當於其分界處理會。

道心雜出於人心之間，微而難見，故必須精之一之，而後中可執，然此又非有兩心也。[①]

人心、道心是一是二，牽涉工夫的對象與進路：若只是一心，則此心周流貫徹，人心只是心之所發流於形氣之私、雜有善惡，有從中導正之可能，故工夫只在自己心上做，擴充保任心中合乎天理的善端，克除徇趨人欲的私情，如程敏政所引黄榦（1152—1221）語，下手徑路只在"自治其心"，心具有獨特的樞紐地位；[②]若是兩個心，則二者無法歸一，人心成爲完全負面的人欲而不足以自治，只能依靠外來力量加以打殺、净化，如此人的良善本質將被徹底否定，心的主宰義亦遭刊落，故工夫將紛拏迫切地隨物流轉。以上想法不但是朱子學説的核心，[③]更是程敏政在《心經附注》首條中所欲呈現之意。

爲凸出此信念以爲全書綱領，程敏政於第1條之前，加上程復心《心學圖》闡揚其意。該圖分爲上、下兩大部份，上半部以"心"爲中心，定義爲"一身主宰"；下半部以"敬"爲中心，定義爲"一心主宰"。以"心"爲核心，周圍環繞"良心"、"赤子心"、"人心"、"本心"、"大人心"、"道心"諸目，前三項置於右側，以示"人心"由來，後三項置於左側，以示"道心"之脉絡。[④]如此布置，則人心、道心皆由作爲一身主宰的"心"上發出，是一非二。其下復引程復心語曰：

赤子心是人欲未汩之良心，人心即覺於欲者；大人心是義理具足之本心，道心即覺於義理者。此非有兩樣心，實以生於形氣則不能無人心，原於性命則所以爲道心。[⑤]

此文雖未細論"良心"與"本心"之异同，但可看出程敏政藉此强化"此不是有兩物，

---

① 程敏政：《心經附注》卷一，第2頁。由於本文主要討論程敏政《心經附注》的思想，故以下引文以《心經附注》所引用之文字爲主，有特殊情況方徵引所出之原典。

② 程敏政：《心經附注》卷一，第3頁。

③ 劉述先：《朱子哲學思想的發展與完成》，臺北，學生書局1995年版，第230—261頁。陳來：《論朱熹淳熙初年的心説之辯》，《宋明儒學論》，香港，三聯書店2008年版，第47—74頁。吴震：《"心是做工夫處"——關於朱子"心論"的幾個問題》，收録於吴震編：《宋代新儒學的精神世界——以朱子學爲中心》，上海，華東師範大學出版社2009年版，第135—136頁。

④ 程敏政：《心經附注·總目》，第4頁。

⑤ 程敏政：《心經附注》，第1頁。

只是一人之心”的用心。其於第 34 條下引用朱子著名的《觀心説》亦爲加强此意，該文强烈反對釋氏及湖湘學派“以物觀心”、“以心求心”的傾向。[①]正因人心、道心只是一個，因此工夫只在個人心上做，心的主宰義方不致被磨滅，該書的後續討論也才有意義可言。

（二）敬的重要性

程敏政在《心經附注序》中，明白告訴讀者《心經附注》的重點所在：

> 是《經》所訓，不出“敬”之一言，故《附注》之中特加詳焉。[②]

“敬以直内”與“閑邪存誠”是《心經》的首要工夫，程敏政更加重視敬的地位，故以之爲貫穿全書的主軸，許多附注均是爲加詳敬字而發。如所附程復心《心學圖》下半，以“敬”爲中心，圍繞“慎獨”、“克復”、“戒懼”、“操存”等工夫項目，據其所引程復心語，右側“慎獨”以下是遏人欲工夫，其極在於“不動心”；左側“戒懼”以下是存天理工夫，其極在於“從心”，而這些工夫皆以“敬”貫串，最終目的在使“心”澄澈完滿地主宰一身。[③]

書中論敬最多處爲第 5 條，《心經》該條經文引用《坤卦》文言論“敬以直内，義以方外”，程敏政於其下補充大量與敬相關之文字，并呈現漸進的層次性：前五條論“敬義夾持”，揭櫫“敬義是體用”的關係；接著四條突顯“敬以直内，其本也”（程敏政按語）的根本地位；接著五條討論如何才是敬，在引用程子的“主一無適”、“整齊嚴肅”、“嚴威儼恪”、謝良佐（1050—1103）的“常惺惺”、尹焞（1061—1132）的“其心收斂不容一物”之後，復引朱子之説總結，認爲三者皆是用力之方；不過隨後小注所引之黄榦、蔡模（1188—1246）語，却透露他似乎更傾向於“‘畏’爲近之”，因爲朱子曾表示“心若昏昧，燭理不明”，縱使整齊嚴肅也是枉然（謝良佐條小注引），而“畏”正可使此心“不容於昏且亂”（朱子條小注引蔡模語）；最後四條則指出“内直則外必方”，一來呼應前文的“敬以直内，其本也”，二來再次强調“敬”在所有工夫中的優先性與重要性。[④]

綜觀程敏政於《心經》第 5 條下補入之三十六條資料（含小注，另有按語兩條），不但更細膩劃分了敬的方式，并將原文的敬、義并重一步步導向“内直則外必方”，使敬的地位更爲顯著，敬、義之間成了主次關係：

> 敬、義之説，先儒多對舉而互言之，考程子此言及胡氏、朱子之説，又有賓主輕重之辨，學者詳之。[⑤]

---

① 程敏政：《心經附注》卷四，第 16—18 頁。另參牟宗三：《心體與性體（三）》，臺北，正中書局 2009 年版，第 331—333 頁；劉述先：《朱子哲學思想的發展與完成》，第 257—258 頁。

② 程敏政：《篁墩程先生文集》卷三十《心經附注序》，第 1 頁。

③ 程敏政：《心經附注·總目》，第 4—5 頁。

④ 以上引文見程敏政：《心經附注》卷一，第 9—15 頁。

⑤ 程敏政：《心經附注》卷一，第 14 頁。

此按語清楚表明，雖然敬、義往往并稱，但敬才是根本，能敬自然能義，内直則外必方，二者之間實有賓主輕重。誠如其所引程頤語云：“只説個敬字，教人只就這敬字上崖去，庶幾執捉得定，有個下手處，縱不得亦不至失”，[①]敬是最要緊的根本工夫，絶不可草草視之。至於偏好以“畏”爲敬的解釋，則體現了程敏政更傾向透過敬的工夫，使此心時時刻刻皆保持一種清明而警醒的狀態。

（三）不是虛敬、死敬

由於程敏政將敬、義并重收攝成“賓主輕重”的結構，將導致學者須對“敬”更積極地付諸實踐，否則方外之“義”難以開展。其於《心經》第15條附注中引用朱子之語：

> 今學者説正心，但將正心吟咏一餉；説誠意，又將誠意吟咏一餉；説修身，又將聖賢許多修身處諷誦而已，或掇拾言語、綴緝時文，如此爲學，却於自家身上有何交涉？[②]

以敬修身固有多種方式，如前文所引“主一無適”、“整齊嚴肅”、“嚴威儼恪”、“常惺惺”、“其心收斂不容一物”、“畏”等，咸爲入手之方，但無論從何處用力，最重要的是必須實下工夫。因此程敏政於第32條附注中復引朱子語道：

> 今之言敬者，乃皆裝點外事，不知直截於心上求功，遂覺累墜不快活。[③]

若“一向靠書册”，將讀書等同於修身工夫，如此所得只是虛敬，“不惟自失，兼亦誤人”，[④]這是他極力反對的。

程氏反對的另一種持敬方式，是司馬光（1019—1086）的死守一“中”字：司馬光對自己經常思慮紛亂感到困擾，後覓得一方，“常以中爲念”，自此問題大爲改善。然此方式在程朱眼中却是走了偏鋒：

> （司馬光“常以中爲念”）則又是爲中所亂。中又何形？如何念得佗？只是於名言之中，揀得一個好字。與其爲中所亂，却不如與一串數珠。及與佗數珠，佗又不受。殊不知中之無益於治心，不如數珠之愈也。[⑤]

“常以中爲念”是藉由專注地“念中”集中注意力，如手裏拿串佛珠認真撥弄，雖可轉移注意力以排除思慮紛亂，但這不但是刻意的行爲，將“中”作爲一事緊緊守定，更

① 程敏政：《心經附注》卷四，第10頁。
② 程敏政：《心經附注》卷二，第9頁。
③ 程敏政：《心經附注》卷四，第10頁。
④ 程敏政：《心經附注》卷三，第18頁。
⑤ 程顥、程頤：《河南程氏遺書》卷二上《二先生語二上》，北京，中華書局2004年版，第25頁。朱子説這段話出於明道之口，見黎靖德編：《朱子語類》卷九六《程子之書二》，北京，中華書局2004年版，第2461頁。

是向外把捉，一旦離開“以中爲念”的情境，此心將頓失所依，反陷紊亂。理想的工夫應是使此心隨時隨地都能自己保持靈活悠游的狀態，不須倚靠任何事物的勉强。程敏政將上述故事收入《心經》第22條附注中，[①]明確宣示他反對“常以中爲念”的方式，更於其下引用朱子語道：

> 今人將敬來别做一事，所以有厭倦爲思慮引去。敬只是自家一個心常惺惺便是，不可將來别做一事，又豈可指擎跽曲拳，塊然在此而後爲敬？[②]

持敬工夫在於維持此心的“常惺惺”，非另將一物横亙心中，亦非在“事多撓亂”之際拋下一切“且去静坐”，[③]如此之敬只是死敬，若心被“收在一事上”，[④]反成敬的奴隸了。

（四）内外交養，容貌辭氣工夫不可廢

雖然心上工夫至爲關鍵，但外在修練同樣不可或缺。

首先，程敏政刻意彰顯“制於外所以養其中”的概念，他在《心經》第16條按語中稱：

> 《經》云："禮樂不可斯須去身"，即孔子所謂"君子無終食之間違仁，造次必於是，顛沛必於是"者，聖學之基必謹於此，蓋制於外所以養其中也。[⑤]

《心經》原條引自《樂記》論“禮樂不可斯須去身”一段，由該文樂治乎中、禮治乎外之旨，提醒學者除了内在的薰陶，外在的規範亦甚必要。程氏在此援入程頤“由乎中而應乎外，制于外所以養其中”[⑥]的主張，認爲外在約束實際上也是對内在的磨練，故其於此條底下添益十八條附注，皆爲闡發“制於外所以養其中”之意，其中包括胡瑗（933—1059）要求徐積（1028—1103）“頭容直”、謝良佐見到程顥“端坐如泥”、吕大臨（1044—1091）説張載（1020—1077）“終日危坐一室”、朱子指責葉味道（1167—1237）説話底氣不足、批評某學者“常常縮著一隻手”“不是舉子模樣”等等，[⑦]均透露他對容貌辭氣工夫的看重，而這實際上就是對敬“整齊嚴肅”、“嚴威儼恪”面向的發揮。他引張栻（1133—1180）語申論之：

> 詳考從古聖賢論下學處，莫不以正衣冠、肅容貌爲先，蓋必如此，然後得所存而不流於邪僻，《易》所謂“閑邪存其誠”，程氏所謂“制之於外以養其中”者，此也。[⑧]

---

① 程敏政：《心經附注》卷三，第6—7頁。
② 程敏政：《心經附注》卷三，第11頁。
③ 程敏政：《心經附注》卷三，第14頁。
④ 程敏政：《心經附注》卷三，第10頁。
⑤ 程敏政：《心經附注》卷二，第18頁。
⑥ 程顥、程頤：《二程集》，《河南程氏文集》卷八《四箴》，第588頁。
⑦ 程敏政：《心經附注》卷二，第18—23頁。
⑧ 程敏政：《心經附注》卷二，第26頁。

心中之敬須寄望於個人自主自發，外在容貌辭氣的敬却可依教育、禮法加以整飭，透過外在砥礪逐步影響內在涵養，雖非根本的修養之道，却不失爲具體而普遍可行之一途，故其又引朱子道：“容貌辭氣之間，正學者持養用力之地。”[①]除教育、禮法外，箴銘、警語的時刻提醒亦值得采用，程敏政於此條下引用程子“古之人，耳之於樂、目之於禮、左右起居、盤盂几杖有銘有戒，動息皆有所養”[②]之語，以及尹焞“晚歲片紙手書聖賢所示治氣養心之要，粘之屋壁以自警戒”[③]的事迹，冀於嚴肅的氛圍下，時刻提醒自己切莫鬆懈怠慢。正如朱子云：“未發時固當涵養，不成發後便都不管”，[④]這點他顯然十分認同。

程敏政在高揚“敬以直內”之餘，不忘宣示外在容貌辭氣工夫同樣重要，可見他必然主張內外交養。但若欲判別二者輕重，內在修養仍是首要基礎。程氏在第16條下附注最末引真德秀語總結道：

> 以禮治身至于嚴威而止，不若樂之治心能至于天且神，何也？蓋天者自然之謂，治身而至于嚴威，則亦自然矣，其效未嘗不同也，但樂之於人能變化其氣質、消融其查滓，故禮以順之於外，而樂以和之於中，此表裏交養之功，而養於中者實爲之主，故聖門之教立之以禮而成則以樂。[⑤]

禮、樂雖然對個人的修養都有貢獻，但禮是較爲强迫的外在制約，且隨時可能間斷；樂是內在涵養，能逐漸從根本上改變一個人。因此內外雖當交養，但“養於中者實爲之主”。這也是何以程敏政在第22條附注中下了“心具寂感，敬兼動静”的按語之後，又會在該條附注最末引用朱子《答張敬夫書》，再次强調“敬字工夫貫動静，而必以静爲本”了。[⑥]總之，“無事時，敬在裏面，有事時，敬在事上，有事無事，吾之敬未嘗間斷也”，[⑦]在以敬爲根本的前提下，動静、內外工夫皆不可落下。

（五）不可拘迫，亦非昏死聾啞

雖然敬的工夫要保持恭敬、敬畏的嚴肅態度，但絶不是施加巨大壓力，使處在極度緊繃的狀態，否則非但無法澄净此心，反致負面效果。故程敏政在《心經》第16條附注中引用程子語：

---

① 程敏政：《心經附注》卷二，第25頁。此外，程氏亦引朱子語從反面批評不重視容貌詞氣工夫的後果：“其言敬者，又只說能存此心，自然中理，至於容貌詞氣，往往全不加功。設使真能如此存得，亦與釋、老何异？又况心慮荒忽，未必真能如此存得邪？”同前揭書，卷1，第12—13頁。相關討論參鍾彩鈞：《二程道德論與工夫論述要》，《中國文哲研究集刊》，1994年3月第4期，第458—459頁；吴震：《敬只是此心自做主宰處——關於朱熹“敬論”的幾個問題》，第463—464頁。

② 程敏政：《心經附注》卷二，第16頁。

③ 程敏政：《心經附注》卷二，第20頁。

④ 程敏政：《心經附注》卷一，第31頁。

⑤ 程敏政：《心經附注》卷二，第22—23頁。

⑥ 程敏政：《心經附注》卷三，第12、16—頁。

⑦ 程敏政：《心經附注》卷三，第14頁。

> 吕與叔六月中來緱氏，間居中某常窺之，必見其儼然危坐，可謂敦篤矣！學者須恭敬，但不可令拘迫，拘迫則難久也。[①]

程頤指出，儼然危坐固是恭敬的狀態，但若太過拘迫使人感到倦怠，反易半途而廢。不特如此，就連識得己過進而改過遷善後，亦“不當長留在心胸爲悔”，[②]使身心陷入更加痛苦的境地。誠如朱子云：“學者常用提省此心，使如日之升，則群邪自息……不要苦著力，苦著力反不是”，[③]敬實是一種自然和諧的狀態，“未聞自古聖賢因學而致心疾者”。[④]

雖然持敬不可太過，但若因此陷入神識昏昧、見聞全廢之境，却也愚不可取。程敏政引朱子論證道：

> 非禮勿視、勿聽，即所謂“奸聲亂色不留聰明，淫樂慝禮不接心術”，非是耳無所聞，目無所視。[⑤]

四勿工夫本爲約束身心，使不爲外在聲色所誘，進而存養於喜怒哀樂未發之時。但這絶不等同廢除一切意識活動，故程子云：

> 蓋人活物也，又安得槁木死灰？既活，則須有動作，須有思慮。“忠信所以進德”者何也？閑邪則誠自存者，存斯忠信也。如何是閑邪？非禮而勿視、聽、言、動，邪斯閑矣。以此言之，又幾時要身如枯木、心如死灰？又如絶四後畢竟如何，又幾時須如枯木死灰？[⑥]

若聖學只是讓人成爲槁木死灰，則只需鎮日塊然獨坐、斷絶一切思慮意念即可，又何必苦苦用功哉？其再次引用朱子語表明此立場：

> 若必以未有見聞爲未發處，則只是一種神識昏昧底人，睡未足時被人驚覺，頃刻之間不識四到時節，有此氣象。聖賢之心湛然淵鏡，聰明洞徹，决不如此。若必如此，則《洪範》五事當云“貌曰僵、言曰啞、視曰盲、聽曰聾、思曰塞”，乃爲得其性，而致知、居敬費盡工夫，却只爲養得成一枚癡獃罔兩漢矣！[⑦]

朱子於己丑悟得中和新説後，識得此心周流貫徹已發未發，未發時心體依然流行，

---

① 程敏政：《心經附注》卷二，第 19—20 頁。語出程顥、程頤：《二程集》，《河南程氏遺書》卷十八《伊川先生語四》，第 191 頁，故知爲伊川語。

② 程敏政：《心經附注》卷一，第 17 頁。

③ 程敏政：《心經附注》卷二，第 20 頁。

④ 程敏政：《心經附注》卷二，第 2—3 頁。

⑤ 程敏政：《心經附注》卷二，第 25—26 頁。

⑥ 程敏政：《心經附注》卷三，第 12 頁。

⑦ 程敏政：《心經附注》卷一，第 30 頁。

至静之中仍有動之端，故不必自現實世界中抽離隔絶，只需以敬涵養，則感而遂通者自無太大偏失。[①]另一方面，視聽言動是人人與生具來的本能，以敬涵養、反求未發之中，只是要找回未受思慮、外在干擾前的澄明狀態，順此而發，以求視聽言動都能合乎天理。亦即，身心工夫的目的是在肯定視聽言動爲本能的前提下，試圖將之提升爲順乎天則的更高層次，而非從根本上否定其存在的事實，這也是朱子异於程頤之處。[②]

程敏政在《心經》第15條附注中特别針對上述概念加以發揮，分别摘録程頤、朱子正心之學各六條、九條。前者以敬爲主，後者則突顯其無論處何境、何事皆當從容恰當地應對，不可强制拘迫，亦不可以事物之去來横亘在心。故程敏政稍後自下按語云：學者不應"持之太過"、"又不可失其所有事"，"必如孟子所謂勿忘勿助，而馴至于心廣體胖，乃有所得。"[③]不過，相較於呼籲持敬不可拘迫，程敏政似乎更警惕陷入槁木死灰的危害，《心經附注》裏近十處引文與此有關，[④]這或許是對當時陳獻章（1428—1500）"爲學須從静中坐養出個端倪來，方有商量處"[⑤]的回應。

（六）入手不可懈怠

持敬工夫既不拘迫，又不虚寂，理論上應是極爲自然的狀態，但程敏政却認爲，適當的勉强對初學者甚有必要。朱子此語即是此意：

> 初學如何便得安？除是孔子方恭而安。初要持敬，也須勉强，但覺見有些子放去，便收斂提掇起，敬便在這裏常常相接，久後自然。[⑥]

常人未做工夫之前，所禀受之氣質清濁不一，種種陋習干擾天理發用，形成朱子所謂："知得這道理，及事到面前，又却只隨私欲做去，前所知者都自忘了。"[⑦]程敏政也認爲："樂得其欲者，其意不過安放縱而賤名檢，然所謂'罔念作狂'實基於此。"[⑧]只要稍稍放縱便可能陷於邪道。故在用功之初，須下大力氣痛加整斥，才能使濁氣的影響降至最低以順利涵養。[⑨]故其引朱子云：

---

① 劉述先：《朱子哲學思想的發展與完成》，第96—109頁。

② 張立文：《未發已發論之縱貫——朱子參究未發已發論之挫折、轉變和影響》，收録於鍾彩鈞主編：《國際朱子學會議論文集》，臺北，中央研究院中國文哲研究所籌備處1992年版，第506—510頁；黄瑩暖：《朱子論〈中庸〉"未發"之義及其工夫》，《興大中文學報》2007年6月第21期，第3—21頁。

③ 程敏政：《心經附注》卷二，第3頁。

④ 程敏政：《心經附注》卷一，第30、32頁；卷二，第26頁；卷三，第4、6、9、12、16頁；卷四，第17頁。

⑤ 陳獻章：《陳獻章集》卷二《與賀克宫黄門二》，北京，中華書局2008年版，第133頁。

⑥ 程敏政：《心經附注》卷三，第11頁。《朱子語類》原文與此略有出入，最大差异在《語類》原作"便須收斂提掇起，教在這裏，常常相接，久後自熟。"《心經附注》"教"作"敬"（日本慶安二年（1649）刊本亦作"敬"），疑形近而誤，然無礙文意中對初學勉强的强調。見黎靖德編：《朱子語類》卷一二〇《訓門人八》，第2892頁；程敏政：《心經附注》卷三，收録於岡田武彦、荒木見悟編：《和刻影印近世漢籍叢刊思想三编》第12册，京都，中文出版社1977年版，第165頁。

⑦ 程敏政：《心經附注》卷一，第19頁。同书之第23—24頁亦有一條涉此問題。

⑧ 程敏政：《心經附注》卷三，第27頁。

⑨ 董金裕：《朱熹的氣强理弱說及其地位》，收録於鍾彩鈞編：《國際朱子學會議論文集》，第389—401页。

（初學應）痛理會一番，如血戰相似，然後涵養將去。[1]

持敬工夫固應從容不迫，但這畢竟需要“痛理會一番”方可如此，若不能保證氣稟陋習不會侵害涵養成果的持續發用，善端甫培養擴充便又會被私欲引去，再怎麼涵養也於事無補。因此在初期每當人欲湧起，必用力克下，[2]否則“未曾下手，便要從容不迫，却無此理”[3]。可見程敏政理想的工夫雖自然而不拘迫，但實際操作時（特別是針對初學者）却是偏於嚴肅的。

（七）其機在我

上述修養若能順之而行，勢必可獲一定程度的效果。但無論內在涵養或外在約束，都必須下定决心徹底執行，否則再美好的藍圖終是空中樓閣。故程敏政引朱子之語勸勉：

是其克與不克，復與不復，如手反覆，如臂屈伸，誠欲爲之，其機固亦在我而已，夫豈他人之所得與哉？[4]

由於善、惡（利）是非彼即此、不容模糊的對立關係，如朱子所謂“不是冷水，便是熱湯，無那中間温吞暖處也”[5]，因此只要“克得那一分人欲，便復得這一分天理來”[6]；反之，若稍懈怠，則天理將爲人欲所没。易言之，克去人欲與復得天理只是一事，“義理之心纔勝，則利欲之念便消”[7]。義理之心人人本有，從事工夫即可瑩澈發用，并非自外另取一個義理之心安在身上，故人欲的克去與天理的復得只能靠自己努力，不待外求。是以程敏政又引朱子云：

這個不干别人事，雖是難，亦須自著力，常惺惺，不要放倒。覺得物欲來便著緊，不要隨他去。若説把持不得，勝他不去，是自壞也，更説甚“爲仁由己，而由人乎哉？”[8]

人人皆秉天理，故修養的成敗全在能否“自反”、“自斷”。[9]雖然“學者當以聖人爲師，以聞道爲要”[10]，求學過程中可尋求師長、益友提點，但最終成果仍在於自身的努力付出：

---

① 程敏政：《心經附注》卷四，第23頁。
② 程敏政：《心經附注》卷一，第24頁。
③ 程敏政：《心經附注》卷四，第19頁。
④ 程敏政：《心經附注》卷一，第25頁。
⑤ 程敏政：《心經附注》卷四，第1頁。
⑥ 程敏政：《心經附注》卷一，第23頁。又可參看同书卷四，第6—7頁引謝良佐語。
⑦ 程敏政：《心經附注》卷二，第31頁。
⑧ 程敏政：《心經附注》卷三，第5頁。
⑨ 程敏政：《心經附注》卷一，第10頁。
⑩ 程敏政按語，程敏政：《心經附注》卷四，第11頁。

朱子曰："陳才卿問：'程先生如此嚴謹，何故諸門人皆不嚴謹？'某答云：'是程先生自嚴謹，諸門人自不嚴謹，干程先生何事？'"①

師友只能提供經驗、方法，"須自下工夫，方見得是如此"②。這顯示程氏的工夫體系带有强烈的踐履導向，將修養成敗繫乎能否掌握在我之機，與明初以來的理學思潮相一致。③

以上幾點特色，均圍繞"心"、"敬"等概念展開，特别是對敬的工夫進行了詳細的析論，程敏政試圖營造一種自然而嚴謹的氛圍，在不拘迫的情形下，不懈怠地自盡其力，内外交養以完復此心。這些觀點固不出程朱理學畛域，却與明初諸儒一樣，皆將個人持敬工夫而非格物窮理視爲首要入學途徑，切中時代的焦慮，并提供建立在程朱學理基礎上的藥方，是陽明學興起前夕程朱理學最精緻而完善的"心學"論述大成。

四、《心經附注》與《心經》的比較

《心經附注》雖不似《心經》呈現一套漸進的完整體系，却也有其側重面向，不但詳細羅列敬的各種面向，更縝密圓融地討論了持敬工夫所須注意的要點。問題是，這些内容與真德秀《心經》的主旨有何异同？二人在詮釋《心經》經文時又有何差异？

（一）對敬的强調程度不同

雖然敬在程朱理學概念中是貫串動静内外的基本工夫，真德秀在《心經》第15條裏也援引朱子"君子必察乎此而敬以直之，然後此心常存而身無不修"④一語，認同敬的首要地位，但《心經》并未特别引用高度强化敬的文字，反而花費對等的篇幅討論閑邪、去欲、克治等較爲外在的工夫，可見在真氏之體系中，外在克治具有頗高的獨立性。

相形之下，程敏政《心經附注》對敬的强調格外顯著，除《心經附注序》中已明言將對"敬"字"特加詳焉"，⑤書中多處亦有清楚呈現。以開篇提綱挈領的第1條爲例，面對"十六字心法"，真德秀僅引朱子"道心爲一身之主，而人心每聽命焉"一段，⑥强調治心的重要，當中并無片言提及"敬"字；程敏政則引用真德秀語，指出"惟精惟一"的根基在於"平居莊敬自持"，⑦起始便直揭"敬"字。又如《心經》第4條論"閑邪存誠"，真氏附文也只將"閑邪存誠"與"四勿"相聯繫，并未上升至敬的範疇；然程敏政附注引程子語"敬是閑邪之道"，⑧"閑邪存誠"不只是外在克治，更需以敬爲根柢，"閑

① 程敏政：《心經附注》卷二，第20頁。
② 程敏政：《心經附注》卷二，第16頁。
③ 佐野公治著、劉黛譯：《明代前期的思想動向》，第49—53頁。
④ 真德秀：《心經》，淳祐二年（1242）趙時棣重刊本，第8頁。
⑤ 程敏政：《篁墩程先生文集》卷三十《心經附注序》，第1頁。
⑥ 真德秀：《心經》，第1頁。
⑦ 程敏政：《心經附注》卷一，第4頁。
⑧ 程敏政：《心經附注》卷一，第7頁。

邪存誠”被收攝於敬的工夫之下。此現象亦見於第9條：該條原論“四毋”,真氏未予深論，只抄録《四書集注》對“意、必、固、我”的訓釋；[①]程敏政則引程子“敬即是禮，無己可克，始則須絶四”，[②]指出“四毋”乃初始工夫，若能持敬，則禮已復，尚何私可克哉？可見程敏政對“敬”之重視超乎真德秀，一切克己修身均爲補充持敬的不足。

第16條最堪措意。該條經文引自《樂記》論“禮樂不可斯須去身”一段，欲彰顯内外交養之意。真德秀附益之文主要討論致樂的方式與功效，旁及致禮，并未特别在“禮”上多加發揮；程敏政則補入大量材料，徵引十八條事例，强調“制於外所以養於中”，補充真氏少論致禮的不足。如上節第三點所論，程氏將“制於外”的内容擴大至容貌辭氣的嚴肅整齊上，相較真氏凸出外在克治時只限於欲望、閑思雜慮的去除，程氏外在工夫的界域顯然廣泛得多。但須注意，無論程敏政將外在工夫放至多大，勢必要收攝於内在涵養之下，故其引真德秀語總結道：“故禮以順之於外，而樂以和之於中，此表裏交養之功，而養於中者實爲之主。”[③]

總之，雖然表面上程敏政對外在工夫的概念較真德秀更爲廣闊，但真氏於内在涵養與外在克治往往分開處理，程敏政則是將外在工夫收歸於“敬”之下，“敬”在《心經附注》裏的地位更爲特出。

（二）重視工夫的可行性

大體而言，真德秀看重工夫的實施方法，程敏政則更强調工夫之所以可行的原因。此差异可舉二例説明之。

《心經》第10條，經文爲《論語》“克己復禮”一段，真德秀所引三條附文“勝己之私謂之克”、“凡人須是克盡己私，皆歸於禮，方始是仁”、“克己須從性偏難刻處克將去”，[④]關注“克”的内容與方法；程敏政附注首條則引用程頤此語：“必先明諸心，知所往，然後力行以求至焉”，[⑤]從事克己工夫前，必先知曉如何下手，方不致有所偏差，這是對朱子“致知而後誠意”、“知先行後”的發揮。程敏政引張載和朱子之語指出，學者須先明諸心者，乃“‘仁’體事而無不在”，[⑥]“仁……實心體之全德”，[⑦]蓋“己（人欲之私）”與“禮（天理之公）”僅一綫之隔，[⑧]克己復禮不是兩個工夫，而是一個，如此四勿工夫便有了施行的必要性，更因之推導出“誠欲爲之，其機固亦在我而已”[⑨]的結論。可見程氏更欲突顯克己復禮的可行性與必然性，以加深讀者身心修養的意願。

---

① 真德秀：《心經》，第4頁。

② 程敏政：《心經附注》卷一，第20頁。

③ 程敏政：《心經附注》卷二，第23頁。上述程敏政在附注中引用的文字，或出自真德秀，但由於真氏在《心經》中并未表達類似觀點，故不可將之等同於《心經》的概念。

④ 真德秀：《心經》，第5頁。

⑤ 程敏政：《心經附注》卷一，第22頁。

⑥ 程敏政：《心經附注》卷一，第22頁。

⑦ 程敏政：《心經附注》卷一，第24頁。

⑧ 程敏政：《心經附注》卷一，第24—25頁。

⑨ 程敏政：《心經附注》卷一，第25頁。

又如《心經》第15條經文,引自《大學》"修身在正其心"一段,真氏所引注文僅將"四者"與敬相連,提醒讀者正心工夫在"敬以直之"。[①]程氏附注則補充大量材料:首先論心必有主,不可横置一事爲物所縛,當"隨物隨應";[②]其次論"攝心只是敬",敬則能"見得道理分明,自然無此患";[③]接著又引程頤正心之學六條、朱子正心之學九條,前者以敬爲主,體現敬的成效;後者則突顯其無論處何境、何事皆可從容恰當地應對,不可强制拘迫,亦不以事物之去來横亘在心。這些附注不但詳盡説明"敬"與"正心"的關係,更爲持敬工夫之所以能完成正心的理由提供堅實論據。

要之,真德秀在《心經》中往往只告訴讀者"這個工夫很重要"、"這樣做就對了",却未進而申論之所以如此的理由;程敏政在闡述工夫内容之際,更向讀者説明"爲什麼"應當這麼作,甚至證以程朱諸賢的實例,如此顯得更有説服力,也能讓讀者更有據以修養的信心和勇氣。

(三)更重視維護本源一念之純正

由於程敏政强調工夫的可行性,因此更注重維護念頭初動時的純正無雜,以確保工夫能發揮其效,這在其選録的兩張附圖中表露無疑。

《心經》第1條附注收録王柏的《人心道心圖》,將形氣性命之正(道心)筆直地自"心"中拉出,私欲則由此綫旁岔開去,[④]這表明只要順著心中義理無所偏頗地發出皆是道心,人心之危乃因感物而動之後有所歧出而致。第14條最末收録的趙師夏《誠幾圖》,則呈現周敦頤、胡宏(1105—1161)對善惡之幾的异見:周子之圖"誠"、"幾"、"善幾"連貫而發,"惡幾"則旁出於"善幾"之側;胡子之圖"善幾"、"惡幾"并列於"幾"之下。[⑤]由於《誠幾圖》是周而非胡,故讀者由此圖可知善、惡并非對等,實有賓主之分,"惡非心之固有……非誠之正宗",[⑥]只要能誠其意,則發用必然不偏,惡幾也就無法生成。

明白人心、惡、利等負面因素非根源於吾心,則修養工夫除了外在的克治省察,心中善端的培養才是最根本有效之良策。程敏政引真德秀語道:

> 惟平居莊敬自持,察一念之所從起,知其爲聲色臭味而發,則用力克治,不使之滋長;知其爲仁義禮智而發,則一意持守,不使之變遷。[⑦]

對於人心、道心,真氏只引用朱子之語,强調應當"察夫二者(人心、道心)之間而不雜"[⑧],只求讀者能判别二者之异,進而以道心爲主;然而程敏政在此所引用的真德秀

---

① 真德秀:《心經》,第8頁。
② 程敏政:《心經附注》卷二,第8頁。
③ 程敏政:《心經附注》卷二,第10、11頁。
④ 程敏政:《心經附注》卷一,第4頁。
⑤ 程敏政:《心經附注》卷二,第7頁。
⑥ 程敏政:《心經附注》卷二,第6頁。
⑦ 程敏政:《心經附注》卷一,第4頁。
⑧ 程敏政:《心經附注》卷一,第1頁。

文字，却將範圍縮小至"察一念之所從起"，提醒讀者關鍵在於念頭初發之際能否克治持守，即"慎（謹）獨"之意，[①]顯然更重源頭的澄澈無偏。進一步推衍，對於"不善"當如何去除，二人的著眼點亦有根本上的差异。如《心經》第 8 條論顔子"有不善未嘗不知，知之未嘗復行"，真德秀特别强調程頤和張載所謂"惟知其不善則速改以從善也"；反觀程敏政，則引用朱子"今人只知顔子知之未嘗復行爲殊難，不知有不善未嘗不知是難處"一語。[②]真氏著重在不善之事發生後加以導正，俾不重演；程氏則希望在源頭設立一監控機制，不善之念"萌于中必覺，覺則痛懲而絶之"，[③]從本源"遏絶心過"。[④]因此在第 29 條關於《孟子》"舜與蹠之分無他，利與善之間也"的討論中，真氏除强調慎乎善、利之間外，僅延伸道："只主於敬便是爲善"；[⑤]程敏政在擴充此意之餘，復引范浚《舜蹠圖》反復申明一念之當謹，更在最末下一按語，希望讀者參閲卷二所引趙師夏《誠幾圖》，[⑥]這些都顯示他十分看重維護最初一念之純正無雜，將之與根源於心中的天理緊密聯繫，故其於第 13 條的按語中指出："慎獨乃學者第一義而不可忽者。"[⑦]可見程敏政向裏、向内收攝的傾向確較真德秀《心經》顯著許多。

（四）補充《心經》未盡之處

《心經附注》固欲加詳原書對敬的討論，但同時也針對真德秀其他討論未盡之處再加補充，這在《心經附注序》中已有體現，最顯著的例子是書末數條的附注。《心經》最末收入周敦頤《養心説》、《通書》、程頤《四箴》、范浚《心箴》、朱子《敬齋箴》、《求放心齋銘》、《尊德性齋銘》七條作爲經文，但其下皆未附益任何文字；程敏政則一視同仁，於此七條下也添上附注，闡發經文之意。例如第 31 條周敦頤《養心説》，將《孟子》"養心莫善於寡欲"推至"寡焉以至於無"，然"無欲"一詞却也讓人産生禁欲主義的印象。[⑧]程敏政在此條下引用葉采之語特予澄清：

> 孟子所謂欲者，以耳目口鼻四體之欲，人所不能無，然多而無節則爲心害；周子則指心之流於慾者，是則不可有也。所指有深淺之不同，然由孟子之寡欲，則可以盡周子之無欲矣。[⑨]

---

① 程氏引朱子語曰："謹獨是就中有一念萌動處，雖至隱微，人所不知而己所獨知，尤當致謹。"程敏政：《心經附注》卷一，第 32—33 頁。

② 程敏政：《心經附注》卷一，第 18—19 頁。

③ 程敏政：《心經附注》卷一，第 20 頁。

④ 程敏政：《心經附注》卷一，第 20 頁。

⑤ 真德秀：《心經》，第 18 頁。

⑥ 程敏政：《心經附注》卷四，第 5 頁。

⑦ 程敏政：《心經附注》卷一，第 34 頁。

⑧ 狄百瑞認爲，真德秀《心經》體現出强烈的禁欲傾向，大幅提升欲的邪惡性，不但甚於程朱，更將程朱理學帶入嚴格的道德約束境地。見 Wm. Theodore de Bary, Neo—Confucian Orthodoxy and the Learning of the Mind—and—Heart (New York: Columbia University Press, 1981), pp. 21, 78—81。

⑨ 程敏政：《心經附注》卷四，第 9—10 頁。

程氏指出孟子的"寡欲"與周敦頤之"無欲"實是同一概念，因二人所講的"欲"并非一事，孟子的欲是人人天生的本能欲望，周敦頤的欲是已經超過合理性的過份之欲。如此詮釋爲《心經》中同時存在"寡欲"與"無欲"的矛盾解套，俾全書更加周全。

此外，程敏政亦會針對某些理學概念進行更細緻的詮解、區分。例如《心經》第4條論"閑邪存誠"，程氏於附注中引吴澄之説，指出"邪"字可有程度不同的解釋：

> 程子謂"思無邪者，誠也"，此邪字指私欲惡念而言，有理無欲，有善無惡，是爲"無邪"，無邪斯不妄，不妄謂之誠，以《大學》之目則"誠意"之事也；《易·文言傳》曰"閑邪存其誠"，此邪字非私欲惡念之謂。誠者，聖人無妄真實之心也，物接乎外，閑之而不干乎内，内心不二不雜而誠自存，以《大學》之目則"正心"之事也。[①]

他依吴澄之論，區分"邪"字爲"私欲惡念"和"二、雜"兩個層次，并將"思無邪"與"閑邪存誠"分屬誠意、正心二目之下，由斯衍生出"誠意而正心，其等豈可躐哉"[②]的結論，如此"閑邪存誠"便不是孤立的外在工夫，"敬是閑邪之道"[③]的前提得以更加鞏固。又如第14條論《大學》"誠意"傳，真德秀、程敏政都將"誠"字視爲實用其力以爲善去惡的工夫，[④]但這便與周敦頤《通書》中"誠者聖人之本"、"誠，五常之本，百行之原也"、"寂然不動者，誠也"[⑤]的本體論取向産生衝突。程氏遂引朱子語貫通二説：

> 誠之爲言實也，然經、傳用之，各有所指，不可一概論。如周子謂"誠者，聖人之本"，蓋指實理而言，即《中庸》所謂"天下至誠"者，指人之實有此理者而言也；温公所謂誠，即《大學》所謂"誠其意"者，指人之實其心而不自欺者也。[⑥]

既然《大學》與《通書》的"誠"用法不同，那麽建立在《大學》"誠意"的爲善去惡工夫便没有忽略、曲解的藉口，必須實用其力，確實自修。此外如第7條論"改過遷善"，真德秀并未多做説明，程敏政則引朱子語加以區分"遷善"與"改過"之异。[⑦]諸如此類，可見程敏政的補充除可澄清原書中可能造成誤解之處，還爲其工夫體系提供了更强而有力的論據。

---

① 程敏政：《心經附注》卷一，第7頁。
② 程敏政：《心經附注》卷一，第8頁。
③ 程敏政：《心經附注》卷一，第7頁。
④ 程敏政：《心經附注》卷二，第2頁。
⑤ 周敦頤：《周敦頤集》卷二《通書·誠上第一》，北京，中華書局2009年版，第13頁。另可见同书《誠下第二》和《聖第四》的第15和17頁。
⑥ 程敏政：《心經附注》卷二，第3頁。
⑦ 程敏政：《心經附注》卷一，第18頁。

五、小結

程敏政在真德秀《心經》的基礎上擴充成《心經附注》一書，然其形式編排、取材範圍及内容、文字都有所改動。與《心經》相比，《心經附注》更加提高敬的地位，且極爲强調工夫背後的理論依據及可行性，順此則維護念頭初動時的純正無雜亦成其首務，《心經》中諸多未盡之處亦獲補充，與明初理學發展態勢相呼應。簡言之，明代前期學界充滿對身心修養的焦慮，《心經附注》乘勢而欲解决此問題，此書反映了程朱理學對“心”最完整的詮釋，也試圖建立一套細膩可行的“心學”工夫，但由於其工夫體系建立在對以朱子、二程爲中心的宋元理學家言論之摘録、剪裁，説到底還是一種“文獻學習”的工夫，無怪乎稍後易簡直截且更趨於實踐的“陽明心學”出現後，便迅速取代這套“程朱心學”而風行一時了。

（作者簡介：何威萱，臺灣元智大學中國語文學系助理教授）

The Refinement Model of the “Mind Learning” of the Cheng-Zhu School: A Study of Cheng Minzheng’s *Xinjing Fuzhu*

Ho Wei-hsuan

Abstract: Xinjing Fuzhu（心經附注，The appendant and annotation of Heart Classic）was edited by Cheng Minzheng（程敏政）, who selected plenty of dictums and punch lines of Neo-Confucianism scholars to supply Zhe Dexiu’s（真德秀）Xinjing（心經，Heart Classic）. The concept of “reverence”（敬）is extremely inculcated in this book, and the target of self-cultivation is focused on mind more than Zhen’s work. Xinjing Fuzhu represented the ultimate achievement of the model of the “Mind Learning”（心學）of the Cheng-Zhu school（程朱學派）; however, it cannot resist the rising and aggression of Wang Yangming’s（王陽明）“Mind Learning” later on due to the lack of applicability and practicality.

Keywords: Cheng Minzheng, Xinjing Fuzhu, Zhen Dexiu, Xinjing, reverence, Neo-Confucianism, Mind Learning

（本文责任编校：王小虎　張　韓）

走向禪宗

——陶望齡的心學與佛學

李忠達

摘　要：陽明學和佛教的關係在晚明日趨密切。陶望齡（1562—1609）和周汝登（1547—1629）一同主持越中的王學講會，提倡無善無惡論。這一支陽明學派的發展，後來和浙東禪宗的興盛有相當密切的關係。事實上，陶望齡不僅如黄宗羲所批評的“氾濫於方外”，更以參禪爲主要的修行法門。他對佛教開始産生興趣，并且認定這兩種學説可以并行不悖，這件事對於越中陽明學的發展來説，具有關鍵轉折的意義，對於探討陽明學與佛教在思想和文化上的關係而言，也可以作爲一個相當重要的案例。因此，本文首先依照時間的順序，考察陶望齡思想啓蒙期的師友關係與學術活動，并且對於他如何站在陽明學的基礎上，從無善無惡説轉向公案禪的道路，做出哲學性的分析。藉此，希望能更確實的闡明晚明越中的學術動態，以及陽明學與禪宗的思想關聯。

關鍵詞：陶望齡　周汝登　陽明學　無善無惡　禪宗　净土

一、前言

陽明學和佛教的關係在晚明日趨密切，尤其是浙東一帶，主張無善無惡説的周汝登（1547—1629）、陶望齡（1562—1609）支撑起王學講會的台柱，就在同時湛然圓澄（1561—1627）、密雲圓悟（1566—1642）等多位禪宗高僧，也使禪風廣爲流播。陽明學的無善無惡説和禪宗的理論有互通之處，因此雙方一拍即合，相互問學參證，也不諱言彼此的交往。在儒家本位的學者眼中，這自然是不值得鼓勵的一股風潮，但是在真實的思想交流中，陽明學架起了溝通儒家和佛教之間的橋樑。爲了更深入的理解接受無善無惡説的陽明學者何以會轉向佛教，在越中講學的陶望齡，可以作爲一個具有代表性的案例。

黄宗羲（1610—1695）在《明儒學案》的泰州學案中説，陶望齡“先生之學，多得之海門，而氾濫於方外”[①]。前一句話的語氣，除了把陶望齡的學説和周汝登聯繫在一起，

① 黄宗羲：《明儒學案·泰州學案》，《黄宗羲全集》第八册，杭州，浙江古籍出版社 1994 年版，第 130 頁。

又似乎在暗示周汝登是陶望齡事實上的老師；後一句話則表明陶望齡有許多學説來自於佛教。不過，從陶望齡真正從事心性之學的過程來看，他的思想非但没有“多得之於海門”，他和周汝登之間始終維持著一種平等對待的講學關係。周汝登由於年齡較大，又身爲越中講會的主持者，因此得到了陶望齡的尊敬，但兩人基本上是平等的講學之友，并没有師弟子的關係。甚至陶望齡和周汝登往來的書信當中，可以發現他并不完全贊同周汝登的説法，思想上有不契合之處。貿然聽信黄宗羲的説法，很可能會造成我們誤解了晚明浙中學術發展的實情。

其次，黄宗羲爲了維護儒學的純正性，特别批評了陶望齡“氾濫於方外”一事。我們現在已經不需要用負面的價值判斷來接受“氾濫於方外”這件事了，反而應該認真地思考，在陶望齡的真實經歷中，找到他何以對佛教和陽明學開始産生興趣，又何以認定這兩種學説可以并行不悖。就陶望齡的佛學來説，最引人注目的是他非常努力的參公案禪。彭紹昇《居士傳》即説陶望齡：“常參一歸何處公案，自言緊作課，寬作程，一生再生會有出頭分，不敢求速效也已”①。一個對陽明學頗有研究的人，爲什麼會開始把參公案當作最要緊的修行活動？這種習慣究竟起於何時？若能清楚理解這個問題，對晚明的陽明學和佛教之間究竟如何互相影響的問題，或者能讓我們産生新的認識。

爲了釐清陶望齡思想發展的先後次序，本文的討論方式如下：首先會依照時間的順序，考察陶望齡思想啓蒙期的師友關係，以及他所從事的學術活動。其次，透過分析陶望齡吸收的陽明學思想，討論他如何站在陽明學的基礎上走上了參禪之道。然而，陶望齡的禪悟經驗并不透徹，因此接續下來的論述，將以他和公安三袁之間的論學材料爲輔助，探討他們對參禪導致的問題做了哪些反省，并闡明這種反省和净土思想有何關聯。最後做出簡要的結論。

二、陶望齡的講學與結社活動

陶望齡跟周汝登的交往當時衆所皆知，并非秘密，但是带領陶望齡進入陽明學與禪宗領域的人其實并非周汝登，而是焦竑（1540—1620）。和黄宗羲的《明儒學案》相比，彭紹昇《居士傳》的記載更近於實情：“（陶望齡）萬曆十七年（1589），舉會試第一，成進士，授編修，與同官焦弱侯相策發，始研求性命之學。”②

焦竑對於陶望齡産生的影響，值得我們關注。那麼，陶望齡和焦竑的往來是如何開始的呢？

陶望齡年幼時把心思氣力都放在考科舉上，學習儒家傳統的經史之學，當然也包括朱熹《四書章句集注》在内的各種論著。但是他當時對於宋明理學成聖成賢的理想還没有産生很認真地追求之意，翻閱《歇菴集》也看不出他年幼時對佛教有强烈的信仰。萬曆十七年（1589），陶望齡以二十八歲的年輕之姿成爲新科進士，從他考中之後在北京寫給弟弟陶奭齡的五通書信來看，内容多半圍繞在學習寫作科舉文章，還有一些他對於

① 彭紹昇著，張培鋒校注：《居士傳校注》卷四四，北京，中華書局2014年版，第376頁。
② 彭紹昇著，張培鋒校注：《居士傳校注》，第375頁。

當時的文學風氣的批評，只有相當少量文字涉及陽明學與佛教。[①]不過，此時陶望齡的陽明學啓蒙已經開始了，他的啓蒙者就是焦竑。據陶奭齡（1571—1640）撰寫的《先兄周望先生行略》所述：

（陶望齡）歲己丑，以第一人舉於南宮，廷對擢第三人，授翰林院編修，與焦修撰弱侯讀書秘館，朝夕相激發，於是專致力於聖賢之學。寓書奭齡，謂："向時迷陋，視一科名爲究竟地，正如海師妄認魚背，謂是洲岸，弟聰明宜蚤悟，勿似而兄"。[②]

對照陶望齡的原信，陶奭齡所引用的這段話出自萬曆十七年的第三通書信，原文寫到："既得'進士'之後，正復無大味。讀書作人之事，全未起手。"[③]可見陶望齡在考中科舉之後，發覺他并没有欣喜之情，所以開始反省"讀書作人之事"。這是一種比較初步的反省，還稱不上"專致力於聖賢之學"，然而不可否認的是，陶望齡藉著考中之後的反躬自省，加上和焦竑兩人一起在翰林院讀書的經歷，展開了新的人生追求。

焦竑和陶望齡認識時已經五十歲，比陶望齡的年記大二十二歲，但是該年兩人同時考上進士，又同官翰林院編修，因此陶望齡稱呼焦竑爲年兄，并未以長輩稱之。陶望齡雖然没有師從焦竑，然而焦竑確實是陶望齡的啓蒙者，兩人交誼也在亦師亦友之間。

當時焦竑對理學和佛教的追求，已經長達數十年之久。早在嘉靖四十一年（1562），焦竑就在南京受耿定向（1524—1597）的影響，加入陽明學講會，透過陽明學找到了學問的"頭腦"[④]；接著，焦竑復又大量涉獵佛教典籍，日後在他的文集中經常可以見到《法華經》《金剛經》《心經》《楞伽經》《楞嚴經》《華嚴經》《起信論》等佛典的引證，同時他自己也編撰了《楞伽》《楞嚴》《法華》《華嚴》四部佛經的《精解評林》，并且産生一種儒釋道三教無須分别的平等之感。耿定向雖然基於儒家本位的立場，想要説服焦竑放弃佛教，憂慮他"惑於異學"[⑤]，但是焦竑并未順從老師的教誨，佛教也成爲他一生持續關懷的對象。[⑥]

在這裏需要注意的是，雖然很難確定陶望齡和焦竑在擔任翰林院編修時究竟討論過哪些具體的問題，但陶望齡從焦竑那裏吸收到的學説，是一種混雜著陽明學和佛教思想

---

① 如陶望齡《登第後寄君奭弟書》第一通云："舉子之義，當先入體局，調其氣脈，使修短適節，疎密稱情，然後運之以新藻，行之以古詞。如人眉目髭鬢尚不能具，何暇議粉澤哉？"第二通云："作文之道，雖以平粹爲體，然必鈎深極遠，出之淺近。若因循陋轍，自稱捷徑，一涉熟爛，不復可振救矣，戒之戒之。"第三通所論之"奇平説"則是公安派文學主張中的一項關鍵："凡自胸膈中陶寫出者，是奇是平爲好；從外剽賊沿襲者，非奇非平，是爲劣。……但欲文字佳勝，亦須有勝心。……自古不新不足爲文，不平不足爲奇，鎔範之工歸於自然，何患不新不古、不平不奇乎！時文雖小伎，然有神機，須悟得之。"第四通又安慰陶奭齡宜耐心在家鄉準備科考："言科舉業者，何必京師乎？……善爲文者，自古以來凡數公；爲舉子義者，自明以來凡數公。吾弟欲開拓見聞，爲法程師匠，豈有不足？顧不肯耳。"第五通書信仍在討論文學風氣："吾向時爲流俗所詿誤，意亦薄唐宋以下文，今略看之，多所賞愜，以此爲小進益。"（陶望齡：《歇菴集》卷一二，《續修四庫全書》1365册，上海，上海古籍出版社1995年版，第430—432頁）在公安派的文學研究上，這幾通書信有相當重要的價值。於本文而言，陶望齡此時極力反省擬古派文風，然而尚未進入理學和佛學之門牆，故僅能視爲其信仰追求的啓蒙階段。

② 陶望齡：《歇菴集·附録一》，第653頁。

③ 陶望齡：《歇菴集》卷一二，第431頁。

④ 焦竑《崇正堂答問》："問：'學須有宗旨，人方有下手處。'先生曰：'向來論學都無頭腦。吾師耿先生至金陵，首倡識仁之宗，其時參求討論，皆於仁上用力。久之，領會者漸多。吾輩至今稍知向方者，皆吾師之功也。'"焦竑《澹園集》卷四七，北京，中華書局1999年版，第711頁。

⑤ 焦竑《又答耿師》："士龍遞至手書，知拳拳以人惑於異學爲憂。"《澹園集》卷一二，第81頁。

⑥ 關於焦竑學習過程的一般性考察，可以參考錢新祖著、宋家復譯：《焦竑與晚明新儒思想的重構》，臺北，臺大出版中心2014年版，第二章。

的複合物。不僅如此，陶望齡不曾將焦竑當作老師，之後和周汝登來往，也没有拜師，而是以平輩相交；因此他的思想不受任何權威人物的支配，也很難説有明確的師承系譜。由於陶望齡思想發展的奠基階段，就受到這種複合式的學説影響，而且不受特定師長的約束，因此他的思想可以説非常自由，也可以説缺乏明確的體系。就哲學系統的討論而言，一個人的思想缺乏體系性和邏輯的一貫性是一項相當不利的因素；然而就本文企圖探討的主題而言，要説明陽明學與禪宗思想在現實中如何同時對人發生影響，兩套學説的概念又如何相互勾連，陶望齡反而是極佳的案例。

事實上，陶望齡并非唯一受到焦竑影響的人，除他之外，日後成爲陶望齡知交的公安三袁，也是受到焦竑的影響，才開始對心性之學感興趣，并且以參禪爲修行以求覺悟的核心法門。[①]從他們的身上，的確可以發現陽明學的學習，啓迪了學習者走向參禪之路。陶望齡有一句相當著名的斷言："今之學佛者，皆因良知二字誘之也。"[②]他這樣講，是從自己的切身經驗出發的。這并不是在主張，學習陽明學或者接受無善無惡説的學者，都會轉向參禪，像王畿、周汝登都維持著儒家本位的立場。然而，在陶望齡和公安三袁的學思歷程上，却的確能證明陽明學非常可能將人引導向禪宗的修學之路，這是饒富趣味也頗值思考的現象。

陶望齡受焦竑影響之後，在北京寄書陶奭齡，已經説出"讀書作人之事，全未起手"之語；等到兩年後，萬曆十九年（1591）的四月，陶望齡因其兄陶與齡過世，奉父親之命返鄉奔喪，[③]便與陶奭齡"論學，得奇書共讀之，聞疑義共析之，寒暑弗輟。既有所覺，復曰：此依文解義，不足用也。舍之，求自得於心然後可"[④]。這段描述就已經有從事心性之學的氣息了。陽明學的一項特色在於反對依賴經典，主張反求本心，因而經常斥責依文解義的儒學爲不足道。[⑤]陶氏兄弟遵循這種法則，已經是走在這種心性之學的途徑上了。倘使這一條材料講得不够明確，還可以再參照陶望齡寫給焦竑的信件：

> 昨年從文字意識少有知解，便自慶快，蓋傍他悟，後人語話當爲自己脚跟，魔境相加，果難得力。方今懺悔，求拶逼一場，獨力易退，未有所向，方甚欲依座下决釋迷滯，亦以家君之意不能違迕。擬明春單車詣闕，夏首或是把袂之日也。聚首一年内，共了此事，庶不負夙期耳。[⑥]

依照信中所言，此時陶望齡遵循父親指示返鄉，時間當在萬曆十九年的夏季。在北

---

① 陶望齡與公安三袁成爲知交，在北京結蒲桃社，社中論學以佛學爲核心，以參禪習净爲主要修行法門，并觸類旁通於《莊子》《易經》等外典。關於公安派文人結社活動與蒲桃社的考察，可參考何宗美：《公安派結社考論》，重慶，重慶出版社 2005 年版；《明末清初文人結社研究》，天津，南開大學出版社 2003 年版；《明末清初文人結社研究續編》，北京，中華書局 2006 年版。

② 陶望齡：《辛丑入都寄弟君奭書》第十通，《歇菴集》卷一二，第 436 頁。

③ 據陶望齡《亡兄德望傳》載："德望卒於辛卯四月初九。"《歇菴集》卷一四，第 481 頁。

④ 陶奭齡：《先兄周望先生行略》，《歇菴集．附録一》，第 654 頁。

⑤ 陽明學把良知當作儒學的宗旨，而將漢唐經學注疏視爲訓詁、記誦之學，其地位不及良知學。如王陽明《答顧東橋書》："聖學既遠，霸術之傳積漬已深，雖在賢知，皆不免於習染，其所以講明修飾，以求宣暢光復於世者，僅足以增霸者之藩籬，而聖學之門牆遂不復可覩。於是乎有訓詁之學，而傳之以爲名；有記誦之學，而言之以爲博；有詞章之學，而侈之以爲麗。"，吴光等編校：《王陽明全集》第 1 册，杭州，浙江古籍出版社 2010 年版，第 61 頁。

⑥ 陶望齡：《與焦弱侯》，《歇菴集》卷一一，第 408 頁。

京與焦竑論學的兩年內，陶望齡顯然極受影響頗有進步，但是又覺得都是在學習他人的學説，依照文字表面意義來理解，還没有做到反求本心的地步。因此，陶望齡擔憂這種語言文字的理解，無法幫助自己面對更困難的處境。就此來看，這段話除了使用了悟、魔境、懺悔、拶逼這些佛教色彩濃厚的字眼，顯示陶望齡與焦竑論學時探討的概念充斥著佛教的内容，同時也可以藉此推斷，陶奭齡從陶望齡處接收到的學説，也必然受到上述觀念的影響，這是一種陽明學和佛教的複合式思想。

在反求本心這項原則之外，當時陶望齡的思想究竟還包含哪些具體内容，由於陶望齡自己記載的資料不足，今日已經很難詳細説明了。不過，由於公安三袁與陶望齡同樣受焦竑影響，日後又一同結社參禪，其思想經歷與概念的共通性很高，從三袁對禪的理解來看，還是可以用這些輔助性的資訊來推敲陶望齡在這段期間的思想狀態。

同樣是在萬曆十七年，公安三袁中的老大袁宗道（1560—1600）考中進士，和焦竑與陶望齡成爲同年之友。據三弟袁中道（1570—1623）的記載，袁宗道當時受焦竑與瞿汝稷（1548—1610）兩人"共引以頓悟之旨"的影響，加上"僧深有爲龍潭（李贄）高足，數以見性之説啓先生……久之，稍有所豁，先生於是研精性命，不復談長生事矣"[①]。這次經歷對袁宗道的衝擊很大，可以説徹底扭轉他的人生方向，導致他走上參究心性之途。袁宗道回家鄉後，對兩個弟弟"語以心性之説"，兩人"亦各有省，互相商證"[②]，從此三兄弟都投入了講學的行列。在公安三袁的理解中，佛教的參禪和理學家的格物是内涵相同的功夫，都强調返回内心，先覺悟心即是道，物質世界的事物與道無涉。當他們對這樣的看法有信心之後，再回頭"讀孔、孟諸書，乃知至寶原在家内，何必向外尋求"，并且積極的"以禪詮儒，使知兩家合一之旨"[③]。此時，一種陽明學與佛教的複合學説於焉成形。

袁氏兄弟開始參究心性的過程和陶氏兄弟幾乎完全一致，雙方很快就形成意氣相投的論學團體。陶望齡於假滿返回北京，補回原職，到次年春天，也就是萬曆二十三年（1595）的春闈擔任考官時，已經和袁宗道和黄暉等人同氣相求，組成論學集團了。[④]就此時陶望齡寄給陶奭齡的信觀察，他儼然已是一名虔誠的佛教居士了：

> 吾近與袁伯修先輩及同好三四人游從甚密，雖未能了當大事，而受益不淺，且消釋拘累，共逃於形骸禮數之外，可謂極樂。此事大段近時時於脚跟下體究，必有曝然啐然之日。若向外馳求，與自生退屈，豈有長進？袁公亦言尚有不疑之疑，須於虚空中大踏一步，方纔浄盡，此豈世俗儱侗禪耶？此事不屬知、不屬不知，知是情解、不知是無記，故謂之向上一路，不通凡聖，豈是難是易、進得退得的？……暇時於《楞嚴》《圓覺》當時時鑽研，不可放過。[⑤]

① 袁中道《石浦先生傳》，袁中道著、錢伯城點校：《珂雪齋集》中册，上海，上海古籍出版社2007年版，第708頁。

② 袁中道：《石浦先生傳》，《珂雪齋集》中册，第708頁。

③ 袁中道：《石浦先生傳》，《珂雪齋集》中册，第709頁。

④ 陶奭齡《先兄周望先生行略》："乙未分校禮闈，得今庶子湯嘉賓等共十九人，皆一時知名士。交公安袁宮諭伯修、南充黄宮庶平倩，日相究竟，遂有詣入。"《歇菴集·附録一》，第654頁。

⑤ 陶望齡：《甲午入京寄君奭弟書》，《歇菴集》卷一二，第434頁。

有趣的是，雖然陶望齡和袁宗道都受到焦竑的影響，但是在這段文字當中，已經不太見得到陽明學色彩的用語，反而是“虚空中大踏一步”這種禪宗熟語成爲了關鍵。除此之外，陶望齡又叮嚀弟弟要鑽研《楞嚴》《圓覺》和《壇經》，《壇經》不必説是禪宗的根本經典，而《楞嚴》和《圓覺》也是和禪宗思想關係密切的佛典。他們關心的是一種打破一切疑團之後，豁然開朗的頓悟之學，他們也習慣於使用雙重否定的遮詮法，如以“虚空中大踏一步”、“不屬知、不屬不知，知是情解、不知是無記”來解釋他們所信仰的覺悟之境。這種創造出邏輯上相互矛盾或與現實全然無涉的無義語，再從無義語中參求覺悟的法門，承襲自唐末五代以降日益成熟的公案禪傳統。[①]因此我們可以斷言，陶望齡開始參禪，早在他拜訪周汝登之前，而這種以公案禪爲基礎，再吸收海門心學思想的特性，才是陶望齡思想的真實狀況。

陶望齡在北京和朋友交游之餘，也不忘提醒弟弟带著母親一同加入學佛的道路。他在寫給弟弟的信中説到：

> 最上一乘法門，雖飽参耆宿，未肯信向。我母向年一讀《壇經》，即有領入處，非夙具靈根，豈能若此！昔張魏公母秦國夫人於大慧“狗子無佛性語”下得豁然大悟，故知此事本非難搆，讀書人聰明聞見自塞自礙耳。世尊法華會上止度得一龍女，約而言之，只自信得自家及，便是許多絡索，只爲學者無端捏怪，不肯本色去，所以三乘十二分教有種種説，不知者執爲實語，轉以爲難，大非諸佛祖接引本意也。我母若信得自家是佛，每日禮拜持呪與量柴數米，俱是自己佛光明、自己佛妙用，無是無非、無二無别。只此便無生死，便無涅槃，便無凡夫，便無諸佛矣！吾弟可以此意，時常宜説《壇經》，外惟《圓覺經》直截明白，弟可順文解説與母親聽之。吾比來亦少進，每看經語，覺與舊大不同，亦一驗也。[②]

陶望齡提到張浚的母親秦國夫人因爲看“狗子無佛性”一語而開悟，這則典故可以在《嘉泰普燈録》中找到，後來又收進《五燈會元》裏，是相當容易接觸的禪宗故事。[③]陶望齡引用秦國夫人的案例，期待自己的母親一樣素有慧根，不日便能開悟。不過，對

① 本文使用“公案禪”一詞，其意義和如來禪、祖師禪、文字禪、看話禪有别。禪宗將依賴經教的佛教傳統稱爲如來禪，而將慧能以降頓悟本心的禪宗稱爲祖師禪。晚唐五代的祖師禪以活潑生動的具象言行，當機指點，然而這些言行的紀録到兩宋時，由於時空間隔已遠，禪修者不得不閱讀文字紀録來理解祖師公案，對這些公案的解釋和演繹辯稱之爲“公案禪”。文字禪是在宋代文化氛圍中産生的，如釋慧洪《石門文字禪》便主張撰作詩文也是禪的活動，這種用文字表現禪境的現象，稱爲文字禪。看話禪則是建立在公案禪的基礎上，由大慧宗杲提出，以起疑情、參話頭的具體操作方式，來參祖師公案。此處所謂的公案禪，指晚唐五代以降解釋、演繹祖師公案的傳統。詳細内容，見周裕楷：《禪宗語言》，台北，世界宗教博物館 2002 年版。

② 陶望齡：《甲午入京寄君奭弟書》，《歇菴集》卷一二，第 432 頁。

③ 《秦國夫人計氏法真》：“自寡處，屏去紛華，常蔬食，習有爲法。因大慧遣謙禪者致問其子魏公，公留，謙以祖道誘之。真一日問謙曰：‘徑山和尚尋常如何爲人？’謙曰：‘和尚祇教人看“狗子無佛性”及“竹篦子”話，祇是不得下語、不得思量、不得向舉起處會、不得向開口處承當。“狗子還有佛性也無？”“無。”祇恁麽教人看。’真遂諦信。於是夜坐，力究前話，忽爾洞然無滯。謙辭歸，真親書入道概略，作數偈呈慧。其後曰：‘逐日看經文，如逢舊識人。莫言頻有礙，一舉一回新。’”釋普濟編：《五燈會元》卷二〇，台北，廣文書局 1971 年版，第 2024 頁。釋正受編：《嘉泰普燈録》，《頻伽大藏經》184 册，北京，九州圖書 1998 年版，則將此事載於第十八卷，第 49 頁。

我們來説，他引用這則典故的重要性在於，這證明了陶望齡對於禪宗的理解，主要是依照宋代的看公案禪的理論來解讀《壇經》和各種燈録。換言之，各種禪籍的記載對陶望齡而言，都是祖師的活句，是一種隱藏著活生生的開悟經驗的禪文本。即使是《法華經》中龍女成男的故事，陶望齡也依照禪宗的想法，把它理解成"信得自家及"的頓悟經驗。他相信人人都可以依照參禪開悟的經驗，自由自在的解讀"三乘十二分教"的"種種説"。開悟的能力人人皆具，無論是學識豐富的士大夫、在家操持家務的婦女，平日從事的是量柴數米或禮拜持咒，都可以當下開悟，得到解脱。陶望齡繼承了禪宗對於語言文字的不信任感，認爲讀書人學問太多，容易形成開悟的障礙，不肯信向禪宗的"最上一乘法門"。

陶望齡此時已經熱切的著手參禪，依照信中"此事本非難搆"的樂觀語氣來看，當時的他對於頓悟的信心非常强烈。從後見之明來看，這種信心只是在初學階段頗有進展，加上剛打開眼界，前程似乎一片光明，還没面對更複雜的問題時，所抱持著一種缺乏實際修學基礎的信念而已；等陶望齡發覺自己領悟的道理無法在日常生活中起作用時，他才開始認真反省解悟與實踐湊泊不來的課題。這一點在下節會更詳細的討論。我們應該謹記在心的是，陶望齡先受到焦竑影響，接著走向參禪之路，跟公安三袁結交論學之後，才認識了周汝登。這對於我們理解兩人學説的關係，有著相當重要的意義。

陶望齡於萬曆二十三年的十月第二次告假從北京返回浙江。從這段時間起，一直到陶望齡再次返回北京任官爲止，他都在浙江，時而與朋友相約出游，時而拜訪高僧名士。在這裏，我們會約略將這些經歷带過，以迄於陶望齡與公安三袁在北京結蒲桃社的事件。蒲桃社是陶望齡與衆多朋友參禪論學的高峰期，然而也是這個論學群體由盛轉衰的轉折期，對於理解他的思想和信仰發展有關鍵性的意義。

萬曆二十三年陶望齡在返鄉路上，首先到吴縣拜訪了時任縣令的袁宏道（1568—1610），然後再到剡溪初次拜會周汝登。[①]次年九月，與袁宏道、陶奭齡、曹伯通、交光真鑑同游洞庭山。[②]再次年的二月，又與陶奭齡同訪袁宏道，同游杭州西湖、天目山，同游三月餘而返。[③]萬曆二十七年（1599）二月，訪周海門，泛舟曹娥江。[④]九月十一日，又與周海門聚會陽明祠，祭告陽明。[⑤]萬曆二十九年（1601），陶望齡在母親的期望之下，

---

① 陶奭齡《先兄周望先生行略》："請告返越，道吴，從吴令袁中郎語三日。上剡溪，謁海門周子，嗣是咨請扣擊，往來靡間。"（《歇菴集·附録一》，第654頁）。值得留意的是，陶奭齡所云陶望齡與袁宏道"語三日"一事，乃是次年同游洞庭時事，被誤記於此。

② 此次游洞庭經過，見陶望齡《游洞庭山記》："歲乙未（1595），予再以告歸，道金閶，友人袁中郎爲吴令，飲中語及後會時，方食橘，曰：'予竢此熟，當來游洞庭。'明年夏秋中，中郎書再至，申前約，而小園中橙橘亦漸黄緑矣。遂以九月之望，發山陰，弟君奭、姪爾質、曹生伯通、武林僧眞鑑皆從。丁巳抵蘇，止開元寺，中郎方卧疾新愈，談於榻之右者三日。壬戌始渡。"（《歇菴集》卷9，第352頁）另，袁宏道也有作詩，詩中談到此次卧談三日，其中共談那些話題，見《陶石簣兄弟遠來見訪詩以别之》："廣長舌有象，突兀語難羈。欲窮人外理，先剖世間疑。五行何因起？天地何高卑？鵠烏何白黑？日月何盈虧？生胡然而至，死胡然而歸？天胡然而喜，鬼胡然而悲？事無微不究，語無響不奇。獨不及臧否，一切細碎詞。玄旨窮三日，清言暢四肢。愛君深入理，恐我倦傷脾。"袁宏道著，錢伯城箋校：《袁宏道集箋校》卷三，上海，上海古籍出版社2007年版，第131頁。

③ 游西湖事，見袁宏道《西湖一》："余游西湖始此，時萬曆丁酉（1597）二月十四日也……至十九日，石簣兄弟同學佛人王静虚至，湖山好友，一時湊集矣"；游杭州龍井事，見袁宏道《過龍井，同陶石簣、公望、王静虚、黄道元、方子公賦》；游天目山，見袁宏道《天目道中和陶石簣韻》《天目書所見》《浩歌登天目峰頂》《宿幻住曉起戲題》《贈海禪》《宿雙清莊贈印上人》《贈蓮小師》《贈模上人》《玉上人》《雲上人》，《袁宏道集箋校》，第422—423、358、377—382頁。

④ 陶望齡《題周雙溪先生遺訓卷》："萬曆己亥春二月，望齡訪海門先生於剡，相與泛舟曹娥江。"《歇菴集》卷一〇，第365頁。

⑤ 周汝登：《告陽明夫子文》，《東越證學録》卷一四，《四庫全書存目叢書》集部第165册，台南，莊嚴文化1995年版，第679頁。

赴北京補官。當時袁宗道、袁宏道、黄暉、左景賢、王爾康等人均在北京，衆人再次聚首，於崇國寺結蒲桃社，交换參禪心得，共守净戒，同修净土法門。[①]六年的鄉居時間，陶望齡一方面和弟弟陶奭齡在家共修，一方面保持和公安三袁等好友的交游之外，還參加了周汝登主持的越中講會。大約是在這段期間，陶望齡建立起他在浙中的講學家名聲。但是在北京結蒲桃社更能讓人看出，陶望齡在陽明學講會中没有明顯表顯出來的一面，也就是一位以參禪爲務、持守佛教戒律，又誦念佛名的净土居士形象。

蒲桃社是由袁氏兄弟發起的。當時袁宗道在北京任官，袁中道則赴北京至太學準備科舉考試，袁氏兄弟便成立了蒲桃社。蒲桃社之結成大約始於萬曆二十七年己亥（1599），袁宏道此時由於在吴縣任官，所以没有參與到一開始的社集活動，反而是和陶望齡在吴縣有比較多往來。兩年後（1601）陶望齡赴北京任官，才加入蒲桃社。這個社集旗幟鮮明的以融合儒、禪爲號召，一時間吸引到相當多京城的才子名士加入。《萬曆野獲篇》有如下的記載：

> 己亥、庚子間，楚中袁玉蟠太史同弟中郎，與皖上吴本如、蜀中黄慎軒，最後則浙中陶石簣以起家繼至，相與聚談禪學，旬月必有會，高明士夫翕然從之。[②]

同書卷十《黄慎軒之逐》又云："黄慎軒以宫僚在京時，素心好道，與陶石簣輩結净社佛，一時高明士人多趨之。"[③]此外，社中還有對《易經》和道教興趣濃厚的潘士藻，他的年記雖然比陶望齡和袁氏兄弟長二十多歲，但與蒲桃社成員論學非常契合。袁宏道曾説："聽潘雪松談《易》甚快……驟聞其説，如聆天樂，出世入世之理具此矣！"[④]潘士藻聽聞蒲桃社中成員談禪，也覺得彼此的想法相當契合：

> 長安崇國寺葡萄社中，（潘士藻）與家伯修、劉明自、黄慎軒諸公相聚論學……予兄弟數數以禪理誘之，亦歡然若有所契。嘗令我爲講《楞嚴》，且相約曰："君當至桃源，我當與君論《易》，君爲我説禪也。"[⑤]

對社中成員來説，儒家的聖人之學和佛教的參禪悟道是没有分别的。或者可以説，他們相信講論心性和討論佛理的終極關懷一致，都是在探討生死問題，因此儒、佛之間可以相資相益，并没有彼此排斥的現象。陶望齡向弟弟盛讚此時"朋友之盛，一時獨絶"，又"恨吾弟不在此"[⑥]，此因陶奭齡遠在家鄉，無緣和袁氏兄弟、王道安等人一同參證修行。

① 陶奭齡《先兄周望先生行略》："辛丑，奉太夫人北上，復補原官。……時黄平倩、左侍御景賢、王大行道安等五六公，皆先生友，適俱在，相與朝夕過從。"，《歇菴集·附録一》，第654頁。

② 沈德符：《萬曆野獲篇·紫柏禍本》，北京，中華書局1959年版，第690—691頁。

③ 沈德符：《萬曆野獲篇·黄慎軒之逐》，第270頁。

④ 袁宏道：《答梅客生》，《袁宏道集箋校》中册，第745頁。

⑤ 袁中道：《祭潘尚寶雪松文》，《珂雪齋集》中册，第790—791頁。

⑥ 陶望齡：《辛丑入都寄君奭弟書》，《歇菴集》卷一二，第434頁。

蒲桃社集會時的例行活動，具體來看，包括社中衆人輪流負責準備飲食，有時静坐共修，有時討論佛經要義。據袁中道描述：

當入社日，輪一人具伊蒲之食。至則聚譚，或游水邊，或覽貝葉，或數人相聚，問近日所見，或静坐禪榻上，或作詩，至日暮始歸。①

這是一種融合論學、静坐、出游、詩文的複合性集會。從上述引文可以看出，蒲桃社論學以佛學爲主，除了交换心得之外，"覽貝葉"表示他們會泛覽佛典。佛典的内容，除了據袁中道所説有《楞嚴經》外，很可能包含當時相當流行的《圓覺經》《楞伽經》《維摩詰經》《壇經》，還有在陶望齡的案例中找到的各種禪宗燈録。社員從事静坐，并且"共修蓮社之業"②，袁宏道甚至告訴陶望齡，他非常努力克制作詩的習慣，把詩文創作視爲"塵務"③，一心一意專注在佛法修持上。④

蒲桃社不但創造了良好的論學環境，也帶動了北京一批士人加入學佛的行列。若説這是陶望齡和公安袁氏兄弟學佛的黄金時代，應該不爲過。然而好景不常，陶望齡在蒲桃社待了一年時間，就發生了京師攻禪事件。首先是萬曆三十年(1602)春，張問達(1554—1613)上疏彈劾李贄；相隔不到十天時間，馮琦也上疏抨擊士大夫習禪之風。據《萬曆野獲篇》的説法，這些行動都是在"暗攻黄愼軒及陶石簣諸君也。"⑤陶望齡、黄暉和袁氏兄弟處在攻禪事件的風口浪尖，很快就人人自危，不得不各自求去，逃避禍端。陶望齡很清楚，"此間諸人日以攻禪逐僧爲風力名行，吾輩雖不掛名彈章，實在逐中矣！一二同志皆相約攜手而去。"然而形勢逼人，他也只能感嘆："所惜者，諸友皆一時之雋，相聚無幾，輒復散去，勝緣難合，深足慨歎。"⑥此前，在李贄遭到彈劾的時候，陶望齡就曾説：

卓吾先生雖非真悟正見，而氣雄行潔，生平學道之志甚堅，但多口好奇，遂搆此禍。當事者處之太重，似非專爲一人。卓老之不宜居通州，猶吾輩之不宜居官也。有逐我者，旦夕即行，無之，亦當圖抽身之策。⑦

值得留意的是，陶望齡從來都不十分推崇李贄，這一點跟袁氏兄弟大異其趣。袁氏兄弟曾多次拜訪李贄，結成忘年之交，他們的思想和文學主張也受李贄很大的影響。但

① 袁中道：《潘去華尚寶傳》，《珂雪齋集》中册，第729頁。

② 袁中道《游居杮録》卷一一："初，愼軒、中郎與予共修蓮社之業，遂欲弃去筆硯。故予庚子以後詩文俱不存稿，愼軒亦然。"，《珂雪齋集》下册，第1369頁。

③ 袁宏道《西京稿序》："已居燕，結社葡萄棚下，諸韻士日課方外言，以詩爲塵務，不暇構也。"，《袁宏道集箋校》下册，第1485頁。

④ 袁宏道：《答陶石簣》，《袁宏道集箋校》中册，第791頁。

⑤ 沈德符：《萬曆野獲篇·黄愼軒之逐》，第271頁。

⑥ 陶望齡：《辛丑入都寄君奭弟書》，《歇菴集》卷一二，第436頁。

⑦ 陶望齡：《辛丑入都寄君奭弟書》，《歇菴集》卷一二，第434—435頁。

是陶望齡不同，除了在給陶奭齡的信明白批評李贄“非真悟正見”，在寫信給李贄的生死之交焦竑時，也說："卓吾先生行止若何，近於本分事較妥，然不遇作家鉗槌，恐終是藥金。然信力則稍稍充矣。"[①]不但暗示李贄言行逾越尋常人的本分，又用虛有其表的“藥金”來批評他，語氣是很强烈的。事實上，在李贄還没到北京之前，陶望齡就曾經致書焦竑，提醒他“世上眼珠小不能容人，况南京尤聲利之場，中間大儒老學崇正闢異，以世教自任者尤多，恐安放卓老不下”[②]，建議焦竑在牛頭山這類清幽之處找地方安置李贄。不過事與願違，李贄終究没有待在人跡罕至的清幽之地，反而來到了北京。因此，當執政者藉由打擊李贄把矛頭暗暗指向蒲桃社的時候，陶望齡并不認爲事出無因。他認爲李贄行爲本來就容易招人非議，不應來到政治高度敏感的京城，但同時也認爲當政者“處之太重”，并不公允。由於陶望齡把心思放在佛法的修持上，以出世人的身分自居，所以没有特别在意個人宦途之否泰，隨時願意抽身離去。

蒲桃社解散之後，陶望齡於萬曆三十二年（1604）以母親生病爲由，疏請解職，回鄉奉養老母。這次返鄉之後，陶望齡絶意仕途，再也没有擔任任何官職，除遠離北京之外，他將自己的活動範圍急劇縮小到家鄉會稽，僅偶尔與少數同好游覽浙江名勝。萬曆三十七年（1609），陶望齡母親病逝，他自己因爲過於哀痛，也隨後於同年過世。

上述對陶望齡的學術和宗教活動的描寫雖然還不完整，但是對於繼續討論其思想之發展而言，已經能够涵蓋大多數所需的背景知識。在這些事件的背後，值得繼續探討的是，陶望齡受到焦竑影響之後，如何在没有經歷劇烈思想衝突的情况下，熱切的走向參禪之途？爲何以參禪爲主要宗教修行之餘，陶望齡又要學習净土法門？而在他和弟弟陶奭齡都成爲既參禪、又習净土的佛教居士之後，爲何又大量參加周汝登所主持的陽明學講會？在回答這些問題的過程中，或許能讓我們對陽明學與佛教交會之處觀察得更加清楚。

三、從良知學到公案禪

陶望齡接觸并開始探求心性之學，焦竑扮演了關鍵的脚色。陶望齡在考上進士之前，思想上不可能完全一片空白，但是鑒於他尚未對宋明理學作過認真而切身的反省，我們可以推測他在思想的成形期，主要吸收了焦竑的學説作爲其基礎。陶望齡確實有可能不完全接受焦竑的某些想法，但是在此仍有必要對焦竑的某些觀點稍作説明，那麼，即使這并不能完全代表陶望齡思想的初始狀態，還是可以説明從焦竑的陽明學與佛學複合式思想如何過渡到陶望齡身上，轉變爲陶望齡自己的想法。

焦竑的思想中，在很多地方呼應了王畿到周汝登這個系統的無善無惡説。儘管焦竑踏入陽明學領域是受到耿定向的影響，和王畿并没有直接的師承關係，但是他也很强調良知的虛無本性，這一點和浙中王學的基調是相互呼應的。翻閲焦竑的《焦氏筆乘》，可

---

① 陶望齡：《與焦弱侯》，《歇菴集》卷一一，第409頁。
② 陶望齡：《與焦弱侯》，《歇菴集》卷一一，第410頁。

以發現他在解讀《論語》的時候，大量使用空、無、虛、亡等字眼來解釋孔子的語録。這種詮釋態度和許多宋明理學家一致，他們都在詮釋古代經典的時候，採用了一種非歷史性的眼光，試圖闡釋一種超越時空變化而永存的真理。因此，歷史中的孔子形象并不占據主導地位，宋明理學關懷的是如何闡述一套能够涵蓋宇宙古今真理的哲學系統，并用這套哲學系統來理解古代經典中的思想。孔子雖然不曾用“虛寂”、“空無”來解釋仁義之説，但焦竑却會用這套思想來詮釋孔子。

焦竑把孔子的“默而識之”解釋爲“默於心也。默於心者，言思路斷，心行處滅，而豁然有契焉，以無情契之也”（頁 247）；把孔子的心法解釋爲“空空如者”，而顔回的“屢空”則是“有微心之起，即覺而歸於空”（頁 247）的心性修養。焦竑理解的人性，也是虛亡：“所謂性者，亡也、虛也、約也。性非亡、虛、約所可名，而舍之無以名性。”（頁 248）此外，孔子平日事父兄、謹德行，“皆聖人日用之常，因物付物之應迹耳，而其心則一無有也”（頁 250）。孔子的“知”被焦竑理解爲一種非言語所能觸及的本體，其本性爲空無，故：“知即無知，語非冰炭。蓋知體虛元，泯絶無寄。居言思之地，非言所及；處智解之中，非解所到。”（頁 252）孔子説“我欲仁，斯仁至矣”，則是一種以空爲本質的頓悟經驗，故焦竑云：“當體而空，觸事成覺，非頓門而何？”（頁 253）理應可以具體操作的禮儀節度，也被焦竑理解爲一種本質爲無之物：“禮無體也，有己非禮矣”（頁 256）。至於心，焦竑則説：“人心即道，無體無方。……以其無不覺也，名曰心，而實非有可指可執之物也；以其無不通也，名曰道，而實非有可指可執之象也。”（頁 263）[①] 其他類似的文字還有非常多，但要説明本文的主題，以上的例子應該已經够多了。

在這些引文當中，空、無、虛是反覆不斷出現的關鍵詞。最主要的特徵，就是他把心理解爲一切現象事物的本體，是一切存有的根源；同時，這種心之本體不能由任何言語文字表達，不能由邏輯理性的思維過程來理解，加上本身没有形象可以捉摸，只能透過現象事物的作用來確認它的存在和功效之靈驗，因此只能勉强用空、虛、無等字眼來表達。任何試圖用既定的教條和禮儀來規範心之本體，都會造成心的僵化，變成形式上的模擬仿效，而使所有的道德行爲和實踐活動失去由衷而發的真實性。因此，主張良知的虛寂之性，在邏輯上隱含著要破除僵化的教條形式，恢復心之本體自然發用的意義。焦竑對心之本體建立這種理解之後，又把這種理解延伸到了佛學的研究上，這就讓陽明學找到了一個和佛教的接榫點。

焦竑在他編輯的《楞嚴經精解評林》卷首，擺上了王畿的《釋教總論》當作全書提綱，可以視爲一個具有標誌性的事件。一方面，這代表了焦竑認同了王畿對良知和佛教的論述，這讓焦竑和受他影響的陶望齡都有了和王畿思想遥相銜接的接榫點；其次，這也標誌著一名陽明學者的思想發展過程中，確實架起了一條延伸到佛教思想的橋樑。《釋教總論》説：

人之恒性，迺上帝降衷，人所同具者。以其無思無爲，故謂之寂；以其不可睹

① 焦竑：《焦氏筆乘·續集卷一》，北京，中華書局 2008 年版，第 247—263 頁。

> 聞，故謂之微；以其無物，故謂之虛；以其無欲，故謂之静；以其智周萬物，故謂之覺；而其歸不出於無之一言。無者，有之基也，故寂以通天下之感，静以貞天下之動，微以效天下之顯，虛以御天下之實，覺以神天下之應，是謂千聖相傳無所倚之學。……彼佛氏者，見吾儒學術之弊，奮然攘臂其間，取吾學之精義據而有之於己……佛氏所謂虛寂，本吾儒之故物，彼直竊而據焉。……夫佛氏慈悲喜捨，普渡衆生，雖身命有所不惜，未嘗自私也。偏於虛静，乃二乘見解。若上乘之禪，從塵勞煩惱中作佛事，於衆生心行中覓佛法，未嘗厭動而有所偏也。最上乘之禪亦以斷滅爲外道，於念離念、即情忘情、不即不離，是究竟法，未嘗絶情去念也。……善乎文中子之言曰：佛爲西方之聖人。①

這段文字特别强調心之本體的虛無特性，舉凡“無思無爲”、“不可睹聞”、“無物”、“無欲”、“虛”、“寂”、“静”、“微”等等字眼，都是在凸顯同樣一項主題。王畿是四無説的提倡者（周汝登則繼承了王畿的四無説），他特地突出了良知學的消極意義，藉以消解掉形式化的道德教條和禮儀規範，反求内心真實的道德情感，再向外發揮作用，化爲實際的踐履活動。王畿在這篇文章中説“無者，有之基也”，并不代表一種否定事物存在的虛無主義，也不意味著王畿接受了佛教緣起性空的世界觀，他只是立足於陽明學四無説的基礎之上，再次説明了良知學對抗僵化形式并反求自心的意義。王畿相信人人都具有良知，只要在一瞬間察覺到真實道德情感的躍動，就是察覺到良知全體的發用，在每一件事情上依照良知的要求行動，就可以保證一切行事作爲和古往今來的聖賢無殊。由於王畿相信良知可以當下全體顯現，一切根據良知要求而出現的言行都是毫無瑕疵的，因此人可以“頓悟”良知。如果説王畿在任何地方肯定頓悟説的意義，也是在這種陽明學的脈絡中做出的肯定，而不是從禪宗的脈絡發展而來。

王畿先闡明陽明學的立場之後，才談到佛教。他在這篇文章中同樣展現出宋明理學家常見的搖擺姿態。由於意識到了陽明學和禪宗的類似之處，導致王畿必須肯定禪宗的價值；但是依照他儒家本位的立場，又必須貶抑佛教的地位。對於此一難處，王畿的處理方式極爲巧妙，他認定佛教竊取了儒學的精神，如此一來，便能解釋何以陽明學和禪宗有相通之處，但又同時發揚了儒學的宗旨。這是一種以儒家爲本位的論述策略。此外，王畿也認識到佛教内部也分成許多派别，他吸收了大乘佛教對小乘佛教的論述，批評聲聞和緣覺“二乘”偏於虛静，是“斷滅”之見，屬於“外道”見解，非但不究竟，甚且會引導人誤入歧途。接著，他把禪宗視爲“最上乘”，具有超越佛教中各種派别的地位。無論王畿是否熟悉《壇經》，但他所使用的“於念離念”、“未嘗絶情去念”等語彙，確實是從《壇經》中出來的宗門熟語。②值得留意的是，王畿未必熟悉佛教内部的種種理論異同，

---

① 焦竑：《楞嚴經精解評林》，收於《頻伽大藏經》第 114 册，北京，九州圖書 1998 年版，第 155 頁。

② 如“於念離念”一句，就非常接近《六祖壇經・定慧品》中對“無念”所作的解釋：“我此法門，從上以來，先立無念爲宗，無相爲體，無住爲本。無相者，於相而離相；無念者，於念而無念；無住者，……念念之中，不思前境。若前念、今念、後念，念念相續不斷，名爲繫縛；於諸法上念念不住，即無縛也。此是以無住爲本。……若只百物不思，念盡除却，一念絶即死，别處受生，是爲大錯。”丁福保注《六祖壇經箋注》，台北，文津 1990 年版，第 144—146 頁。

對佛典也未必有過深入的研究，他之所以把禪當成“最上乘”的佛法，很可能只是當時流行於世的一種對佛教的模糊印象。不過，無論王畿是否真的深入理解佛教，對佛教價值的判斷是否準確，在他的闡釋底下，的確肯定了修習禪法并不違背儒學的精神。只要修習禪法時注意不要流於枯寂，也就是枯坐入定、屏絶世事，那麼修禪是有助於理解儒家“千聖相傳無所倚之學”的。

焦竑把王畿的這篇文章放在卷首，可以視爲他同意了王畿的觀點。事實上，從焦竑多次强調良知之性爲虛無空亡的論述中，我們也可以察覺他的思想和王畿有頗多相通點。從陶望齡與焦竑的交往過程來看，在他對陽明學和佛學還没有下苦心研究之前，焦竑的這種想法，理應成爲了他對兩種學説的第一印象。陶望齡對焦竑的理解從未做出批評，雖然這并不代表他完全接受了焦竑的想法，但至少表示他們兩人之間并没有嚴重的分歧。從陶望齡《重修勳賢祠碑記》對陽明學所作的描述，多少可以證明這點：

> 是道也，堯謂之中，孔謂之仁，至陽明王先生揭之曰良知，皆心而已。中也、仁也，心之徽稱乎！詔之以中，而不識何謂中；詔之以仁，而不識何謂仁。故先生不得已標之曰良知。……先生躬挺上智，窮微極深，豁然頓獲本心於憂患艱貞之際。其道以不學不慮爲宗，故千變萬容而常虛；以格物爲用，故寥焉無一事而常實。明此之謂道德，抒此之謂詞章，舉而措之天下之民之謂事業。[①]

在此，陶望齡呼應了王畿、焦竑、周汝登都不斷强調的幾個重點。首先，他相信宋明理學中堯舜孔孟相傳的道是一種心法，也就是以心爲一切現象變化之本體，以及一切善惡行爲的根源。他同樣相信心有諸多異名，既可以稱之爲“中”和“仁”，也可以稱之爲“良知”，然而實際上其内涵并無不同。接著，陶望齡便開始向他的前輩一樣，用虛、無來解釋心的本性，所以他説陽明學之宗旨爲“不學不慮”、“常虛”、“寥焉無一事”。的確，陶望齡相信心之本體雖然爲虛，然而與現實中的各種現象有必然的連結，用理學的觀念來説，相當於程頤所謂之“體用一源、顯微無間”[②]，這意味著本體與作用之間彼此關聯、無法分割的關係。此外，陶望齡也相信王陽明悟得良知的經驗是一種“豁然頓獲本心”的頓悟體驗。這也是焦竑、王畿、周汝登不斷强調的觀點。因此可以説，陶望齡對陽明學的理解和以上幾人并没有相差太遠。

然而，即便陶望齡對陽明學和佛學的初始理解如上文所述，他爲什麼會熱切地投入參公案的禪法，這仍是需要討論的問題。畢竟，焦竑、周汝登并没有受到同樣的思想驅使，而投入參禪。陶望齡對覺悟的渴求，是否和之前的理論有邏輯上的關聯性呢？

從陽明學發展的幾條分支來看，王門後學對於如何反求良知、深化對良知的體驗，採取了相當不同的幾條途徑。其中，有主張“歸寂”的聶豹（1487—1563），他認爲必須先静坐體悟良知，并且透過静坐功夫培養根源性的心體，才能確保心體向外作用時毫

① 陶望齡：《重修勳賢祠碑記》，《歇菴集》卷八，第321頁。
② 程頤：《易傳序》，程顥、程頤《二程集》第2册，台北，漢京文化1983年版，第689頁。

無差錯。羅洪先（1504—1564）受到聶豹影響，在白蓮洞中静坐，作收攝保聚的功夫。他反對王畿那種直任見在良知的説法，而是在静坐中不斷深化他對良知的體驗。此外，也有像鄒守益（1491—1562）、歐陽德（1496—1554）這樣的陽明後學，他們謹守老師教導，努力操持居敬、戒懼、爲善去惡、致良知的功夫。然而，對於深深信仰著良知學可以在一瞬間豁然開朗，當下便能頓悟心之全體的人來説，上述的幾條路徑都行不通。由於陽明學的消極意義要求人揚弃一切僵化的形式，對抗所有私心作祟而歧出的念頭，把這項原則推演到極致的話，那麼即使上述幾條途徑能够保證人對良知的體會逐漸加深，日常生活中的言行瑕疵逐漸減少，終究不能讓人感覺到自心業已毫無欠缺、圓滿、完美之感，并且能够永恒的破除所有迷惑。陽明學肯定了人人都能够成爲聖人，而且由於儒學不承認輪迴轉世的信仰，所以學成聖人必然要是在一生之中、甚至當下瞬間可以成就之事。陶望齡和王畿、焦竑、周汝登有一項差別在於，他是陽明學和佛教的初學者，當其他人已經擁有自己對良知本體的體驗時，他却缺乏類似的體驗。因此他必須找到一種方法，確保他如實的頓悟完美無缺的良知全體。在這種情況下，主張無善無惡的陽明學，自然會産生一種理論發展的内在需求，要爲那些尚未頓悟良知的人，找到一種能够具體操作的方法，讓他們也能頓悟以虛無空寂爲本性的良知本體。

雖然在陽明學内部已經有很多修養方法了，但是儒家學者往往忽略或者刻意不提的是，其實禪宗也提供了一種具體可以操作的辦法，來確保參學者能够領悟不生不滅、不垢不净、非空非有、非善非惡的心之本體。不僅如此，這種法門不但要能具體操作，還要不損害當下頓悟全體的可能性，以防止自己淪於一種不究竟的宗教體驗。這種方法就是公案禪。

公案禪是參禪者拈提古德的公案，去參悟祖師在這則公案中的言行表現出來的禪法。陽明學的無善無惡論提供了一種類似於禪宗的二律背反的原理，因此和公案禪的參法特别容易被揉合起來。公案禪的二律背反原理，首先表現在禪宗對待語言文字的態度上。從晚唐五代以降，禪門内的語言文字便大量的圍繞在對公案的評唱當中。參禪者無論僧俗，都需要具備高水平的文字修養，在一層又一層的代、别、拈、頌、評唱、垂示中，找到禪文本中蘊藏的禪法真義。然而，禪的奥秘是無法透過語言傳達的，禪宗設定不立文字的原則，是爲了預防參禪者陷入知識學問的牢籠，而遠離當下活生生的禪的經驗。一方面要提防語言文字的束縛，另一方面又必須藉著古德的公案來參透禪的精神，這種既不能够無言、又不能够有言的矛盾困境，是參學者在參公案時要突破的重大難關。①

陽明學同樣對語言的功能抱持懷疑態度，而把領悟終極真實的根據置諸於人的本心。②

---

① 例如大慧宗杲曾經舉雲門“喚作竹篦則觸，不喚作竹篦則背”的公案，問參學者，此時“不得下語，不得無語，不得思量，不得卜度，不得拂袖便行，一切總不得”，唯有“懸崖撒手”、“絶後再甦”之後，才“始契得竹篦子話。”，蘊聞編：《大慧普覺禪師語録》卷一六，《大正新修大藏經》第47册，台北，新文豐1983年版，第819頁。

② 就像錢新祖在焦竑的研究中指出，焦竑受到佛教和道家思想的吸引，并且對語言不完備性有很敏鋭的覺察力。他也抱持著一種語言的懷疑論，在這層意義上，終極的真實（道）不受語言的規範性所左右，因而是不可説的。焦竑和佛道思想在這一點上的交會，讓他逼近了一種多元主義的立場，“假定了哲學上的游牧主義的形式，認爲所有陳述乃是可以相互取代的，因爲這些陳述在真理的價值上全部都一樣有限，所以在這一點上它們是平等的。”（《焦竑與晚明新儒思想的重構》，第194頁）這種對語言的懷疑并不只限於焦竑，在其他陽明學者身上也時有所見。因此對於受過焦竑影響的陶望齡來説，日後會抱持類似的立場，在陽明學和公案禪中找到交會之處，并非難以預料之事。

想要領悟良知活潑潑的妙用，不能透過見聞之知或語言文字的解悟，也不能依賴禮儀、教條或任何形式的權威，只能够反求自心。然而，初學者也不能够完全抛弃王陽明和其他學者的語録、文字不讀，離開親師取友講學而閉户自處，因此仍舊必須透過語言的媒介來激活自己的良知。這種既不能依靠語言，但又必須依靠語言的狀况，與公案禪所提供的矛盾情境十分類似。如今把陽明學的無善無惡視爲另一種二律背反的公案來參，把公案禪的邏輯挪移過來，將非有言、非無言替换成心非善亦非惡，將禪的奥秘替换成爲心之本體，將懸崖撒手换成豁然貫通，那麼用公案禪參陽明學無善無惡説的模式就完成了。

彭紹昇在《居士傳》中説，陶望齡最常參的一則公案是“萬法歸一，一歸何處”。[①] 從陶望齡的《歇菴集》中尋覓，可以找到這種説法的原始出處，他在寫給周汝登的書信中説：

> 直截一路，弟五七年前已自許不疑，而命根終未斷，故屢屢有得失，未能快然無事。近日單提一“萬法歸一”話，較往時頗覺緜密，且不敢求速效也。尊教感感，今日方爲話頭所苦，得來語轉覺悶悶。諺所謂一年被蛇咬，三年怕艸索，不敢謾，亦不敢負門下也。[②]

這段話中有兩個重點值得注意。首先，“萬法歸一”四個字并非這則公案的完整面貌。萬法歸一公案最早和趙州從諗禪師的“青州布衫”公案出現在同一個文脈當中，其完整的文字爲：“僧問：‘萬法歸一，一歸何所？’師云：‘老僧在青州作得一領布衫，重七斤。’”[③]最前面一句“萬法歸一，一歸何處”是參學者的提問，在禪門中相當於向上師探問禪法的奥秘爲何；“領布衫”則是趙州禪師的回答，是典型的以具象事物回答抽象問題的禪門答語。這種問答模式，往往是問話者問得深奥，答話者答得淺白。問者問的是覺悟的境界、是本體、是形而上的問題，答者答的是此時此刻日常生活的所知所見、是現象、是形而下的事物。因爲禪宗認爲佛法就在當下此刻，而非遥遠的彼岸世界。忽略了現實生活中的米價和烹茶、喫飯等食衣住行的具體活動，想要在玄遠的形上世界追求覺悟，無異於緣木求魚。在大量的禪師語録中，都能够找到同類型的問答記録。[④]

第二個重點是，陶望齡并不是依照這種反回當下目前的經驗形式，來理解“萬法歸一”這則公案的。這是因爲重視當下即是、活潑生動的祖師禪進入了公案禪的時代之後，

---

① 彭紹昇著、張培鋒校注：《居士傳校注》卷四四：“周望居常參一歸何處公案，自言緊作課，寬作程，一生再生，會有出頭分，不敢求速效也。”（第376頁）這段文字是由兩篇陶望齡的文字揉合而成，除了正文中引出寫給周汝登的信件之外，“緊作課，寬作程”一句則出自陶望齡《與焦弱侯》：“且當緊作課，寬作程，一生再生，會有徹頭日子也。”，《歇菴集》卷一一，第410頁。

② 陶望齡：《與周海門先生》，《歇菴集》卷一一，第404頁。

③ 釋道原編：《景德傳燈録》卷十《趙州觀音院從諗禪師》，《大正新修大藏經》第51册，台北，新文豐1983年版，第278頁。

④ 比如“如何是佛法大意”這個問題，隨意翻閱禪籍便能得到以下如此多樣的答案：大梅法常回答的是“蒲華柳絮，竹針麻線”（《景德傳燈録》卷7，第254頁），石霜大善回答：“春日雞鳴”、“中秋犬吠”（《景德傳燈録》卷八，第259頁），雲門文偃回答：“春來草自青”、“西山東嶺青”（《景德傳燈録》卷一九，第358頁），清護禪師回答：“草鞋木履”（《景德傳燈録》卷21，第379頁），行崇禪師回答：“碓擣磨磨”（卷二二，第383頁），大寧道寬回答：“點茶須是百沸湯”（《五燈會元》卷一二，第1105頁）。凡事以具象事物回答抽象問題的公案，無論回答得是眼前的什麼景物，大體上都指示參學者回到當下，表達道在目前的意思。

透過文字來理解禪法的讀者，已經與禪師隨機應接的時空環境隔了一層，失去了當下見在的即視感。在這種情況下，理解禪法的模式發生了改變，文字變成了無法徹底捨弃的重要媒介。從圓悟克勤《碧巖録》對這則公案的評唱來看，參禪活動已經變成在倚賴語言和不倚賴語言的矛盾當中，解構語言文字，要求參禪者超越語言意義和邏輯思維以得到覺悟。圓悟克勤的評唱是這樣的：

> 言不在多，語不在繁。只如這僧問趙州："萬法歸一，一歸何處？"他却答道："我在青州作一領布衫，重七斤。"若向語句上辨，錯認定盤星。不向語句上辨，争奈却恁麼道。這箇公案，雖難見却易會，雖易會却難見。難則銀山鐵壁，易則直下惺惺，無爾計較是非處。……且道他有佛法商量也無？若道他有佛法，他又何曾説心説性、説玄説妙；若道他無佛法旨趣，他又不曾辜負爾問頭。①

圓悟克勤評唱萬法歸一公案，是用文字來指點參禪；但是同時他又提醒讀者不能依靠文字解悟來理解禪法，所以説"若向語句上辨，錯認定盤星。"只要有些微的遲疑，讓依靠語言邏輯的心念啓動，那就已經遠離了活潑潑的禪經驗的本身。然而，如果不能够走簡易直捷的大道，在看到公案時當下領悟，從向外追求玄遠深奥的道理，回到當下此在的現實世界，那麼就只能繼續在這種二律背反的矛盾中參求了。此時，語言又成爲必要的工具。公案記載了趙州禪師用"青州領布衫"這種具體的現象界事物，來回答佛法旨趣的提問。由於祖師没有談論心性，所以不能説他有佛法，但是因爲他回答了提問，所以也不能説他話中没有佛法。在這種不落兩頭，非此亦非彼的雙遣論式當中，參禪者必須學會停止對公案作邏輯性的、分析性的解釋，才能用"直下惺惺"的方式來體悟它。

《碧巖録》的評唱讓我們看到"萬法歸一"的公案如何成爲一種超越邏輯矛盾，指引參求者直下體悟的禪宗文本。不過，我們還要更進一步闡明，陶望齡參求這則公案時，使用了宋代大慧宗杲所提倡的"看話頭"的方法。陶望齡説自己"單提一萬法歸一話"，已經隱含著援用看話頭的意思在。看話頭是從公案禪演變而來的。雖然公案禪指示參禪者要超越二律背反的矛盾，才能刹那間返回當下，見證本來面目，但是透過文字爲媒介來傳播思想的公案禪，太容易讓人在閱讀的過程中陷入文字障了。看話禪的功用之一，就在於把二律背反的矛盾推展到極限，累積强大的疑情，藉著疑情的力量一舉瓦解掉人的邏輯思維。

看話頭的訣竅有好幾點，首先參禪人必須要有解決生死問題的决心，再來挑選出古德公案中的一句話當作話頭，接著在日常生活行住坐臥間不斷把念頭集中在這一個簡短的話頭上，放弃一切可以言語、經驗和道理來理解的手段，讓疑團不斷累積增强。最後，這股疑團就像吹氣球一樣膨脹到無法支撑的大小，在一瞬間驀然爆破，把語言文字、思維意識連同生死的疑團一起摧毁。由於看話頭很重視疑情力量的蓄積，所以只能單提一

① 圓悟克勤：《佛果圜悟禪師碧巖録》卷五，《大正新修大藏經》第48册，台北，新文豐1983年版，第181頁。

個話頭，讓心思專注在一個點上。單純閱讀公案文本，參禪者較不容易凝聚心神，也因爲閱讀文字需要思考文字的意義，所以心念會被文字的表面意義所引誘，投注在僵化的、死板的禪法論述上。但是看話頭到一個階段之後，解不開疑團的緊張感會讓人不得不拋弃意識的作用，爲參禪人的頓悟提供有利的條件。在適當的機緣觸發下，參禪人就能桶底脱落而頓悟禪法的真義。

和陶望齡同在北京結蒲桃社的黄暉，也是用看話頭的方法參禪。他對鄭汝璧[①]解釋禪法時，把他所用的功夫寫得很清楚：

> 萬緣放下是真止，一句苦參是真觀。初祖更無法與人，單開此直截大路。……又替學人指出單提話頭一個截路。云："心識紛飛，如何下手？"一句話頭如鐵掃帚，轉掃轉多，轉多轉掃，掃不得，拚命掃，忽然掃破太虛空，萬别千差一路通。此格物致知的訣也。心識紛飛，物知皆妄，若欲禁除，無有是處。唯此一句無意味話頭，任汝千百種思量分别、見聞覺知，一毫也用不著。提來提去，物消知見。[②]

這樣的描述毫無疑問是受到大慧宗杲看話禪的影響而來。同時，黄暉用看話禪的理論來理解"格物致知"，和陶望齡同樣不去分辨儒家和佛教的差異，而是以對心性的探求爲宗旨，認爲儒、釋兩家的目標一致。對蒲桃社的成員來説，大慧宗杲的看話禪可以説是基本知識，是社員之間討論參求的共同基礎。不過，看話頭的功夫需要耗費修行者極大的心血，而且不保證用了多少時間心力就能得到結果。黄暉的參禪水平還不到家，陶望齡用看話禪的功夫，也没有獲得他們所期待的覺悟。就像上文引述陶望齡致周汝登的書信，當中坦承自己"爲話頭所苦"，而且"命根終未斷，故屢屢有得失，未能快然無事"，這當然不是陶望齡所期待的結果。袁宏道也曾評價陶望齡和黄暉二人説："陶周望是真實參禪人，雖未入手，然其進不可量也。黄平倩亦甚勇猛。"[③]對於兩人的進步抱持很大的期待，但不可諱言的是陶望齡"未入手"，而黄暉留戀官場，始終煩惱未斷。[④]

陶望齡有一次曾經提到自己參禪所獲得的神祕體驗：

> 向在京師時，苦諸色工夫間斷難守，忽一日覺得此心生生不息之機，至無而有，

① 鄭汝璧（1546—1607），字良玉，號崑巖。隆慶二年（1568）進士。與憨山德清等高名頗多往來。著有《由庚堂集》等書。

② 黄暉：《贈鄭崑巖别言》,《黄太史怡春堂逸稿》,《明代論著叢刊》第二輯，台北，偉文圖書出版社 1976 年版，第 196—198 頁。

③ 袁宏道：《王則之宫諭》,《袁宏道集箋校》下册，第 1245 頁。

④ 黄暉在攻禪事件中去官歸鄉，然而始終留戀官場，無法放下宦情，令他十分煩惱。他曾對袁中道説："丁酉入都，得遇君家兄弟，力爲我拔去貪著濁命之根，始以清泰之樂引我。既又得聞向上大事，從知解稠林中出，如掃葉、如撥筍，今始坦然知歸。……今歸山中，去忙就閒，亦差快矣；而舍霧露之潤，入枯寂之鄉，望我以世情者如毛，望我以道情者如角，哀哉！予未知所歸矣。"（袁中道：《自柞林至西林記》,《珂雪齋集》中册，第 543—544 頁）表面上黄暉是擔憂山居無友，無法修道，實則是擔憂宦途已斷。袁氏兄弟對此是了然於胸的，袁宏道曾經寫信勸他："既持釋子戒，口斷葷血，身斷冶淫，心中斷却子孫田宅之想，諸皆可斷，而官獨不斷，何以自解於天下也？"（袁宏道：《黄平倩》,《袁宏道集箋校》下册，第 1237 頁）袁中道也曾寫信給他説："居士參求已久，所不足者，非解路也。……今世事日下，長安鬧甚，青山白水有何不適，而出而受人指摘，自取不快乎？"（袁中道：《寄黄慎軒》,《珂雪齋集》中册，第 989 頁）袁氏兄弟和陶望齡宦情灰冷，一心追求心性解脱，享受山水田園之樂。相較之下，黄暉眷戀於官場，離真正的解脱出世還有很大一段距離。

至變而一，自幸以爲從此後，或易爲力矣。中亦屢覺知寂、知知，古人所訶，即此意純一，亦落是中。曾以問蔡槐庭，渠云："以楔出楔，做工夫人少不得如此"，然亦不能純熟。私念竊謂初習路生耳，繼以專翕之功，庶有進步。近亦屢察其紆曲，不若無義話之直，而意中已稍慣，每提撕便現前，持話冷淡，易此甚難。①

在這段話中，除了可以看到陶望齡確實在禪修過程得到某種神秘的體驗之外，也可以發現爲什麼他鍥而不捨的參話頭。陶望齡雖然覺察過"此心生生不息之機"，但是這次覺悟的境界并不能讓他感到一了百了，無罣無礙。他認爲，這次覺悟是一種"知寂、知知"的靈覺之知。參照永嘉玄覺的說法，知寂、知知是一種無法徹底斷除知覺的意識狀態，只是一種不究竟的體驗："若以知知寂，此非無緣知，如手執如意，非無如意手。……若以知知知，知知則離物，物離猶知在。"②無法徹底斷除知覺，當然不算是終極的解脫。蔡槐庭用"以楔出楔"來理解"知寂、知知"，把這種境界當成修行不可少的歷程。然而，陶望齡追求的是當下頓見全體，一了百了、永無退轉的究竟之悟，在没達到這個目標前，他不允許自己的修行打任何折扣。因此，陶望齡還是在提疑情、持話頭，希望參透超乎語言意識規範之外的"無義話"。

除了上述幾個例子之外，陶望齡還有其他的參禪活動，散見在其他文本的記載中。在朗目本智所撰的《浮山法句》卷七，載有王舜鼎的《夢禪語》一文，文中云：

壬寅年（1602）偕陶石簣、趙石梁諸老訪師于寶塔寺，石簣舉《楞嚴經》中"喪本受輪"語，問："如何是本？"和尚不答。復問，和尚應云："若再問，便喪却了也。"復云："必欲究竟此事，尚須細詳，期以異日。"衆遂别。……甲辰（1604）抵京，復晤寶塔寺，再與石簣諸丈會譚慈慧寺。石簣細叩此事，和尚再四徵詰，舉《心經》"照見五蘊皆空"語，問："今見有五蘊，如何能空？經中說深般若，此般若人人本有，只是不顯，顯即五蘊空矣。"儘力提示，大約欲學人照破幻相，透出本地風光耳。③

陶望齡問"如何是本"，是禪門内向上師參扣的典型提問，相當於詢問佛法的奧秘爲何、存在的本質爲何。由於悟不能講，一講出來就落入言語的規範性中，不是活潑潑的禪之經驗，所以朗目本智不肯開口。陶望齡反覆再問，朗目本智也只能告訴他不能再問。第二次碰面時，朗目本智告訴陶望齡《心經》的"照見五蘊皆空"背後，仍然暗示著有某個主體看見了五蘊皆空的道理，因此還有執著不曾打破。覺悟的智慧一旦浮現，就是真正的空，無涉於照見五蘊或者不照見五蘊。這段話表達的意思，和陶望齡在北京悟得"知寂、知知"之境後自我反省，發覺這種靈覺之知還不是究竟的悟，是一樣的意思。

在朗目本智之外，陶望齡和湛然圓澄也曾多次進行禪門問答的記載：

---

① 陶望齡：《與周海門先生》，《歇菴集》卷一一，第404頁。

② 永嘉玄覺：《禪宗永嘉集．奢摩他頌第四》，《大正新修大藏經》第48册，台北，新文豐1983年版，第389頁。

③ 朗目本智撰，周理輯：《浮山法句》，《嘉興大藏經》第25册，台北，新文豐1987年版，第298—299頁。

師同大司成陶石簣、無念師向火次。石簣曰："無念師在，阿師得力句，乞爲舉似。"師曰："向火背猶寒。"[①]

陶望齡希望湛然圓澄能够講出"得力句"，相當於在探問禪師爲了描述自己所悟境界而撰寫的法偈。然而，湛然圓澄并没有直接回答陶望齡，反而告訴他"向火背猶寒"，意思是能够用言語講出來的法語，肯定了其中一邊，永遠會失落另外一邊。用哲學的概念工具來講，就是肯定了本體會失落作用，肯定了有會失落了無，肯定善的存在等於肯定了相對待的惡的存在。然而，真正的悟是不受有無、善惡、體用等等對立概念所限定的，所以講説偈語無益於幫助陶望齡開悟。陶望齡和湛然圓澄的另一次會面中，話題圍繞在共同參訪的朋友李麟（次公）[②]身上：

李次公問："老師，還驗得某甲麼？"師曰："你是箇無主孤魂。"陶石簣曰："他是有主的。"師不答。次公云："老師安知某甲無主？"師曰："好箇有主的。"[③]

湛然圓澄説李麟"是箇無主孤魂"，否定了李麟對禪有任何的理解。無論是在陽明學或者在禪宗内，反求自心都是參學的第一要務。自信其心，才能作自家的主人公。被批評爲"無主"，等於是學問毫無根柢。陶望齡爲朋友辯護，説"他是有主的"，李麟也問："老師安知某甲無主？"在這裏，陶望齡和李麟都問錯了。在禪門中能作得自家主人公的本心，其本質是空，其心是無住、無相、無念之心，一様不能用任何方式加以限定。陶望齡直接肯定李麟"有主"，已經傷鋒犯手，把話講到落於有的一邊去，遠離了非有非無、非善非惡的心之本性。李麟的反詰更顯得意氣用事，因此湛然圓澄反諷兩人："好箇有主的"，直接點出這兩個人都掉進了語言概念的陷阱，誤以爲有主是好，無主是壞，把心之本性錯誤的理解爲某種獨立自存的主體。類似這種二元對立式的概念，在禪宗問答中都是不被允許的。還有一次陶望齡和湛然圓澄討論到李長者的《華嚴合論》：

陶石簣居士問："師在此作麼？"答曰："看《華嚴合論》。"曰："師在室中著此小小境界，當看是論。"曰："不然，却是室外者更當看也。"曰："何謂也？"曰："居室者，必知室外有空，空外更有空，可謂小不迷小，大不著大，内外該融，小大相入。只恐在室外者，迷此六合一總之空，不復知空外有空，界外有界。豈知華嚴法界中十方各具不可説不可説佛刹微塵數世界外，更有不可説不可説佛刹微塵數世界耶！故當看也。"居士曰："多知多知。"[④]

---

① 圓澄説，明凡録，丁元公、祁俊佳編：《會稽雲門湛然澄禪師語録》卷六，《嘉興大藏經》第25册，台北，新文豐1987年版，第631頁。

② 李麟，字次公，號龍眠，鄞縣人。李麟善繪白描佛像，爲紫柏達觀弟子。弟李驥，字次德；子李蕚，均擅長繪畫。李驥之傳記，見錢維喬修，錢大昕纂：《(乾隆)鄞縣志》卷一八，《續修四庫全書》第706册，上海，上海古籍出版社1995年版，第399頁。

③ 圓澄説，明凡録，丁元公、祁俊佳編：《會稽雲門湛然澄禪師語録》卷六，第631頁。

④ 圓澄説，明凡録，丁元公、祁俊佳編：《會稽雲門湛然澄禪師語録》卷七，第642頁。

這場對話中包含了許多華嚴宗的義學語言，嚴格說來不算是參禪扣請的文本。這條記載呈現出的是陶望齡等人在參禪時，并没有抛弃佛教經典義學的學習。在上文中引述的材料中，已經可以看到陶望齡不僅教弟弟多讀《楞嚴經》《圓覺經》《壇經》，再加上這裏的《華嚴合論》，可見他和一同參禪的同道們十分熟悉用義學的語言來表達他們所理解的佛法。就這條記載來説，是用華嚴學内外兼該、大小相容的概念，來表達世界的實相。

從這些材料來看，陶望齡參禪的功夫確實并不到家。陶望齡用提話頭的功夫，却没有得到大悟，他四處扣請，然而詢問的問題却没有抓到禪宗的精神。雖然陶望齡肯定是一名信向虔誠的居士，但是修行還在過程當中，并未徹底了悟。如此一來，陶望齡勢必得面對一個嚴肅的問題：理論上人人都可以頓悟，但是在現實的修行過程中，還没有覺悟的人除了繼續參禪之外，有没有任何補救辦法來協助自己？得不到覺悟之於陶望齡而言固然痛苦，但對於没有堅决誓願要解答人生本源問題的參學者來説，却導致他們把自己僞裝成已經覺悟，因而恣意胡爲。做爲救濟之道的凈土信仰，就在這種情境下進入陶望齡等人的視野中。

四、狂禪與凈土

陽明學和佛教都很重視把修行成果實踐出來，驗之於身心，在日常生活中實際受用。心之本體如果不能發爲作用，會被懷疑不是真正的心之本體，必須打上問號。理論上，修行者一旦體悟到真正的心之本體，順心而行，日常生活的舉手投足都將有所依循，心中也不再有所迷惑。然而，當主張無善無惡的陽明學和禪宗在追求頓悟的道路上，發現頓悟遲遲不來，參學者缺乏學問頭腦，自然無法在生活中受用。此時，整個修行的意義也是打問號的。因此，陶望齡對自己修禪却無法頓悟一事感到非常焦慮，一點都不奇怪。

陶望齡表達這種悟不能究竟的困境，經常説自己悟頭未撤，體究與實踐翻作兩橛，或者説是解處與行處、説處與受用處凑泊不來。不光是陶望齡有這層困擾，修禪水平高於他的袁宏道，或者是一同參禪的社友黄暉，也都有同樣的煩惱。陶望齡曾對周汝登説："深知問寢嘗藥爲第一親切工夫，而胸中又常若有負，與室中體究翻作兩橛，疑之爲病，深曉而不能斷，奈何奈何？"①他的意思是，即使自己知道在生活中問寢嘗藥、孝順母親時心頭毫無罣礙，是禪法追求的境界，但是他没有辦法把參禪講學中體究的道理，應用到實際的作爲上去。

陶望齡在寫給焦竑的信中説到自己的困難，并且批評了當時所見到的一種怪現象：

> 第别□稍較知非，而不能撒手無疑，究其病根，只是托言精進，而實未能，徒有慚懼。無著力處正好着力，古人所謂絶學無爲者，正功夫最密處耳。提話頭做鈍功，亦是爲知有人設，若全不知有，恐日用中亦提掇不起也。知事理不二，即易；欲到背塵合覺，

① 陶望齡：《與周海門先生》，《歇菴集》卷一一，第406頁。

常光現前，不爲心意識所使，即不易。伊川、康節臨命時俱得力，若以見解論，恐當代諸公儘有高過者，而日逐貪嗔，已不免縱任，求生死得力，不亦難乎！古人見性空以修道，今人見性空以長慾。憶館中時老兄嘗爲痛言之，今方知其深切也。①

陶望齡坦承自己不能够“撒手無疑”。他相信絶學無爲是一種最高的成就，然而尚未達到這種境界的參學者，還是必須作提話頭一類的功夫。話頭是語言文字，不是真正的禪之經驗，然而没有話頭作爲修行的媒介，參學者是無法修行的。至少，參學者在提話頭的時候，知道自己正在追求究竟的悟，因此比一無所知的一般人要好一些。接著，陶望齡再次表達解處和行處湊泊不來的困難，“知事理不二”是理智上的理解，在生活中常覺常明，“不爲心意識所使”，則是實踐上真實受用。要做到後者的水平并不容易。因此，陶望齡批評當時一種人擅長講述理論，見解高明，但是“日逐貪嗔”，而“不免縱任”，是不可能解脱生死的。

這些追逐貪嗔，縱任情欲者，就是典型的晚明“狂禪”。陶望齡曾經痛批這種人：“嗜欲難忍，又假理以通之。然則理者，尤濟欲之具，而害物之首矣！而陋儒者動輒言理，至於饞亦理、殺亦理，由是推之，天下寧復有非理之事乎？”②道理學説變成了縱欲者的藉口，無怪乎焦竑和陶望齡都對這種現象感到痛心。陶望齡又責這種狂禪者云：“一二淺薄者，初獲相似解，纔若電光，而狂蕩四走，誤已賺人，名曰提持，實爲五宗蟊賊。”③然而，這種人是怎麼藉著陽明學和禪宗的理論出現的呢？袁宏道討論兩種狂禪之病的論述，在晚明具有相當的代表性：

禪有二種。有一種狂禪，於本體偶有所入，便一切討現成去。故大慧語李漢老云：“此事極不容易，須生慚愧始得。”往往利根上智者，得之不費力，遂生容易心，便不修行，多被目前境界奪將去，作主宰不得。日久月深，迷而不返。……此病近于高明者往往蹈之。又有一種不求悟入，唯向事上理會，以念佛習定爲工課，纔見人提起向上一著子，便要抹去。見執法修行者則讚歎，見心上乾乾净净、灑然不挂一事者，反以爲不修行，而疑之謗之。此等雖外面無破綻可摘，其實心火熠熠……亦終爲地獄種子而已。蓋凡近于沉潜，又往往坐此病也。④

從陶望齡、袁宏道、黄暉的經歷來看，三個人恐怕都曾經染上第一種狂禪之病，後來才戒慎恐懼，不斷的自我反省。他們剛開始修禪時，雖然憑藉著優異的天資，取得很大的進步，却因爲見解得來容易，導致日後持守不住初悟的境界，在日用中湊泊不來。第二種狂禪則是藉著嚴格的持守戒律、誦經念佛、坐禪習定，作宗教修行的功課；不過

① 陶望齡：《與焦弱侯》，《歇菴集》卷一一，第410頁。
② 陶望齡：《蚶子舍利説》，《歇菴集》卷一〇，第379頁。
③ 陶望齡：《聯峰上人創菴疏》，《歇菴集》卷十，第376頁。
④ 袁宏道：《論禪》，收於《黄檗無念禪師復問》，《嘉興大藏經》第20册，台北，新文豐1987年版，卷五，第524頁。

這種人對法有很深的執著，并且生起貢高我慢之心，蔑視他人。第二種狂禪和第一種相比，其執著較爲隱晦，也因此更不容易察覺和改正。

反省過狂禪之病，陶望齡、袁宏道等人於是傾向了净土信仰，做爲救濟的手段。袁宏道在蒲桃社論學期間，撰寫出了《西方合論》一書，對整個時代的參禪風氣和弊病有很深的反省。袁宗道爲弟弟的《西方合論》撰寫序言，化身爲香光子痛批狂禪之習：

> 後世宗風日衰，人之根器亦日以劣，發心既多不真，功夫又不純一……識得煩惱如幻，則恣情以肆煩惱；識得修行本空，輒任意以壞修行……愛憎毀譽之火，纔觸之而即高；生老病死之風，微吹之而已動。争人争我，説是説非，甚至以火性爲氣魄、以我慢爲承當、以譎詐爲機用、以誑語爲方便、以放恣爲游戲、以穢言爲解粘，讚歎破律無行之人，侮弄繩趨尺步之士。偏顯理路，故窮玄極妙，莫之蹤跡；盡剗行門，故縱意任心，無復規矩。[①]

這段話批判沾染狂禪之病的禪客，可説是痛切之極。佛教的空義，指一切存在事物均非實體、均無自性。任一事物都由無限多因緣條件的暫時聚集而形成，然而也會隨著因緣條件的失去而消逝。自我的存在也是由暫時性的因緣聚合而成，終將壞滅消逝，因此對自我存在的執著將導致煩惱與痛苦。這樣的説法，原本是爲了幫助活在煩惱中的衆生從煩惱中解脱而設，然而它很容易被曲解成：既然煩惱是虚幻的，放縱情慾也没有妨礙，既然修行是空的，所以不需要修行。禪宗爲了破除衆生心中的妄想，經常使用棒喝打駡等霹靂手段，在一瞬間截斷參禪者的妄念，使之頓悟；這種作法也會被曲解成：任何棒喝打駡、撒謊無賴、汙言穢語、不守戒行等行徑都是接引參禪者的機鋒運用。袁宏道也説："五葉以來，單傳斯盛。迨於今日，狂濫遂極。謬引惟心，同無爲之外道；執言皆是，趨五欲之魔城。"[②]熟讀禪宗語録，臨場背誦出來，再模仿祖師的棒喝打駡，就可以宣稱自己悟道；毫無修行，履犯戒律，却宣稱自己已得游戲神通，得大自在，這一類荒誕的行徑在晚明是可以説是相當常見。

在這種情況下，蒲桃社的成員開始一起修習净土法門，用以對治狂禪者"以虚見惑人"之病。因此袁宏道説自己寧可"學作下下根行"，以持戒念佛爲行法，弘揚净土，以作爲"救世之良藥，利生之首事。"[③]他認爲，净土比起參禪來説，功夫更加穩實，行爲表現也趨於平常，凡是刻意凸顯自己，追求不尋常行浄的禪法，都有可疑之處。袁宏道日後在《題竇公册》中討論到净土法門，還是推崇"净業如築土禦水，厚則不潰"；如果比較净土、經教和參禪三者的差别，則"净業可以行證，訓講可以知開，唯禪也不可行、不可知"。[④]與其玄談不可行、不可知的禪悟，不如踏踏實實地作净土的功課。

---

① 袁宗道：《西方合論序》，《袁宏道集箋校》下册，第1704—1705頁。

② 袁宏道：《西方合論·西方合論引》，《大正新修大藏經》第47册，台北，新文豐1983年版，第388頁。

③ 袁宏道：《李龍湖》，《袁宏道集箋校》中册，第792頁。

④ 袁宏道：《題竇公册》，《袁宏道集箋校》下册，第1578頁。

除了蒲桃社成員的影響之外，陶望齡修學净土還受到雲棲株宏（1535—1615）的影響。陶望齡對雲棲株宏的主張相當熟悉。首先，在《書普度菴新鑿放生池卷》中，陶望齡一開頭便寫道："雲棲大師創放生會於武林。"表示仰山居士和無無居士都是雲棲株宏的弟子，他們在會稽開鑿放生池，是在遵循上師所指導的放生活動。[①]此外，他又撰寫了當時廣爲流傳的《放生辨惑》一文，共分六則問答，一一消解當時反對放生活動的常見言論。[②]陶望齡對雲棲株宏的推崇，在《杭州雲棲禪院法堂記》中表述得更加明顯。本文雖長，但跟陶望齡的禪、净思想關係頗深，因此不憚詞費引述如下：

> 正法東嬗，師資角立，曰講、曰律、曰禪，竝而爲三。然軌轍同歸，君臣遞用，斯亦一代時教之遺也。天目中峯師有言：密部如春，慈恩如夏，南山律宗如秋，教外别傳之旨如冬。自祖燈輝，三家替，法久生濫，藥瘵權施，雖離言絶跡之塗，而言跡具焉。大智創規則律該，圭峯詮經則教設，至永明、天衣而降，多寄指蓮邦，默標心土，持名净念，殆庶幾所謂密者，然則少林一宗，四序備矣。……嗟乎！禪學盛而教律薄，禪學衰而教律亡矣！破器焦種，道所不載，猶讙於衆曰："吾宗固然。"儀範弛解，觀行滅裂，而菩提達磨單傳之教，亦掃地盡，澶漫流湎，無甚兹時者。昏衢積晦，慧日乃升，於是雲棲大師應期運、秉慈願，挺生於冠族，飛藻於儒苑。……大師之教，革僞正訛，貴繩檢、黜戲論，一歸於真履、底於妙悟。謂綱記道俗者，莫大於行，是故有《淄門崇行》之録；覆訊羣動者，莫尚乎慈，是故有《戒殺放生》之文；嚴净尸羅，兼資物我者，莫廣於《梵網》，是故有《戒疏發隱》之義；頓超直指，剋證靡濫者，莫要於禪，是故有《禪關策進》之篇，於後後世爲大津梁，於諸方便中出勝方便。普被羣機，横絶三界者，莫徑於净土，是故有《彌陀經疏鈔》之作。嘗稱曰："阿伽已疾，如意雨寶，總羣塗而一貫者，其惟持名一心乎！"其進爲行、净爲律、契爲法、究爲禪，以故師之唱演靡所不備，而宗趣有在。[③]

陶望齡在這篇文章中解釋了禪宗出現前後的佛教歷史。他并不是按照歷史事件的順序來叙述的，而是先對佛教的師資派别作出分類，形成一個互補的系統。就陶望齡所見，密宗、唯識宗、律宗、禪宗是佛教的四大宗派，各自司掌佛陀之教的一個部分。四宗之間不但功能不同，其出現順序也有先後相承的關係。他相信四宗就像是一年的四個季節，彼此之間有時序關係，也有職能遞嬗的因果關係。在他看來，佛教東傳之後，中國經歷了四宗的遞嬗，在禪宗興盛之後出現了"法久生濫"的問題。陶望齡似乎有一種四宗順著四季時序循環往復的觀念，所以他解釋禪宗帶來的流弊之後，認爲佛法走向"寄指蓮邦，默標心土，持名净念"的净土宗，就好像再次從象徵冬季的禪宗回復到了象徵著春季的密宗。

---

① 陶望齡：《書普度菴新鑿放生池卷》，《歇菴集》卷一〇，第 370 頁。
② 陶望齡：《放生辨惑》，《歇菴集》卷一〇，第 372—374 頁。
③ 陶望齡：《杭州雲棲禪院法堂記》，《歇菴集》卷八，第 326—327 頁。

陶望齡叙述的佛教歷史是一種概念上的歷史，而非事實上的歷史。在這種系統裏，每一宗修行法門造成的問題，需要由下一種宗派的修行法門來解决。在他看來，禪宗久而生弊，參禪者由於所悟不真，却藉口“吾宗固然”來掩飾自己嗣行縱欲的劣行，因此帶來“儀範弛解，觀行滅裂”的弊病，這時候需要“持名凈念”的凈土法門來解決困難。雲棲株宏的出現，象徵著以凈土解决禪宗弊病的時代來臨。陶望齡在文章前半所鋪陳的佛教發展史，其實是爲了烘托雲棲株宏應時而生的光輝形象。他認爲雲棲株宏的各種著作統合了佛教四宗的長處，其《淄門崇行録》《梵網經戒疏發隱》《戒殺放生文》等著作，不但重新闡揚了佛教的戒律，矯正了修禪者歪斜的行止，更由《禪觀策進》和《彌陀經疏鈔》整合了禪宗與凈土兩種法門，讓參學者在修習凈土的同時，完整的接收到佛法四宗的益處。

事實上，雲棲株宏的確是因爲批判禪門頽敗，反對狂禪毫無忌憚的橫行，而試圖將禪宗精神收攝到凈土法門中。但是，他并没有抛弃禪修，而是主張一種兼顧兩種法門的禪、凈一致論。關於這一點，荒木見悟的研究已經非常詳實的進行了解釋。[①]根據雲棲株宏的看法，念佛人參禪時，只要將解脱生死的意念灌注在念佛持名上，一心一意參究“念佛是誰”，與看話頭同樣能收到參公案的效果。雲棲株宏曾經藉著陶望齡最常參究的“萬法歸一，一歸何處”公案，指示如何以凈土法門來參公案：

> 入道多門，直捷簡要，無如念佛。念佛一門，上度最勝利根，下至極愚極鈍，蓋是徹上徹下之道，勿以俗見搖惑。古來尊宿教人看話頭、起疑情，以期大悟，或看無字，或看萬法等，不一而足。今試比例，假如“萬法歸一，一歸何處”與“念佛是誰”極相似，若於“是誰”處倒斷，“一歸何處”不著問人，自豁然矣。古人謂念佛人欲參禪，不須别舉話頭，正此意也。念佛數聲，回光自看這念佛的是誰？如此用心，勿忘勿助，久之當自有省。[②]

藉此，“萬法歸一”和“念佛是誰”同時被收攝到念佛持名的修行中了。雲棲株宏不只在此一處提到萬法歸一公案，他在《高峰大師語録序》中說：“意者念阿彌陀佛，不及看萬法歸一耶？遂洶洶搖動。嗟乎！但了念佛是誰，不必問一歸何處。”[③]他認爲無論參“念佛是誰”或者“一歸何處”，只要參透，任何話頭都可以使用。一旦開悟，在哪個公案上開悟是没有分别的。不過，參“念佛是誰”有一項好處是，假使參禪者無法在公案上得到覺悟，念佛法門仍然可以保障他把心性收攝在佛號上，并且藉由往生西方世界的願力，得以在死後繼續修行，終究有開悟的希望。[④]

---

① 荒木見悟：《近世中國佛教的曙光：雲棲株宏之研究》，台北，慧明文化 2001 年版。

② 雲棲株宏：《與南城吴念慈居士廣翊》，《雲棲法彙 · 雲棲大師遺稿》，《嘉興大藏經》第 33 册，台北，新文豐 1987 年版，第 136 頁。

③ 雲棲株宏：《高峰大師語録序》，《雲棲法彙 · 山房雜録》，第 90 頁。

④ 雲棲株宏：《與蘇州劉羅陽居士》：“曩啓專以念佛求生凈土奉勸，然此道至玄至妙，亦復至簡至易，以簡易故，高明者忽焉。夫生死不離一念，乃至世出世間萬法皆不離一念。今即以此念念佛，何等切近精實。若覰破此念起處，即是自性彌陀，即是祖師西來意。縱令不悟，乘此念力往生極樂，且橫截生死，不受輪迴，終當大悟耳。願翁放下萬緣，十二時中念念提撕，是所至望。”《雲棲法彙 · 雲棲大師遺稿》，第 133 頁。

雲棲株宏的念佛法門會吸引陶望齡，跟兩個因素有關。首先，陶望齡參公案許久，仍然不能得力，亟需一種救濟管道，保證他開悟的希望。其次，對於那些恣情縱欲的狂禪之途，需要一種法門來管束他們，使他們的行爲不會繼續逾越社會規範，更重要的是不再讓禪宗的修行變成他們胡作非爲的藉口。雲棲的念佛法門同時滿足了這兩個條件。一方面，念佛法門没有抛弃参禪覺悟的精神，另一方面念佛功夫能够管束人的行爲，并且提供了在來生繼續修行以迄覺悟的希望。

在這種思想背景下，陶望齡也接受了禪、净一致的觀點。比如他在談到永明延壽時，稱讚永明延壽兼顧禪與净土："禪宗指決唯心，無他净土，而師經行持念，角虎示人。"[①]陶望齡在北京時，又曾經勸服兩位朋友唯心净土的真實性：

> 予游燕時，有客過其舍，盛色昌辭，排净土之妄。予曰："今天地萬物森羅昭列，子信謂有乎？"曰："然。"曰："《記》有言'人者天地之心'，則今所謂世界者，豈非吾心爲之耶？"曰："然。"曰："心、土一也，心净土淨，心穢土穢，如形俯仰，影有曲直。子信現境之有，撥來報之無；執穢界之實，指樂邦之虛。譬痀僂知影曲，而不知其直也。"又有客疑持名爲未足者，予曰："古佛所垂一一方便，皆如神丹，虛實寒熱之病靡不瘳，攻治補瀉之法靡不攝，隨信一門，皆可直入。夫净業者，又舟中九轉也。子如導之以信願，加之以純固，則六度萬行，參求觀練，悉具是矣。"二客皆以爲然。[②]

陶望齡在這段話中肯定了净土的真實性。不過，這段話真正的重點是，陶望齡願意接受的净土信仰只能是一種唯心净土，而不是仰賴他力濟度的净土信仰。禪倚賴的是覺悟本心的自力救度，净土却必然暗示著仰賴諸佛菩薩願力的他力成分，從這點來看，禪和净土是兩種難以相容的法門。任何净土均須依賴彌陀願力而成立，有情衆生臨命終時也須依賴佛菩薩的接引，而净業行者由於其對此願力之信心，方才得以往生净土。倘使如陶望齡所言，以自心之覺悟爲净土所成之因，以持名誦經的净業行法爲引導自心覺悟的方便法門，那麼，就算陶望齡没有把净土信仰當成接引根器陋劣的愚夫愚婦的方便法門，他的思想必定會導向禪宗的自力救度，以心的覺悟爲最終的基礎。通過荒木見悟的研究，我們也能發現雲棲株宏的禪、净一致論也有著往禪教靠攏的傾向，如果將這股趨勢推到極致，甚至會使得禪、净一致論變成一種"假裝成净土教的自力教"。[③]

---

① 陶望齡：《永明道跡序》，《歇菴集》卷三，第229頁。

② 陶望齡：《净業要編序》，《歇菴集》卷三，第228頁。

③ 荒木見悟討論禪净一致論時，所涉及的課題廣泛而深入，在此無法一一細說。就本文的目的而言，旨在藉由雲棲株宏的思想，揭露隱藏在禪净一致論背後的向禪悟傾靠的傾向，以求更深刻的理解陶望齡的净土思想。此外，荒木見悟講述"假裝成净土教的自力教"時，心中是把日本那種完全倚賴他力救度的彌陀信仰做爲比較對象的："在株宏的認知裡，日本净土教常見的'作爲救度主的阿彌陀佛的絶對他者性'，是没有在他面前擋住他的去路的餘地的。因爲他的教學，既然是以'念佛即是念已心之佛'和'往生即是往生於唯心之净土'爲大原則，則行者的一切行願，皆非得是由其'自心'所流出，之後再返歸於其'自心'不可之故。……如果我們往'自心之佛力'這個教學方向徹底地行去的話，則'净土教'所具有的特徵將會漸趨稀薄，最後甚至可能會變成'假裝成净土教的自力教。'"《近世中國佛教的曙光》，第206頁。

陶望齡的净土思想，是爲了對治狂禪者恣情縱欲之弊病而生；但如此一來，净土信仰只能够作爲禪宗出現弊病時後的一種救濟手段，站在輔助性的地位，而不可能發展净土信仰中屬於他力救度的成分。陶望齡的思想畢竟以陽明學的良知無善無惡説爲最初的基礎，再從良知學轉到追求本心覺悟的禪宗，因此"自心"在他的思想中佔有最優先性，是不能够退讓的。所以陶望齡雖然吸收了净土思想，但只能够是一種"隨其心净，則佛土净"[①]的唯心净土，而且陶望齡自始至終也不願把净業的地位拉抬到禪修之上。他曾經説："此一念不肯以净業爲究竟，似亦夙因爲之，即欲强歇而不可。且當緊作課，寬作程，一生再生，會有徹頭日子也。"[②]禪修永遠是陶望齡放在最優先的選項，唯有當今生修禪不見得有頓悟的希望時，才會仰賴净土，以祈求來生有更多機會得到覺悟。

和陶望齡結社共修的袁宏道，在蒲桃社分散後兩年，也曾寫信給陶望齡説："弟往見狂禪之濫，偶有所排，非是妄議宗門諸老宿。自今觀之，小根之弊，有百倍於狂禪者也。……弟不敢自謂已證，然路頭絶不錯走，宗門與教，原自别派。"[③]袁宏道把參禪和習定、持戒拿來對比，他輕蔑的稱呼只懂得習定、持戒者爲"小根之人。"理由是，學習打坐入定，可以收攝心神，但是不能保證提供學者解脱煩惱、覺察世間實相的悟境；持戒可以約束行爲，不造惡業，但是過度重視行爲的外在表現，對内在心性的認識往往不能得到提升，反而會形成一種傲慢的心態，藐視没有持戒苦行之人。袁宏道開始修禪，是受到大哥袁宗道的影響，袁宗道則是和陶望齡一樣在北京接受了焦竑的啓發，他們的心路歷程都非常的接近。他們以破除外在事物束縛，直截徹悟内在心性之本然爲修學重心，當然比較看重中、上根人的悟境。所謂的"小根之人"，可以靠累積修學功力獲取成就，在他看來只是倚賴外在的成就，而缺乏内在的體悟。因此，求悟的"宗門"即使難免有狂禪之病，還是會比倚賴"教門"更有成就。

五、結語

陶望齡的案例，凸顯出一名陽明學的學者，如何透過無善無惡説轉向禪宗的思想，又從禪宗推展到净土信仰。雖説接受無善無惡説并不等於會走向佛教，然而焦竑、陶望齡、陶奭齡、公安三袁、黄暉和其他許多浙東士人，確確實實是在接受無善無惡説之後，轉身投向了禪宗。認知到這件事情，或許會改變我們對晚明許多思想和文化現象的解讀。當儒家學者批評當時人借路於禪、援禪入儒時，未必只是支持性善論的學者對無善無惡説發出的不滿之聲而已。當晚明學者談到縱情恣意的"狂禪"時，指的很可能不是對佛教採取包容態度與否的問題，而是貨真價實的指出劣質的禪宗修行者的存在。無善無惡説誕生於宋明理學發展的脈絡之中，即便思想上與禪宗有類似之處，我們也不能斷言陽

① 這句話出自《維摩詰所説經·佛國品》："若菩薩欲得净土，當净其心；隨其心净，則佛土净。"鳩摩羅什譯《維摩詰所説經》(《大正新修大藏經》第14册，台北，新文豐1983年版，第538頁)，是主張唯心净土之人經常引述的經文。

② 陶望齡：《與焦弱侯》，《歇菴集》卷一一，第410頁。

③ 袁宏道：《答陶周望》，《袁宏道集箋校》下册，第1253頁。

明學受到了禪宗的影響。然而，一旦加入時間性的因素，情況就不同了；思想和信仰經歷一段時間的變遷後，其原始的立場會改變、流動，并且被後來的人做出不同的理解和詮釋。這些變化同樣産生於真切的思想和信仰關懷，也因此有其内在的生機。從周汝登到陶望齡、陶奭齡兄弟，再發展到清初的姚江書院派，這條潛伏的思想史脈絡究竟發展出什麼樣的特性，應當值得學界作更嚴肅的對待和討論。

（作者簡介：李忠達，臺灣大學中國文學系博士候選人）

Into Zen Buddhism: A Study on Tao Wang-ling's learning of heart-and-mind and the philosophy of Buddhism

Li Zhongda

Abstract: The close relationship of the School of Wang Yang-ming and Buddhism was exceptional in the history of Sung and Ming Neo-Confucianism. In Shaoshin, Tao Wang-ling was one of the most influential figures who proposed the doctrine of "neither good nor evil" (wu shan wu e 無善無惡). In addition, Tao was also a pious lay Buddhist, dedicating himself to Zen meditation. Unlike his Neo-Confucian predecessors, such as Cheng brothers and Zhu Xi, Tao sincerely believed that Confucianism d and Buddhism were of no contradiction, which has long been a heretical idea among Confucians. The case of Tao, therefore, can shed some light on our understanding of Wang Yang-ming philosophy and also Buddhism, especially on the turning point when a Confucian enthusiastically enters into the faith of Buddhism. Hence, this study attempts to first reveal the formative period of Tao's learning of heart-and-mind and then to investigate how the philosophy of Wang Yang-ming School, on the basis of the doctrine of "neither good nor evil," turns its way towards Zen Buddhism.

Keywords: Tao Wang-ling, Wang Yang-ming, Zen Buddhism, the doctrine of "neither good nor evil."

（本文责任编校：張宜斌　黄亮雄）

藝文鏡詮

論蘇軾對歐公文風取向的賡續和拓展

熊禮匯

摘　要：和唐代韓、柳倡復古文不約而同或同聲相應不同，歐、蘇在北宋倡復古文，有很强的連續性。簡單地説，蘇軾是在堅持歐公文風取向的前提下倡復古文的。歐公選擇蘇軾作爲北宋文柄的執掌者，蘇軾可謂至老猶記囑託，恪勤其事。之所以如此，一個重要原因，是他充分認識到歐公對北宋古文發展的重大貢獻，和歐公文風的美學意義及其存在的合理性。只是他對歐公囑託的踐行，既有賡續的一面，又有開拓的一面。以嘉祐六年入仕爲界，蘇軾對歐公文風的賡續可以分爲自然順應和自覺堅持兩個階段。自然順應在於乃父蘇洵的引導，具體表現在論文主張符合歐公古文理念、所作散文自然順應歐公文風取向，和選擇爲文取法對象的標準及所用的研習方法符合歐公文風取向的要求。自覺堅持則有賴於歐公的殷切囑託，對他的希冀和激勵，具體表現在其古文寫作、對文學青年的教誨、對古文審美要求的歸納三個方面。蘇軾對歐公文風取向的拓展，與他個人的性格、閱歷、素養和宋代文化演變趨勢、古文發展規律的制約有關。突出點：一是於歐公優游委屈、柔和淡泊之外，別開恣肆豪健、疏爽俊逸一路；二是爲了增强古文的表現力和豐富其藝術美，將爲文取法對象擴大到儒家以外的多家著述；三是將平易自然文風引進小品文創作，由此影響到整個宋代散文的明快暢達。

關鍵詞：歐公文風　蘇軾　賡續　自然順應　自覺堅持　拓展

歐陽修、蘇軾同爲北宋古文發展史上的領軍人物，他們倡復古文的種種活動（包括理論建樹、古文創作、培養後進以及利用科考端正文風等），不但使北宋散文復古得以完成，而且在弘揚唐代古文藝術傳統的基礎上新變迭出，從多方面將古文内外之美的創造引入新境界，爲後來古文健康發展開闢了一條康莊大道。古文史上韓、柳、歐、蘇并提，不但表明他們是唐宋時期創作成就最高的古文家，而且是對他們爲倡復古文於流風之弊不斷摧陷廓清、於文風之美苦心孤詣，都曾做出傑出貢獻的肯定。和唐代韓、柳倡復古文不約而同或同聲相應的關係不一樣，歐、蘇在北宋倡復古文，有很强的連續性。簡單地説，蘇軾是在堅持歐公文風取向原則的前提下倡復古文的。歐公有意培養蘇軾成爲北宋“文柄”的執掌者，指望他力掃求深務奇、浮剽迂怪之弊，以推行其所宣導的平易、自然的文風。蘇軾可謂至老猶記歐公囑託，恪勤其事。只是蘇軾對歐公囑託的踐行，既有對其文風取向直接承續的一面，也有加以拓展的一面。故蘇軾古文成就能與韓、歐同論，所謂“東坡則古文齒退之而肩廬陵”[①]；而北宋古文大家雖多，能被時人稱爲“文伯”、視爲文壇領袖者，僅有“歐、蘇”二人而已[②]。

雖然如此，古今學者於歐、蘇文風之異似乎注意較多，或謂歐文優柔，蘇文豪健；或謂歐公宗儒而斥釋、老，所言古文藝術精神、風格取向皆以儒學爲理論基礎；蘇軾爲文則統合諸家爲我所用，其藝術精神大有溢出儒家文化精神之外者，表現藝術亦有超出儒家散文傳統範式者。并由此引出對蘇軾古文審美屬性的誤判，和對蘇軾踐行歐公囑託之心的誤解，以致認爲“文當以歐陽子爲正，東坡雖出奇，非文之正”[③]。在北宋乃至整個古文史上，蘇軾賡續歐公文風是一件大事，關係到北宋及北宋以後古文發展的走向問題。厘清相關史實和對其做出實事求是的評價，很有必要。本文論述的重點即著眼於蘇軾對歐公文風取向的賡續和拓展，并對其意義作探索性的分析。

一、歐公的期望和蘇軾復興“斯文”的擔當意識

歐陽修步入文壇前，北宋散文復古已出現好幾位開風氣之先的人物。先有柳開（947—1000），少遇天水老儒趙生所示韓文，而對韓、柳古文頓生仰慕之心。决意宣導韓、柳古文以廢弃時下流行的“五代體”，遂名肩愈，字紹先。所作古文，朝野稱讚，或謂“不意子之文章出於今世，真古之文章也”（王祜語），或謂“子之文章，世無如者已二百年矣”（楊昭儉語），自此學古文者多奉其作法爲復古正道。柳開還熱心鼓勵後輩爲文學韓學柳，除接納傑出者（如張景）爲門人外，見人古文可觀，或於公卿間比比延譽（如於崔立），或高評其文，稱美有加（如於胥偃、李迪等）。可惜，柳開後來學術興趣轉變，樂與文中子、王仲淹爲伍，欲開古聖賢之道於時，爲今人耳目聰明開其途，故易名開而字曰仲塗。

後有穆修（979—1032），亦爲倡復韓、柳古文以矯楊、劉時文駢儷之習者。而喬適和尹源、尹洙兄弟、蘇舜元、蘇舜卿兄弟皆爲其弟子，他們的文風復古對當時不少文士産生過重大影響。尹洙就曾向歐陽修傳授過古文“簡而有法”的敘事策略，故有人説穆修倡復韓、柳古文，“一傳爲尹師魯，再傳爲歐陽修”[④]。

柳、穆之間，尚有王禹偁（954—1001），也是在昆體流行時遠師六經，近師吏部，而且古文創作成就在柳開、穆修之上。只是由於政治地位和人生遭際的關係，對當時文壇影響不及柳、穆等人。值得特别指出的是，他倡復韓文，是要學習韓文平易、順暢的一面，其《答張扶書》即謂：“吾觀吏部之文，未始句之難道也，未始義之難曉也。……

① 張道：《蘇亭詩話》卷一，《蘇軾資料彙編》下編，北京，中華書局2004年版，第1991頁。

② 曾鞏《寄致仕歐陽少師》：“四海文章伯，三朝社稷臣。”洪本健《歐陽修資料彙編》（上册），北京，中華書局1995年版，第39頁引。蘇軾《夷陵縣歐陽永叔至喜堂》：“誰知有文伯，遠謫自王都。”《歐陽修資料彙編》（上册）第79頁引。又周行己《寄魯直學士》：“當今文伯眉陽蘇，新詞的皪垂明珠。”曾棗莊《中華大典·文學大典·宋遼金元文學分典》（二），南京，江蘇古籍出版社1999年版，第84頁引。

③ 黨世傑語，見王若虛《文辨》所引趙周臣言。《中華大典·文學典·宋遼金元文學分典》（二）第75頁引。

④ 林紓：《春覺齋論文》，《中華大典文學分典·宋遼金元文學分典》（一）第440頁引。

今子年少志專，姑能遠師六經，近師吏部，使句之易道，義之易曉。”難得的是他不但這樣要求青年學者，還以此自勉，落實在創作中。不像柳開雖在《應責》中說“古文者，非在辭澀言苦，使人難誦讀之，在於古其理，高其意，隨言短長，應變製作，同古人之行事”，爲文却難免艱澀之弊[①]。

於此，可見北宋前期倡復古文、滌蕩偶儷之習者，其開風氣之先，有幾個共同點：一是倡復古文，必與復興聖賢之道同行；二是倡復古文，主要是倡復韓、柳宣導的古文，徑以韓文、柳文爲師法對象；三是學韓學柳特别是倡復韓愈的古文，均（至少在理論上）將其自然、平易的一面作爲文風取向；四是倡復古文，注意發揮青年作者的能動作用。這些對歐陽修在北宋中期倡復古文、矯正文風的做法是有啓發的。

由於幾代古文家的持續努力，以及仁宗深患時文之弊，一再下詔諷勉學者以近古，加上范仲淹將散文復古作爲施行慶曆新政的重要内容，故慶曆前後，學者爲文競趨於古，而歐陽修最爲傑出，“天下翕然師尊之，風尚爲之一變”[②]。可以説，歐陽修初爲文壇領袖，他所面臨的主要問題不是文體的駢散之争，也不是復古不復古的問題，而是如何决定散文復古的文風取向。具體説，就是北宋古文的發展，到底是走求深務奇、以僻澀、險怪爲美的道路，還是走務求平淡、以自然、暢達爲美的道路。顯然，歐陽修贊成後者而反對前者，并爲此奮鬥了四十多年。

歐陽修堅持以自然、平易作爲北宋散文復古的文風取向，可謂不遺餘力。其突出表現至少有三：

一是平生勤奮寫作，所作甚多，且所爲古文純粹温厚，紆徐曲折而條達疏暢，吞吐俯仰而意味淵永。當然，他每寫一篇古文，都有他的寫作動機和要發揮的作用，但因其“古文既行，遂行天下，四十年間，天下以爲模範”[③]，故其古文創作所追求的文風帶有昭示天下、左右文壇的意義。因而無論從主觀上説，還是從客觀上看，歐公從事古文創作，都有用自己作品文風取嚮導人於平易之路的特點。這種借助作品傳播以宣導文風的做法是很有效果的，像遠在地處西南眉州的蘇氏父子，他們研習古文的路數，就曾受到過歐公文風由來的啓發。

二是悉心培養青年學者文風，提出文風復古的取向原則和如何學習古人的方法。歐陽修深知，宣導一種新的文風，僅靠個人和幾位同輩的努力是遠遠不够的，何况作爲同輩的幾位古文家如二尹、二蘇等的文風取向和自己并不完全一致[④]，他只能把希望寄託在青年學者身上。當年歐公“一言之出，學者競傳於道，流布遠近，外至夷狄，學者莫不仰服。後進之士，争爲門生，求受教誨”[⑤]，這種特有的導師地位，也爲他在廣大青年學

---

① 其實，北宋前期倡復古文之開風氣之先者，多數爲文皆有艱澀之弊，讀柳開、張景、穆修、二尹、二蘇之文即可感知。原因或如葉適所説：“時以偶儷二巧爲尚，而我以斷散鄙拙爲高，自齊梁以來，爲古文者無不如此。古人文字固極天下之巧麗矣，彼怪迂鈍樸，用功不深，才得其腐敗粗澀而已。”葉語見《文獻通考》，吕思勉《宋代文學·宋代之古文》第10頁引，吕思勉《文學與文選四種》，上海，上海古籍出版社2010年版。

② 馮煦：《蒿庵論詞》，《蘇軾資料彙编》（上编），第1576頁。

③ 歐陽發：《先公事蹟》，《中華大典·文學典·宋遼金元文學分典》（一）第692頁引。

④ 如尹洙爲文尚簡重法，實不廢雕琢之工，大不同於歐陽修的以自然、平易見長。

⑤ 歐陽發：《先公事蹟》。歐公《與陳方之書》亦謂：“幸士子不見弃，日有來吾門者，至於粹然仁義之言、韙然閎博之辯、蔚然組麗之文閲於吾目多矣。”

者中培植良好的文風，提供了大好機會①。歐公詩文記述他喜獲青年學者的不少，如《送楊闢秀才》云："吾奇曾生者，始得之太學。初謂獨軒然，百鳥而一鶚。既又得楊生，群獸出麟角。乃知天下才，所識慚未博。"《送焦千子秀才》云："始生及吾門，徐子喜驚踴。曰此難致寶，一失何由踵。自吾得二生，粲粲獲雙珙。"《送吴生南歸》云："自我得曾子，於茲二十年。今又得吴生，既得喜且歎。古士不并出，百年猶比肩。"歐公交結的青年學者，多是攜带所作詩文登門求教的。有些是落第秀才，有些是初入仕途者。他和他們交談，或在贈詩、贈序中，説得最多的，無非道、文二端，而論及文風往往從人格修養、人風取向入手。如其與曾鞏書，雖談論曾文特點、贊美其工者多。但寫得較早的《送曾鞏秀才序》，却是輕言"初駭其文"，重言"又壯其志"，稱道"曾生不非同進，不罪有司，告予以歸，思廣其學而堅其守"。實是有意表彰曾鞏在遭受人生挫折時決不怨天尤人，而是心態平和，不急不躁，堅守其道，而這正是造就自然、平易文風的有利條件。其《送徐無党南歸序》大談古聖賢"修之於身，施之於事，見之於言，是三者所以能不朽而存"，而特别强調顔回的爲孔子"群弟子皆推尊之"和"後世更千百歲，亦未有能及之者"；又謂三代秦漢以來著書之士不可勝數，"而散亡磨滅、百不一二存焉"，"予竊悲其人，文章麗矣，言語工矣，無異草木榮華之飄風，鳥獸好音之過耳也"。歐公如此稱美修身的可貴，極言文章、言語的不足道，實因"東陽徐生，少從予學爲文章，稍稍見稱於人。既去而與群士試於禮部，得高第，由是知名。其文辭日進，如水湧而山出。予欲摧其盛氣，而勉其思也"。歐公"欲摧"徐生之"盛氣"，當既見於其爲人，又見於其爲文，用顔回的修身之道來"摧其盛氣"，自有從根本上扭轉其文風的作用。其《與樂秀才第一書》（景祐三年續添），則言及修身蓄道和文風導向的關係。曰："聞古人之於學也，講之深而信之篤，其充於中者足，而後發乎外者大以光。……今之學者或不然，不務深講，而篤信之徒巧其詞以爲華，張其言以爲大。夫强爲則用力艱，用力艱則有限，有限則易竭。又其爲詞不規模於前人，則必屈曲變態，以隨時俗之所好，鮮克自立。此其充於中者不足而莫自知其所守也。"當然，歐公指導後學也有直接言及文風取向的。如《答吴充秀才書》勉勵對方爲文"孟、荀可至而不難也"；《與荊南樂秀才書》勉勵對方爲文學"兩漢之風"，"若其至之，是直齊肩於兩漢之士也"。他如《與陳方之書》説對方之文"辨明而曲暢，峻潔而舒遲，變動往來，有馳有止，而皆中於節，使人喜慕而不厭者，誠難得也"，於對方文風實有稱美意；而曾鞏《與王介甫第一書》謂："歐公更欲足下少開廓其文，勿用造語及模擬前人，請相度示及。歐云：孟、韓文雖高，不必似之也，取其自然耳。"對王氏文風取向明顯有規勸之意。對徐無党爲文的一味馳騁，既於《送澠池徐宰》明示云"作文之體，初欲賓士，久當收節，使簡重嚴正，或時肆放自舒，勿爲一體，則盡善矣"；又作《有馬示徐無黨》，謂縱有千里馬，"良師須善馭"，喻示爲文當自然和順、張弛有度、

① 張耒《上曾子固龍圖書》云："廬陵歐陽公始爲古文，近揆兩漢，遠追三代，而出於孟軻、韓愈之間，以立一家之言……而後四方學者始恥其舊，而惟古之求。而歐陽公於是時，實持其權，以開引天下之豪傑，而世之號能文章者，其出歐陽之門者居十九焉。"《歐陽修資料彙編》（上册）第143頁。

惟意所適[1]。這些指導性意見不但有利於端正後學文風，也大大豐富了歐公的古文理論。

其實，歐公的古文理論并不系統，講得較多的是古文當有以儒道爲本的藝術精神、切於事實的實用功能、自然平易的文風。這一點也體現在他和曾鞏、徐無党、吴充、張棐、孫侔、祖擇之、陳之方等人論及古文之學的詩、文中。除上引材料外，他如《送黎生下第還蜀》云："經通道自明，下筆如戈矛。"《答吴充秀才書》云："夫學者未始不爲道，而至者鮮。爲非道之於人遠也，學者有所溺焉尔。蓋文之爲言，難工而可喜，易悅而自足。世之學者往往溺之，一有工焉，則曰：吾學足矣。甚者，至弃百事而不關於心，曰：吾文士也，職於文而已。此其所以至之鮮也。""聖人之文，雖不可及，然大抵道勝者，文不難而自至也。"《贈學者》云："仁義不遠躬，勤勤入至誠。學既積於心，猶木之敷榮。根本既堅好，蓊鬱其幹莖。爾曹宜勉勉，無以吾言輕。"《與張秀才第二書》云："取前所貺古今雜文十數篇，反復讀之……知足下之好學、甚有志者也。然而述三皇太古之道，舍近取遠，務高言而鮮事實，此少過也。君子之於學也，務爲道，爲道必求知古，知古明道，而後履之以身，施之以事，而又見於文章而發之，以信後世。……其道易知而可法，其言易明而可行。"《與黄校書論文章書》云："見其弊而識其革之者，然後其文博，辯而深切，中於時病而不爲空言。"《答祖擇之書》云："足下之言高趣遠，甚善。然所守未一而議論未精，此其病也。""夫世無師矣，學者當師經，師經必先求其意，意得則心定，心定則道純，道純則充於中者實，中充實則發爲文者輝光，施於事者果致。"《與樂秀才第一書》云："聞古人之於學也，講之深而信之篤，其充於中者足，而後發乎外者大以光。譬夫金玉之有英華，非由磨飾染濯之所爲，而由其質性堅實，而光輝之發自然也。"此類原始材料，包含歐公一些重要的文論觀點，有幾段話實是對相同觀點的演繹。他反復稱引其説，足見其持論之專一和希望後學踐行其説之殷切。

爲了端正後學文風，歐公使用了多種方法。如面談對方文章得失，作書函授古文之學，托人轉述古文文風取向（如上引曾鞏向王安石傳達歐公希望），還用他人經驗啓發學者（如《送吴生南歸》謂："吴生初自疑，所擬豈其倫？我始見曾子，文章初亦然。昆侖傾黄河，渺漫盈百川。决疏以導之，漸斂收横瀾。東溟知所歸，識路到不難。"），安排學者與文風端正者交游以受影響（如晁美叔久從歐公游，自得蘇軾，便令其與之定交，以受薰陶），這些對自然平易文風的流行，無疑有促進作用。

三是借主持貢舉的機會排抑奇澀、怪僻的"太學體"，物色、拔擢足以標舉自然、樸素文風的青年學者。排抑"太學體"，是歐陽修生平提倡自然、平易文風的一件大事。但何謂歐公排抑的"太學體"，學者們却説法不一。其實，所謂"太學體"并非文章專體，而是指流行於太學的文風。不同時期，太學文風是不同的，其變化受科考文風導向影響最爲直接。北宋慶曆二年至嘉祐二年約十五年中，太學文風至少有兩次變化，一爲張方

① 對《有馬示徐無黨》寓意的理解，可參看《答徐無黨第一書》稱徐"文辭馳騁之際，豈常人筆力可到"，《答徐無黨第二書》稱"尤愛吾子辭意甚質"，《與澠池徐宰》謂"著撰苟多，他日更自精擇，少去其繁，則峻潔矣。然不必勉强，勉强節之，則不流暢，須待自然之至，其如常宜在心也"。以及《與樂秀才第一書》謂"竊讀足下之所爲高健，志甚壯壯而力有餘。譬夫良駿之馬，使駕大輅而王良馭之，節以和鑾而行大道，不難也"。

平等人所説的“太學新體”，一爲韓琦等人所説的“太學體”。“太學新體”是在范仲淹施行慶曆新政實行科考改革後，石介等人在太學清除昆體影響、文風復古（學習韓文）取法不當所引起的。其表現爲“詩、賦即以汗漫無體要爲高，策、論即以激訐肆意爲工”[①]。“以乖誕、詆訕爲高，以流蕩、猥煩爲贍，逾越規矩。其賦至八百字以上，而每句有十六、十八字者，論有一千二百字以上，策有置所問而妄肆胸臆、條陳他事者”[②]。此風早在慶曆五年、六年受到楊察、張方平的清算和嚴厲打擊（張氏慶曆六年曾利用主持貢舉的機會，排抑“太學新體”。其上奏即云：“其舉人程式，有擅習新體而尤誕漫不合程式者，已准格考落。”），很快就處於滅絶境地。隨著科考舊制的恢復，“時文”之風再度在太學、場屋興起，士子疏於語言文字訓練，競以新奇相尚，務爲險怪之語，於是便有了流行於至和、嘉祐年間的“太學體”。顯然，“太學體”最大的毛病出在語言風格上，徒事“雕刻”，“爲文奇澀，讀或不能成句”，而不同於“太學新體”主要是内容上的“怪癖、詆訕”即指切時事，無所諱忌，和出言“汗漫”，“不合程式”。歐陽修嘉祐二年主持貢舉排抑“太學體”，主要目的正是爲了扭轉用語奇澀、怪癖的風氣，而宣導以語言樸素、暢達爲標誌的自然、平易的文風，促使北宋散文復古活動健康發展。

歐公通過科考排抑“太學體”的直接結果，是將“平淡造理”、文風樸實的蘇軾等人取爲高第，將用語奇澀、怪僻的士子“一切黜去”[③]，但這一事件的意義却遠不止於關乎幾位士子的命運，而是與他作爲文壇領袖矢志端正北宋復古文風取向的强烈使命感聯繫在一起，和他是否能物色到足以繼他執掌文柄的青年學者有關。

歐公深知，宣導一種文風，離不開對作家創作的引導。而要使一種文風長時間持續流行，須經幾代人的努力，每一代人的努力都離不開榜樣的示範作用，因此培養、物色筆力雄偉、文風平易、文章精美的青年作者十分必要。其實，歐陽修在與門生和社會文學青年的交往中，早就在注意物色此類人物。如經曾鞏一再推薦，歐公得知王安石文才傑出，於其文“愛歎誦寫，不勝其勤”。“言此人文字可驚，世所無有。蓋古之學者，有或氣力不足動人，使如此文字不光耀於世，吾徒可恥也”[④]。特於嘉祐元年作《贈王介甫》云：“翰林風月三千首，吏部文章二百年。老去自憐心尚在，後來誰與子争先？”於褒獎、豔羨其詩其文創作成就之中，不無希冀對方更上層樓、獨領風騷之意。可惜王安石另有志向，作《奉酬永叔見贈》云：“欲傳道義心猶在，强學文章力已窮。他日若能窺孟子，終身何敢望韓公？”原來他自期以孟子，意在研習儒學，傳播道義。既然如此，歐公雖然以後仍在關心王安石的文風走向，却不得不放弃將他作爲文壇領袖“接班人”的想法。

最使歐公稱心滿意、喜不自勝的是在嘉祐二年主持貢舉時發現了曠世英才蘇軾。傳説蘇氏父子初入京，歐公讀其書即大喜，謂“後來文章當在此”[⑤]。及主試得蘇軾之論，

① 楊察語，見《續資治通鑒》卷五十引文。
② 張方平語，見其《貢院請誡勵天下舉人文章奏》，《全宋文》卷八十五。
③ 韓琦：《歐陽公墓誌銘》，《歐陽修資料彙編》（上册），第25頁。
④ 曾鞏：《贈王介甫第一書》，《歐陽修資料彙編》（上册），第40頁。
⑤ 葉夢得：《避暑録話》，丁傳靖輯《宋人軼事彙編》（上册），北京，中華書局2003年版，第383頁引。

則驚喜不已，謂“此我輩人也，吾當避之”[①]，又謂“讀軾書不覺汗出，快哉！快哉！老夫當避路，放他出一頭地也。可喜！可喜”[②]。歐公激賞蘇子，蓋因斷定蘇子“他日文章必獨步天下”[③]，所謂“自學者變格爲文，迄今三十年，始得斯人，不惟遲久而後獲，實恐此後未有能繼者耳。自古異人間出，前後參差不相待，余老矣，乃及見之，豈不爲幸哉！”[④]甚至對其子歐陽棐說：“汝記吾言：三十年後，世上人更不道著我也。”[⑤]歐公極其看好蘇子文才之高、文風之正、詩文創作影響之巨大，又在排抑“太學體”，標舉自然、平易文風的鬥争中充分發揮了蘇子的“風標”作用，故放心選擇他作爲承續自然、平易文風的接班人，或謂完全將引領自然、平易文風的希望寄託在蘇子身上。

蘇子深知歐公將其取爲上第的用心，且樂意接受歐公的希望，自勉自勵，終老不止。其《上梅龍圖書》即云：“軾長於草野，不學時文，詞語甚樸，無所藻飾。意者職事欲抑浮剽之文，故寧取此以矯其弊。”《謝館職啓》亦云：“自始操筆，知不適時。會宗伯之選掄，疾時文之靡弊。擢居異等，以風四方。”二文值得注意的是：蘇子能準確把握自己文風的特點，并能體認歐、梅以其“詞語甚樸，無所藻飾”的平易文風，排抑“浮剽之文”而矯正其弊的良苦用心。這一點很重要，關乎蘇子如何看待自家文風價值及以後是否繼續循此以進的大問題。《祭歐陽文忠公夫人文》云：“……乃克見公。公爲拊掌，歡笑改容。‘此我輩人，余子莫群。我老將休，付子斯文。’再拜稽首：‘過矣公言。’雖知其過，不敢不勉。契闊艱難，見公汝陰。……公曰‘子來，實獲我心。我所謂文，必與道俱。……’又拜稽首：‘有死無易！’”讀祭文，可以想象當年歐公如何當面肯定蘇子的文風和殷切希望他承擔起引領一代文風的重任，以及他聆聽歐公囑託時的激動心情，還可看出他決心牢記歐公教誨、踐行其爲文之道的堅定意志。事實上，蘇子從嘉祐二年起，直到終老毗陵，都未忘記歐公的囑託，爲北宋散文的健康發展奮鬥不已。與歐公一樣，其努力亦見之於散文創作、對青年後學的引導和培養，以及比較系統地闡述其文論觀點。蘇軾平生一再説到歐公對他的器重，嘗言晚年爲文尚能受到天下士子的推崇，實因歐公所致。可見歐公的獎掖擢拔直至“付子斯文”，乃是他散文創作精進不已的永恒動力。其《太息一章送秦少章》即云：“昔吾舉進士，試於禮部，歐陽文忠公見吾文，曰：‘此我輩人也，吾當避之。’……今吾衰老廢學，自視缺然，而天下士不吾弃，以爲可以與於斯文者，猶文忠公之故也。”此“文忠公之故”，顯然不單指歐公提攜之意，還應有蘇子牢記歐公所托、未嘗一日懈怠、終有所成的自負之感。其實，歐公去世（蘇軾 37 歲）前，已經看到蘇軾“文章爲時所宗，名重海内”[⑥]，爲堅持北宋文風復古的正確取向做出很大貢獻。後來又再接再厲，不但在散文創作和理論闡述方面卓有建樹，而且有意物色、培養年輕的“文章盟主”，“使一時之文有所宗主”，以求“其道不墜”。李廌《濟南先生師友談記》就説：

---

① 蘇軾：《太息一章送秦少章》，孔凡禮點校《蘇軾文集》卷六四，北京，中華書局 1986 年版，第 1979 頁。
② 歐陽修：《與梅聖俞》，《蘇軾資料彙編》（上編一），第 4 頁。
③ 楊萬里：《誠齋詩話》。
④ 歐陽修：《蘇氏四六》，《蘇軾資料彙編》（上編一），第 4 頁。
⑤ 朱弁：《曲洧舊聞》卷八，《中華大典・文學典・宋遼金元文學分典》（二），第 306 頁。
⑥ 范祖禹：《薦士劄子》，《中華大典・文學典・宋遼金元文學分典》（二），第 301 頁。

"東坡嘗言：文章之任，亦在名世之士相與主盟，則其道不墜。方今太平之盛，文士輩出，要使一時之文有所宗主。昔歐陽文忠常以是付與某，故不敢不勉。異時文章盟主貴在諸君，亦如文忠之付授也。"可見，蘇軾確實深明歐公"付授"文柄的意義，且一諾千金，真能做到"不敢不勉"、"有死無易"。尤爲難得的是，他還效法歐公物色新的領軍人物來弘揚他們相傳相承的文風。

蘇軾接受歐公囑託，有極强的擔當意識，論其精神之可貴及意義之深遠，有一點必須明白，即他如何認識歐公對北宋散文發展的貢獻，和歐公散文復古文風的取向特點。

對歐公的貢獻和文風特點，韓琦《歐陽公墓誌銘》説得最爲中肯。言其促使北宋文格復古、文風大變的巨大貢獻，直與散文史上影響最大的代表人物司馬遷、韓愈同論。謂"自漢司馬遷没幾千年，而唐韓愈出；愈之後又數百年，而公始繼之。氣焰相薄，莫較高下，何其盛哉"。道其文風特點，則述二事以明之。一謂"景祐初，公與尹師魯專以古文相尚，而公得之自然，非學所至，超然獨騖，衆莫能及。譬夫天地之妙，造化萬物，動者植者，無細與大，不見痕跡，自極其工。於是文風一變，時人競爲模範"。一謂"嘉祐初，權知貢舉，時舉子務爲險怪之語，號太學體，公一切黜去，取其平淡造理者即預奏名"[①]。蘇軾認同韓琦的基本看法，論歐公貢獻、影響，概言則謂"歐陽子，今之韓愈也"[②]，詳言則兼學、文而論[③]；論歐公文風，蘇軾雖然説過"歐陽子論大道似韓愈，論事似陸贄，記事似司馬遷"[④]，却無乃父《上歐陽内翰第一書》"執事之文，紆餘委備，往復百折，而條達疏暢，無所間斷"那樣概括論述的文字。不過從其《上歐陽内翰書》《謝梅龍圖書》所言北宋散文復古出現的弊病和歐公的除弊之功，却可想見其對歐公文風的體認。前書有謂"聖上……明詔天下，曉諭厥旨。於是招來雄俊魁偉敦厚樸直之士，罷去浮巧輕媚叢錯采繡之文，將以追兩漢三代之故。士大夫不深明天子之心，用意過當，求深者或至於迂，務奇者怪僻而不可讀。餘風未殄，新弊復作。……號稱古文"。"蓋唐之古文，自韓愈始。其後學韓愈而不至者爲皇甫湜，學皇甫湜而不至者爲孫樵。自樵以降，無足觀矣"。後書説歐、梅"欲抑浮剽之文"，故取其"詞語甚樸，無所藻飾"之文"以矯其弊"。在蘇軾眼中，歐公散文復古的文風取向，自非景祐間求深好奇者之迂遠、怪僻，亦非唐人"學韓愈而不至者"的怪異、艱澀，更非嘉祐間"太學體"之"險怪"、"新奇"、"詭異"。而是以自然、平易、明净、暢達爲特徵。具體認識，應該與乃父所言歐公文風特徵大體一致。至於體會獨到處，則可於其自然順應歐公文風取向處（學文途徑、文論觀點、文章特色）細加領略。

---

① 此二事，葉濤《重修實録本傳》謂"是時，尹洙與修亦皆以古文倡率學者，然洙材下，人莫之與。至修文出一，天下士皆向慕，爲之唯恐不及，一時文字，大變從古"。"時文士以磔裂怪僻相尚，文體大壞，及是，修知貢舉，深革其弊，前在高第者盡黜之，務求平淡典要"。

② 蘇軾：《六一居士集叙》。

③ 蘇軾：《六一居士集叙》即謂"而後得歐陽子，其學推韓愈、孟子，以達於孔氏……其言簡而明，信而通，引物連類，折之以至理"。

④ 蘇軾：《六一居士集叙》。

二、蘇軾對歐公文風取向的自然順應和自覺堅持

（一）蘇洵對蘇軾自然服膺歐公文風的引導

蘇軾對歐公散文文風取向的賡續，實可以入仕（嘉祐六年冬）爲界，分爲自然順應和自覺堅持兩個時期。無論前期、後期，其成功固然離不開他的文心天縱，但也與良師導引有關。前期得益於乃父蘇洵的言傳身教，後期則有賴於歐公殷切的囑託對他的希冀和激勵。

蘇軾七八歲即知讀書，一方面在鄉校接受蒙學教育，一方面在母親程氏夫人指導下攻讀前、後《漢書》。十二歲開始在父親蘇洵的指導下積學作文，直至入京應禮部試。蘇轍説："惟我與兄，出處昔同。幼學無師，先君是從。"[①]其實，蘇軾自幼及壯，皆以乃父爲師。蘇洵曾向張方平言及蘇軾兄弟少時受學、習文的情況，謂："齠齔授經，不知他習。而獨於文字中有可觀者。始學聲律，以爲不足盡力於其間。讀孟、韓文，以爲可作，引筆書紙，日數千言，坌然溢出，若有所相。"[②]蘇軾自道則云："軾七八歲時，始知讀書，聞今天下有歐陽公者，其爲人如古孟軻、韓愈之徒。……其後益壯，始能讀其文詞想見其爲人……方學爲對偶聲律之文，求鬥升之祿。"[③]其《祭歐陽文忠公文》亦云："軾自齠齔，以學爲嬉。童子何知，謂公我師。晝誦其文，夜夢見之。"可見蘇軾青少年時代積學習文，雖然對作"對偶聲律之文"下過一番功夫，心嚮往之的却是歐公古文，主要精力都用在取用歐公經驗練習古文寫作上，故其有謂"軾長於草野，不學時文"[④]。如果拿歐公、蘇子參加會試前的習文經歷作比較，蘇子决心學歐比歐公决心學韓似乎更果斷一些。因爲歐公是入仕前專心練習時文，入仕後才用心學韓爲文，而蘇子早在參加會試前就已用心學歐、學韓了。之所以如此，當然離不開蘇洵的教導。而蘇洵能"上繼韓、歐，下開長公昆仲"[⑤]實與其個人經歷有關。

原來蘇洵也曾學爲時文，舉進士再不中，又舉茂才異等不中，於是退而歎曰："此不足爲余學也。"[⑥]因嫌其"淺狹可笑，饑寒窮困亂其心，而聲律記問又從而破壞其體，不足觀也已"[⑦]，"由是盡燒囊時所爲文數百篇。取《論語》《孟子》、韓子及其他聖人、賢人之文，而兀然端坐、終日以讀之者，七八年矣。方其始也，入其中而惶然，博觀於其外而駭然以驚；及其久也，讀之益精，而其胸中豁然以明，若人之言固當然者，然猶未敢自出其言也。時既久，胸中之言日益多，不能自製，似出而書之，已而再三讀之，渾

① 蘇轍《再祭亡嫂王氏文》。其《祭亡兄端明文》亦云："手足之愛，平生一人。幼學無師，受業先君。兄敏我愚，賴以有聞。"《蘇軾資料彙編》（上編一），第4頁。

② 蘇洵：《上張侍郎第一書》，《蘇軾資料彙編》（上編一），第8頁。

③ 蘇軾：《上梅直講書》，《蘇軾文集》卷四八，第1386頁。

④ 蘇軾：《謝梅龍圖書》，《蘇軾文集》卷四九，第1425頁。

⑤ 邵仁泓：《康熙本嘉祐集序》，《中華大典·文學典·宋遼金元文學分典》（一），第887頁。

⑥ 歐陽修：《故霸州文安縣主簿蘇君墓誌銘》，洪本健校箋《歐陽修詩文集校箋》（中），上海，上海古籍出版社2009年版，第902頁。

⑦ 蘇洵：《上田樞密書》，《中華大典·文學典·宋遼金元文學分典》（一），第882頁。

渾乎覺其來之易矣。”[①]蘇洵研習古文得以成功，是對歐公“大抵道勝者文不難而自至”[②]的印證。他的復古爲文實從兩方面入手，一爲“道”，即厚其學養。如歐公所概括的：“大究六經百家之説，以考質古今治亂成敗、聖賢窮達出處之際，得其粹精，涵蓄充溢，抑而不發。”[③]一爲“文”，即潜心揣摩先唐名家散文（旁及詩、騷）和唐宋優秀古文家的藝術經驗，并取衆家之長爲我所用。如其自謂“得以大肆力於文章，詩人之優柔，騷人之精深，孟、韓之温淳，遷、固之雄剛，孫、吴之簡切，投之所向，無不如意”[④]。前人説蘇洵爲文專學《戰國策》，其實并不限於此。大抵蘇洵研習他人古文藝術經驗，有幾個特點，一是文風、學風兼顧。如其“以爲董生得聖人之經，其失也流而爲迂；晁錯得聖人之權，其失也流而爲詐。有二子之才而不流者，其惟賈生乎”[⑤]。二是研讀諸家古文，借助涵泳、體味，準確認識其獨具個性的藝術特色。諸如古文風格、審美特徵、審美效應、修辭手段、話語態度、言詞深淺等，皆在其中。三是常用比較方法顯現各家特點，既在總體上分高下，又於細微處見差異。比如他對董仲舒、晁錯、賈誼文風特點的概括，對孟子、韓愈、陸贄、李翱、歐公藝術特色的叙説，顯然都用到了比較方法。四是十分重視把握當代古文大家的文風取向、學習其創作經驗。其《上歐陽内翰第一書》謂“執事之文章，天下之人莫不知之。然竊自以爲洵之知之特深，愈於天下之人”，且言歐文藝術風貌暨行文特徵爲歷代論歐者所稱許，就是明證。五是蘇洵積學博取載籍，爲文總的原則却是法歐而宗韓，而有意學歐居多。其論文以自然生成爲美，有謂“刻鏤組繡，非不文也，而不可與論乎自然”[⑥]。認爲作文應針對時病而切於實用，反對爲作文而作文。其文以議論見長，尤能深刻揭示古人以往成敗之跡所具有的當下意義，施之於今。曾鞏《蘇明允哀辭》稱其文“少或百字，多或千言，其指事析理，引物托喻，侈能盡之約，遠能見之盡，大能使之微，小能使之著，煩能不亂，肆能不流。其雄壯俊偉，若决江河而下也；其輝光明白，若引星辰而上也”。張方平《文安先生墓表》謂其書“閲之如大雲之出於山，忽布無方，倏散無餘；如大川之滔滔，東至於海源也，委蛇其無間斷也”。曾、張所言蘇洵古文藝術特徵，分明即其用心學孟學荀學《國策》、學賈學韓學歐公所致。韓淲則明説“老蘇晚年文字，多用歐陽公宛轉之態”[⑦]，可見其於歐公文風及表現藝術如何賞愛。很明顯，蘇洵教誨二子爲學、爲文之道，大都離不開他個人的切身體會，而蘇軾兄弟亦能學以致用。陳繼儒即謂“長公少年之文與欒城先生皆得老泉法，而終未盡其變”[⑧]。蘇轍説：“公之於文，得之於天。少與轍皆師先君，初好賈誼、陸贄書，論古今治亂，不爲空言。既而讀《莊子》，喟然歎息曰：‘吾昔有見於中，口未能言，今見《莊子》，得吾

① 蘇洵：《上歐陽内翰第一書》，《中華大典·文學典·宋遼金元文學分典》（一），第883頁。
② 歐陽修：《答吴充秀才書》，《歐陽修詩文集校箋》（中），第1177頁。
③ 歐陽修：《故霸州文安縣主簿蘇君墓誌銘》。
④ 蘇洵：《上田樞密書》。
⑤ 蘇洵：《上田樞密書》。
⑥ 蘇洵：《仲兄字文甫説》，高海夫主編《唐宋八大家文鈔校注集評·老泉文鈔》，西安，三秦出版社1998年版，第4540頁。
⑦ 韓淲：《澗泉日記》卷下，《中華大典·文學典·宋遼金元文學分典》（一），第884頁。
⑧ 陳繼儒：《東坡禪喜集序》，《中華大典·文學典·宋遼金元文學分典》（二），第323頁。

心矣。'"[①]則反映出蘇軾讀書面廣、且善於發現文章長處和勤於思考、會心有得的特點。從蘇洵令軾作《夏侯太初論》、令軾擬歐公《謝宣召赴學士院仍謝對衣并馬銙》，而見其佳句大喜，不單可見老蘇的教學法，還可看出蘇子十來歲爲文就擅長化用古人語意以鑄偉詞。蘇子自謂幼即私淑歐公，所謂“童子何知，謂公我師”，以至“晝誦其文，夜夢見之”。如此嚮往其人其文，自與蘇洵引導有關。可以説，没有乃父率先服膺歐公文風復古的主張和言傳身教，蘇軾再有天才，也只能成爲一個成年埋首時文之中、精通對偶聲律的士子，很難成爲學養豐厚、善於博采衆家之長爲我所用、而爲文自然順應歐公文風取向、被歐公視爲“異人”[②]的青年才俊。

（二）蘇軾對歐公文風的自然順應

蘇軾研習古文自然順應歐公文風取向，主要表現在三方面。

一即論文主張自然符合歐公的文論觀念。歐公宣導散文復古，標榜學韓，實是堅守韓愈古文以儒學爲本的藝術精神，而在文風方面變退之之奇崛爲平易。同時，又强調古文的實用功能，反對學者弃百事不關於心。説文章當“中於時病而不爲空言”[③]，且稱讚蘇洵“文章不爲空言而期於實用”[④]。又説文士學養，謂“君子之學也務爲道，爲道必求知古。知古明道，而後履之於身，施之於事，而又見於文章而發之，以信後世”[⑤]。蘇軾教人讀書，説過“又須熟讀《論語》《孟子》《檀弓》，要志趣正當；讀韓柳文數百篇，要知文章體面”[⑥]。可見他對韓、歐講倡復古文當志於古道，即作者爲人爲文都應具備植根於儒道的藝術精神，是贊成的。而他也把自然、平淡作爲古文的最高審美境界。其“自然”，既指文章自然産生，不得不作，所謂“夫昔之爲文者，非能爲之爲工，乃不能不爲之爲工也。山川之有雲霧，草木之有華實，充滿勃鬱而見於外，夫雖欲無有，豈可得耶？自少聞家父之論文，以爲古之聖人有所不能自已而作者。故軾與弟轍爲文至多，而未嘗敢有作文之意”[⑦]。又指行文的自然，如同行雲流水，行於所當行，止於所當止。還指用語的自然樸素，所謂“詞語甚樸，無所藻飾”。蘇軾重視文章的功用特別是現實功用是一貫的，他講“文章以華采爲末，而以體用爲本”[⑧]，告訴後輩“務令文字華實相副，期於適用乃佳”[⑨]，稱讚他人詩文“皆有爲而作，精悍確苦，言必中當世之過”[⑩]，其尚用觀念之建立，實肇於幼受庭訓之時。至於學道知古，這也是蘇軾的一貫主張，而且他還有一套方法。蘇軾知古，主要靠讀書。經、史、子、集，都有所涉獵，下工夫最多的是史書（嘗謂“爲學”“須

① 蘇轍：《亡兄子瞻端明墓誌銘》，《欒城集》卷二十四。
② 蘇轍：《亡兄子瞻端明墓誌銘》。
③ 歐陽修：《與黄校書論文章書》，《歐陽修詩文集箋校》，第 1784 頁。
④ 歐陽修：《薦布衣蘇洵狀》，《中華大典・文學典・宋遼金元文學分典》（一），第 882 頁。
⑤ 歐陽修：《與張秀才第二書》，《歐陽修詩文集校箋》，第 1759 頁。
⑥ 王正德：《余師録》卷四，《中華大典・文學典・宋遼金元文學分典》（二），第 655 頁。
⑦ 蘇軾：《南行前集叙》，《蘇軾文集》卷十，第 323 頁。
⑧ 蘇軾：《答喬舍人啓》，《蘇軾文集》卷四七，第 1363 頁。
⑨ 蘇軾：《與侄孫元老》四首之二，《蘇軾文集》卷六十，第 1842 頁。
⑩ 蘇軾：《鳧繹先生詩集叙》，《蘇軾文集》卷十，第 313 頁。

多讀史”），尤其是前、後《漢書》。傳説蘇軾讀書過目不忘，但他青少年時期光《漢書》就讀過好幾遍，以致引起張方平的驚訝[①]。他讀史自有方法，章學誠概叙云：“或問蘇君曰：‘公之博贍，亦可學乎？’蘇君曰：‘可。吾嘗讀《漢書》矣，凡數過而盡之。如兵、農、禮、樂，每過皆作一意求之，久之而後貫徹。’因取譬於市貨，意謂貨出無窮而操賈有盡，不可不知所擇云爾。”[②]此法可簡稱爲“按專題分類求知法”。有人以爲此法并非治學之道，但就“知古明道”而言，却不失爲系統、全面掌握歷史知識的好竅門。而對論文寫作來説，更是搜集、整合史料、故事行之有效之捷徑。

一即蘇軾所作散文自然順應歐公文風取向。蘇軾入仕前所作文字可以策論爲代表，朱熹説“東坡初進策時，只是老蘇議論”[③]，實則有同有異。其對歐公文風的自然順應，有三點顯得突出。一是學賈、晁、陸奏疏言必中當世之過的原則，作有用之文。所謂“率其意之所欲言，庶幾有益於當世”[④]。二是學韓、柳古文“體面”、章法，自具首尾，篇各一事，兼用《國策》論事、《莊子》説理之修辭技巧，巧生波瀾，自行自止。劉將孫即謂其《論刑賞》“古文何以加之？而蘇之進論、進策，終身筆力，莫汪洋奇變於此，識者可以悟矣”[⑤]。三是後人言其藝術風貌，均認同其有紆徐、疏暢、自然的一面。或謂“文勢起伏瀠洄，精光溢出，不可迫視”（王熙評《策略一》），或謂“以浩瀚之氣，抒超朗之詞，辨析透快，可以逸塵絶跡”（陳廷敬評《策略三》），或謂“紆徐婉轉，將言不言”（茅坤評《敦教化》），或謂“行文如行雲，如江流，曲盡文家游衍之妙”（茅坤評《策略五》），或謂“通篇行文，如虯龍之駕風雲而撼山谷，而杳不可測”（茅坤評《倡勇敢》），或謂“公應制文字，如炎如潮，如花春，如霞散綺，使人目眩神移，吟詠流連，而不知止也。驚才絶豔，一至於此”（儲欣評《既醉備五福論》），而謂其“文暢”、“疏暢”、“朗暢”、“曲而暢”者甚多，説明論文者大都看出了蘇子撰寫策論自然順應歐公文風取向的特點。

一即選擇爲文取法對象的標準和所用的研習方法符合歐公文風取向的要求。歐公創作古文，取法於《史記》、韓文、李翱之文爲多，研習的方法則偏於吸納各家文風中自然、平易、和婉的一面。蘇軾讀書多，爲文取法對象亦多。蘇轍説他早年喜好賈誼、陸贄、《莊子》之文，蘇軾作書《與侄孫元老》，則謂“侄孫宜熟看前、後漢史及韓、柳文”。王正德亦言：“東坡教人讀《戰國策》，學説利害；讀賈誼、晁錯、趙充國章疏，學論事；讀《莊子》，

---

① 曾慥《高齋漫録》：“明允一日見安道，問云：‘令嗣近日看甚文字？’明允答以軾方再看《前漢》，安道云：‘文字尚看兩遍乎？’明允歸以語子瞻曰：‘此老特不知世間果有看三遍者！’安道嘗借人十七史，經月即還，云已盡。其天資强記，數行俱下。”丁傳靖《宋人軼事彙編》卷九，北京，中華書局1981年版，第424頁。

② 章學誠《文史通義》内篇二《博約》上，《蘇軾資料彙編》，第1568頁。又蘇軾《與王庠五首》之五：“卑意欲少年爲學者，每一書皆作數過盡之。書富如入海，百貨皆有之，人之精力不能兼收盡取，但得其所欲求者耳。故願學者，每次作一意求之。如欲求古人興亡、治亂，聖人作用，但作此意求之，勿生餘念。又别作一次求事蹟、故實、典章、文物之類，亦如之。他皆仿此。此雖迂鈍，而他日學成，八面受敵，與涉獵者不可同日而語也。”此可稱作蘇軾讀書的“按專題分類求知法”。唐庚記云：他十八歲時在京城外一園子内拜見蘇軾，蘇軾問他近觀何書，“余云：‘方讀《晉書》。’卒問其中有甚好亭子名，余茫然失對。始悟前輩觀書，用意蓋如此。”（《唐子西文録》）蘇軾所問，實乃下意識地用他的“按專題分類求知法”檢測唐庚的讀史心得。

③ 朱熹：《朱子語類》卷一三〇，北京，中華書局1994年版。

④ 蘇軾：《策總叙》，《蘇軾文集》卷八，第225頁。

⑤ 劉將孫：《題曾同父文後》，《中華大典·文學典·宋遼金元文學分典》（二），第416頁。

學論理性。又須熟讀《論語》《孟子》《檀弓》，要志趣正當。讀韓、柳文數百篇，要知文章體面。”[①]大抵蘇軾自己和教人用功深者，多爲其所取法者。此類著述散文和單篇古文，除多數立論以儒學爲宗外，有的善於論理，有的善於論事，有的知言善辯，有的氣盛言宜，有的行文心手相應，有的出語無句不騈，而自然、平易、明白、暢達爲其共同特徵。像韓、柳文本爲唐代古文典範；《語》《孟》，雖風格有雍容平和與明快雄健之別，却都是用語淺顯、明白，易道易曉；《檀弓》自然疏朗，語少意密；賈誼、晁錯、趙充國章疏，立論思想基礎雖有儒家、法家之分，但都有療救時病，不爲空言，且言之剴切，明於利害，出語朗暢，情感激越的特點。顯然，蘇軾選擇以上作爲研習、取法對象，符合歐公文風取向，自不待言。需要略加辨析的是，他的熱衷於研習《莊子》《戰國策》和陸贄奏疏，是否有悖於順應歐公文風取向，因爲這三種文字都有和歐公古文觀念不盡相合的地方。

先説《莊子》。《莊子》屬於道家著述散文，所言之道即爲其散文的最高藝術精神，與以具有本於儒學的藝術精神爲必備條件的古文大有區别。但其文汪洋恣肆，儀態萬方，來去無端，虚實不定，爲晚周諸子所不及。故古文家亦嗜讀其書，“惟涉而不溺，役之而不爲所役”而已（劉熙載語）。韓愈爲文所學即“下逮《莊》《騷》”（《進學解》），柳宗元也説作文“參之《莊》《老》”（《答韋中立論師道書》），當然他們主要是“採取”《莊子》的詞章藝術爲我所用，以創造古文的藝術美。蘇軾喜好《莊子》，亦復如是。他説“吾昔有見於中，口未能言，今見《莊子》，得吾心矣”。此“得吾心”，不是説《莊子》所説之理甚“得吾心”。事實上，蘇軾學《莊》，主要不是學《莊子》的思想，而是學它表述思想的藝術方法。蘇轍説他讀《莊》“得吾心矣”，繼而即謂“乃出《中庸論》，其言微妙，皆古人所未喻”，而《中庸論》顯然是對儒家思想的闡釋。還能證明蘇軾學《莊》并未背離儒家思想的，是他後來寫的《莊子祠堂記》。《記》辨莊子不詆訾孔子，謂“余以爲莊子蓋助孔子者，要不可以爲法耳”。其“識見至矣，盡矣”（洪邁語），正表現出蘇軾儒學修養根基的牢固。聯繫他後來説“求物之妙，如繫風捕影，能使是物了然於心者，蓋千萬人而不一遇也，而况能使了然於口與手者乎”[②]，又稱人“文章自已得之於心、應之於手”[③]，而自謂“某平生無快意事，惟作文章，意之所到，則筆力曲折，無不盡意。自謂世間樂事，無踰此矣”[④]。可見其“得吾心”，是説自已從《莊子》學到了爲文説理的藝術技巧，真能做到心口相應以至心手相應[⑤]。

莊子對人生社會、宇宙世界的認識，其思維方式帶有樸素辯證法、相對論的一些特

① 王正德：《余師録》卷四：《中華大典·文學典·宋遼金元文學分典》，第656頁。

② 蘇軾：《答與民師推官書》，《蘇軾文集》卷四九，第418頁。又《答虔倅、俞括》謂“物固有是理，患不知之，知之患不能達之於口與手。所謂文者，能達是而已”。《蘇軾文集》卷五九，第1793頁。

③ 蘇軾：《與張嘉父七首》之五，《蘇軾文集》卷五三，第1563頁。

④ 何薳：《春渚紀聞》，北京，中華書局1983年版。

⑤ 李光即道：“蘇子瞻幼年未讀《莊子》，因過外家程氏，架上有《南華真經》，問此何書，知莊周書也。公且飯且讀，因喟然歎曰：‘吾昔年有見於中，口不能言，今見是書，得吾心矣。’自是凡意所欲道，筆端悉能達之。其爲文雖不剽其語，而源流、血脈，多自莊周書來。”（《效莊周句法》）《中華大典·文學典·宋遼金元文學分典》（二），第37頁。劉熙載《藝概·文概》亦言：“東坡讀《莊子》，歎曰：‘吾昔有見，口未能言；今見是書，得吾心矣。’後人讀東坡文，亦當有是語。蓋其過人處在能説得出，不但見得到已也。”又《吕氏童蒙訓》説“讀《莊子》，令人意思寬大，敢作”，蘇軾説讀《莊》“得吾心”，可能也有這兩方面的體會。

點，因而對事物的看法、對問題的分析，常有新奇之論，往往能言人之未能言、不能言。受此影響，蘇軾觀察、分析事理，深細全面，多有自得之見，尤爲難得的是養成了深思、多思以“求物之妙”，并使之“了然於心”的習慣。見諸於文，則表現爲識見超倫，新穎、獨特，出人意外。如范温《潛溪詩眼》所説：“東坡之文，工於命意，必超然獨立於衆人之上。如《趙清獻碑》，世間稱治郡者曰寬，立朝者曰直，蓋已大矣，則進於二者又有説焉。故曰：‘其於治郡，不専於寬，時出猛政，嚴而不殘；其在朝廷，不専於直，爲國愛人，掩其疵病。’如吾家蜀公堅臥不起，人知其高而不稱其用，則爲碑銘（指蘇軾所作《范景仁墓誌銘》）曰：‘世皆謂公，貴身賤名，孰知其功，聖人之清。’然後知其有功於世也。又曰：‘君實之用，出而時施，如彼水火，寧除渴饑？公雖不用，亦相其行。如彼山川，出雲相望。’然後知其表裏廢一不可也。此皆非世人所能到者，平日得意處多如此。其源蓋出於《莊子》，故其論劉伶、莊子、阮千里、閻立本，皆於世人意外别出眼目。其平日取捨文章，多以此爲法。”

《莊子》論道，乃“以謬悠之説，荒唐之言，無端崖之辭，時恣縱而不儻，不以觭見之也。以天下爲沈濁，不可與莊語，以卮言爲曼衍，以重言爲真，以寓言爲廣”。“其書雖瓌瑋而連犿無傷也，其辭雖參差而諔詭可觀”[①]。其論理之修辭策略，簡言之可謂即事（物）以明理。由於“彼其充實不可以已”[②]，他對道的理解太深、體會太多，又要把它們明白、生動地説出來，現實的歷史的真人真事真物實在不够派用場，於是莊子便根據説理的需要編造各種各樣足以闡述、顯示、象徵、印證其道的人物、事蹟、物象。故《莊子》中的人物，雖有姓名，却未必有其人；即使有其人，亦未必有其事，因爲上古時代的許多名人也是他藉以編排故事以明其道的工具。這種修辭策略使莊子獲得了寫作的極大自由，大有利於説理的心手相應和行文的超妙靈脱。蘇軾學《莊》，深得其説理無中生有、以無爲有之妙，且將其由修辭手段上升爲思維方式，使其論辯更主動，更恣肆，更氣象崢嶸，更如意之所欲言；更全面，更深刻，更聳人聽聞，更具説服力。其《刑賞忠厚之至論》“皋陶曰‘殺之’三，堯曰‘宥之’三”云云，《論武王》“使當時有良史如董狐者，則南巢之事，必以叛書”云云，《論項羽范增》“增始勸項梁立義帝……中道而弑之，非增意也”云云，《論養士》“代相陳豨從車千乘，蕭、曹爲政，莫之禁也。豈懲秦之禍……”云云，《六一居士集叙》“方秦之未得志也，使復有一孟子”云云，《喜雨亭記》“太空冥冥，不可得而名，吾以名吾亭”云云，都是以無爲有、以虚爲實。從此類例句可以看出，蘇軾的以無爲有或無中生有，與《莊子》至少有兩點不同。一是蘇軾僅就文中某一事或某一事的某一方面“想當然”，局部爲虚；《莊子》却是一節文字所言之事全是無中生有，處處皆虚。一是蘇軾之“虚”是建立在文中所用之事真實可靠的基礎上的，所用合理想象的空間有限，説明蘇軾爲文，仍未背離儒家散文講究識真、事真、情真的藝術傳統，暨歐公“事信言文，乃能表見於後世”的主張[③]；《莊子》之“虚”却是“以其虚虚天下之實”（李淦語）

① 《莊子·天下》。
② 《莊子·天下》。
③ 歐陽修：《代人上王樞密求先集序書》，《歐陽修詩文集校箋》，第1777頁。

的修辭策略的産物，故其文“意出塵外，怪生筆端”（劉熙載語），“其言恍洋自恣以適己”（司馬遷語），顯現的全是别開生面的道家散文的藝術本色。蘇軾爲文善於虚處起論，也是無中生有之法。李淦即謂“子瞻文學《莊子》，入虚處似，《凌虚臺記》《清風閣記》之類是也”[①]。

蘇軾學《莊》，還表現在學它的愛用譬喻説理，學它的好爲滑稽[②]，尤其值得注意的是學它的句式和筆勢。李光就説蘇軾少年所作《夏侯太初論》中的“人能碎千金之璧，不能無失聲於破釜；能搏猛虎，不能無變色於蜂蠆”，晚年所作《韓文公廟碑》中的“能開衡山之雲，而不能回憲宗之怒；能馴鱷魚之暴，而不能弭皇甫鎛之謗”，是用所謂奪胎换骨法化用《莊子》語句。“能”、“不能”對比，構成語意上的巨大落差，出語即含感慨，有很强的震撼力。姚鼐則謂“東坡策論，其筆勢多取於《莊子》外篇”[③]。“筆勢”，本爲書法用語，指寫字時筆劃往來運轉之勢。爲文作論筆勢，當有兩層含義，一指説理進展方式，一指行文句式特徵。就《莊子》外篇言，前者靈活多變，并無定制可用。後者雖然富於變化，却有特徵明顯處。大抵《莊子》造句，好用大體相對的對句、大體整齊的排比句、句式大致相似的長短句，而且慣用多組對句或長排多句或成串句式大致相似的長短句形成鋪陳陣勢。又愛用一組對句或多組對句構成長句，愛用簡短的判斷句和意進一層的推論句，愛用遞進式的頂針句式。這些都爲蘇軾所用，其中以多用否定詞（如“不”、“無”等）統合相反内容於一體的單句和句式大體相似的對句最爲突出。

當然，蘇軾研習《莊子》，也難免受到其思想觀念和審美趣味的影響。如莊子對人生社會、天地自然的認識，如《凌虚臺記》謂“蓋世有足恃者，而不在乎臺之存亡也”云云，《超然臺記》謂“彼游於物之内，而不游於物之外”云云，即本於《莊》。而他受《莊子》“瓦礫粃稗，無非道也”的影響，故嬉笑怒駡皆成文章。又《莊子》憤世嫉俗，出語尖刻者有之，幽默者有之，詼諧者有之，滑稽者有之，而蘇軾“好駡”（黄庭堅語）、“多韻且善謔”（王聖俞語）、“多雅謔”（曾敏行語），似亦與學《莊》有關。

再説《戰國策》。《戰國策》所載，大抵皆戰國游士縱横捭闔、譎誑相輕、傾奪之説。戰國游士并無專一的政治理想和思想信仰，樂於説之易合、利之易得，設心注意，於君則偷爲一切（一時權宜）之計，於己則務得勢位富貴。其書講實用，重名利，叛經離道，變詐百出，與古文藝術精神所本之儒學大相徑庭。但其馳説新奇，辯麗横肆，足以悦人耳目。甚至有人説“其文章之美，在乙部中，自《左》《史》外，鮮有能及之者”（吴曾祺語）。蘇氏父子研習古文，都曾受到《國策》影響。和學《莊》一樣，蘇軾學《戰國策》，主要是學它“説利害”的修辭手段及其作爲“論事而達者”的藝術特色。至於思想取向之不同，讀鍾惺《東坡文選序》所言即可明白。《序》中有云：

---

① 李淦：《文章精義》，《中華大典・文學典・宋遼金元文學分典》（二），第319頁。

② 茅坤評蘇軾《喜雨亭記》，即謂“公之文好爲滑稽，得之《莊子》副墨、洛誦之説”，《中華大典・文學典・宋遼金元文學分典》（二），第431頁。

③ 姚鼐：《古文辭類纂・奏議類下編（二）》，《蘇軾資料彙編》上編（四），第1333頁。

戰國之言，非縱橫則名法，於先王之仁義道德、禮樂刑政無當焉。而其文終古不可廢者，以其雄博高逸之氣、紆回峭拔之情常存於天地之間也。使戰國人舍其所爲縱横、名法，而以爲仁義道德、禮樂刑政之言，則其心手不相隨，必不能如是雄博，如是高逸，如是紆回峭拔，以成其爲戰國之文。……今且有文於此，能全持其雄博、高逸之氣、紆回峭拔之情，以出入於仁義道德、禮樂刑政之中，取不窮而用不敝，體屢遷而物多姿，則吾必舍戰國之文從之，其惟東坡乎？……是故《老》《莊》者，出世之文之妙者也，毅然斥之不疑；《商》《韓》者，經世之文之妙者也，竟鄙其人、陋其説而已。夫東坡而非文人也則可，東坡而文人也，豈有不知其文之妙哉？以爲吾舍此自有真學問、真文章，理義足乎中而氣達於外，膽與識栩栩然、謖謖然、蓬蓬然於筆墨之下，取戰國之風調，易以己所欲言，而其淵源相去遠矣！世有病戰國之文無當於道，而愛其文終不能廢者，吾請以東坡之文代之。

鍾惺的話意在説明蘇軾之文和戰國之文（主要指《國策》）思想淵源之不同，同時也揭示出蘇軾“取戰國之風調，易以己所欲言”即變“縱横、名法之言”爲“仁義道德、禮樂刑政之言”、取《國策》藝術經驗爲創作儒家古文所用的特點。

前人多舉例説蘇軾取用《國策》論事説理的手法，如李淦謂子瞻文學“《戰國策》論利害處似，《策略》《策别》《策斷》之類是也”[①]。羅大經謂“《戰國策》之文，以曲作直”。“其論厲法禁也，曰‘商鞅、韓非之刑……’，其論唐太宗征遼也，曰：‘唐太宗既平天下……’，其論從衆也，曰：‘宋襄公雖行仁義……’，凡此類，皆以曲作直者也”[②]。陳模謂“東坡文似《戰國策》者，不特是善捭闔説利益似之，至如起頭便驚人處亦似之。如海外《論武王》起句云‘武王非聖人’之類是也。此乃文字一浪一波處，譬如長江大河滚滚起，一波方下，又一浪起，蓋其起伏處氣勢大”[③]。茅坤則謂《論武王》“通篇將無作有，轉輾不窮，大略從戰國辯口中來。此是東坡議論文中滑稽也。子瞻之論武王，雖非天下萬世之公，而其援孔子之所與以見其所欲罪，援《書》之所及以見其所不及，又以《春秋》所書趙盾者以案武王，亦成一家縱横之言”[④]。愛新覺羅玄燁亦謂：“東坡嘉祐間作《思治論》，曰：‘所謂從衆者，非從衆多之口也，從其不言而同然者也。’其説最好。然厥後荊公行新法，公上書争之，乃曰：‘爲國者未論行事之是非，先觀衆心之向背。’其説却有病。天下豈有悖理傷道之事，可以衆心之所向而姑爲之乎！宜其不足以服荊公，而指爲戰國縱横之學也。”[⑤]

茅坤、玄燁實於蘇軾學戰國策士論事方式不當带來的立論偏頗（前者將無作有，有

① 李淦：《文章精義》。

② 羅大經：《鶴林玉露》乙編卷三，《中華大典·文學典·宋遼金元文學分典》（二），第318頁。

③ 陳模：《懷古録》卷下，《中華大典·文學典·宋遼金元文學分典》（二），第424頁。

④ 茅坤：《東坡文鈔》十二評語，西安，三秦出版社1998年版，第5071頁。儲欣《唐宋十大家全集録·東坡先生全集録》卷三《武王論》評語亦謂：“湯武革命，順乎天而應乎人，孔子系《易》有定論矣，何嘗幾微不滿於二王哉？特以前段巧於附會，無中生有，以伸其私説而録之。”

⑤ 康熙：《御制文第三集》卷四十，《中華大典·文學典·宋遼金元文學分典》（二），第423頁。

片面性；後者有利用“民粹”之嫌，看問題流於表面，實用目的明顯）有批評意。其實，蘇軾取用《國策》藝術經驗爲古文所用，利遠大於弊。婁堅説：“六經之外，文之譚理而達者，無如《莊子》；論事而達者，無如《國策》，後之作者，能兼擷二書之勝，無如蘇長公。”[①]趙秉文則説：“其文似《戰國策》，間之以談道如莊周。”[②]古文本是自具首尾、篇幅有限的單篇散文，蘇軾爲文，既學韓、柳古文的“體面”，又學《國策》《莊子》論事、説理的藝術經驗，自然獨具風貌。大抵巧於立論，意出塵外；議論橫生，波瀾層出，縱橫開合，上下變化；“長於論事，筆端有口，真是入妙”（劉壎語）；辨析透快，“論利害處刺骨”（茅坤語）；叙説天下事，不可摹之狀、甚難顯之情，無不曲盡其妙，躍然現於目前；“引物連類，千變萬轉而不可方物”（焦竑語）；巧譬善喻，淺顯易明；出語朗暢、“甚達而又甚易”（王世貞語），得之於《國策》爲多。

最後説陸贄奏議。蘇軾幼即喜好陸贄之文，後來入朝侍講，嘗繕寫家中陸文善本進禦。有謂“文人之盛，莫如近世，然私所敬慕者，獨陸宣公一人”[③]。其《進呈奏議劄子》言贄“才本王佐，學爲帝師。論深切於事情，言不離於道德。智如子房而文則過，辯如賈誼而術不疏。上以格君心之非，下以通天下之志”。“如贄之論，開卷了然，聚古今之精英，實治亂之高抬貴手”[④]。蘇軾有意取用陸贄奏議以仁義爲本的文化精神，追求它救世祛弊的功用，學習它條陳時事，剴切詳明，援古證今，反復開導，曲折盡致，語簡意明的行文特點，以順應歐公文風取向，自然無可非議。人有疑竇者，或在陸贄奏議皆爲駢體似與古文奇句散行抵牾一事。於此，似應注意三點：

一是陸贄奏議（旁及所草制誥）誠爲駢體，但并非嚴格意義上的四六文。其外在形貌既不同於徐、庾之作，也和初唐駢文有異，更不能與中唐前後内竭外侈的駢體文同日而語，其新變特色顯著，故陳康黼稱陸文“於駢體文爲别調”[⑤]。可以説，陸贄是唐代駢文的改革者，其改革經驗對韓愈倡復古文有很大啓發。陸文固多用駢句，散句亦在在有之，其書寫策略可謂駢散不拘。所用駢句，有屬對精嚴、平仄諧調、用事巧妙者，但更多的是不用事，且用大體整齊的散句構成對句。又言事作論動輒排比，有以單句作排比者，有以複句作排比者，且多句排比，或與散句相連，或爲成段散文之一部分。還愛將若干對句或排比句納入以散句爲主導的長句中，愛用同一字詞營造諸多句子。營造對句雖不用事，用事説理却是陸贄奏議的常用手法。他用事以助其説、以證其説、以明其理，往往迭引聖人語録、史實，不嫌其多，叙述方式則爲“展開來説”。這些句式特徵都顯示出駢體文向散體文過渡的傾向。

二是韓愈倡復古文創新意識極强，其目的不是類比古代某家散文的形貌，而是在吸收古代散文藝術經驗的基礎上創造出一種新文體的審美風範。爲了豐富、提升古文的藝

① 婁堅：《學古緒言》，《中華大典·文學典·宋遼金元文學分典》（二），第429頁。
② 趙秉文：《跋東坡四達齋銘》，《閑閑老人滏水文集》卷二十，《蘇軾資料彙編》上編三，第803頁。
③ 蘇軾：《答虔倅、俞括》，《蘇軾文集》卷五十九，第1793頁。
④ 蘇軾：《進呈奏議劄子》，王素點校《陸贄集》（下）附録卷二，北京，中華書局2006年版，第818頁。
⑤ 陳康黼：《古今文派述略》，王水照主編《歷代文話》，上海，復旦大學出版社2007年版，第8162頁。

術美，故其博取兼資，經史百家，皆爲其“上規”、“下逮”之對象，而以詩爲文，以賦爲文，以駢文爲文，更爲其必用之手段。讀韓文，仔細觀察其句式特徵，分明能看到陸贄駢文新變特色對韓愈的影響。承此而下，歐陽修不但不反對古文納駢於散，還肯定內容正當的駢體文，謂“偶儷之文，苟合於理，未必爲非”[①]，所修《新唐書》就收有陸文十多篇。

三是“子瞻奏議終身效法陸公”[②]，但主要是學他爲人的公忠體國，學其奏議的“譏陳時病，皆本仁義，可爲後世法”[③]者，以及“敷陳條達明白，足動人主之聽”的書寫藝術[④]。後者包括言事的洞切事理，論述的詳盡透徹，用語的淺顯明白。曾國藩評論蘇軾《上皇帝書》，謂“奏疏總以明爲要”，以爲奏疏能具備“典、顯、淺”三字，“則盡善矣”。所説“此文雖不甚淺，而典、顯二字則千古所罕見”。又説“善言事者，每於最難明之處設譬喻以明之，東坡詩文皆以此擅長”。“東坡言事，或引古事以譬之，或引近事以明之，取其易曉”[⑤]，甚至洪邁所説“東坡先生作文，引用史傳，必詳述本末，有至百餘字者，蓋欲使讀者一覽而得之”[⑥]，茅坤所説“不爲巉刻之言，而文字達”[⑦]，也都是從陸贄奏議中來。可見其爲文效法陸贄句式，僅爲一端而已。況且蘇軾爲文句式，終以散句爲主，所用對句亦自有特點。如得於自然，非用意巧求；對偶用事，精妙切當；納駢於散，“寓對屬於流行”（浦起龍語）；用句式大體整齊、淺顯明白、形如散句之語構成對偶，皆是。最後一點尤爲突出。蘇軾爲文慣於用散句（且多爲複句、長句）構成對句，不但駢文中用，古文中也用。後來曾國藩讀陸贄奏議，説：“吾輩學之，亦須略用對句，稍調平仄，庶筆仗整齊、令人刮目耳。”[⑧]其實，蘇軾學陸，早已就此做過成功的嘗試。

蘇軾擅長駢文寫作，但他主要是一位散文家，故其所學也主要是一些優秀的古代散文。錢謙益説蘇軾“其源出於《國策》《莊》《孟》，而助以晁、賈諸公之波瀾，所浸灌於古者深矣”[⑨]。劉熙載亦謂“東坡文，亦孟子，亦賈長沙、陸敬輿，亦莊子，亦秦、儀，心目窒隘者，可資其博達以自廣，而不必概以純詣律之”[⑩]。錢、劉所言，均能道出蘇軾爲文博采諸家散文藝術爲我所用的特點。未曾明言的，是無論取用何種藝術技巧，都顯現出他自然順應歐公文風取向的意願。

（三）蘇軾對歐公文風的自覺堅持

如果説蘇子入仕前賡續歐公文風取向主要表現爲自然順應，那麼入仕後、特别是領

---

① 歐陽修：《論尹師魯墓誌》，《歐陽修詩文集校箋》（下），第 1917 頁。

② 曾國藩：《陸贄“奉天請罷瓊林、大盈二庫狀”評語》，《鳴原堂論文》卷上，《歷代文話》，第 5525 頁。

③ 歐陽修等撰：《新唐書》之《陸贄傳贊》。

④ 劉大櫆：《蘇軾“上皇帝書”評語》，《百家評古文辭類纂》卷十八，《蘇軾資料彙編》，第 1244 頁。

⑤ 曾國藩：《蘇軾“上皇帝書”評語》，《曾文正公全集·讀書録》卷九《東坡文集》，《蘇軾資料彙編》，第 1522、1523 頁。

⑥ 洪邁：《容齋三筆》卷十一，《中華大典·文學典·宋遼金元文學分典》（二），第 316 頁。

⑦ 茅坤：《“田表聖奏議叙”評語》，《蘇文忠公文鈔》卷二十三。

⑧ 曾國藩：《陸贄“奉天請罷瓊林、大盈二庫狀”評語》，《鳴原堂論文》卷上，《歷代文話》，第 5525 頁。

⑨ 錢謙益：《讀蘇長公文》，其文有謂“子瞻獨不喜《文選》，《文選》之文，自秦漢諸篇外，其餘皆不脱六朝浮靡，其爲子瞻唾弃，無足怪者”。《中華大典·文學典·宋遼金元文學分典》（二），第 324 頁。

⑩ 劉熙載：《藝概·文概》，上海，上海古籍出版社 1978 年版。

受歐公囑託後則演變爲自覺堅持。這種堅持可從三方面看出，一是古文寫作，二是對年輕人的教誨，三是對古文審美要求的歸納。就寫作言，僅説二事。一即蘇軾“與歐同出於用虛”（婁堅語），只是歐公去雕刻而務爲平易，常將實事於虛空處摩蕩盤旋，以得風神之美；蘇子用虛則將無作有，空中結撰，駕空行虛，唯意所到。或以想象之詞助其説，或用譬喻爲正論。而筆力豪横，行文倏忽變化，波瀾迭起，却能不鉤棘而奇，不繩削而合，奇不詭於正，激不乖於和。一即如朱熹所言，“歐公文章及三蘇文好説，只是平易説道理，初不曾使差異底字换却那尋常底字”。“文字到歐、曾、蘇……方是暢”。“歐、蘇全不使一個難字，而文章如此好”[①]。如羅大經所説“韓、柳猶用奇重字，歐、蘇唯用平常輕虛字”[②]。由此小同可以想見二人爲文之大同，而蘇子與歐公之大同，自是他自覺堅持的結果。教誨青年作者，亦可舉一例。如其托黄庭堅勸晁補之爲文務爲平和，云：“晁君騷詞，細看甚奇麗，信其家多異材耶？然有少意，欲魯直以己意微箴之。凡人文字，當務使平和，至足之餘，溢爲怪奇，蓋出於不得已也。晁文奇麗似太早，然不可直云耳。非謂避諱也，恐傷其邁往之氣，當爲朋友講磨之語乃宜。”[③]此與當年歐公托曾鞏勸王安石學韓取其自然，勿用造語及模擬前人何其相似，蘇子真不愧爲歐公傳人！

不過説到蘇子自覺堅持最大的貢獻，似乎還是他對歐公古文文風取向審美特徵的描述。蘇子描述的話較多，這裏僅借用其論詩論文的四句話略作分析，以見蘇子持論之一斑。

一是“用意深妙”。其與《上官彝三首》之一云：“伏觀書辭，博雅純健，有味其言；次觀古律詩，用意深妙，有意於古作者。卒讀《莊子論》，筆勢浩然，所寄深矣，非淺學所能到。”又説作文之法，云：“譬如城市種種物，欲致爲我用，有一物焉，曰錢，得錢則物皆爲用。作文先有意，則經史皆爲我用。”[④]又稱引朱象先語，云：“文以達吾心，畫以適吾意而已。”[⑤]又云：“夫學以明理，文以述志，思以通其學，氣以達其文。”[⑥]又論蕭統云：“拙於文而陋於識者，莫統若也。”[⑦]又論文云：“孫之翰《唐論》，至論褚遂良不譖劉洎，太子瑛之廢緣張説……皆舊史所不及。議論風發，暗與人意合者甚多。”[⑧]“十論、十二説已一再讀矣，不獨歎文辭之美，亦以見蓋誠求道之至也。”[⑨]“獲所著《通言》二篇，廢學之人，徒知愛其文之工妙，而不能究極其意之所未至。”“《通言》略獲披味，所發明者多矣。”[⑩]蘇子“用意”，蓋指爲文立意、命意而言。古文家講文以明道、文所以爲理，這是大原則，“立意”、“命意”實乃從寫作層面講如何在文中“明道”、“爲理”。“意”帶有很濃的個性色彩，但從大的方面看，都是合“道”入“理”的。杜牧甚至認爲立意

---

① 朱熹：《朱子語類》卷一百三十九。
② 羅大經：《鶴林玉露》卷十五，《蘇軾資料彙編》（上編），第713頁。
③ 蘇軾：《答黄魯直五首》之二，《蘇軾文集》卷五十二，第1532頁。
④ 周煇：《清波雜誌》，《宋人軼事彙編》（下册），第612頁。
⑤ 蘇軾：《書朱象先畫後》，《蘇軾文集》卷七十，第2211頁。
⑥ 蘇軾：《送人叙》，《蘇軾文集》卷十，第325頁。
⑦ 蘇軾：《答劉沔都曹書》，《蘇軾文集》卷四九，第1429頁。
⑧ 蘇軾：《答李方叔書》，《蘇軾文集》卷四九，第1431頁。
⑨ 蘇軾：《與江惇禮五首》之五，《蘇軾文集》卷五六，第1704頁。
⑩ 蘇軾：《與李通叔四首》之一、之二，《蘇軾文集》卷五七，第1726、1727頁。

是爲更好地“明道”、“爲理”服務的，所謂“凡爲文，以意爲主，氣爲輔，以辭彩章句爲之兵衛……苟意不先立，止以文彩、辭句繞前捧後，是言愈多而理愈亂”（答莊充書）。蘇子講的文“意”，出自作者心中之“志”、之“思”、之“見”、之“識”，它要求深刻、新穎、超遠、卓犖，能有所發明、啓人未悟，而且還要有用。能否别具隻眼，取捨文意，既影響文之功用，又決定文之工拙。蘇子十分重視爲文立意之深、妙，前人即謂“老坡之文，工於命意，必超然獨立於衆人之上”。“凡作一文，必有深旨。撰《小兒致語》……其意深切著明”[①]。“（所作堂記）每篇有所發明，有警策過人處。作《寶繪堂記》，却反説愛畫者自是一病；作《思堂記》，却説有所思便不好”[②]故將其列爲古文寫作的第一要務。

二是“文理自然”。蘇子稱謝民師文“大略如行雲流水，初無定質，但常行於所當行，常止於所不可不止，文理自然，姿態横生”[③]。陳獻章謂“曰‘行雲流水’數語，此長公文字本色”[④]。的確，蘇子《自評文》亦謂“吾文如萬斛泉源，不擇地皆可出，在平地滔滔汩汩，雖一日千里無難。及其與山石曲折，隨物賦形，而不可知也。所可知者，常行於所當行，常止於不可不止，如是而已矣。其他雖吾亦不能知也”。可見，“文理自然”是蘇子對包括自己在内所有作者爲文的審美要求。“文理”，本指文章條理。他用譬喻作論，“文理自然”内涵豐富，至少有兩點十分清楚。一即文之作乃心中積學積思所得深刻見解、强烈感受的自然流露，是不得不爲之，容不得半點勉强。如此，方有强烈的寫作欲望，寫出的文章才有可能避免多空言而少實用的毛病，才會成爲條理分明、言辭懇切的好文章。所謂“夫昔之爲文者，非能爲之爲工，乃不能不爲之爲工也”。這顯然是對作者爲文儲備（包括經學，史學、文學、政治等方面的學養）廣博厚實、爲文動機純正（不爲文而文）提出要求。一即行文起止、運行，或長驅直入，或回環往復，或波瀾層出，或煙波生色，皆自然而然，恰到好處。其實，做到這一點很不容易。看似平平道來，却隨物賦形，姿態横生；聽如信口而言，却漫談之中，暗有法度。既不像村婦對談，説到哪裏算哪裏，漫無頭緒；亦非老吏斷案，一五一十，繩之以法。蘇子各色小品（如書牘等），有隨手寫出、不待安排而自然超妙者；重要文章，有的也“只是據他一直恁地説將去，初無佈置”，多數“雖是宏闊瀾翻，成大片滚將去，他裏面自有法”[⑤]。作文全無佈置是不可能的，有佈置而行文却像全無佈置一樣，或行文有法却看似無法，應是“文理自然”的一種高境界。

三是“辭至於能達”。劉熙載謂“坡文多微妙語。其論文曰‘快’、曰‘達’、曰‘了’，正爲非此不足以發微闡妙也”[⑥]。劉氏所説“快”，當爲朱熹所説“東坡文字明快”之“快”[⑦]、姚鼐所説“欲得筆勢痛快”之“快”[⑧]，或方東樹所説“筆勢健拔雄快”之“快”[⑨]，與

---

① 張端義：《貴耳集》卷上，《中華大典・文學典・宋遼金元文學分典》（二），第449頁。

② 陳模：《懷古録》卷下，《中華大典・文學典・宋遼金元文學分典》（二），第319頁。

③ 蘇軾：《與謝民師推官書》，《蘇軾文集》卷十九，第1418頁。

④ 陳獻章《“與謝民師推官書”評語》，《三蘇文範》卷十二，曾棗莊《蘇文匯評》卷上，第95頁。《匯評》所收茅坤評語亦謂“此書所論文，然却是蘇長公文章本色”。高嵣評語亦謂“前半‘行雲流水’數言，即東坡自道其行文之妙”。

⑤ 朱熹：《朱子語類》卷一三九。

⑥ 劉熙載：《藝概・文概》，上海，上海古籍出版社1978年版。

⑦ 朱熹：《朱子語類》卷一三九。

⑧ 姚鼐：《與陳碩士書》。

⑨ 方東樹：《昭昧詹言》卷一。

蘇子"某平生無快意事，惟作文章……自謂世間樂事，無踰此者"[①]，所説之"快"，含義有别。"達"、"了"則義同蘇子所言。如其《與王庠書》説："前後所示著述文字，皆有古作者風力，大略能道意所欲言者。孔子曰：'辭達而已矣。'辭至於能達，止矣，不可以有加矣。"又《文説》言："孔子曰：'辭達而已矣。'物固有是理，患不知之，知之患不能達之於口與手。所謂文者，能達是而已。"又《與謝民師推官書》言："孔子曰：'言之不文，行而不遠。'又曰：'辭達而已矣。'夫言止於達意，即疑若不文，是大不然。求物之妙，如繫風捕影，能使是物了然於心者，蓋千萬人而不一遇也。而況能使了然於口與手者乎？是之謂辭達。辭至於能達，則文不可勝用矣。揚雄好爲艱深之詞，以文淺易之説，若正言之，則人人知之矣。"大抵蘇子論文最重視的是"達"，要求辭能"達意"、"達物之妙"、達物固有之理。怎樣才能"辭達"？至少要做到三點：

（一）對欲達之"意"、"物之妙"、物固有之理須了然於心，即充分、深刻、準確地認識和把握其表像特徵和内在本質。這就是前人説的做文章先要理會道理，自己所見模糊，未能了然於心，就不敢明言、不能深言，只好胡亂説去。而得"意"、求"妙"、通"理"不易，要有深入觀察、思考、辨析的功力和爲了實事求是、敢於揚弃賢人之説的勇氣。即蘇子所説："己好則好之，己惡則惡之，以是自信則惑也。是故幽居默處而觀萬物之變，盡其自然之理，而斷之於中。其所不然者，雖古之所謂賢人之説，亦有所不取。"[②]

（二）能得心應手地表達其"意"、表述其"妙"、其"理"。焦竑解釋"辭達"，説"世有心知之而不能傳之以言，口言之而不能應之於手。心能知之，口能傳之，而手又能應之，夫是之謂辭達"[③]。能把心中所明準確、明白地表達出來，是硬功夫，也是辭至於能達的最高境界。蘇子説張嘉父"文章自己得之於心，應之於手矣"，説"少游下筆精悍，心所默識而口不能傳者，能以筆傳之"[④]，是對對方文字表達能力的高度肯定。文辭達"意"、明"理"之難，不亞於得"意"、通"理"之難，因爲"物有畛而理無方，窮天下之辯，不足以語一物之理。達者寓物以發其辯，則一物之變，可以盡南山之竹"[⑤]。即使蘇子爲詩爲文，也有難於"辭達"之時。如其《懷西湖》就説"所至得其妙，心知口難傳"，《謝吕龍圖書》亦謂"意之所至，言有所不能宣，故其見於筆舌者，止此而已"。當然，蘇子爲文，畢竟"意之所到，則筆力曲折，無不盡意"者多，"蓋其過人處在能説得出，不但見得到已也"。原因或在於他"有道有藝"。因爲他認爲"有道而不藝，則物雖形於心不形於手"[⑥]。蘇子爲文之"藝"，蓋取於《國策》《莊子》《孟子》《漢書》及晁、賈、陸、韓等人散文之表現藝術，其所浸灌於古者博矣深矣，且能聚其精華，積其所長，視己所需，靈活、機動而又加以創造性的運用，因而有意在心，辭必能達。蘇子的經歷告訴學者，要想辭達，廣泛吸納前人藝術經驗爲我所用，何等重要。

---

① 何薳：《春渚記聞》卷三記載，此爲東坡與劉景文及何薳之父所談之話。
② 蘇軾：《上曾丞相書》，《蘇軾文集》卷四八，第1379頁。
③ 焦竑：《書長公外集序》，《中華大典·文學典·宋遼金元文學分典》（二），第321頁。
④ 蘇軾：《書付過》，《蘇軾文集》之《蘇軾佚文彙編》卷五，第2562頁。
⑤ 蘇軾：《書黄道輔"品茶要録"後》，《蘇軾文集》卷六六，第2067頁。
⑥ 蘇軾：《書李伯時山莊圖後》，《蘇軾文集》卷七十，第2211頁。

（三）不要“好爲艱深之辭”。蘇子批評揚雄“好爲艱深之辭，以文淺易之説”，未必符合事實，但他講“爲艱深之辭，以文淺易之説”并非“辭達”，却是對的。因爲在文中以“淺易之説”立論，説明作者於物之“理”、物之“妙”，并未“了然”於心；“爲艱深之辭”以文其意，而其意晦澀不明，表明他并未將其意“了然於口與手”，自然算不上“辭達”。結合茅坤説蘇子“不爲巉刻之言，而文自達”，理解他對揚雄的批評，他講“辭達”，除要求意深、意新和真“了然”於心外，似乎還要求用語言約意豐，易道易曉。至於他説“夫言止於達意，即疑若不文，是大不然”，首先是從“辭達”功用角度立論。所謂“辭至於能達，則文不可勝用矣”（孔子“言之不文，行而不遠”，亦從功用角度説“言”之“文”不“文”）。其次，是認爲得心應手地表達其意是散文創作很難企及的境界，正是言之有文或文辭富有文采的一種表現。

四是“詞語甚樸，無所藻飾”。這是蘇子自道其文風特徵的話，有自謙意，但也確是他對古文語言風格的歸納。用語樸素、平易，不要藻飾，尤其反對過分修飾，是先唐多數著述散文和單篇散文的書寫原則，也是韓、歐倡復古文的基本要求。蘇子自少及老，用語總以樸淡爲美，講究華實相副。朱弁就説：“舊説歐陽文忠公雖作一二字小簡，亦必屬稿，其不輕易如此！然今集中所見，乃明白平易，反若未嘗經意者，而自然爾雅，非常人所及。東坡大抵相類，初不過爲文采也。”[①]可見蘇子爲文堅持不“過爲文采”，精心造語，力求明白平易，看似未嘗經意而自然爾雅，實與學歐語尚平易亦是錘煉而成有關。其實，蘇子不單自己“不過爲文采”，還以此要求他人，其《與李方叔》説：“前日所貺高文，極爲奇麗。但過相粉飾，深非所望，殆是益其病耳。”[②]直言“深非所望”，可謂出語嚴厲狠重，見得他對“過相粉飾”徒增“其病”的厭惡。由此亦可看出，他講語詞樸素、無所藻飾，是以準確達意爲基本要求的。要準確達意，就不能省推敲之工，故要“語詞甚樸”，并非信口而言，完全不用修飾；推敲語詞既已能達其意，“過相粉飾”就如畫蛇添足，使得真意不真，當然不能提倡。

蘇軾反對爲文“過相粉飾”，但并不反對年輕人把文章寫得“氣象崢嶸，采色絢爛”。其《與二郎侄》云：“凡文字，少小時須令氣象崢嶸，采色絢爛，漸老漸熟乃造平淡；其實不是平淡，絢爛之極也。汝只見爺伯而今平淡，一向只學此樣，何不取舊日應舉時文字看，高下抑揚，如龍蛇捉不住，當且學此。”讀此書，當明白三點：

一是蘇子講的“氣象崢嶸，采色絢爛”不是“過相粉飾”。“氣象崢嶸”云云，指的是文章採用極富表現力的修辭手段，恰到好處地達意明理，所呈現出來的藝術風貌。即他説的“高下抑揚，如龍蛇捉不住”。像吕留良説蘇子《大臣論上》“作文之要，曰引喻，曰證事，是篇於斯二者極盡其勝，但通體都是反説”[③]。謝相山説《大臣論下》“反復説盡君子小人利害，曲折文字，縱横議論，痛快”[④]。徐揚貢説《思治論》“此文千變萬化，

① 朱弁：《曲洧舊聞》卷九，《蘇軾資料彙編》（上編一），第329頁。
② 蘇軾：《答李方叔十七首》之十一，《蘇軾文集》卷五三，第1581頁。
③ 吕留良：《晚村先生八家古文精選》（三）評語，《唐宋八大家文鈔校注集評·東坡文鈔（上）》，第5050頁。
④ 王庭震：《古文集成》卷三十二引謝相山評語，《唐宋八大家文鈔校注集評·東坡文集（上）》，第5054頁。

真如神龍出没，讀者幾欲目眩心搖，茫無端緒。愚謂只須將體段看清，其中血脈自貫”[①]。孫琮説《范文子論》“篇中比喻處、引證處，議論處，都不見有文子，然無一處不是極贊文子，此絶有關係文字”[②]。劉大櫆説《留侯論》“忽出忽入，忽主忽賓，忽淺忽深，忽斷忽接，而納履一事，止隨文勢带出，更不正講，尤爲神妙”[③]。沈德潛説《荀卿論》“以孔子反影荀卿，以李斯之惡歸獄荀卿，一出一入，鋭不可當”[④]。皆言蘇子早年文字“氣象崢嶸，采色絢爛”之表現藝術。此類表現藝術的運用，目的就是爲了恰到好處地達意、明理，而多種手法的巧妙使用，既帶來人物事理的五花八門，又促成筆勢的健拔雄快、景象的異彩紛呈、境界的奇幻莫測。“過相粉飾”，則是雖或有“意”而過度渲染、形容，堆垛其詞，或全然不顧文中“主意”，馳騁其説，而以前者爲主。

二是蘇子講的“平淡”，意近“自然”。所謂“漸老漸熟，乃造平淡”，是説隨著作者年齡的增長、寫作技藝日漸嫻熟，就會爲文趨於自然。如蘇子説李方叔之文“微傷於冗，後當收斂之，今未可也。方叔之文，正如川之方增，當極其所至，霜降水落，自見涯矣。然不可不知也”[⑤]；魏了翁説歐公“蓋其晚年所見愈高，不作文而自不能不文，不用字照當，而其血脈有自然之照當。……然歐文亦自霜降水涸、自然收斂到平淡，所以於其有許多好處。若才用功而便要學其中平淡，則先失之易矣”[⑥]，即隱含蘇子“漸老漸熟，乃造平淡”之意。所謂“其實不是平淡，絢爛之極也”，是説爲文自然而然并非人們所理解的意謂平常或平淡無奇的“平淡”，而是絢爛的最高境界，或者説是絢爛到極點産生的蛻變。蘇子既謂“汝只見爺伯而今平淡”，不妨借古文家對他晚年所作《志林》中一二文章的評議，來理解其“平淡”之含義。方苞説蘇子論魯隱公、里克、李斯、鄭小同、王允之“事核而理當，直達所見，不用反復以爲波瀾，於子瞻諸論中，更覺嶢然而出其類”[⑦]。姚鼐説《韓非論》“此與《荀卿論》皆有意爲，文字非如《志林》若泉之隨地溢出”[⑧]。吴德旋説“蘇長公晚年之作，有隨筆寫出，不待安排而自然超妙者。非天資高絶，不能學之”[⑨]。張裕釗説“子瞻《志林》諸篇，卓識偉論，獨有千古，而其文奇縱高妙，變化於自然，實爲傑作”[⑩]。所謂“直達所見，不用反復以爲波瀾”，“若泉之隨地溢出”，“奇縱高妙，變化於自然”，“隨筆寫出，不待安排而自然超妙”，這就是蘇子所講爲文平淡表現藝術之特徵，行文自然與用語樸素平易，自與歐公文風取向契合無間。

三是蘇子講的“平淡”是淡而有味的平淡，具有豐厚雋永的美學意藴。其論文之淡而有味，或如其論詩所言“所貴乎枯淡者，謂其外枯而中膏，似淡而實美，若中邊皆枯

① 徐揚貢《思治論》評語，《唐宋八大家文鈔校注集評・東坡文鈔（上）》，第5064頁。
② 孫琮《范文子論》評語，《唐宋八大家文鈔校注集評・東坡文鈔（上）》，第5142頁。
③ 劉大櫆《留侯論》評語，《唐宋八大家文鈔校注集評・東坡我鈔（上）》，第5188頁。
④ 沈德潛《荀卿論》評語，《唐宋八大家文鈔校注集評・東坡文鈔（下）》，第5234頁。
⑤ 錢謙益：《答徐禎起書》，《蘇軾資料彙编》（上编三），第1090頁。
⑥ 魏了翁：《懷古録》卷下，《中華大典・文學典・宋遼金元文學分典》（一），第701頁。
⑦ 方苞評議，王文濡《評校音注古文辭類纂》卷四引，臺北，華正書局1982年版。
⑧ 姚鼐評語，王文濡《評校音注古文辭類纂》卷四引。
⑨ 吴德旋撰、吕璜整理《初月樓古文緒論》，《歷代文話》第五册，第5046頁。
⑩ 張裕釗評語，王文濡《評校音注古文辭類纂》卷四引。

淡，亦何足道”[①]。“獨韋應物、柳宗元發纖穠於簡古，寄至味於淡泊”[②]。“外枯而中膏，似淡而實美”，“寄至味於淡泊”，當爲蘇子爲詩爲文平淡共有之審美要求。論文之淡而有味，則應如朱熹對歐陽公文平淡之美的描述：“雖平淡，其中却自美麗，有好處，有不可及處，却不是闒茸無意思。”[③]關於這一點，我們只要讀讀蘇子《記承天寺夜游》一類文字，就會有深切感受。

三、蘇子對歐公文風取向的拓展

蘇子對歐公文風取向的賡續，主要表現爲對其本於儒學的古文藝術精神和平易自然風格的堅持；他對歐公文風取向的拓展，則主要是使平易自然文風的存在形式和取法對象多樣化。突出表現有三：一是於歐公優游委曲、柔和淡泊之外，别開恣肆豪健、疏爽俊逸一路。二是爲了增强古文的表現力和豐富其藝術美，將爲文的取法對象擴大到儒家以外的多家著述；三是將平易自然文風引進小品文創作，由此影響到整個宋代散文的明快暢達。現依次略論其事。

先説另辟恣肆豪健、疏爽俊逸一路。蘇子和歐公同有平易自然的文風取向，但由於二人爲人性格、學養、審美觀念、藝術趣味和習慣性書寫手法的不同，兩家古文創作從構思到行文、走向平易自然的途徑大不一樣。故其古文風格取向雖然總歸於平易自然，却自有獨特的藝術個性。

前人論及歐、蘇文風異同的言論很多，揣摩其詞，不難明白蘇子對歐公文風取向的拓展。如説永叔厚重淵潔，故其文委曲平和，不爲斬絶詭怪之狀，而肅穆有餘韻；子瞻魁梧宏博，氣高力雄故其文驚絶一世，不爲婉昵細語。歐公學韓而益暢之，去雕刻而務出於平易，爲一變焉；蘇子與歐公同出於用虚，而筆力豪横，倏忽變化，後有作者，無以復變。歐文如春風和氣，鼓舞動盪，了無痕跡。不爲尖新艱險之語，而有從容閒雅之態。豐而不餘一言，約而不失一詞，且事事合體，餘味曲包，可謂和平深厚。蘇文如長江大河，一瀉千里。雖極盡渾浩流轉、曲折變化之妙，總有隨物賦形、其勢不得不然之特點。其文未必事事合體，而行文不鉤棘而奇，不繩削而合；不用難字，不爲綺語、怪語，而言之精神煥發，意無不達。或氣象崢嶸，采色絢爛，或勁悍廉厲，無枝無葉，華然浩然，可謂雄邁俊逸。歐公之文，和氣多，英氣少；東坡之文，英氣多，和氣少。歐公長於叙事，議論略遜一籌。其文之妙，有紆徐婉曲，反復以達其意者。或説而不説，或説而又説，極盡吞吐往復、參差離合之致。由於不盡説，故含蓄無盡，耐人咀嚼。史論多感歎，又多設疑。蓋感歎則動人，設疑則意廣。論人論事常發之以感慨，俯仰跌宕，一波三折，情韻縹緲，盡顯作者風神之美。蘇子擅長議論，短於叙事，記叙中亦以論説爲多。平生持論頗重氣字，理足氣盛，或一意反復，滔滔作論，或若斷若續，變幻不羈，皆爲氣之

① 蘇軾：《評韓柳詩》，《蘇軾文集》卷六七，第 2109 頁。

② 蘇軾：《書黄子思詩集後》，《蘇軾文集》卷六七，第 2124 頁。

③ 朱熹：《朱子語類》卷一三九。

鼓蕩、勢之起伏所致。由於習慣於辭隨氣出以暢達其意，故其文字明快，有氣焰。説理盡説無遺，且説得透，極言盡意而出語平易直率。雖多用事實，亦愛將無作有，以曲爲直，空中結撰，巧生波瀾。故有謂歐公善用柔，蘇子善布虚；歐文美在神韻，蘇文雄於氣勢；歐文優游有餘，蘇文昭晰無疑；歐公情志紆徐，故虚字多，蘇子才氣廉悍，故間架闊；歐文入手多配説，故逶迤不窮；蘇文往往開篇即作驚人之論，故入手就能自占地步而得悍厲之勢。歐公雍容俯仰，不大聲色，而義理自勝；蘇子相題發揮，往往無中生有，小題大做，且極言竭論，議論層湧，光芒映射，令人讀去，自覺縱橫莫當。

瀏覽此類對比式的議論，不難得出這樣的結論：即歐、蘇爲文同以平易、自然爲文風取向，而其藝術個性却有委曲平和與雄邁俊逸之不同。或謂歐文主要是通過委曲平和形成平易自然的文風，蘇文主要是通過雄邁俊逸形成平易自然的文風。就一種基本文風走向應具有多種藝術個性而言，蘇文的雄邁俊逸無疑是對平易自然文風藝術個性内涵的補充，同時也可視爲對歐公文風取向的開拓。這一開拓，意義重大。不但突破了歐公變退之奇崛爲平易的單一方式，還大大增强了宋代古文的表現力和藝術美。試想，如果宋人一律順應歐公宣導的文風走向，都效法他委曲平和的藝術個性，恐怕最好的結果也不過是多出幾個像曾鞏那樣爲文茂密安和的古文家。即使會有類似王安石那樣爲文瘦硬峭折的作者出現，也難改變宋文可能會有的肉多骨少、嚴正有餘而欠玲瓏、文勢平衍、筆力柔弱的毛病。蘇子於委曲平和之外别開雄邁俊逸一路，自爲後來者順應歐公文風取向指明了新的途徑。除爲學者提供創作經驗外，尤爲重要的是，其開拓精神對他們的藝術創新産生過强大的激勵作用，使得宋文在保持平暢淡泊本色的基礎上，顯現出多種多樣的藝術個性和豐富多彩的藝術美。

再説將爲文取法對象擴大到儒家著述之外。歐公拘於治學尚純粹、忌駁雜的觀念，爲了變退之之奇崛爲平易，故其爲文多以文風平易之儒家著述爲取法對象。歐公治學雖博覽群籍，但爲文用功最深、取法最多的只有《史記》和韓文。和歐公一樣，蘇子并不以六朝駢文爲取法對象，故對《文選》評價很低。但他學習周秦兩漢之文却是出入於經史子集，凡能爲我所用者，皆取而用之。他愛讀史，用功最深、取法最多的是《戰國策》和《漢書》(獨不喜《史記》)；又愛讀子書，用功最深、取法最多的是《韓非子》《莊子》；他如賈誼、晁錯、陶潛、陸贄、韓、柳之文，皆有所取法。特别引人注意的是，他還愛讀佛經，把漢譯經文也作爲古文寫作的取法對象。對此，古今學者議論很多。涉及的重要問題有二。

一即蘇子是否篤信佛教、且將佛學作爲其思想來源之一。有人以爲蘇子嘗自稱“東坡居士”、“佛弟子蘇軾”，又愛與友人談禪作偈，所作佛門文字精彩，故言其篤信佛教，以至稱爲五祖戒禪師之後身。實則蘇子在熙寧四年作《議學校貢舉狀》，即痛斥“今士大夫至以佛老爲聖人，粥書於市者，非莊老之書不售也。讀其文，浩然無當而不可窮；觀其貌，超然無著而不可挹，豈此真能然哉”。“願陛下明敕有司，試之以法言，取之以實學。博通經術者，雖樸不廢；稍涉浮誕者，雖工必黜”[①]。後又在《六一居士集叙》中，肯定

① 蘇軾：《議學校貢舉狀》，《蘇軾文集》卷二五，第725頁。

當年歐公“其學推韓愈、孟子以達於孔氏，著禮樂仁義之實，以合於大道”。并謂“歐陽子没十有餘年，士始爲新學，以佛老之似，亂周孔之真，識者憂之。賴天子明聖，詔修取士法，風厲學者專治孔氏，黜異端，然後風俗一變”①。而他在繼爲其父續成《易傳》之後，晚年“復作《論語説》，時發孔子之秘。最後居海南，作《書傳》，推明上古之絶學，多先儒所未達。既成三書，撫之歎曰：‘今世要未能信，後有君子，當知我矣。’”②由此類言行足以見出蘇子平生於儒於釋的基本態度。要之，蘇子學養涉及的知識面極廣，但求“學術近正”，故儒學仍爲其學術根源及終身服膺之思想。如胡直所言：“若蘇氏父子，其學皆嘗遠探於經而博取於傳，以發其中心之誠然，所謂一家之言而已。”③這是一方面。

另一方面，蘇軾從入仕之初（時任鳳翔府判官）就通過王彭開始接觸佛學。所謂“予始未知佛法，君爲言大略，皆推見至隱以自證耳，使人不疑。予之喜佛書，蓋自君發之”④。之後一直有喜讀佛書的習慣，不過他的學佛似乎與一般學者有所不同。他在黄州作《答畢仲舉》云：“佛書舊亦嘗看，但闇塞不能通其妙，獨時取其粗淺假説以自洗濯，若農夫之去草，旋去旋生，雖若無益，然終愈於不去也。”“往時陳述古好論禪，自以爲至矣，而鄙僕所言爲淺陋。僕嘗語述古：‘公之所談，譬之飲食龍肉也，而僕之所學，豬肉也。豬之與龍，則有間矣。然公終日説龍肉，不如僕之食豬肉實美而真飽也。’”看來他的學佛，并非“爲出生死、超三乘，遂作佛”⑤，而有很强的服務當下人生的實用性。他在惠州作書與程全父，甚至説：“老拙慕道，空能誦《楞嚴》言語，而實無所得。”⑥蘇子如此習佛，或真如王若虚所言：“禪語，則姑爲談笑之資而不以窮葛藤爲勝。”⑦豈止爲了談笑，其作佛門文字《清風閣記》，亦“戲爲浮屠語以問之”⑧。大略蘇子學佛談禪，頗有趕時髦的味道。其《答劉巨濟書》即云：“近時士人多學談理空性，以追世好，然不足深取。時以此取之，不得不爾耳。”⑨但若説他因此對佛學要義不甚了了、僅有粗淺體會，是不可能、也不符合事實的。大體蘇子對佛學的看法和對《莊子》的看法，思維方式相同，以爲儒釋道學殊途同歸，所謂“我見大海，有北南東。江河雖殊，其至則同”⑩。實則納釋、道於儒。其論《莊》，“以爲莊子蓋助孔子者”。“莊子之言，皆實予而文不予，陽擠而陰助之，其正言蓋無幾。至於詆訾孔子，未嘗不微見其義”⑪。論釋則謂“三藏十二部之文，皆《易》理也”⑫。其論儒釋相通，説過一句有名的話：“予觀范景仁、歐陽永叔、司馬

---

① 蘇軾：《六一居士集叙》，《蘇軾文集》卷十，第315頁。

② 蘇轍：《亡兄子瞻端明墓誌銘》。又北歸後，蘇子《答蘇伯固四首》之三曰：“某凡百如昨，但撫視《易》《書》《論語》三書，即覺此生不虚過。如來書所諭，其他何足道。”《蘇軾文集》卷五七，第741頁。

③ 胡直：《書蘇子瞻書傳後》，《中華大典·文學典·宋遼金元文學分典》（二），第312頁。

④ 蘇軾：《王大年哀辭》，《蘇軾文集》卷六三，第1965頁。

⑤ 蘇軾：《答畢仲舉二首》之一，《蘇軾文集》卷五六，第1671、1672頁。

⑥ 蘇軾：《與程全父十二首》之五，《蘇軾文集》卷五五，第1624頁。

⑦ 王若虚：《滹南遺老集》卷三十六，《蘇軾資料彙編》（上编三），第808頁。

⑧ 蘇軾：《清風閣記》，《蘇軾文集》卷十二，第383頁。

⑨ 蘇軾：《答劉巨濟書》，《蘇軾文集》卷四九，第1433頁。

⑩ 蘇軾：《祭龍井辯才文》，《蘇軾文集》卷六三，第1961頁。

⑪ 蘇軾：《莊子祠堂記》，《蘇軾文集》卷十一，第347頁。

⑫ 焦竑：《東坡全集序》，《中華大典·文學典·宋遼金元文學分典》（二），第321頁。

君實皆不喜佛，然其聰明之所照了，德力之所成就，皆佛法也。”[①]正因其有鑒於儒釋的同一性，故於佛學之與儒學相合者，或能補儒學之不足者，尤爲注意。於文亦愛“論儒釋不謀而同者”[②]，且發明者多，而廣爲所用。雖然如此，蘇軾的學養仍以儒學爲主，佛學并非其思想重要來源之一，他也不是虔誠的佛教信奉者。

一即如何看待佛書對蘇子古文文風的影響。北宋釋惠洪嘗言：“歐陽文忠公以文章宗一世，讀其書，其病在理不通。以理不通，故心多不能平。……東坡蓋五祖戒禪師之後身，以其理通，故其文渙然如水之質，漫衍浩蕩，則其波亦自然而成文，蓋非語言文字也，皆理故也。自非從《波若》中來，其何以臻此？”[③]意謂蘇子文風乃通曉佛理所致。所得佛理不但影響到蘇子的人生觀念，也是蘇文藝術精神的理論基礎及其文風的根本成因。王十朋説歐、蘇文風之異，更以純、雜相區分。云：“韓、歐之文，粹然一出於正，柳與蘇好奇而失之駁。至論其文之工、才之美，是宜韓公欲推遜子厚，歐陽子欲避路放子瞻一頭也。”他所謂“粹然”之“正”，實指蘇文思想理論純以儒學爲宗；“好奇”之“駁”，實指其文思想理論於儒學外，雜有釋、老等非儒觀念。總之，早在宋代就有學者認爲蘇文并非純粹的儒家散文。應該承認，這一看法是對的。但要説明，蘇文中只有一小部分，而不是所有散文都以釋、老等非儒思想作爲其藝術精神的理論基礎。尤其是古文，固守其以儒學爲本的藝術精神，實乃蘇子爲文學韓宗歐的重要標誌。韓愈宣導的古文，是一種自具首尾、篇幅有限，遣詞造句取法三代秦漢之文，重在明道、記事，行文氣盛言宜，多爲奇句散行，而以具有本於儒學的藝術精神爲必備條件的單篇散體文。今人研究古文，很容易把古代散文和韓愈宣導的古文混爲一談，其實古代的散文并不全是韓愈所要宣導的古文。本來，散文和古文都是文體類别概念。散文的文體特徵幾乎只有語多奇句散行一項，古文則還有篇幅、功用、行氣、法度等方面的要求，於藝術精神之思想理論基礎有特别要求。因此，古文屬於散文文類，但不能説凡古代的散文都是古文。蘇子好爲“破體”、“變體”之文，但他對古文之爲古文的要求（包括以本於儒學的藝術精神爲必備條件）是十分清楚而且樂意遵從的。在他心目中，凡表達非儒思想内容的散文都不是“文”即古文。如其作書與王佐才，云：“近來絶不作文，如懺贊引、藏經碑，皆專爲佛教，以爲無嫌，故偶作之，其他無一字也。”[④]其《答李端叔書》甚至把内容龐雜、叙説個人瑣事的書牘之作也不算作“文”、“文字”，謂“自得罪後，不敢作文字。此書雖非文，然信筆書意，不覺累幅”[⑤]。可見，蘇子并不將古文和“專爲佛教”以及其他内容龐雜的散文混爲一談[⑥]，因而上引惠洪、王十朋的話并不適用於蘇子古文。當然，這不等於説蘇子古

① 蘇軾：《跋劉咸臨墓誌》，《蘇軾文集》卷六六，第 2071 頁。

② 蘇軾：《南華長老題名記》，《蘇軾文集》卷十二，第 394 頁。

③ 釋惠洪：《石門題跋》卷二，《蘇文匯評》，第 543 頁。袁枚《答友人論文書》亦謂“蘇長公通禪理，故其文暢”，《中華大典·文學典·宋遼金元文學分典》二，第 325 頁。

④ 蘇軾：《與王佐才二首》之一，《蘇軾文集》卷五七，第 1715 頁。

⑤ 蘇軾：《答李端叔書》，《蘇軾文集》卷四九，第 1432 頁。

⑥ 黄震論蘇文，就隱約將其分爲古文和佛教之文兩類。有謂“東坡爲儒者言，論天下事，明白如見；爲佛者言，談若空法，宛轉無窮。惟以儒證佛，則不可曉，如《南華長老題名記》援子思、孟子之類是也”。（黄震：《讀文集四·蘇文·釋教》，《蘇軾資料彙編》上編，第 775 頁。）

文完全與佛理絶緣。如同《靈虛閣記》、《超然臺記》、前後《赤壁賦》(古文之賦或謂賦體古文)等文化用《莊子》語意以爲議論一樣，蘇文中也有取用某些佛學觀念以補儒學不足者。但其主導思想，或謂構成其藝術精神的思想理論基礎，仍是儒學，是毋庸質疑的。劉熙載説："東坡文雖打通牆壁説話，然立腳自在穩處。譬如舟行大海之中，把舵未嘗不定，視放言而不中權者異矣。"①正因"立腳自在穩處(指以儒學爲理論基礎)"，我們就不能因爲東坡寫過一些意涉佛理、語出佛書的佛門散文，就懷疑他古文的純粹性，甚至不敢理直氣壯地稱其爲古文家。事實上，唐宋八大家中，柳、曾、王及蘇氏兄弟都有數量不等的意涉佛理、語出佛書的佛門散文，而這并不影響他們作爲唐宋優秀古文家的身份。

不過，在唐宋古文家中，散文寫作取法佛書表現手法最成功的，應是蘇軾。南宋李淦説子瞻文學《莊子》，學《戰國策》，學《楞嚴經》等，謂"子瞻文字到窮處，便濟之以此一著，所以千萬人過他關不得"②，似乎取法佛書乃是蘇子解决寫作難題的一件"秘密武器"。一般來説，漢譯佛書大都有用語淺近平易、不避口語俗語；好用譬喻故事説理，叙議結合，靈活生動；又愛反復叙説，一事説罷，復説一事；一則娓娓道來，不絶如縷；一則潮起潮湧，滔滔汩汩。受此影響，高僧爲文，也顯得縱横自在，語句靈動暢達，有文士不能措一語者。蘇子自謂"吾文如萬斛泉源，不擇地皆可出。在平地滔滔汩汩，雖一日千里無難。……常行於所當行，常止於所不可不止"。而能神奇出之淺易，纖穠寓於淡泊，當與其久受佛書浸漬和諳熟其説理手法有關。清初錢謙益、黄宗羲就明説蘇子以記事爲主的行狀、碑誌受到過《華嚴經》的影響，并給予正面評價。錢氏有云："吾讀子瞻《司馬温公行狀》《富鄭公神道碑》之類，平鋪直叙，如萬斛水銀，隨地湧出，以爲古今未有此體，茫然莫得其涯涘矣。晚讀《華嚴經》，稱心而談，浩如煙海，無所不有，無所不盡，乃喟然歎曰：'子瞻之文，其有得於此乎？文而有得於《華嚴》，則事理法界，開遮湧現，無門庭，無牆壁，無差擇，無擬議。世諦文字，固已蕩無纖塵，又何自而窺其淺深、議其工拙乎？'""中唐已前，文之本儒學者，以退之爲極則；北宋已後，文之通釋教者，以子瞻爲極則。孟子曰：'孔子之謂集大成。'二子之於文也，其幾矣乎！"③錢氏之前，朱熹説過蘇子《司馬温公神道碑》一類文字，"看他也只是據他一直恁地説將去，初無佈置"，并未看出他是學《華嚴經》的寫法，揭出這一點是錢氏的發明。尤爲難得的是，他能把蘇子在藝術手法上取法《華嚴經》《莊子》，作爲其古文"集大成"之重要表現。

接著，黄宗羲在肯定"蘇子瞻之《温公神道碑》且學《華嚴》之隨地湧出"的同時，還爲其做法的高明和合理找到了一條重要理由，所謂"言之不文，不能行遠。夫無言則已，既已有言，則未有不雅馴者。彼佛經祖録，皆極文章之變化。即如《楞嚴》之叙十八天、

---

① 劉熙載：《藝概》卷一《文概》，第30頁。

② 李淦：《文章精義》，《中華大典·文學典·宋遼金元文學分典》(二)，第319頁。李淦原文云："子瞻文學《莊子》(入虛處似，《淩虛台記》《清風閣記》是也)、《戰國策》(論利害處是，《策略》《策别》《策斷》是也)、《史記》(終篇惟作他人説，末後自己只説一句，《表忠觀碑》之類是也。筆者按：此説有誤。一，蘇子喜《漢書》，不喜《史記》；二，《表忠觀碑》學的是漢碑常例，柳宗元《壽州安豐孝門碑》即用其例。蘇文并非如王安石所説，是學《史記》中的《漢興諸侯王年表》)、《楞嚴經》(《魚枕冠頌》之類是也)。"

③ 錢謙益：《讀蘇長公文》，《蘇軾資料彙編》(上編三)，第1088頁。

五受陰、五妄想，與《莊子》之《天下》，司馬談之《六家指要》，同一機杼”。“故學術雖異，其於文章無不同也”[①]。黄氏所言甚是。我們研究古文，往往從學術思想派别入手考察作者藝術個性的成因，是必要的，也是行之有效的。但於“學術雖異，其於文章無不同也”却有所忽略，這必然會限制我們的研究視野、影響我們對諸多文學現象（如研習中的博覽群籍、轉益多師和行文中的取法百家以及打通牆壁説話等）的看法。用黄氏此説來看蘇子的取法佛書，對其意義自會有新的認識。

錢、黄之後，清代中葉阮葵生對蘇子“文章之通釋典”有一明確論斷。他承襲楊慎東坡詆佛的觀點，依據蘇子《議學校貢舉書》《策別》《勝相院記》《賀坤成節表》等文，“極斥士大夫主佛老之非”，“説盡佛學自欺欺人之弊”，糾正“今人讀子由《行狀》，遂以公爲禪學之宗”之誤判。謂其“通釋典”，“長公不過藉爲文境波瀾耳，非溺於彼教者”。“非有惑於彼教，偶有引據，皆藉彼言以證吾説”。“蓋公之學深斥釋教之非，而公之文又深得《華嚴》之妙也”[②]。如果將阮氏之説引申一下，蘇子的“文章通釋典”，可謂於學深斥佛教之非以助儒學，於文則取用佛書言説方式、行文風格以增强古文的表現力和藝術美。從韓愈到歐陽修，古文家大都在如何增强古文的表現力和藝術美方面作過探索，并獲得不少成功的經驗。和爲文取法《國策》《莊子》一樣，取法佛書也是蘇子爲提升古文創作水準、豐富古文藝術之美所作的努力，無疑是一種成功的嘗試。正是由於他的成功探索，才使得古文創作繼韓、歐之後，又進入到新的藝術境界[③]。

最後説將平易自然作爲小品文的主導風格。蘇子廣備衆體，出奇不窮，但在思想上、藝術上最出色、影響最大的，却只有兩類散文。一即古文，一即小品文。黄震説：“東坡之文，如長江大河，一瀉千里。至其混浩流轉、曲折變化之妙，則無復可以名狀。蓋能文之士莫之能尚也。而猶長於指陳世事，述叙民生疾苦。”[④]這主要指的是蘇子的古文和“古文何以加之”的策論、進論、奏議文字。袁中道説：“今東坡之可愛者，多在小文、小説。其高文大册，人固不深愛也，使盡去之，而獨存其高文大册，豈復有坡公哉。”[⑤]袁氏説的“小文”、“小説”，即指小品文。小品文和古文都是文類名稱，兩者均屬散文範疇。不同的是，小品篇幅短小，短到幾句話或幾十個字即可，可駢可散。尤爲突出的是題材不拘大小，并不以議論國計民生、軍政大事爲主。内容貼近現實人生，真實表達個人生活情趣。思想自由，有多種多樣的藝術精神和美學風範。或快利如同匕首，或味外有味，韻外有韻，或咫尺千里，以小見大，或嘻笑詼諧，幽默風趣。小品的文體特性和審美特徵是在不斷發展的過程中完成的。其形制的短小、内涵的豐美，在先秦著述散文中已然存在。先秦不少著述散文皆由若干小品連綴成篇，像《論語》即爲顯例。六朝更是佳作如林，唐宋駢散之作亦不乏“小文”、“小説”。但説到小品文體理論的完備和創作

① 黄宗羲：《山翁禪師文集序》，《蘇軾資料彙編》（上編三），第1096頁。

② 阮葵生：《茶餘客話》卷五，《蘇軾資料彙編》（上編四），第305頁。

③ 董其昌即謂“東坡水月之喻，蓋自《肇論》得之，所謂不遷義也”。“東坡突過昌黎、歐陽，以其多助，有此一奇也”。（《書禪室隨筆》，《蘇文匯評》附録一，第559頁）

④ 黄震：《黄氏日鈔》卷六二，《蘇文匯評》附録一，第558頁。

⑤ 袁中道：《答蔡觀察元履》，《珂雪齋近集》卷二。

高潮,却是在晚明。晚明小品興盛表現在三方面：一是小品文選本的編撰,二是對小品"獨抒性靈"藝術精神和"不拘格套"書寫原則的確立，三是小品創作的繁榮。有意思的是，明人雖然對《水經注》《世説新語》很有興趣，但所做的三項工作，受蘇軾影響最深、最爲直接。從明人的論述，實可看出蘇軾對小品文發展的卓越貢獻。

明人王納諫編有《蘇長公小品》，作《序》云："今之文人皆譚往世千秋之業，而非余所存。問於余，文何得？對曰：寐得之醒焉，倦得之舒焉，慍得之喜焉，暇得之銷日焉。是其所得於文者皆一餉之歡也,而非千秋之志也。""余讀古文辭,諸春容大篇者輒覽弗竟,去之,此小品之所以輯也。""以長公多韻且善謔,時復參微言,故輯先成。"[①]王氏之《序》實已説到蘇子小品四個特點：一、篇幅短小，非春容大篇；二、題材并非"皆譚往世千秋之業"；三、功能不在於勵人以"千秋之志"，而是予人以"一餉之歡"；四、説話風趣有味，不時出以隱微精妙的言辭。淩啓康則云："夫宋室文章，風流藻采，至蘇長公而極矣。語語入玄，字字飛仙，其大者恣韻瀉墨，有雪浪噴天、層巒迤地之勢，人争取之。其小者命機巧中，有盆山蘊秀、寸草函奇之致，人或忽之。自兹拈出，使片楮只言共爲珍寶，聖俞固長公千載之知己哉！"[②]汪元哲亦云："長公性靈絶異，龍骨俱仙，出齒牙餘慧，勝嘔心者多多許。芳語嚼鮮，冷語餐雪，危語奇澀，形語瓏玲，高語入雲，隱語落淵，片玉悉成異寶，舌根夙生青蓮。"[③]施扆賓亦云："度山越海，不無卷石寸沼；弋奇釣異,不無野芹澤芷,則聖俞所選長公之小品是也。試取而披玩之,春風緑蔭,可以倦游；夜雨青燈，可以却寢。孔樽徐榻，則片言可驚四座；漂唐流漢，則單詞可足千秋。而且譚玄佞佛,則龍虎伏於寸丹,丈六現於一莖。是小品之足當大觀,猶一臠之足當九鼎也。"[④]陳繼儒亦云："如欲選蘇長公之集，亦拈其短而雋異者置前，其論、策、封事多至數萬言，爲經生所恒習者稍後之。"[⑤]四人所言，除重申蘇子小品篇幅、題材、功用區别於其高文大册者外，淩、施還説到它們寓大於小的"盆山"、"寸草"之妙，和能以少總多"猶一臠之足當九鼎"的審美功能。王氏則説到小品用語的美妙。而陳氏用"短而雋異"概括蘇子小品内外之美的表現，和前引袁中道謂捨弃蘇子小品即無復見東坡之可愛，可謂真知灼見。二家所言，實已道出所有優秀小品文形制、審美屬性，及獨抒作者性靈、真實表現人生體驗的文體特徵。

不過，蘇子對小品文發展的貢獻，除上引明人所言外，還有很重要的一點，那就是將歐公宣導的平易自然文風引進小品創作之中。蘇子自謂"吾文如萬斛泉源，不擇地皆可出。……所可知者,常行於所當行,常止於不可不止,如是而已矣"。"某平生無快意事，惟作文章，意之所到，則筆力曲折，無不盡意"。其"吾文"、"文章"，應該主要是指他的小品文。王納諫謂"文至東坡,真是不須作文,只隨事記録便是文"[⑥]。焦竑亦謂其"横

① 王納諫：《蘇長公小品序》,《蘇軾資料彙編》(上編)，第1068頁。
② 淩啓康：《蘇長公小品序》,《蘇軾資料彙編》(上編)，第1068頁。
③ 汪元哲：《蘇長公小品題辭》,《蘇文匯評》附録一，第567頁。
④ 施扆賓：《蘇長公小品序》,《蘇軾資料彙編》(上編)，第1069頁。
⑤ 陳繼儒：《蘇長公小品序》,《晚香堂小品》卷十一，中國文學珍本叢書第一輯。
⑥ 王納諫《蘇長公小品序》。

口所發，皆爲文章；肆筆而書，無非道妙”[①]。亦就蘇子小品創作而言。由蘇子自道及王、焦所言，可見其小品文風何等平易、自然。蘇文今存3800餘篇，其中篇幅很短的小文有2100多篇（另有佚文400餘篇，含“小文”340多篇），顯然不是所有的小文都“短而雋異”，這些數位正反映出他通過大量寫作短文而創作出許多“小文”精品的經歷。而從他諸多“小文”精品不單可以見出上引明人所概括的種種特點，還可看出其文風平易、自然的表現形式。

與其論、策、封事等大塊文章相比，蘇子小品文風的平易、自然，其表現形式大體有六：一是抒寫性靈如泉之破土而流，一則感受積儲在胸，不吐不快，純屬自然湧出；一則行文如同流水，滔滔汩汩，自由流淌，未加一點限制。二是小品“辭達”，不同於古文以氣運詞，即行以浩瀚之氣，抒以超朗之詞，或謂取氣之滔滔流行而暢達其意[②]。而是以意爲主，語句“隨意斷續”[③]，筆力曲折盡意，且行文信筆書意，不待安排而自然超妙。三是古文説理往往以無爲有，以曲爲直，架虛行危，倏忽變化，小品却是靠實説來，記實性强。不但取材具有真實性、個人性、私秘性，而且行文皆據實直言，不誇張，不渲染，有一説一。真可謂用平實的“個人語調”，真實表現“個人世界”，而顯得樸實無華的“個性散文”。四是古文説理往往採用多種修辭手法極意盡言，辯析透快，小品却是只將所要記述的一人、一事、一物、一種經歷、一種趣聞、一種感受、一點妙悟、一點慨歎、一點想法如實寫出，即戛然而止。五是娓娓道來，雖然説得簡略，不動聲色，却描叙生動；或於平常事中見奇境，或於衆人意外標舉新論，且不時出以謔語趣話，讀之令人解頤，回味無窮。六是篇幅短小，不講首尾呼應，不求結構緊湊，不用“三尺文法”，揮翰自如，起止自然。他如多用易讀易曉的字，多用口語（包括俚語、俗語）造句，行文有一種“談話風”，也是蘇子小品文法平易、自然區别於大塊文章平易、自然的表現形式。

蘇軾將歐公宣導的平易、自然的文風引進小品文，無疑是對宋代散文發展、乃至整個古代散文發展的重大貢獻。在蘇軾之前，散文（包括古文）主要承擔明道、記事的任務，發揮爲思想、政治、軍事服務、替國計民生解決問題的功能，討論的多是事關大局、全域的公共話題，表達的多是符合主流思想、集體意識的見解。主題“純正”、題材重大，爲其共同特點。即使抒發個人憤慨或爲他人鳴不平，所説之理和表現方式，亦應符合主流思想的思維模式和審美要求。蘇子大量寫作小品文，并將歐公宣導的平易、自然的文風引進小品文創作，實爲散文表現和如何表現純屬個人生活内容的片段經歷、點滴感悟、細微情感、一時心態、妙語趣事、奇觀異聞、自得之見開闢了一條行之有效的通道。這樣，不但豐富了宋代散文的思想内容，擴大了表現範圍，使之於明道、記事之實用性外，更添一種抒情性，更多一種審美功能。由於以平易、自然作爲小品文的主導風格，蘇子的小品創作實際上也是對歐公文風取向的拓展，其意義遠非在宋代所有散文領域擴大歐

① 焦竑：《東坡全集序》，《中華大典・文學典・宋遼金元文學分典》（二），第21頁。

② 潘德輿謂“以東坡詩文觀之，其所謂達，第取氣之滔滔流行，能暢其意而已”（《養一齋詩話》卷二，《清詩話》續編本）。潘説當本於蘇子所説：“學以明禮，文以述志，思以通其學，氣以達其文。古之人道其聰明，廣其聞見，所以學也；正志完氣，所以言也。”（蘇軾《送人序》，《蘇軾文集》卷十，第325頁）

③ 袁宏道：《瓶史・五宜稱》，錢伯城《袁宏道集箋校》卷二四，上海，上海古籍出版社，第823頁。

公影響所能概括。重要的是，蘇子的風格導向和袁巨集道在理論上對藝術精神的確立，先後對小品文健康成長起到了健全體格、培育性情、鑄造靈魂的關鍵作用。蘇子能有此種貢獻，離不開北宋思想文化雅俗之變的大趨勢，與他閱歷豐富、學識廣博、興趣衆多、才高藝精、爲人灑脱，富有創新精神有關，當然更與他終身服膺歐公文風取向、有意加以拓展分不開。

（作者簡介：熊禮匯，武漢大學文學院教授）

On Su Shi's Inheritance and Development of Ouyang Xiu' s Style of Writing

Xiong Lihui

Abstract: The Ancient prose movement advocated by Ouyang xiu and Su Shi had a strong continuity in the Bei-Song dynasty. Su Shi was to adhere to Ouyang Xiu article style orientation under the premise of advocating the ancient prose movement. This is because Su Shi fully awared of Ouyang Xiu on the development of ancient prose, as well as the aesthetic significance of Ouyang Xiu's article. But his inheritance of Ouyang Xiu, both inherited, but also innovative. To Jiayou six years a dividing line, Su Shi's inheritance on Ouyang Xiu could be divided into natural adaptation and consciously adherence two stages. The first stage of the specific performance of Su Shi's literary ideas consistented with Ouyang Xiu's philosophy, worked in line with Ouyang Xiu's style, as well as the specific writing methods also meet the requirements of Ouyang Xiu. The second stage came from Ouyang Xiu's expectation and encouragement of Su Shi, which manifested in three aspects of instruction, creation and aesthetics. Su Shi's innovation in the ancient prose movement originated from his character, experience, literacy, and the evolution of the Song Dynasty's cultural evolution and the development of classical Chinese. His first, was to create a heroic style of the article; second was to enhance the artistic expression of the ancient text; third was the introduction of plain style into the prose creation, thus affecting the development of the prose of the Song Dynasty.

Keywords: Ouyang Xiu's style of writing; Su Shi; inheritance; natural adaptation; consciously adherence; development.

（本文責任編校：張宜斌）

劉勰"風骨"論研究

吴時鼎

摘 要:《文心雕龍·風骨篇》强調作文一則重"風",要求抒情無礙,富含感染力;二則重"骨",要求結構端直,字詞凝練。作家之"氣"能順暢地通過文章呈現在讀者的思想之中,則文章可謂"風骨"。《風骨篇》内所言之"風骨",既屬於文學批評論的範疇,又涉及文學創作論的領域。且文本論"氣","氣"乃作家内在所蘊之才情才氣,亦即作文"風骨"之本。因此研究劉勰"風骨"論須從批評論、創作論、"氣"三者出發。

關鍵詞:風骨 劉勰《文心雕龍》氣

一、問題的提出

《文心雕龍》是中國最早的一部有完備體系、"體大慮周"的文學理論巨著,其《風骨》篇闡釋的"風骨"論既是劉勰文學批評論的重要部分,也是劉勰文學創作論中不可或缺的一環,其意義内涵撲朔迷離又充滿争論。關於劉勰"風骨"論的思想内涵及其學術價值,學術界存在多種不同看法。香港學者陳耀南《文心雕龍風骨群説辨疑》總結關於"風骨"兩字不同的解釋共10大類57小種[①]:(一)黄侃"意""辭"兩分説,即"風"指文意,"骨"指"文辭"[②],范文瀾、商又今、莊適、張嚴、廖維卿、高風、張立齋、陳友琴、傅庚生等基本與之同意,或略有些細微補充。(二)徐復觀"感情"、"事義"兩分説[③],或劉永濟"情思"、"事義"兩分説[④],廖仲安、劉國盈、潘辰、邱言曦等與之意見相類似。(三)周振甫認爲"風骨"是情辭之標準,而非情辭本身。强調"風"、"骨"都是美學之要求,藝術之表現。[⑤]王運熙、陳祥耀、祖保泉、張長青、張會恩、蔣祖怡、馮春田、曹昇等基本與之同意。(四)張煦侯認爲應以"力"釋"風骨","風"、"骨"都是力量,是文章寫

① 陳耀南:《文心雕龍風骨群説辨疑》,長沙,《求索》1988年第3期。
② 黄侃:《文心雕龍札記》,上海,上海古籍出版社2000年版,第101頁。
③ 徐複觀:《中國文學論集》,臺北,民主評論社1966年版,第305頁。
④ 劉永濟:《文心雕龍校釋》,北京,中華書局1962年版,第106頁。
⑤ 周振甫:《文心雕龍選譯》,北京,中華書局1980年版,第143頁。

作和文辭使用上的形象化。[1]羅宗强、宗白華、王達津、張文勳、杜東枝、塗光社、石家宜、劉建國、向長清、穆克宏等基本與之同意，或曰情感的力，或曰思想的力，或曰感染力，或曰筆力。（五）部分學者特别强調“風”的教化作用，包括有陸侃如、牟世金、杜黎均等。（六）朱恕之、黄海章等從“動”和“静”、“虚”和“實”、甚至“内”和“外”等方向去探討“風”和“骨”，并認爲“風”是情思透過文辭而表現出的“風趣”、“氣韻”，即感染他人的表現。而“骨”總括題材、辭句、題材、文采等，并非衹有辭句。陳耀南、趙仲邑、冠效信、郭晋稀、程兆熊、目加田誠、王更生、李曰剛、龍良棟、王禮卿等亦合此法。（七）部分學者將“風”與“骨”作爲一個整體加以討論，例如張少康認爲“風骨”是一種“神”的完整概念，是個可分説不可分離的整體。[2]（八）部分學者認爲“風骨”是個完全的統一體，連分説也不必，或指深厚的内容，不指形式，或指文章必須有的剛健、質實的美學特點，郭預衡、郭紹虞、陳伯海等主此説。其中郭預衡認爲“風”、“骨”都指文章深厚内容，與“氣”相合。[3]（九）部分學者直接以“風骨”爲“風格”，以爲“風骨”指强健雄剛的風格，以羅根澤、馬茂元、吴調公、楊增華、李樹爾、劉禹昌、詹锳、曹順慶、畢萬忱、季森等先代表。（十）部分學者持“風”、“骨”俱指佈局結構的觀點，或“風”是形式，“骨”是内容，或認爲“風骨”是浪漫主義與現實主義的結合。包括有舒直、王達津、王金凌、龔菱、李建釗諸位。陳耀南《文心雕龍風骨群説辨疑》發表於1988年，并不涵蓋90年代至今的新出文章和著作，已是如此繁雜。不過，繼陳耀南一文發表之後的研究成果，基本上没有超出這10大類的範圍。

前輩學者對“風骨”的解釋，或兩字拆分理解之，或兩字連用理解之。有從文學史的角度理解之，有從文學批評史的角度理解之，亦有從文藝學、美學的角度理解之。各有章法，各有路徑。但這些説法只是抓住了“風骨”論的某一方面，因此有失偏頗，不太完整或不够深入。我們認爲，要更準確地把握劉勰“風骨”論的真正含義，必須回到《風骨》篇文本，原因有三：一者，劉勰“風骨”論作爲一個獨立的文學理論脱離出來，是始於《風骨》篇的，這是研究劉勰“風骨”論的源頭；再者，《風骨》篇直接涉及劉勰對“風”、“骨”、“風骨”的定義和描述；三者，《風骨》篇作爲《文心雕龍》五十篇内獨立的章節，在批評論與創作論領域都能占據一席之地，地位關鍵，不容忽視，必須細緻研讀。

二、劉勰對“風”、“骨”的定義

《風骨》篇首曰：

> 《詩》總六義，風冠其首，斯乃化感之本源，志氣之符契也。是以怊悵述情，必始乎風；沉吟鋪辭，莫先於骨。故辭之待骨，如體之樹骸；情之含風，猶形之包氣。

① 張煦侯：《試論劉勰的語言風格》，合肥，《合肥師範學院學報》1962年第3期。
② 張少康：《齊梁風骨論的美學内容》，北京，《文學批評叢刊》1982年第16輯。
③ 郭預衡：《文心雕龍評論作家的幾個特點》，北京，《北京師大學報》1963年第1期。

之所以將這段話作爲劉勰對“風”、“骨”的定義，原因有二：一是分别提出“風”、“骨”的概念；二是率先表明“風”、“骨”與文辭及情志的關係。

（一）釋“風”

篇首論“風”的定義：

> 《詩》總六義，風冠其首，斯乃化感之本源，志氣之符契也。
> 是以怊悵述情，必始乎風。
> 情之含風，猶形之包氣。

“詩總六義，風冠其首，斯乃化感之本源，志氣之符契也。”標明“風”之地位，爲六義之首。《毛詩序》：“故詩有六義焉：一曰風，二曰賦，三曰比，四曰興，五曰雅，六曰頌。上以風化下，下以風刺上，主文而譎諫，言之者無罪，聞之者足戒。”①所列“風、賦、比、興、雅、頌”六義，“風”居其首位。劉勰尊崇儒家經典，崇尚聖道，故《文心雕龍》論文之樞紐《原道》《征聖》《宗經》《正緯》《辨騷》五篇直接涉及儒道經典的篇目就有三篇。劉勰引詩經六義之首的“風”用於文學理論，也是符合這一思想的。《毛詩序》：“風，風也，教也，風以動之，教以化之。”②“風”的功能首先是教化。《莊子·齊物論》曰：“大塊噫氣，其名爲風。”范文瀾《文心雕龍注》曰：“蓋氣指其未動，風指其已動。”③風指已動的“氣”。聯繫到自然科學的解釋，自然界的風有两个特性：一是流動性，不會穩定不變；二是趨向性，有一個從高壓到低壓的趨向過程。自然之風是兩地氣壓高低差造成的氣體流動。而《毛詩序》所謂“上以風化下，下以風刺上”何故造成？在上位者爲穩固統治，安順百姓，故以風化民，使民從善，服從秩序。在下位者爲表達利益訴求，糾正君王過失，故以風刺上，達到婉轉勸諫、君王醒悟的效果。其實這是取了“風”的比喻意義，作詩之風爲何能化能動？來源於感染力。又曰“主文而譎諫”，“譎，權詐也”。④引申有曲折的意思，這也説明“風”這一手法，多是譬喻委婉之事，故有不直接性。“風”又有柔和、警醒的一面，故曰“言之者無罪，聞之者足戒”。綜上所言，在《毛詩序》内之“風”有教化、流動、柔和、警醒又不直接的特點。

“斯乃化感之本源，志氣之符契也。”“風”居化感之本源地位，且與志氣相符契，能表現内在志氣。因此“風”應有兩種可能的解釋：1.“風”是教化的本源内質，即情感，或者説情志本身；2.“風”是教化的本源力量，情志需借助“風”才能達到教化的效果。聯繫上段“風”之流動、柔和、警醒又不直接的特點，若是本源内質，則多是不動的、穩定的，故應該取第二種解釋。即“風”應該是一種力，一種有助於情志表達的感染力。

① 阮元：《十三經注疏·毛詩正義》卷一，北京，中華書局2009年版，第562頁。
② 阮元：《十三經注疏·毛詩正義》卷一，北京，中華書局2009年版，第562頁。
③ 范文瀾：《文心雕龍注》卷六，北京，人民文學出版社1958年版，第516頁。
④ 段玉裁：《説文解字注》三篇上，上海，上海古籍出版社1988年版，第99頁。

在表述完“風”的地位之後，劉勰進一步標明“風”的作用：“是以怊悵述情，必始乎風”、“情之含風，猶形之包氣”。抒發情志，重要在“風”，即范注所言“風緣情顯”[①]，“風”與“情”關係密切。緊接著又表述“情”、“風”兩者的關係：“情”猶“形”，“風”猶“氣”，“情”之含“風”，猶“形”之包“氣”。可見“情”、“風”兩者并不相等，而是包含與被包含的關係，“風”之於“情”猶如“氣”被“形”所包含。實際上此句給“風”下了四個制限性定義：1.“風”有著“怊悵述情”的作用，這恰好和上文提出的“風”是一種有助於情志表達的感染力的觀點一致。2.“風”在“怊悵述情”中占極重要的地位，所以說“必始於風”。3.“風”被“情”所包含，“風”蘊於“情”中，“情”是外殼，而“風”是其內在的一種。4.“風”是“情”的某種內質。“風”之于“情”猶“氣”之于“形”。而“氣”是精神最根本體現，也是“形”的內在支撐。兩者相類比，“風”極重要。

由此可見，“風”即指文章所包含的內在感染力。

（二）釋“骨”

篇首論“骨”的定義：

> “沉吟鋪辭，莫先於骨。”
> “辭之待骨，如體之樹骸。”

“辭”，即文辭。劉勰認爲，吟誦文章鋪陳文辭，首先要强調“骨”的重要性。有些學者將此處之“骨”翻譯爲“文骨”，[②]我们以爲這是不妥當的，有含混之嫌疑，且何謂“文骨”，必須解釋，豈不多此一舉？黄侃《文心雕龍札記》曰：“文之有辭，所以攄寫中懷，顯明條貫，譬之於物，猶骨也。”[③]即認爲文章之“辭”猶如“骨”也。范注亦曰：“體恃骸立…辭之於文，必如骨之於身。不然，則不成爲辭也。”[④]指出若將“文”喻爲“身”，則“辭”猶如“骨”，將“骨”理解爲“文辭”。如上所言，黄、范持“骨”猶“辭”的觀點。但黄、范又提出“辭緣骨立”説，此處之“辭”與“骨”兩者不能劃等號，“骨”在“辭”外，欲立文辭，必依循於“骨”。因而單純將“骨”理解爲“文辭”，恐不全面。

反觀篇首兩句，于“骨”下了兩個限定條件：1.“骨”在“辭”先，“骨”并不能與“辭”劃等號。若寫文章，鋪陳叙述，必先定“骨”。上文提到“辭”即“文辭”，“辭”指何物？《孟子·萬章上》：“不以文害辭。”朱熹《四書章句集注》注曰：“文，字也。辭，語也。”[⑤]《禮記·曲禮》：“安定辭。”疏曰：“言語也。”[⑥]由此可見，“辭”必定不是指單獨的文字，至少應該是一句話，乃至一段話。2.“骨”爲“辭”所遵循、依賴，因此説“辭之待骨，

① 范文瀾：《文心雕龍注》卷六，北京，人民文學出版社 1958 年版，第 515 頁。
② 李高明：《文心雕龍譯讀》，濟南，齊魯書社 2009 年版，第 290 頁。
③ 黄侃：《文心雕龍札記》，上海，上海古籍出版社 2000 年版，第 101 頁。
④ 范文瀾：《文心雕龍注》卷六，北京，人民文學出版社 1958 年版，第 515 頁。
⑤ 朱熹：《四書章句集注 · 孟子集注》卷九，北京，中華書局 2012 年版，第 312 頁。
⑥ 阮元：《十三經注疏 · 禮記注疏》卷一，北京，中華書局 2009 年版，第 2661 頁。

如體之樹骸。”這也是黄、范所提到的“辭緣骨立”説。聯繫這兩個條件,“辭”指一句話,或者説一段話,“辭”又依賴於“骨”,“骨”又先於鋪陳文辭,則“骨”應解釋爲語言結構,或者説文章結構,乃至往大方向是指文章體裁,就正可解釋“辭”何以緣“骨”。正因“骨”指結構,因此我們在寫作之前,必須先確定文章的體裁、語句的結構,這樣的文章方能有章法,而不是文章條理不清,句式混亂不堪,無“骨”亦無“辭”。

總之,“風”、“骨”於文章中,既是相對獨立的評判標準,也是相互滲透的批評理論。“風”往往與“情”相印,“骨”常常與“辭”相系。在對“情”、“辭”作分别考察時,“風”、“骨”亦作單獨理解。但“情”與“辭”其實是相互糾纏,難以分割的整體,“風”與“骨”亦然。因此《風骨》篇首曰:“怊悵述情,必始乎風;沉吟鋪辭,莫先於骨。故辭之待骨,如體之樹骸;情之含風,猶形之包氣。”文句中“風”與“骨”兩者看似相平行,實則互文見義,纏繞頗深,也是這個緣故。

三、“風骨”與批評論

《風骨篇》涉及文學批評論的内容主要在兩個方面:(一)作文有“風骨”之表現;(二)作文無“風骨”之表現。

(一)有“風骨”之表現

一曰:“結言端直…意氣駿爽。”“結言”,即組織文辭。“端直”一般有兩解,孟保青《從“結言端直”釋“骨”字》認爲:“其一,取本義:‘端,直也;’‘直,正見也’(《説文解字》)……其二,取其引申義,指道義,情理上的正直,公正,不枉邪。”[①]并認爲劉勰所用應是“端直”之本義,并不强調道義情理上的正直與否。其主要理由是《風骨》篇内的無“骨”特徵有“瘠義肥辭,繁雜失統”,兩句俱强調文辭過於華麗繁雜以至淹没中心思想,使得内容淺薄,缺乏理義。據此,“結言端直”當指創作表達直截了當,摒弃雜亂辭句。删減雜亂詞句,文章自然顯得清爽,正可與“駿爽”相合。“意氣駿爽”,張海明《〈文心雕龍·風骨篇〉釋疑》認爲“意”應作“噫”,“意”當是誤字,理由有五:1.《莊子·齊物論》:“大塊噫氣。”此“噫氣”可能是劉勰文本的來源。2.“噫氣”與“結言”同爲動賓結構。3.“噫氣”與“駿爽”、“意氣”與“俊爽”此番搭配比較合轍。4.古籍傳抄中造成的偏旁缺失現象很常見。5.意、氣二字連用的情況在《文心雕龍》中僅有此一處。[②]證據充分,可供採用。“噫氣”指吐氣,即指抒發情感。“噫氣駿爽”指情志抒發駿利爽快。作文“風骨”之表現:結構端直不繁亂,整體給人力感,且情志不拖沓,富含感染力。

二曰:“剛健既實,輝光乃新。”源出於《易·大畜》:“剛健篤實,輝光日新。”李道平《周易集解纂疏》:“虞翻曰‘剛健’謂乾,‘篤實’爲艮……疏,乾剛而健,故‘剛健謂乾’。

① 孟保青:《從“結言端直”釋“骨”字》,石家莊,《河北大學學報》1986年第3期。

② 張海明:《〈文心雕龍·風骨篇〉釋疑》,北京,《解放軍藝術學院學報》2016年第2期。

艮成終始，故‘篤實謂艮’……管輅曰，朝日曰輝，日中曰光，故曰輝光日新。”[①]高亨《周易大傳今注》：“乾爲天，艮爲山。天之道剛健，山之性厚實。天光山色，相映成輝，日日有新氣象。”[②]即“風骨”之文有天道剛健、山性厚實兩大特點，且絢爛光鮮，奪人眼球。文章内容如天如山，剛健充實，方可熠熠閃光，經久却日日生新。而不是如扶風擺柳，柔弱淺薄，水月鏡花，一戳即破。作文“風骨”之表現：1. 剛健實，充實剛健。此處以“剛健”形容文辭、文筆剛直穩健。“實”則側重於内容充實，思想飽滿，不是乾癟癟的；2. 輝光新。閃耀光輝，又有新意。

三曰：“析辭必精…述情必顯。”黄侃《札記》曰：“既謂辭精則文骨成，情顯則文風生。”[③]表示當練“辭”、述“情”達到一定高度時，則“風骨”生成。范注曰：“析辭精而練於骨也。”[④]似此，則述情顯應深乎“風”也。此兩點前者寫“骨”，後者述“風”。《説文解字》：“析，破木也。”[⑤]或解釋爲分析、剖析。聯繫此處“析”、“辭”連用，“析”可引申至斟酌，考究，雕琢。“析辭”表煉字。“析辭必精”指精心雕琢文辭。“述情必顯”則要求文章表述情志顯而易見，讀者容易把握，也是富含感染力的意思。

四曰：“捶字堅而難移，結響凝而不滯。”黄侃《札記》曰：“大抵翦截浮詞之法，宜令篇無盈句，句無賸字。”又曰：“結響凝而不滯者，此緣意義充足，故聲律暢調。凝者不可轉移，聲律以凝爲貴，猶捶字以堅爲貴。不滯者，由思理圓周，天機駿利，所以免於滯澀之病。”[⑥]范注曰：“《淮南子·道應》高誘注‘捶，鍛擊也。’捶字堅而難移，則析辭精而煉於骨。”[⑦]結合兩家之言，則前句側重於“骨”，後句側重於“風”。“骨”何以顯？精心錘煉文字，從而文章整體堅固，無一字之賸餘，無一句之散亂，給人不可移動一字一句的穩定感。“風”何以顯？聲律凝煉，音節暢通，無滯澀之感，讀之清爽，閲之無礙。《文心雕龍》内《章句》《練字》兩篇，也是一再强調練字、練辭於作文的必要性。

五曰：“藻耀而高翔，固文章之鳴鳳也。”“文章之鳴鳳”，必是作文“風骨”之佳作。此句的前部分，劉勰還列舉了“風骨乏采”、“采乏風骨”兩種偏頗情形，認爲“文章之鳴鳳”，“采”與“風骨”俱存，是作文更理想的狀態。“藻耀”，文章辭藻華美，光彩閃耀。“高翔”，非力不能使鳥高翔，暗喻文章有力。此“力”應指情志之感染力。文章有力，情志得到抒發并爲讀者所感知，此乃“風骨”作文必不可少之條件。

六曰：“意新而不亂。辭奇而不黷。”《廣雅·釋言》云：“黷，狎也。”[⑧]《漢書·郊祀志》云：“敬而不黷。”[⑨]“黷”應作“輕慢不敬”解，表示輕浮而不莊重。《文心雕龍·通變》篇曰：“先博覽以精閲，總綱記而攝契；然後拓衢路，置關鍵，長轡遠馭，從容按節，憑

① 李道平：《周易集解纂疏》，北京，中華書局1994年版，第276頁。
② 高亨：《周易大傳今注》，濟南，齊魯書社1983年版，第253頁。
③ 黄侃：《文心雕龍札記》，上海，上海古籍出版社2000年版，第102頁。
④ 范文瀾：《文心雕龍注》卷六，北京，人民文學出版社1958年版，第516頁。
⑤ 段玉裁：《説文解字注》六篇上，北京，中華書局1988年版，第269頁。
⑥ 黄侃：《文心雕龍札記》，上海，上海古籍出版社2000年版，第102頁。
⑦ 范文瀾：《文心雕龍注》卷六，北京，人民文學出版社1958年版，第516頁。
⑧ 王念孫：《廣雅疏證》，北京，中華書局1983年版，第140頁。
⑨ 班固：《漢書》卷二五，北京，中華書局2012年版，第1085頁。

情以會通，負氣以適變。”[①]劉勰認爲必須在廣泛閱讀，融會貫通的基礎上求變，一味尚新尚奇使文章空洞，如無根浮萍，經不起推敲。但我們也不應該拒絶新和奇，抗拒新意的文章不過一潭死水。因而“風骨”作文意理出新却不雜亂，文辭奇巧也不輕浮。

七曰：“鷹隼乏采，而翰飛戾天，骨勁而氣猛也。”“骨勁而氣猛”，宋本《太平禦覽》引《文心雕龍》作“骨勁而荒猛”，聯繫上句“夫翬翟備色，而翾翥百步，肌豐而力沉也”，上下句中，“力”、“氣”相對，“力沉”與“氣猛”反面對比，一弱一强。若作“骨勁而荒猛”，則無法與“肌豐而力沉”成駢句結構。又林其錟、陳鳳金《增訂文心雕龍集校合編》校記作“氣”。[②]從校記。“骨”、“氣”俱備，且骨力强勁，氣力猛厲，不失爲一篇好文章。感染力與“氣”俱備，文章則能感人肺腑。

綜上，作文“風骨”之特點主要是結構穩定，抒情順暢爽利，富含感染力。就算進行文章創新，辭句創新，也要保持文章端直之結構，避免混亂，更要避免因文章求新求奇而導致的輕奢浮躁。

（二）無“風骨”之表現

一曰：“若豐藻克贍，風骨不飛，則振采失鮮，負聲無力。”贍，足也。《孟子·梁惠王上》：“此惟救死而不贍。”“贍”亦做足够解。[③]此處表示辭藻過於華麗，以至文章“風骨”不能飛揚，因而辭采暗淡，缺乏鮮亮色彩。文章聲律也會顯得很無力，没有精神。劉勰於此進一步引出了作文聲律的概念，聲律何用？聲律順暢，讀者讀之若江水東流，滔滔無阻，能輕而易舉進入作家所營造之景象，并爲文章情志所感染。此句亦側重於文章缺乏感染力，讀者讀之艱澀不通，不成“風骨”。

二曰：“若瘠義肥辭，繁雜失統，則無骨之征也；思不環周，牽課乏氣，則無風之驗也。”“牽課乏氣”，黄本作“索莫乏氣”，元至正刊本《文心雕龍》作“索課乏風”[④]，林其錟、陳鳳金《增訂文心雕龍集校合編》校記曰：“索課乏氣，《訓故》‘課’、‘風’并作‘課’、‘風’。黄本作：‘索莫乏氣’。楊明照《拾遺》：‘莫’，黄校云‘元作課，楊改。’何焯云：‘疑是牽課’按作‘牽課’是。《養氣篇》‘非牽課才外也’正以‘牽課’連文。‘索’即‘牽’之形誤。《宋書·孝武帝記》‘（大明二年詔）勿使牽課虚懸。’又《謝莊傳》：‘（與江夏王義恭牋）牽課尪瘵。’《梁書·徐勉傳》‘（誡子崧書）牽課奉公，略不克舉’……是‘牽課’二字爲南朝常語。按：楊説是。今從楊説改‘索’爲‘牽’；從黄本改‘風’爲‘氣’。”[⑤]從校記。“牽課”作牽强解。范注曰：“‘豐藻克贍’下四語謂‘瘠義肥辭’，其弊若此。”又曰：“辭必與義相適，若義瘠而辭過範，則雜亂失統，失統即無骨也。”[⑥]此二句皆表示作文同一毛病：文辭藻飾過於豐富，以至義理貧乏，難以顯現。整句話對應到“風”、“骨”：

---

① 范文瀾：《文心雕龍注》卷六，北京，人民文學出版社 1958 年版，第 521 頁。
② 林其錟、陳鳳金：《增訂文心雕龍集校合編》，上海，華東師範大學出版社 2011 年版，第 334 頁。
③ 楊伯峻：《孟子譯注》，北京，中華書局 2012 年版，第 18 頁。
④ 林其錟、陳鳳金：《增訂文心雕龍集校合編》，上海，華東師範大學出版社 2011 年版，第 472 頁。
⑤ 林其錟、陳鳳金：《增訂文心雕龍集校合編》，上海，華東師範大學出版社 2011 年版，第 703 頁。
⑥ 范文瀾：《文心雕龍注》卷六，北京，人民文學出版社 1958 年版，第 516 頁。

文章無序，雜亂無章，謂之無“骨”；思理偏頗，牽强附會，缺乏駿爽之氣，謂之無“風”。

三曰：“夫翚翟備色，而翾翥百步，肌豐而力沉也……文章才力，有似於此。……采乏風骨，則雉竄文囿。”《詩經・小雅・斯幹》：“如翚斯飛。”鄭玄注曰：“五色皆備成章曰翚。”[①]“翚翟備色”源出於此。此句以野雞、鷹禽爲喻寫文章風骨。“肌豐而力沉”，肌肉沉重，力量弱小。翚翟羽毛色彩齊備，却難飛躍百步之遠，比喻文章辭藻繁雜，掩蓋了精煉之氣力。因而文采缺乏風骨，就如同野雞竄進了文章領域，場面混亂不堪。

四曰：“若骨采未圓，風辭未練，而跨略舊規，馳騖新作，雖獲巧意，危敗亦多。豈空結奇字，紕繆而成經矣。”范注曰“放蕩之教，彦和所譏爲危敗者也”。[②]文章放蕩，忽略規矩，一味求新，是缺乏“風骨”的，難以長存後世，更遑論齊乎經典。上文所引《文心雕龍・通變篇》已證明，在基礎夯實，經、史、子之書融會貫通的前提下，劉勰并不反對出新。而“骨采未圓”、“風辭未練”，便直奔求新求異去作文，反而落了下乘，未成“風骨”。

五曰：“習華隨侈，流遁忘反。”“流遁”，恣意所爲。[③]指在作文領域，沾染華豔、奢靡的寫作之風，沉迷其中，不知悔返。《文心雕龍・明詩篇》：“晋世群才，稍入輕綺……采縟於正始，力柔於建安……儷采百字之偶，争價一句之奇。情必極貌以寫物，辭必窮力而追新。此近世之所競也。”[④]寫明六朝輕綺奢靡的盛行文風。六朝兵禍横行，政權更迭頻繁，領導階級往往朝不保夕。於是士族文人逃避政治，沉溺玄學清談，并逐漸發展到沉醉墮落，只在奢華生活和綺麗文學中尋求膚淺的感官刺激。王瑤《中古文學史論》中提到説，這種浮腫繁縟的文風而後發展出了追求聲律協調的“永明體”與描繪男女私情的“宫體詩”。[⑤]聲律雖然協調，但思想空洞，缺乏感人至深的情感内質，此類文章無疑是無“風骨”的。

綜上，華麗奢靡之文，辭采暗淡之文，聲律無力之文，結構混亂之文，義理貧瘠之文，尚新無序之文，俱爲無“風骨”之文。而以上幾個形容詞，恰是作文無“風骨”之表現。

四、“風骨”與創作論

在《風骨》篇中，劉勰除了從批評論的角度點明文章有無“風骨”之表現，又從創作論的角度指出“風骨”之創作方法。關於如何做到作文“風骨”，劉勰提出以下幾點：

一曰：“結言端直，則文骨成焉；意氣駿爽，則文風清焉。”有學者就“文風清焉”産生懷疑，認爲當作“文風生焉”，范本亦於“清”下注“一作生”[⑥]。考之諸家之言，理由大體如下：(一)《莊子・人間世》：“天下有道，聖人成焉；天下無道，聖人生焉。”[⑦]

---

① 阮元：《十三經注疏・毛詩正義》卷十一，北京，中華書局 2009 年版，第 936 頁。

② 范文瀾：《文心雕龍注》卷六，北京，人民文學出版社 1958 年版，第 516 頁。

③ 李建中：《中國文學批評史》，北京，北京大學出版社 2009 年版，第 135 頁。

④ 范文瀾：《文心雕龍注》卷二，北京，人民文學出版社 1958 年版，第 67 頁。

⑤ 王瑤：《中古文學史論》，北京，商務印書館 2011 年版，第 292 頁。

⑥ 范文瀾：《文心雕龍注》卷六，北京，人民文學出版社 1958 年版，第 513 頁。

⑦ 郭慶藩：《莊子集釋》卷二中，北京，中華書局 2012 年版，第 183 頁。

有“成”、“生”相對之先例；(二)“文骨成焉”與“文風清焉”不成駢句，“成”是事實認定,“清”不過是程度形容。若換成“文風生焉”,恰可匹配；(三)《風骨》文本結構來看，前部分主要論述“風骨”意義及形成,而如何“風清”、“骨峻”集中在後半部。我們以爲“清”改作“生”，確實更符合六朝駢儷行文之特徵，在理解文句時，可作此參考。回到文句，欲成“文骨”，必須做到“結言端直”；欲生“文風”，則必須做到“意氣駿爽”，即文章整體明快爽朗,不雜污。因此“風”、“骨”俱有之文章,必“結言端直”、“意氣駿爽”兼備。

二曰：“是以綴慮裁篇，務盈守氣，剛健既實，輝光乃新，其爲文用，譬征鳥之使翼也。”范注曰：“‘務盈守氣’謂文以情志爲主……此以征鳥氣盛爲喻。”逯欽立《漢魏六朝文學論集》:“在他(劉勰)看來，如果要求篇章辭句有風力，必須在‘綴慮裁篇’時，‘務盈守氣’。這樣才能達到‘意氣駿爽，情調激越’。”[①]誠如是。“務盈守氣”之“氣”，或釋爲生氣，或釋爲血氣，各家說法有細微差異。但我們以爲此句最重要字眼應是“盈”，即强調作文時一種文氣充盈的狀態。文氣充盈,則結構端直,情感充沛,不至於虛浮。“盈”字又恰好與“剛健既實”之“實”相映照。於作家而言,須保持豐盈的文氣；於文章而言，須做到剛直充實。兩者一因一果，密切相關。通過“務盈守氣”，使文章情志飽滿易感，結構剛健扎實。

三曰：“故練於骨者，析辭必精；深乎風者，述情必顯。捶字堅而難移，結響凝而不滯，此風骨之力也。”逯欽立解此句時認爲,“情志”與“風”是有聯繫的，但不能說“風是情志”，指出述情得顯則爲具備了“風”，述情不得顯則爲不具備“風”。[②]誠如是。“風”體現在情顯。黄侃《札記》曰：“辭精則文骨成，情顯則文風生。”又曰：“彼舍意與辭而別求風骨者，其亦海氣、空花之類。”[③]因而我們要通過錘煉文辭、聲律，使文章結構嚴謹，杜絶空泛，情志飽滿，抒情順暢，達到“風骨”的標準。

四曰：“昔潘勖錫魏，思摹經典，群才韜筆，乃其骨髓峻也；相如賦仙，氣號淩雲，蔚爲辭宗，乃其風力遒也。能鑒斯要，可以定文，兹術或違，無務繁采。”“潘勖錫魏”指潘勖作《册魏公九錫文》一事，黄侃《札記》曰：“此贊其選辭之美。”[④]范注曰：“潘文規範典誥，辭至雅重，爲九錫文之首選。”除此句外，劉勰在《文心雕龍·詔策》篇提到“潘勖九錫，典雅逸群”，[⑤]《文心雕龍·才略》篇又言：“潘勖憑經以騁才，故絶群於錫命。”[⑥]俱指此事，皆贊潘勖作此文時情采才氣之高。王德華於其文章中認爲：“劉勰從儒家經典的角度給予潘文以很高的評價。他所說的‘思摹經典’、‘典雅’、‘憑經’等，就錫文來看，主要表現在以下三個方面：其一是潘文涉及的‘九錫’，是依據前代儒家經典，加以己意而成……其二，錫文中所徵引的史實，大都出自儒家經典……其三，潘文‘崇

① 逯欽立：《漢魏六朝文學論集》，西安，陝西人民出版社 1984 年版，第 504 頁。
② 逯欽立：《漢魏六朝文學論集》，西安，陝西人民出版社 1984 年版，第 503 頁。
③ 黄侃：《文心雕龍札記》，上海，上海古籍出版社 2000 年版，第 102 頁。
④ 黄侃：《文心雕龍札記》，上海，上海古籍出版社 2000 年版，第 102 頁。
⑤ 范文瀾：《文心雕龍注》卷四，北京，人民文學出版社 1958 年版，第 359 頁。
⑥ 范文瀾：《文心雕龍注》卷十，北京，人民文學出版社 1958 年版，第 699 頁。

摹經典’還表現在文章的選詞造句上，大多出自儒家經典。”[①]這些内容都是可取的。“相如賦仙”指司馬相如作《大人賦》，黄侃《札記》曰：“此贊其命意之高。”[②]范注曰：“李詳補正曰‘《漢書·叙傳》述司馬相如，蔚爲辭宗，賦頌之首。’”[③]《漢書·司馬相如傳》曰：“飄飄有陵雲氣游天地之間意。”[④]其賦想象豐富，辭藻糜麗，命意不凡，有淩雲之氣。因此可借鑒兩者的内在法則，以作“風骨”之文。如若只追求表像之文采，則毫無益處。“思摹經典”是文章“骨髓峻”之法，如何“思摹”，則需從經典所含之道義、體裁結構等方面入手。文意高遠是文章“風力遒”之法，如何立意，則需“務盈守氣”，拔高情志。

五曰：“若夫熔鑄經典之範，翔集子史之術，洞曉情變，曲昭文體，然後能孚甲新意，雕畫奇辭。昭體，故意新而不亂，曉變，故辭奇而不黷。”和上文一般説法，認爲應當熔煉經典之範式，廣泛學習子書、史書之技法。黄侃《札記》曰：“此乃研練風骨之正術，必如此而後意真辭雅，雖新非病。記氏謂：補此一段，以防縱横踰法之弊。非也。”[⑤]蕭滌非於《中國文學史》中説：“他（劉勰）强調宗經……强調五經是後代一切文體的本源，例如賦、頌、歌、贊，都源於詩經。作家如能認識這個本源，就可以‘稟經以制式，酌理以富言’。”[⑥]亦點明劉勰重視經典在作文中的本源作用。《文心雕龍·宗經篇》：“故文能宗經，體有六義：一則情深而不詭，二則風清而不雜，三則事信而不誕，四則義直而不回，五則體約而不蕪，六則文麗而不淫。”[⑦]效法經典之體式重在此“六義”。當然，爲達到作文“風骨”更佳之效果，我們在效法經典之餘，還需深入探查情志之變化，充分理解各文體之異同，於此基礎上進行文意與文辭的創新。

六曰：“若能確乎正式，使文明以健，則風清骨峻，篇體光華。能研諸慮，何遠之有哉！”如果能堅持正確的文章體式，使文辭鮮明而又剛健，那麼就能做到“風清骨峻，篇體光華”了。因此，文章要追求“風骨”，效法正確的體式極爲重要。效法“正式”則需效法經典，研練子史之書的筆法技巧，習經典體之六義。此句與上句皆在肯定經、子、史之書對作文的指導作用。

七曰：“情與氣偕，辭共體并。文明以健，珪璋乃聘。蔚彼風力，嚴此骨鯁。才鋒峻立，符采克炳。”情志與意氣、文辭與體式一同具備，文章便能明朗剛健，形同美玉。這是《風骨》篇最後“贊”的部分，也是文章思想匯總的精華内容。“情與氣偕”要求情志通過文章得到順暢圓滿的抒發，“辭共體用”要求文辭與文體俱佳，得到文章的完美構架。劉勰於此提出“情與氣偕”、“辭共體并”的兩大準則，正是作文“風骨”的兩大標準。

總論此章，劉勰認爲文章寫作具備“風骨”，一則重辭，要求結構遵循經典，字詞凝練堅固。二則重意，要求立意高遠，抒情無礙，感染力强。

---

① 王德華：《思摹經典 垂範後世——潘勖〈册魏公九錫文解讀〉》，南京，《古典文學知識》2013 年第 1 期。
② 黄侃：《文心雕龍札記》，上海，上海古籍出版社 2000 年版，第 102 頁。
③ 范文瀾：《文心雕龍注》卷六，北京，人民文學出版社 1958 年版，第 517 頁。
④ 班固：《漢書》卷五七，北京，中華書局 2012 年版，第 2260 頁。
⑤ 黄侃：《文心雕龍札記》，上海，上海古籍出版社 2000 年版，第 103 頁。
⑥ 游國恩等：《中國文學史》，北京，人民文學出版社 2002 年版，第 361 頁。
⑦ 范文瀾：《文心雕龍注》卷一，北京，人民文學出版社 1958 年版，第 23 頁。

五、氣：“風骨”的本體來源

《風骨》篇又言：

故魏文稱：“文以氣爲主，氣之清濁有體，不可力强而致。”故其論孔融，則云：“體氣高妙。”論徐幹，則云：“時有齊氣。”論劉楨，則云：“有逸氣。”公幹亦云：“孔氏卓卓，信含異氣；筆墨之性，殆不可勝。”并重氣之旨也。

首句源出曹丕《典論·論文》：“文以氣爲主，氣之清濁有體，不可力强而致。譬諸音樂，曲度雖均，節奏同檢，至於引氣不齊，巧拙有素，雖在父兄，不能以移子弟。”[①]《論文》此句其內觀點有二：（一）“氣”乃文之主，氣有清濁之分，文則相應有清濁之别。范注曰：“細審文意，所謂氣之清者，即彦和所言‘意氣駿爽，則文風清焉’之風。文風之清，其關鍵在意氣駿爽。”[②]若范注所言，文風之清關鍵在於意氣駿爽，那何爲文風之濁呢？清濁相對，氣之清濁，似氣之陰陽、上下。清則曰陽曰上，文風明快爽朗；濁則曰陰曰下，文風阻滯難通。（二）“氣”是個人所攜，由個人才性所定。各人氣性不一，清濁有别，巧拙有差，不能相互傳授，亦不能互爲轉移。可見曹丕認爲人之才氣根深蒂固，不可强行學習得之。而“氣”謂何物？涂光社《原創在氣》認爲：“在曹丕文論中，‘氣’既指作家的主觀精神和個性，又指這種精神、個性在作品中的表現，二者雖有同一性，側重點顯然在作家主觀方面。”[③]此解是可取的。原因有三：首先作品之“氣”源自作家所攜之“氣”，即作家之精神才氣；其次曹丕强調“雖在父兄”，未言雖在父兄之文，即明其重點在作家矣；再者曹丕雖在《論文》中評人及其文章，兩者都涉及氣，但又强調“不能以移子弟”，若爲作家主觀，則不能爲轉移，若爲文章客觀存在之“氣”，則多少可以通過學習、模仿，沾染一些氣息。因此説，曹丕所論之“氣”，既指作家本人的主觀精神、才情，又指其精神、才情在作品中的呈現，但側重點在作家本人。

爲例證作家與“氣”之關係，此段文論又分别引評孔融、徐幹、劉楨三人。此三人又俱屬“建安七子”。七子之名，源出曹丕《典論·論文》：“今之文人，魯國孔文舉，廣陵陳琳孔璋，山陽王璨仲宣，北海徐幹偉長，陳留阮瑀元瑜，汝南應玚德璉，東平劉楨公幹。斯七子者，於學無所遺，於辭無所假，咸以自騁驥騄於千里，仰齊足而并馳，以此相服，亦良難矣。”[④]初評孔融。“體氣高妙”、“信含异氣”。孔融於“七子”中輩分最高，自幼文才出衆，在政治上又剛正不阿，正氣凛然，以至爲曹操所害，下獄弃市而死。《文心雕龍·才略篇》：“孔融氣盛於爲筆。”范注曰：“《文選》採録孔融書表，是氣盛於爲筆之證。”[⑤]其文《薦禰衡表》《論盛孝章書》俱收録於《文選》，讀之才氣坌湧，

---

① 蕭統：《文選》卷五二，上海，上海古籍出版社1986年版，第2271頁。

② 范文瀾：《文心雕龍注》卷六，北京，人民文學出版社1958年版，第517頁。

③ 涂光社：《原創在氣》，南昌，百花洲文藝出版社2001年版，第97頁。

④ 蕭統：《文選》卷五二，上海，上海古籍出版社1986年版，第2270頁。

⑤ 范文瀾：《文心雕龍注》卷十，北京，人民文學出版社1958年版，第707頁。

思路明晰，情志飽滿，辯才無礙。故而曹丕誇贊孔融才氣超凡脱俗，堪稱“高妙”。劉楨因此也認爲孔融之文卓爾不群，意氣奇異，其氣質性情，難以超越；再評徐幹，“時有齊氣”。齊氣，古時學者認爲文風與地域息息相關，一方水土便有一方之風氣。而齊地之學士風氣舒緩奇特，與衆不同。此處“時有齊氣”既是徐幹本人之性情，又是其文之風格。范注亦言，徐幹此人性情柔緩，正合“齊氣”。考之其文，其《中論》針砭時弊，立論很高，直言不諱，對後世影響深遠。其賦《齊都賦》雖有殘缺，但細究餘文，原文亦應是氣勢恢宏。其詩雖被鍾嶸《詩品》列爲下品，但蕭滌非《中國文學史》中認爲其詩《室思》情意綿長，尤其是“思君如流水，何有窮已時”一句，常爲後世所化用，是一首極不錯的情詩。[①]可見亦有可取之處；三評劉楨，“有逸氣”。曹丕在《與吴質書》中盛贊曰“其五言詩之善者，妙絶時人”。[②]劉勰也在《文心雕龍・才略》篇稱赞其“情高以會采。”[③]鐘嶸《詩品》:“真骨淩霜，高風跨俗。”[④]情志高遠，因而氣逸風飛。劉楨於當時因擅長寫詩而名聲大噪，其五言詩更是妙絶天下。

王瑶《中古文學史論》中認爲，在中國文學發展史上，同時代的文人往往形成一個集團，而時代的因素遠超於作家個性的因素，因此才有“建安七子”、“唐初四傑”、“大曆十才子”等時代性文學集團稱謂。[⑤]誠如王瑶所言，孔融、徐幹、劉楨此三子個性不一，文章風格不同，但又都是建安這一時代的大文士之代表，故同屬“建安七子”。孔融、徐幹、劉楨三人俱有“氣”，或曰“高妙”，或曰“齊氣”，或曰“逸氣”。此三者“氣”雖不同，但都有一個特點，即立論高峻，見識遠大，能見常人之不能見，能寫常人之不能寫。因而曹丕贊揚此三人“於學無所遺，於辭無所假，咸自以騁驥騄於千里，仰齊足而并馳”，認爲此三人於文壇俱自成一家。[⑥]

如上文所言，曹丕所言“氣”這一嶄新的文學批評概念，可以指向作家和文本這兩個方面：一方面指作家所攜之精神才氣；一方面指作家將自身才氣自然融入作品形成的作品之“氣”。作家作文時，其“氣”反映於作品内容，這便涉及“風”；體現於體勢中，則涉及“骨”。此亦是劉勰將此段論“氣”之文置於《風骨篇》的原因。“風骨”與“氣”之關係具體如何呢？范注曰：“蓋氣指其未動，風指其已動。”[⑦]“風”指已動之“氣”。雖未論“骨”與“氣”之關係，但亦可供參考。清代記昀最初認爲“氣是風骨之本”，後轉而改稱“氣即風骨，更無本末”。黄侃亦認爲“氣是風骨之本”。[⑧]周勳初認爲“風骨”爲“氣”所决定，“氣”本藴於作家内在，而“風骨”爲作家内在之“氣”所發出來的，即氣爲風骨本源。[⑨]據此，歷來觀點大抵分爲兩派：一曰“氣是風骨之本”，“氣”并不完

① 游國恩等：《中國文學史》，北京，人民文學出版社 2002 年版，第 247 頁。
② 蕭統：《文選》卷四二，上海，上海古籍出版社 1986 年版，第 1897 頁。
③ 范文瀾：《文心雕龍注》卷十，北京，人民文學出版社 1958 年版，第 700 頁。
④ 曹旭：《詩品集注》，上海，上海古籍出版社 1994 年版，第 110 頁。
⑤ 王瑶：《中古文學史論》，北京，商務印書館 2011 年版，第 240 頁。
⑥ 蕭統：《文選》卷五二，上海，上海古籍出版社 1986 年版，第 2270 頁。
⑦ 范文瀾：《文心雕龍注》卷六，北京，人民文學出版社 1958 年版，第 516 頁。
⑧ 黄侃：《文心雕龍札記》，上海，上海古籍出版社 2000 年版，第 103 頁。
⑨ 周勳初：《文心雕龍解析》，南京，鳳凰出版社 2015 年版，第 493 頁。

全等於“風骨”，但占本源之地位；二曰“氣即風骨”，“氣”與“風骨”并無差異，兩者同也。考之《風骨》文本，“務盈守氣”是指作家須保持住充盈的文氣，“牽課乏氣”指向的是作家文采貧乏，文氣不足，勉强創作。且曹丕於此處評孔融等三人，俱指向作家本人，又提出“氣”本天生，不可以勉强學習。故此處所論之“氣”應主要指向於作家身上的才氣、氣度。應該認同第一種觀點，即“氣”是“風骨”之本，而文章所體現的“風骨”，俱源於作家所具之“氣”。

但曹丕、劉勰兩人於“氣”之看法并非完全一致。逯欽立於遺著中認爲劉勰對曹丕的“文氣”觀是有揚有弃，并非全盤接收。[①]兩人的相同之處，即劉勰繼承曹丕“重氣之旨”的看法，强調“氣”的重要性，文章優劣與“氣”之清濁直接相關。兩人的不同之處在於，曹丕雖重“氣”，但也認定“氣”個人獨具，不可勉强轉移。劉大傑《中國文學發展史》中説：“他（曹丕）所説的氣，是才性和氣質兼而有之，已初步接觸到文學的風格和文學與天才的關係問題。所論雖還簡略，但對後來的文論，有很大的啓發和影響。”[②]曹丕之“氣”接近天才之“氣”耳。但劉勰不然，據上文之分析，劉勰提出了“思摹經典”、學習子書史書、“結言端直”等多種實現作文“風骨”之方法。且效法經典、子史之書，受其所藴之大義、大道的熏陶與浸染，必然有助於提升作家自身之“氣”的境界。可見於此處，劉勰與曹丕兩人的看法是相背的。

總論此章：“氣”爲“風骨”之本，“氣”通過投射到文章内容與形式的方式，形成文章特有的“風”與“骨”。但“氣”有“高遠”、“齊氣”、“逸氣”之分别，不同的“氣”投放到文章領域便會形成不同文氣的文章，故而有孔融、徐幹、劉楨等人文章上的分别。儘管“氣”無定論，但只要文章立意高遠，氣勁飽滿，加之情感感人，抒情順暢，俱可謂之有“風骨”。而聯繫到前幾章的思考，我們可以得出一個“風”、“骨”、“情”、“辭”、“采”、“氣”六者關係的菱形圖：

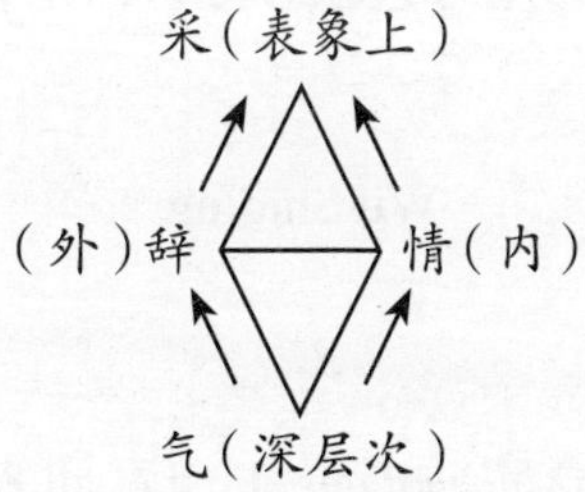

“氣”、“采”、“情”、“辭”四者關係如圖：四者各爲此關係菱形之四端，且有由“氣”分别通過“辭”、“情”，指向“采”的兩條流程。其中“氣”爲最深層次的核心，“采”爲表像上的感受，而“辭”與“情”一外一内，“辭”是文章外在表露却又有其内在結構，“情”是内在情感却能被外在讀者感知。“風”、“骨”於其中又居何位置呢？“氣”→“情”→“采”整個流程暢通無阻，最深層次的“氣”、内在的“情”都能抒發順遂，文章可謂“風”；“氣”→“辭”→“采”整個過程亦順利表達，表像的“采”、外在“辭”俱能與深層次的“氣”

---

① 逯欽立：《漢魏六朝文學論集》，西安，陝西人民出版社 1984 年版，第 502 頁。

② 劉大傑：《中國文學發展史》，上海，復旦大學出版社 2011 年版，第 158 頁。

相符契，文章可謂“骨”。“風骨”并不是局限於某物，亦非被某物所包含，而是表現在一個過程中。“風骨”展現在作家最深層次的“氣”成功顯露在讀者視覺和思想中的一整個過程。而一切的本源，在於作家自身所蘊之才情、才氣，即“氣”。才情影響文章辭采之豐瘠與表述之順滯，才氣決定文章境界之大小與見識之高下。“清”、“陽”、“上”之“氣”，所寫文章情志飽滿，内容堅實，主題高遠；“濁”、“陰”、“下”之“氣”，所寫文章理屈詞窮，見識鄙陋，主題卑下。“氣”即“風骨”之本也。

六、結論

本文從《文心雕龍・風骨篇》文本談起，先簡述劉勰“風骨”論研究之現狀及其存在的問題，再分别討論劉勰所定義的“風”與“骨”，最後從批評論、創作論、“氣”三個角度論述劉勰所言之“風骨”。比較細緻地審讀了《風骨篇》文本，得到了對劉勰“風骨”論的理解：“氣”乃“風骨”之本，作家之“氣”通過文章成功顯露在讀者視覺和思想，則文章可謂“風骨”，這也要求文章結構嚴謹，富含感染力。

《風骨篇》篇幅不長，但所涉及的文學理論很多。通讀全篇并予分析後，我們發現，劉勰“風骨”論與文章創作、文章批評、作家才情見識此三者息息相關。落實到具體文學理論，即與創作論、批評論、“氣”此三者相關。我們在研究劉勰“風骨”論時，須從《風骨篇》文本出發，亦須從以上三者出發，不能有所遺漏，亦不能有所偏頗。

（作者簡介：吴時鼎，南昌大學國學實驗班 2013 級本科生）

A Study on Liu Xie's Theory of FengGu

Wu Shiding

Abstract: In the *FengGu of WenXinDiaoLong*. First of all.Emphasize the importance of the Feng. Requires fluency in emotion and infectious. The second. Emphasize the importance of the Gu, requires rigorous structure and sentence.And if the Qi of the author passes through the article into the reader's mind smoothly.than The article is *FengGu*. The FengGu of FengGU is belongs to literary criticism theory, and it is belongs to literary creation theory too. The article elaborates the Qi. The Qi is not only the inherent talant and emotion, it is also the origin to write articles.Accordingly, We must from criticism theory and literary theory and the QI.When studying the FengGu of LiuXie.

Keywords: FengGu; Liu Xie; WenXinDiaoLong; Qi

（本文责任编校：于　浩　王　洁）

本刊約稿啓事

敬啓者：

一、本刊爲南昌大學國學研究院主辦之大型學術性刊物，主要發表中國傳統國學及相關方面研究之成果。暫開設“經學探微”“史學抉原”“諸子學衡”“小學闡幽”“校讎廣義”“藝文鏡詮”“讀書札記”“學林憶舊”“漢學擷英”等欄目。本刊暫定爲年刊，每年 9 月下旬出版。今後視情況轉爲半年刊或季刊。

二、本刊以專題論文爲主，間亦登載書評及商榷討論文字。所有文章，均以首次發表爲限。所有言論，文責自負；文章引用圖文如有涉及版權者，亦請自行妥善處理。

三、本刊采取雙盲審稿制度，稿件如果采用，在投稿三個月内通知作者；請勿一稿多投。刊載後即付稿酬，另贈當期學刊 2 份，論文抽印本 20 份。文稿一經采用，本刊即享有法定之有關著作財産權和資料加工、網路傳播權；未經作者和本刊同意，其他媒體不得轉載。如僅同意以紙本形式發表，請于來稿中特别注明。投稿三個月後未見本刊采用通知，稿件可自行處理。來稿均請自留底稿，不論刊用與否，因本刊人力有限，原稿無法奉還，敬祈諒解。

四、本刊以中文稿件爲主，兼發英文稿，專題論文稿件字數限在 3 萬字以内，書評稿件限 1 萬字以内，英文稿件限 20 印刷頁以内。特别約稿不在此限。

五、稿件請注明中、英文標題，中、英文内容摘要，中、英文關鍵字 3 至 5 個，中、英文作者姓名，另附作者簡介（包括作者姓名、出生年月、工作單位、學位、職稱）及通訊位址與聯繫方式（電話、傳真及電子信箱）。

六、本刊論文采取當頁注脚，每頁重新編號。注脚以 Word 文檔自然生成，編號形式爲：①、②、③……，字型大小爲小五號宋體。本刊爲繁體横排，使用標點符號敬請參照大陸横排通行形式。

注脚形式，示例如下：

① 司馬遷：《史記》卷一二二，北京，中華書局 1982 年版，第 3148 頁。

② 嚴耕望：《〈讀史方輿紀要〉與〈嘉慶一統志〉》，臺北，《漢學研究》第 3 卷第 2 期。

③ 賈蘭坡：《山西曲沃裹村西溝舊石器時代文化遺址》，《考古》1959 年第 1 期。

七、投寄本刊之稿件，如系電子文檔，請同時以 Word 文檔及 PDF 文檔各一份同時示下，以免編輯時出現差錯。

八、來稿請寄：江西省南昌市紅谷灘新區學府大道 999 號南昌大學國學研究院；郵編：330031；電子郵箱：2665387157@qq.com